James Hamilton-Paterson

Wasserspiele

Aus dem Englischen von
Karin Meißenburg

W0195962

btb

Die Originalausgabe erschien 1987
unter dem Titel »Playing with Water«
bei New Amsterdam Books

btb Taschenbücher erscheinen im Goldmann Verlag,
einem Unternehmen der Verlagsgruppe Bertelsmann.

1. Auflage
Genehmigte Taschenbuchausgabe Januar 1999
Copyright © 1987 by James Hamilton-Paterson
Copyright © der deutschsprachigen Ausgabe
by J. G. Cotta'sche Buchhandlung Nachfolger GmbH,
gegr. 1659, Stuttgart 1997
Umschlaggestaltung: Design Team München
Umschlagfoto: Tony Stone Bilderwelten, Donald Nausbaum
Satz: IBV Satz- und Datentechnik GmbH, Berlin
RK · Herstellung: Augustin Wiesbeck
Made in Germany
ISBN 3-442-72298-5

FÜR JANE STEPHENS

INHALT

Waffen, Gift, Tarnung und ein Leben im
Verborgenen kennzeichnet im allgemeinen
die Riffbewohner. In der labyrinthischen
Welt von Tunneln und Spalten, in denen sich
verletzliche Lebewesen mit weichen Körpern
verstecken, halten sich auch die spezialisierten
Fleischfresser unter den Krustentieren, Würmern
und Mollusken auf, verbringen dort ihr ganzes
Erwachsenenleben, ständig auf der Pirsch
nach Beute. Diese größtenteils geheime Welt
im Riff ist weiträumig, voll Leben und Energie.

Charles R. C. Sheppard. *A Natural History
of the Coral Reef.*

Das westliche Denken geht davon aus, daß
alle Kulturen einen Forschungsdrang besitzen,
daß Menschen zu neuen Ländern aufbrechen,
weil sie wirtschaftlich dazu getrieben werden.
Unausgesprochen liegt in dieser berechtigten,
jedoch auch unpersönlichen Feststellung
der Gedanke an eine einfachere Sehnsucht,
an das menschliche Verlangen nach einem
unkomplizierteren Leben, nach frischer
Vertrautheit und Erneuerung. Auch diese
ziehen uns zu neuen Landschaften. Und
das Verlangen bringt die Vorstellungskraft
dazu, das Gefundene zu mißdeuten.

Barry Lopez. *Arktische Träume.*

Ich bin ein Mensch mit einem seltsamen Temperament, der bei den meisten Gelegenheiten lieber stumm bleibt. Es ist ein selbstsüchtiger Zug meines Charakters, dessen ich Herr zu werden trachte. Im allgemeinen bin ich still, wann immer ich spazierengehe oder reise; ich betrachte die Landschaft gern genau, und manchmal verliere ich mich völlig in ihr. Das alte Sprichwort »Two's company...« trifft auf mich nicht zu; es wäre schwierig für mich, einen zweiten Menschen zu finden, der mit mir ginge und sich wohlfühlte, wenn ich nicht rede.

Chiang Yee. *The Silent Traveller.*

VORWORT

Mitte der sechziger Jahre lebte ich ein Jahr lang in Libyen und schloß während dieser Zeit Freundschaft mit einigen Bediensteten des riesigen amerikanischen Luftwaffenstützpunkts außerhalb von Tripolis, Wheelus Field AFB. Zwei von ihnen waren ein Ehepaar Ende zwanzig. Er war ein Ingenieur aus Dayton, ein großer, sanfter Typ, besessen von schnellen Autos. Seine Frau war eine Filipina, der ich zum ersten Mal begegnete, als ich anhielt, um ihr beim Radwechsel zu helfen. Aus diesem Vorfall entstand eine Freundschaft, die mit dem Auslaufen unserer Verträge praktisch aufhörte, wie das ja häufig geschieht. Eines Nachts saßen wir in einem Auto, das ich mit Hilfe ihres Mannes gekauft hatte, einen 1956er Ford Fairlane mit getönter Windschutzscheibe und Automatik. Wir waren nicht weit vom Stützpunkt entfernt, am Rande einer Halbwüste, über welcher der Duft von Orangenhainen hing, angelegt von irgendeinem Italiener. Sie sah hoch zu der Silhouette einer Dattelpalme und sagte: »Wir haben Kokosnüsse zu Hause, nicht Datteln. Jeden Tag braut mein Vater Bier vom Saft der Kokospalme.«

Die Wehmut, das »wir«, zeigte mir, daß sie nicht wie eine eingebürgerte Amerikanerin sprach. In dem, wie sie redete, lag eine unbekannte Bodenständigkeit, eine völlig andere Ortsgebundenheit mit einer Sprache, die sie ihren Kindern gegenüber gebrauchte, von der ich aber auch wußte, daß es ihren Mann ärgerte, weil es so »eingeboren« klang und ihn ausschloß. Mit dem Interesse, das Exilanten oftmals verbindet, wollte ich ihr eigentliches Heimatland sehen, in dem ihr Vater Kokosbier braute, wo immer es auch sein mochte. Während wir redeten, starteten paarweise die F-4 Phantomjäger, dröhnend, Rauchschwaden im Gefolge, Navigationslichter, die über dem Grenzzaun die laue nordafrikanische Nacht durchstrahlten. Sie flogen zu Bombengebieten und Übungsgeländen weit in die Wüste hinein, denn sie übten Krieg. Das große Aufrüsten hatte begonnen: Jedermann ging nach Vietnam. *Re-up Now!* war das Schlagwort, das auf die Innenseite der Streichholzheftchen gedruckt war, die auf dem Stützpunkt verkauft wurden. Meldet euch als Freiwillige! Bleibt nicht außen vor! Verpaßt nicht den Sieg! Denkt an die Karriere! Ich verdankte meinen Fairlane diesem Aufruf, dem der vorherige Besitzer so unmittelbar gehorcht hatte, daß er ihn mir für hundert Dollar überließ, am Tag, bevor er in die Staaten zurückversetzt wurde.

Einige Jahre später schaffte ich es endlich, selbst nach Südostasien zu kommen. Ich war Journalist, freier Schriftsteller, ein Gammler. Im Bann dieses monströsen, magischen Krieges besuchte ich fast alle wichtigeren Länder der Region, auf jeden Fall diejenigen, die irgendwie in den Vietnamkonflikt aktiv verwickelt waren. Die Philippinen waren bekanntlich die Ausnahme. Ich wußte, daß Präsident Magsaysay die Philippinen in den verdeckt gehaltenen Krieg in Vietnam hineingezogen hatte; ich wußte, daß Präsident Marcos sein eigenes Wahlkampfversprechen gebrochen und die zweitausend Mann starke Philcag verpflichtet hatte. Ich wußte um die US Stützpunkte in den Philippinen, um das berühmt-berüchtigte Manila und die Urlaubsvergnügungen der Streitkräfte, und ich wußte von dem Vater eines Mädchens, der Kokosbier braute. Doch ich ging nie hin. Immer kam etwas dazwischen.

Seitdem liegt für mich über diesem Land so etwas wie die Aura eines unerledigten Vorhabens: 1979, als ich schließlich zum ersten Mal hinfuhr, blieb es unerledigt, und auch mein

regelmäßiges Pendeln hat es bis heute nicht abschließen können – meine Aufenthalte nehmen mehr als ein Drittel jedes
Jahres in Anspruch.

VORWORT ZUR NEUAUFLAGE

Elf Jahre sind erst vergangen, seit ich das Buch *Wasserspiele* schrieb, in dem es um das Leben in einer philippinischen Provinz geht. Doch als ich das Buch nun erneut las, nahm die vertraute Landschaft, wiedererweckt, die Qualität eines Traums an, wurde zu einer lebhaften Erinnerung an einen weit zurückliegenden Sommer der Kindheit. Das war das eigentlich Überraschende, denn noch immer verbringe ich einige Zeit des Jahres in »Kansulay«, wo sich kaum etwas verändert hat. Die meisten Menschen, die ich beschrieb, sind nach wie vor dort, tun weitgehend dasselbe, sind älter und nicht reicher. Das Wasserproblem des Dorfes wurde schlimmer, der Fluß ist endgültig zu einem Flüßchen geschrumpft. Viele machten die Betreiber eines Kupferbergwerks dafür verantwortlich, die in den Bergen hinter Dämmen ständig größere Wassermengen für den eigenen Bedarf zurückhielten. Anfang 1996 ereignete sich dann ein Unglück im Bergwerk, das eine ökologische Katastrophe verursachte. Binnen weniger Tage wurden die Hauptwasserwege der Provinz zerstört, erstickten unter Millionen Tonnen von dreckigem Schlamm. Obwohl »Kansulay«, am äußersten Rand des Unglücksgebiets, nicht direkt betroffen war, können seine Wasserprobleme nun offenbar nicht mehr auf der lokalen Ebene behoben werden, weil sie mit Ereignissen in Zusammenhang stehen, die jenseits unserer Kontrolle liegen.

Man könnte daher sagen, daß »Kansulay« sich weitgehend

gleichgeblieben ist, wobei allerdings seine Aussichten noch ungewisser sind.

Beim Mittelteil des Buches, in dem es um Manila geht, liegt die Sache etwas anders. Vor einem Jahrzehnt fragte ich mich, ob es wohl einen heftigen Mißklang erzeugen würde, weil es die Beschreibung des beschaulichen Landlebens im Rest des Buches unterbricht. Nun bin ich froh, daß es dort so steht, denn heute erkenne ich noch klarer, wie übermächtig die Stadt auf die Psyche der Menschen, selbst in der entlegensten Dorfgemeinde, wirkt, wie sie den Mythos der Zuflucht, das Versprechen von Aufstiegsmöglichkeiten repräsentiert, diese ganze traurige, hoffnungsfrohe Anziehungskraft der Metropolen von Entwicklungsländern. Manila ist größtenteils die Stadt geblieben, die ich beschrieben habe, obwohl sich einige Dinge im letzten Jahrzehnt gebessert haben. Die Hauptstadt ist heute offensichtlich nicht in dem Maße dekadent, wie sie es während der letzten Jahre des Marcos-Regimes war. (Ein Unterschied: die Kindersex-Industrie wurde kürzlich dem Blick der Öffentlichkeit entzogen.) Vielleicht war ich in jenen Tagen unfähig, ein liebevolles Porträt von Manila zu zeichnen – wahrscheinlich von jeder Großstadt –, aber dieses Kapitel erinnert mich noch immer an das Ende einer Ära, eine Formulierung, die umsonst nach einer Definition verlangt, was es denn nun genau sei, das zu Ende gegangen ist. Der heutige Verkehr und die Umweltverschmutzung sind schlimmer geworden; in den Slogans auf den T-Shirts liegt politisch weniger Witz, und oft klingt in ihnen ein hohles New-Age-Denken an; für die wohlhabenderen Schichten ist mehr Geld im Umlauf, die Anfänge einer echten politischen Hoffnungsfreude liegen in der Luft... *Plus c'est la même chose.*

Die größte Veränderung aller im Buch beschriebenen Landschaften betrifft seinen Hauptschauplatz, jene magische Insel »Tiwarik«. Kurz gesagt, »Tiwarik« gibt es nicht mehr. Im Kapitel 12 habe ich unverdrossen und im einzelnen alle Gründe

15

angeführt, die mich glauben ließen, daß sie niemals zu einer touristischen »Paradiesinsel« werden könnte (zu klein, zu abgelegen, zu nichtssagend, völlig ohne Frischwasser und einen festen Strand...). Vermutlich versuchte ich mich selbst von ihrer Unverletzlichkeit zu überzeugen, was die folgende Ironie besonders wie Hohn erscheinen läßt: der eine Faktor, den ich in meiner zuversichtlichen Rechnung ausgelassen hatte, war *Geld* und damit einhergehend seine Macht, solche nichtigen Nachteile zu überwinden; gerade zu dem Zeitpunkt, als ich das Kapitel schrieb, mußte ein japanischer Geschäftsmann bereits über den Kauf der Insel verhandelt haben. Innerhalb von weniger als zwei Jahren hatte der Bau eines exklusiven Urlaubsorts begonnen. Eine Straße wurde ins Kliff gesprengt, und die ersten Fahrzeuge, die je »Tiwarik« mit ihren Reifen berührten, fuhren knirschend von der kleinen Bucht aus hinauf, beladen mit Zement und Wasser zum Bau eines Clubhauses, von Villen, Tennisplätzen, eines Schwimmbades, eines Minigolfplatzes. Nach »Sabay« zurückgekehrt, fand ich mich vor die vollendete Tatsache gestellt, daß »Tiwarik« für alle Zeiten verbannt war – wohin auch immer verschwundene Landschaften gehen –, als wäre es nie etwas anderes gewesen als eine Erfindung, eine Schöpfung des Solipsismus. Ich beschrieb die Umwandlung der Insel von einem Felsbrocken zu einer Immobilie in dem Kapitel »Inseln und Grenzen« in *Seestücke,* aber seither fehlte mir der Mut, zurückzukehren. Mit meinen früheren Freunden und Tauchgefährten aus »Sabay« bleibe ich in Verbindung, aber ich treffe sie nur auf neutralem Boden in anderen Städten entlang der Küste. Es scheint keine einfache Regel für den beherzten Umgang mit Nostalgie zu geben. Das allermindeste, was geschieht, ist, daß wir das unausweichliche Vergehen von Orten bemerken, gerade ihre Veränderlichkeit untergräbt unsere lachhaft törichte Vorstellung, daß sie, als wir sie zuerst erblickt hatten, irgendwie ursprünglich, unverändert und »unverdorben« waren. Für die japanischen

Ehepaare und Hochzeitsreisenden, die in den letzten acht Jahren Zeit auf »Tiwarik« verbrachten, ist die Insel in ihren Ausblicken und Assoziationen zweifellos so unberührt, wie sie mir noch in Erinnerung ist. Andere Orte, die ich in Kapitel 12 erwähne (besonders Manaus und Labuan), sind ähnlich verändert worden. Ich erinnere mich an Labuan vor Sabah als traditionsverhaftet, verschlafen und rechtschaffen, einer philippinischen Provinz sehr ähnlich, die endlosen Dschungel von Borneo sind gerade noch über dem Meer am Horizont zu erkennen. 1992 wurde Labuan zu einem internationalen Steuerparadies erklärt mit einem Gewerbegebiet, einem neuen Flughafen und entsprechender Infrastruktur, um den Investitions-Boom Südostasiens zu bedienen; während sich die Dschungel am Horizont weder als grenzenlos noch als ewig erwiesen haben. So klein es ist, »Tiwarik« ist ein Teil dieses Musters.

Seit dieses Buch geschrieben wurde, haben sich also gewisse Äußerlichkeiten der Landschaft, die ich dargestellt habe, verändert. Doch in den meisten anderen Bereichen hat sich so wenig verändert, daß es nicht nötig ist, den Text anzupassen. Ich habe ihn daher so belassen, mit allen etwaigen Unzulänglichkeiten, nur einige wenige Fehler sind korrigiert worden. Die Preise, die ich in Kapitel 5 und im Glossar nenne, sind jetzt definitiv veraltet, aber ich habe mich entschlossen, auch sie nicht zu ändern. Das Kilogramm Reis, das 1985 sechs Pesos in »Kansulay« kostete, mag jetzt vierundzwanzig kosten, aber das Verhältnis von Preisen zu Einkommen ist weitgehend unverändert und die Armut in den ländlichen Gebieten hat sich, wenn überhaupt, dann leicht verschlimmert. Angesichts dieser Tatsachen glaubt der Autor jetzt noch weniger als früher an die heilige Kuh, Den Fortschritt, und an ihr geheiligtes Kalb, Die Entwicklung. Mitzuerleben, wie Elektrizität in »Kansulay« eingeführt wurde, bedeutete, bei einer revolutionären Veränderung in den Lebensbedingungen dabeizusein, an die man sich, bildlich gesprochen, an einem

Nachmittag gewöhnen mußte. Die Geschwindigkeit, mit der das Neue sich abnutzt und die Gesamtsumme an Zufriedenheit hartnäckig gleichbleibt, ist eine Mahnung (kaum nötig in dieser Hochkonjunktur des Konsumdenkens), daß wir alle von Grund auf nicht zufriedenzustellen sind. Die Menschen von »Kansulay« wie die von »Sabay« schauen oft auf die jüngste Vergangenheit zurück, als »alles besser war«. Sie empfinden es nicht notwendigerweise als Ironie, daß diese »besseren Tage« in der Zeit des Kriegsrechts und der jetzt diskreditierten Marcos-Diktatur gelegen haben.

TEIL 1

Tiwarik und Kansulay

Die von einem Schriftsteller erschriebenen Orte liegen immer irgendwo anders. Er mag eine Reise, ein fremdes Land beschreiben; doch ungeachtet dessen, wie getreu er die Felsen und Bäume, die Zeichen der Unterschiedlichkeit und die liebgewonnenen, trivialen Exotika anordnet, gewisse unziemliche Brisen durchwehen Landschaft und Autor gleichermaßen und verwirbeln die Dinge an ihrer Wurzel. Zweifellos war es eine dieser Brisen, die John Clare unter Salters Tree zu Ohren kam:

Der Wind in diesem ew'gen Liedchen klingt,
Brennt ins Gemüt zukünft'ges Treiben –
Fragmente von ihm selbst verbleiben

während eine andere, weniger mystisch, doch nicht weniger mysteriös aus des Autors eigener Vergangenheit heranweht und alles in seinen Augen unmerklich in eine eigenartige Richtung verschiebt. Eine dritte Brise hat gewissermaßen dieses Buch ins Leben befördert. Sie nahm mich unbeirrt, wenn auch auf Umwegen, auf eine Reise mit, die an einem geschundenen Schülerpult begann und dreiunddreißig Jahre später auf der Insel Tiwarik endete.

Eines Junitages im Jahre 1953 saß ich als Zwölfjähriger in einem Klassenzimmer und zeichnete eine Landkarte. Ich komme darauf, weil durch irgendeinen Glücksumstand ein einziges meiner Übungshefte alles Verbrennen und Wegwerfen von Sammelsurien überlebt hat und letztes Jahr aufgetaucht war. Es ist voll von Berichten über die Krönungsfeierlichkeiten in jenem Monat, von schlecht gemachten Französischübungen sowie Bleistiftzeichnungen von Flugzeugen und Inseln. Als das Heft so unerwartet auftauchte, drehte und wendete ich es, als wäre es eine aus der Titanic geborgene Teetasse: ein alltäglicher Gegenstand, der durch die bloße Tatsache, solch ein längst vergangenes Unglück überlebt zu haben, an Gewicht gewinnt; das schier Unfaßliche seines greifbaren Daseins ließ mich mit an Verehrung grenzendem, ungläubigem Staunen die Seiten wenden. Auf der allerletzten Seite fand ich eine Skizze, bei deren Anblick ich mich schlicht auf den Boden setzte und darauf starrte. Auf dem linierten Papier war eine Zeichnung von Tiwarik, einer Insel der Philippinen, die ich zum ersten Mal vor gerade zwei Jahren mit eigenen Augen gesehen hatte. Zwar war die Landkarte nicht in jeder Einzelheit korrekt, aber ihre wesentlichen Merkmale – Umriß, Gipfel und Grasland – waren so gut wiedergegeben, wie ich es in diesem Alter nicht besser hätte machen können, wenn ich sie damals tatsächlich aus dem Gedächtnis gezeichnet hätte.

Diese Entdeckung bewirkte eine stille, heftige Erschütterung in meinem Leben. Eine Woche lang war ich wie betäubt. Es war wie eine unvorhergesehene Wendung der Handlung mitten in einem Roman, die plötzlich den Ereignissen eine neue Bedeutung gibt und mit einem Schlag die bisher angenommene Interpretation der Erzählung verwirft. Was war geschehen? Hatte ich eine übersinnliche Vorahnung von dem Ort, den zu besuchen mir bestimmt war? Oder hatte ich, nachdem ich ihn einmal erfunden hatte, dreißig Jahre meines Lebens dazu verurteilt, seine Entsprechung zu finden?

Es gibt eine dritte Möglichkeit, die meiner jetzigen Vorstellung nach die wahrscheinlichste Erklärung ist. Die Form, die ich gezeichnet hatte, hatte ich mir nicht an jenem weit entfernten Junitag erträumt, sondern sie war in mir von Kindheit an in groben Umrissen angelegt. Wenn man mich gebeten hätte, ein Bild meines eigenen Bewußtseins zu malen, hätte ich mir vielleicht vorgestellt, daß es ungefähr so aussehen würde – ein beschädigtes pochiertes Ei mit Hochland und Tiefebenen und unermeßlichen bläulichen Fernen. Von jenem allerersten Augenblick an, als seine Umrisse aufblitzten, milchig wurden und sich verfestigten, war ich nicht auf der Suche nach einem physischen Gegenstück – nicht einmal unbewußt. Aber als ich auf eines stieß, das die Tiwarik-Insel hieß, erlebte ich einen Augenblick tiefsten Wiedererkennens. Später zeigte mir das Gekritzel aus meiner Kindheit, jener Zufallsfund, eine Form, die ich einmal sehr klar gesehen und später vergessen hatte.

Die Entdeckung dieser Skizze bewirkte bei mir nicht, daß mir die Jahre dazwischen belanglos oder wie eine Pilgerfahrt vorkamen, wie eine Zeitverschwendung oder ein zielgerichteter Marsch. Das einzige, was dadurch geschah: Alles, was ich getan habe, alle Länder, in denen ich gelebt habe oder durch die ich gekommen bin, all das erscheint jetzt stimmig und schlüssig. Das ist alles. Es hat keine Bedeutung an sich, aber es ist auf eine bestimmte Weise folgerichtig. Ich hätte es nicht planen oder anders tun können. Es war weder gewollt noch unbeabsichtigt. Dies entdeckt zu haben erzeugt in mir aus dem Nichts zum wenigsten ein sich ausdehnendes Freiheitsgefühl. Es ist, als hätte ich bis zu dem Tag, an dem ich allein auf Tiwarik kauerte und der Monsunregen auf meinen Rücken trommelte, während ich mich eines großen sterbenden Bandwurms entledigte, niemals wirklich sorgenfrei sein können.

Zum ersten Mal betrat ich Tiwarik 1983 während einer zeitlich unglücklichen Ausfahrt zum Fischfang, als ein Freund und ich eine windgebeutelte Plane an der Küste aufspannten und zwei Tage und Nächte unter ihr hockten. Die Insel war für uns nur ein Flecken Land inmitten aufgewühlter Wasser, unser Blick auf sie durch graue Wolkenbrüche abgeschnitten – übrigens die Ausläufer des Taifuns Litang – und beschränkt auf den Streifen Korallenkiesstrand, auf dem wir lagerten. Hinter uns wucherte formloses Buschwerk steil bergan zu unsichtbaren Höhen. Wir waren durchnäßt und froren, denn die Tropen können auf eine Art und Weise kalt sein, die wenig mit der Anzeige auf Thermometern zu tun hat. Natürlich fällt die Temperatur, aber die wahrgenommene Kälte hat ebensosehr mit der Wirkung auf die Lebensgeister zu tun, denen die übliche Mittagshitze, die träge Luftbewegung durch das Flechtwerk der Hüttenwände und die Bambuslatten des Fußbodens verwehrt wird.

Wir verließen unsere Plane, um das Boot höher auf den Korallenstrand zu hieven, bis sich die Spitzen der Ausleger in die Dornen am Fuß des Kliffs bohrten. Dann eilten wir zum Unterstand zurück und warfen uns wieder mit dem Gesicht nach unten zu Boden, stocherten abwesend in den Korallenteilchen, durchsiebten Zweige, Äste, Schwamm- und Gehirnstückchen von Millionen Trompetenschneckenkindern, nicht größer als blaßviolette Samen, deren Bewohner schon lange vor uns gestorben sind. Wir verbrachten viele lustlose Stunden des Tages mit dem Erforschen dieses Friedhofs; des Nachts erinnerte uns das unaufhörliche Klacken der Einsiedlerkrebse, ihr Knabbern an unseren Zehen und Haaren daran, daß es kein Fleisch gab, das diese Küste nicht in sich aufnehmen könnte. Ein unachtsamer Augenblick, und auch wir wären verdaut.

Das zweite Mal kam ich allein und blieb mehrere Monate. Damals wurde Tiwarik wiedergeboren und für mich lebendig. Es war ein blauer Tag, als ich die Meerenge überquerte, das Wasser unter dem Kiel war blau und violett. Mein Paddel tauchte in das stille Glas, als wäre es Lack, unter dem die Plätze und Minarette, Arkaden und Loggien des Seebodens lagen, die Tiwarik mit der Hauptinsel verbanden. Hätte ich gewußt, daß ich eines Nachts in der Zukunft in umgekehrter Richtung dort unten hinüberschwimmen und im Schein einer Taschenlampe, mit einem Polyäthylen-Luftschlauch im Mund zwischen Türmen und Felsspitzen, im Flachland und auf stechenden Weiden arbeiten würde, ich wäre in Angst und Schrecken geraten, verzaubert.

Die Insel konnte natürlich keine Identität annehmen, bevor sie eine Position erhalten hatte. Meine Erinnerung an jenen ersten Besuch war die an eine verlorene und umtoste Küste im Nirgendwo. Diese Sichtweise hätte jeder gestrandete Tourist haben können. Ein Reisender aber bemüht sich darum, einen Ort in seine Vorstellungswelt einzulassen (oder vielleicht den Ort freizulegen), sonst wird er der endlosen Abfolge bloßer Örtlichkeiten überdrüssig und entmutigt. Selbst bei jenem ersten, nicht sehr vielversprechenden Anlanden auf Tiwarik muß mich etwas von seiner Bedeutung angerührt haben. Als ein von Kindesbeinen an eingefleischter Zeichner imaginärer Inseln hatte ich zugesehen, wie das Südchinesische Meer tonnenweise Korallenchips in die Luft geschleudert hatte, und ich hatte versucht, Treibholzfeuer im Windschatten des Bootes zu entfachen, um Reis zu kochen. Sogar jener Ausschnitt, den ich durch die flatternde Plane lugend sah, war genug für den Jungen in mir: mit ein paar kurzen Blicken hatte er ein ganzes Terrain wiedererkannt, und dem erwachsenen Mann blieb nichts übrig als zurückzukehren. Das Dickicht, die Höhle, die Pfade, die seine Füße später dem Grasland auftupften, alles war bereits in seinem Kopf. In üblicher Kindermanier hatte er jedoch Feuerbaken auf die höchsten Punkte all seiner Inseln eingezeichnet, die aufleuchteten, wenn sich ein Schoner als Punkt am Rande des Universums zeigte. Er hätte nicht erraten können, daß Rettung das letzte wäre, was er später wollte. Im Gegenteil: in seinem Wunsch, verlorenzugehen, würde er sich danach sehnen, eine Anti-Bake verzauberten, funkelnden Lichtes anzuzünden, deren unsichtbarer Rauch seine Welt einhüllen und sie durchsichtig machen würde. Das Bild der Insel würde zittern und verschwinden; damit würde der Kapitän des fernen Schoners nachdenklich sein Teleskop zusammenschieben und in das Logbuch des Schiffes »Luftspiegelung« eintragen.

Tiwarik liegt wenig mehr als anderthalb Kilometer vor der Küste, unmittelbar dem Fischerdorf Sabay gegenüber. Von der Seeseite aus sieht man nur verstreut liegende Pfahlhütten, halb verborgen in den Kokoshainen. Am steinigen Strand vor ihnen sind Boote heraufgezogen, die man mit der Zeit alle kennenlernt, so daß man an jedem beliebigen Tag vom Strand ablesen kann, wer was macht. Die Insel ist unbewohnt (praktisch unbewohnbar, weil es kein Wasser gibt) und winzig, ungefähr vierhundert Meter im Durchmesser. Aber ihre Größe auf einer Landkarte – ich habe allerdings nie eine Landkarte mit so großem Maßstab gesehen, daß die Insel verzeichnet wäre – täuscht, denn sie erhebt sich an einer Ecke zu einer Höhe, die mindestens hundertzwanzig Meter über dem Meeresspiegel liegt. Es gibt keine Strände, nur jene einzige, sich verlagernde Korallenküste, auf der wir kampiert hatten, die vielleicht hundert Meter lang ist und zur Hauptinsel hin schaut. Der Rest von Tiwarik ragt mehr oder weniger senkrecht aus umgurgelten Felsbrocken zu vulkanischen Kliffen aus schwarzem Gestein empor. Auf einer Seite der Insel reicht ein steiler Hang mit rauhem, hohem *cogon*-Gras bis an den Wald heran, der den Gipfel bedeckt. Von der Meerenge aus gesehen fließt an einem windigen Tag das Sonnenlicht das wilde Grasfeld hinauf und hinauf. Es hat die gleiche Wirkung wie junges Haar und berührt mich ähnlich mit tiefster Melancholie, Zuneigung und Freude.

Die Insel wird normalerweise von Fischern für einen Zwischenstop benutzt. Die Einheimischen von Sabay wie auch von Sirao und Malubog einige Meilen die Küste hoch machen hier halt und kochen sich ihr Mittagessen auf Treibholzfeuern, die sie zwischen Korallenbrocken anzünden. Sie kauern sich hin und reparieren ihre Harpunen, legen sich in den mageren Schatten der Dornenbüsche, um die Mittags-zeit zu verschlafen. Einige, die auf Tiwarik Station machen, kommen von sehr viel weiter her, von Provinzen und Inseln im Süden, von Visaya, sprechen verschiedenartige Dialekte und sind schwarzgebrannt von der Sonne, reisen wochenlang durch die Inselwelt und verkaufen unterwegs ihren Fang. Sie sind Nomaden; ihre Boote haben einen etwas anderen Schnitt, und die Essensreste sind chilirot. Mal warten sie auf Tiwarik, bis der Sturm sich gelegt hat, mal tauchen sie in der Däm-merung auf und legen ihre Netze zwischen den Korallen aus. Im Morgengrauen sind sie verschwunden, zurück bleiben die langen Narben ihrer Kiele.

Jederzeit können ein paar Punkte inmitten des leeren Glit-zerns erscheinen, insektengleich, wenn die winzige Paddel-bewegung erkennbar wird. Sie kommen eine Weile an Land, und wenn sie weiterziehen, lassen sie geschwärzte Steine und einige Fischgerippe zurück. Es scheint weniger ihr Wille zu sein, vielmehr ist es die See, die durch die Meerenge drängt, sie hierher trägt und wieder fortnimmt, und Tiwarik selbst, das felsengleich im Strom steht; die Wasser spülen vorbei, le-gen kleines Treibgut nieder, das für einen Augenblick in über-raschend ruhigen Nischen dahintrudelt, bevor es weitergetra-gen wird. Das ist nicht völlige Phantasterei: es ist verführe-risch, hinüber nach dem nur ungefähr anderthalb Kilometer entfernten Sabay zu schauen und sich vorzustellen, wie leicht man hinüberschwimmen könnte. Das ist zwar möglich, doch lediglich zum richtigen Zeitpunkt. Bei abfließendem Wasser wird die Strömung sehr schnell. Dies ist eine der geringeren Täuschungen an diesem Ort. Wenn die See spiegelglatt ist und die Sonne nur langsame Bewegungen erlaubt, lassen sich die entfernten Gestalten am gegenüberliegenden Strand identifi-zieren – Armans rotes T-Shirt, während er einen Eimer vom Wasser zu seinem angelandeten Boot *Jhon-Jhon* trägt –, und das Gefühl, mit ihm sprechen zu können, ist so stark, daß man meinen möchte, einige wenige Minuten vergnüglicher

Anstrengung könnten die kleine trennende Kluft aufheben. Wenn man an der Küste vorbei dreißig Stunden lang durch die Inselwelt nach Luzon gespült worden ist oder – wenn man dort auch vorbeigetrieben wäre – die ziemlich lange Strecke nach Taiwan, hätte man genügend Zeit gehabt, über die nicht so neue Weisheit nachzudenken, daß ruhige tropische Oberflächen Verhängnis in sich bergen können.

Als ich mich darauf vorbereitete, Bewohner dieses wunderschönen und bemerkenswerten Felsens, dieses Zerteilers der Strömung, zu werden, beglückte mich ein Gefühl der Kargheit und der Flüchtigkeit. Ich wußte, ich war irgendwo angekommen; gleichzeitig behielt ich mir natürlich das Recht vor, zu einem späteren Zeitpunkt zu leugnen, jemals etwas so Ungeheuerliches empfunden zu haben. Schließlich war ich bereits an die Lebensbedingungen gewöhnt, die ich dort vorfinden würde: Ich konnte kaum erwarten, noch etwas Neues über lecke Grasdächer und Treibholzfeuer, über Moder und Kohle herauszufinden, die nach und nach den wenigen Besitztümern eine vertraute und einheitliche Farbe gaben. Aber allein inmitten des Meeres zu leben, wäre etwas anderes. Bislang hatte ich immer ein riesiges Hinterland im Kreuz, Berge und Wald, mit einem Flickwerk von orangefarbenen Narben primitiver Landwirtschaft, die sich in diesiger Ferne verloren; das Meer wurde wohltuenderweise hinter einem geraden Randstreifen Küste gehalten. Von jetzt an würden die Lebensbedingungen vom Wasser bestimmt.

An jenem ersten sonnendurchfluteten Morgen meiner Rückkehr nach Tiwarik kletterte ich einfach über den Strand zum Grasland hinauf, legte mich hin und blickte hinab auf die Landkarte meiner neuen Welt, welche die Korallen unter dem blauen Wasser zeichneten. Im Dösen, des gleißenden Lichts wegen mit halb geschlossenen Augen, täuscht sich das Bewußtsein. Es gibt sich selbst Wind und Wellen preis und spürt, wie sich die Insel bewegt. Die Strömung, die an Sabay vorbei nach Malubog und dem entfernten Kansulay fließt, ist kein Sog, sondern das Kielwasser. Die See ist still: Es ist die Insel, die das Bewußtsein auf seine eigene Reise mit ihrem einzigen Bewohner, seinem Crusoe, mitnimmt.

Weil ich Tiwarik niemals auf einer Landkarte gesehen habe, weiß ich nicht, ob Tiwarik einen offiziellen Namen hat. Vermutlich hat sie einen, denn die amerikanische Marine hat diese Gewässer äußerst gründlich vermessen, als sie 1898 die Spanier als koloniale Besatzungsmacht der Philippinen verdrängte. Dann übernahmen 1942 die Japaner sie mit Waffengewalt, Anlaß von General MacArthurs berühmtem Versprechen, wiederzukommen, als er die Insel Corregidor in der Bucht von Manila verließ und das Landungsboot betrat, das ihn zu einem anderen Kriegsschauplatz brachte. Vielleicht gaben die japanischen Streitkräfte Tiwarik während der dreijährigen Besatzungszeit einen eigenen Namen. Aber es ist wohl unwahrscheinlich, daß sie sich mit so einem unbedeutenden Klecks auf der Landkarte aufgehalten haben: Es gab soviel anderes zu tun, als für alle siebentausendeinhundert und mehr Inseln des Archipels japanische Übersetzungen der Namen auszuarbeiten. Eigentlich möchte ich den offiziellen Namen für diesen Ort nicht wissen. Ich habe Angst, daß, wenn ich ihn entdeckte, ich seine Identität schädigen würde. Es wäre so, als versuchte man sich umzugewöhnen, wenn ein alter Freund plötzlich seinen Namen eigenmächtig ändert.

Die Einheimischen nennen die Insel »Tiwarik«, was in Tagalog »verkehrt herum, auf dem Kopf stehend« bedeutet. Der Grund dafür ist nicht klar, es sei denn, daß von der See aus gesehen dieser schroffe Hügel mit seiner schiefen Dschungelkappe seltsam topplastig anmutet, und mit einiger Phantasie könnte man sich vorstellen, daß sie in einer stürmischen Nacht vornüberkippt und ihre ganze hilflose Ladung, Schlangen, Insekten, Waldeidechsen und ein einziges majestätisches Seeadlerpaar, zwischen Gesträuch und

Gezweig in wirbelndem Schaum unter sich begräbt. Abgesehen davon könnte »Tiwarik« auch der Spitzname eines schon lange toten Fischers sein oder die Verballhornung eines in seiner ursprünglichen Bedeutung vergessenen Wortes, nicht einmal notwendigerweise Tagalog, weil der Einfluß der Visaya-Dialekte überall in der Sprache der Einheimischen zu finden ist.

Tiwarik ist außerdem der Name, den sie dem Schnepfen-Messerfisch, *Aeoliscus strigatus,* geben, der in kleinen Gruppen zwischen den Korallen zu beobachten ist, sein zartes Maul nach unten gerichtet, die sieben-Zentimeter-Klinge seines durchsichtigen Körpers mit dem einen dunklen Streifen dreht und wendet sich je nach der Strömung. Die tänzerische Präzision, mit der alle Mitglieder der Gruppe wie ein einziges Wesen handeln, ist bemerkenswert, genauso wie die Wendigkeit jedes einzelnen Fisches, der seinen Körper senkrecht im Wasser hält. Nur wenn sie gejagt oder bedroht werden, ändert sich der Winkel, die Köpfe kommen um einige Grad nach oben in kurzen Ausweichspurts. Dieser *tiwarik* wird, außer unter besonderen Umständen, nicht gegessen. Getrocknet und dann pulverisiert wird er unmerklich in jemandes Getränk getan und wird so zu einem Trank, der unfehlbar jeden, der ihn trinkt, verliebt macht. Alle lächeln darüber, wissen aber, daß es wirkt; daher ist seine Kraft sehr gefürchtet, aber nur die äußerst verzweifelten unglücklich Verliebten suchen ihre Zuflucht bei *tiwarik:* wie mit allen Zaubern kann man nie absolut sicher sein, daß die Erfüllung eines Traums auf lange Sicht sich als eine ganz und gar gute Sache erweist. Er scheint allerdings die Wirkung von Alkohol zu verstärken. Ich habe einmal erlebt, wie ein Mädchen nach nur (angeblich) zwei kleinen Gläsern *tuba* stockbetrunken war. Nachdem sie sich die ganze Nacht übergeben hatte, wachte sie am nächsten Morgen mit Kopfschmerzen auf. Sie klagte, sie sei mit *tiwarik* verzaubert worden und sie wisse, wer es getan habe. Sie war untröstlich: der bestimmte Mann war nicht ihr Verlobter, dem sie jetzt zugunsten des Rüpels entsagen müsse; dieser habe sie lange verfolgt und nun auf hinterhältige Weise gewonnen.

Gewiß ist der auf dem Kopf stehende Fisch mächtig. Ob nun sein hauchdünner Körper giftig ist oder nicht, es ist möglicherweise seine Haltung, die ihm diese sympathiegewinnende Magie verleiht, um einen Zustand auszudrücken, der eine große kulturelle Schranke durchbricht: Hals über Kopf verliebt zu sein.[1]

Fünf Jahre hatte ich mit Unterbrechungen in den Hügeln hinter Kansulay gelebt, einem anderen winzigen Dorf, etwa fünfundvierzig Kilometer Küstenlinie von Sabay und der Insel Tiwarik entfernt. Daß ich so lange in der Nähe der Insel gelebt habe, ohne ihre Existenz zu ahnen, ist eine weitere Eigentümlichkeit in meinem Verhältnis zu ihr. Doch fünfundvierzig Kilometer sind sehr weit in einer Provinz, die noch keine asphaltierte Küstenstraße hat.

Wie in den philippinischen Provinzen üblich, wo anscheinend jeder jeden kennt, war ich bei dem *barangay*-Captain von Sabay bereits eingeführt. Es zeigte sich, daß er schon lange von mir wußte, weil eine seiner Töchter bis vor einem Jahr an der Grundschule unterrichtete, in deren Einzugsbereich Kansulay liegt. Über die Anwesenheit eines seltsamen *'kano,* der ganz allein in den Wäldern lebt, wurde viel geklatscht; folglich wußte Sabay von mir eher als ich von ihm. Eines Tages ging ich hinunter ins Dorf und schnappte mir den ersten einer Reihe von ramponierten Jeepneys, der mich Stunde um Stunde über die ausgefahrene Küstenstraße kutschierte – vorbei an namenlosen Dörfern unter Palmen, an *barrios* und *barangays,* die für mich unbenannt blieben, hin zu immer kleineren Provinz-Ortschaften, wo ich den Jeep wechselte: Bulangan, Malubog, Sirao. Nach Sirao verschwand die Straße und wurde zu einer Piste aus zerfurchter grauschwarzer Lava, zur Linken erhoben sich die Abhänge des Massivs über den Hainen, der Regenwald verlor sich in den Wolken; zur Rechten das bewegte Blau des Wassers. Und dann plötzlich Tiwarik. Es war gerade richtig auf der anderen Seite der Meerenge plaziert, um besonders gut als Ganzes wahrgenommen zu werden.

In Sabay wurde ich mit Vorsicht und einigem Erstaunen empfangen. Die kleineren Kinder rannten weg und versteckten sich hinter den Beinen ihrer Mütter oder unter den Hütten. Alle lächelten verlegen. Wärme und Interesse wurden daraus, sobald ich Namen genannt, die magischen Silben gesprochen und mich als jemand zu erkennen gegeben hatte, der – wie sehr am Rande auch immer – eingebettet war in den riesigen Kreis der Familie, der Freunde und Bekannten, der zu Sabay gehörte. Also, das war der *'kano* von Kansulay? Und er wollte auf Tiwarik leben? Warum auch nicht? Andererseits, warum? Nichts gab es da, keine Hotels oder Discos, keinen weißen Strand, nicht einmal Frischwasser. Captain Sanso war, nicht zu Unrecht, perplex, denn ich konnte keine Erklärung geben, die ihm plausibel erschien, schon gar nicht, als ich ihm von den zwei gräßlichen und unfreiwilligen Tagen erzählte, die ich bereits dort verbracht hatte. Ich sagte, es sei mir in den Sinn gekommen, für eine Weile dorthin zurückzugehen, und ob er was dagegen hätte, wenn ich mir eine Behelfshütte zum Wohnen einrichtete?

Tiwarik gehörte zwar Captain Sanso nicht, aber er fand die Vorstellung gut. Mir war klar, daß er bereits ausrechnete, was durch meine Anwesenheit für sein verarmtes Dorf abfallen würde. Ich meinerseits hatte beschlossen, wieviel ich anstelle der Miete zur einheimischen Wirtschaft beisteuern würde. Für den Gegenwert von zwanzig Pfund würde er mir Material und Arbeitskraft zur Verfügung stellen, um mein Haus zu bauen. Bis zu seiner Fertigstellung sollte ich natürlich bei ihm wohnen. Ich war tief dankbar und registrierte, daß die Dorfpumpe erneuerungsbedürftig war; was, da war ich sicher, in nächster Zeit erledigt sein würde, wenn alles gut ginge. So wurden wir uns in seinem Wohnzimmer handelseinig, auf dessen nackter Betonwand eine Lions International Plakette angenagelt war und den Leser darauf aufmerksam machte, daß der Captain sich dem Prinzip der gegenseitigen Hilfe verschrieben hatte. Er schickte seinen Leibwächter beziehungsweise sein Faktotum wegen einer Flasche ESQ Rum zum Dorfladen, damit wir anstoßen konnten. Binnen einer Stunde nach meiner Ankunft war ich mitten in einem Saufgelage.

Den Trinkgewohnheiten der Filipinos ist eine seltsame Intensität zu eigen. In Europa bestimmen die Leute meistens ihr eigenes Tempo und trinken aus eigenen Gläsern, selbst wenn man gemeinsam trinkt wie in einem englischen Pub. Auf den Philippinen macht ein einziges Glas die Runde, das jeder hinunterschüttet und das sofort nachgefüllt wird. Bei scharfem Zeug wie Rum ist ein Glas Wasser zur Hand, um als »Spülung« zu dienen. Eine Tischrunde, die einige Schluck Hochprozentigen mit einem Schütteln abkippt und sofort danach mit Wasser löscht, läßt eher an eine harte Prüfung denken, denn an eine gesellige Gepflogenheit. Das Trinken nimmt einen aufdringlichen, nahezu brutalen Rhythmus an. Als ob Leute trinken, um betrunken zu werden – das übliche Ende vom Lied. Dieser Brauch wird durch die Regel erträglicher, daß eine Platte mit *pulutan* auf dem Tisch zu stehen hat: Essen, das die Leute sich mit einer gemeinsamen Gabel oder einem Löffel nehmen. Das können einfach nur geröstete Erdnüsse sein, es kann ein Huhn- oder Hundeintopf sein, Gemüse in Kokosnußmilch oder gebratener Fisch. Ein ängstlicher oder empfindlicher Trinker kann sich außerdem die Sitte zunutze machen, einen *sakop* oder Stellvertreter zu ernennen, um eine Runde auszusetzen. Ich greife oft auf diese Regelung zurück; bemerkenswert wenige Auserkorene lehnen jemals die zusätzliche Bürde ab.

Captain Sanso stellt mich seinem jüngsten Bruder Arman vor, außerdem Totoy und Danding und Silo und Jhoby und Bokbok. Vertraut und unerinnerbar zugleich rauschen die Namen durch mein rumbenebeltes Hirn. Ich lächle, bis mein Gesicht schmerzt, beantworte Frage auf Frage. Wie alt bin ich? Wo ist meine Begleiterin? Warum bin ich nicht verheiratet? Warum will ich auf Tiwarik leben? Gibt es einen Schatz dort? Wo habe ich Tagalog gelernt? Einige Fragen beantworte ich, andere umgehe ich. Die Freundlichkeit ist spürbar, doch unterschwellig ist da eine unnachgiebig bohrende, wissende Neugier: Niemand tut oder ist irgend etwas ohne triftigen Grund. Aus langer Erfahrung ist mir bewußt, daß diese Fremden wahrscheinlich im Alltag zu Kollegen und Freunden werden. Ich versuche einen würdigen Eindruck zu machen, wirke aber nur blöd, weil ich unablässig vergesse, wer nun wer ist. Bei einem gelegentlichen Blick rund um den Tisch, der jetzt voll von Rum-, Wasser- und Eintopfpfützen ist, an denen Fliegen nippen, bemerke ich Gesichter, die sich in den Türrahmen schieben, die neugierigen Gesichter von Kindern, einen alten Mann mit Stock. Eine Mädchengruppe hinter mir bricht in Kichern aus. Ich drehe mich also um und frage sie zu ihrer Beschämung, worüber sie *wirklich* lachen. Schließlich bedeckt eine ihren Mund mit der Hand, ein Mädchen von begnadeter Schönheit, das beinahe unhörbar fragt, ob ich mit dem Schauspieler George Hamilton verwandt sei. Ich sage ihr, daß ich das wohl annehme, vorausgesetzt man gehe um einige Jahrhunderte zurück. Aus irgendeinem Grund werden die Mädchen daraufhin noch aufgeregter.

Betrunken handele ich am späten Nachmittag mit Arman aus, ein kleines *bangka* von ihm zu mieten, sowas, mit dem ich zwischen Tiwarik und Sabay hin und her paddeln kann. Mit klarem Kopf und von Kindern zum Strand begleitet, breche ich am nächsten Morgen zur Insel auf, die auf allen Seiten in Licht gebadet wird, während die Sonne höher steigt. Ich beuge mich über die kleinen Wellen; meine Arme scheinen vor Aufregung und Wohlbefinden unermüdlich. Ich bin mit dem überwältigenden Verlangen erfüllt, etwas zu tun, ohne richtig zu wissen, was.

Das war der Tag, an dem ich nichts anderes tat, als das Grasland hinaufzuklettern und zu tagträumen. Erst am folgenden Tag unternahm ich den ernsthaften Versuch, mir die Geographie von Tiwarik anzueignen. Bis ich wußte, was es auf der Insel gab und wo es war, konnte ich nicht mit meinem Hausbau beginnen. Selbstverständlich ist die Lage alles; ich hatte die Freiheit der Wahl, weil ich kein Land beanspruchte, und die Hütte, die ich aufstellte, würde wahrscheinlich kaum den nächsten schweren Taifun überleben.

Ein Standort am Fuß der Kliffe, in der Nähe der Stelle, wo mein Begleiter und ich Zuflucht gefunden hatten, bot sich an, aber ich entdeckte jetzt, daß der Korallenstrand seine Form und Lage verändert hatte. Zuvor war da ein steiler Kiesabhang mit einer Vertiefung gewesen, die sich bei Flut mit Wasser füllte und zu einer heißen Lagune wurde, bevor es bei Ebbe abfloß. Diese Böschung war jetzt verschwunden und damit auch die Gezeiten-Lagune. Statt dessen gab es eine Landzunge mit Kiesstrand, die aus einer nun viel schmaleren Küste wie die Anlegestelle eines Miniaturhafens herausragte. Mir wurde bald klar, daß sich die ganze Korallenbank ständig verlagerte, ihre Form mit beinahe jeder Tide veränderte und während heftiger Stürme praktisch eine Zeitlang verschwand, wenn starke Strömungen sie wegwirbelten. Aber sie kehrte immer wieder. Daher ließ sich Tiwarik selten ein zweites Mal auf die gleiche Weise anlaufen. Mir bereitete diese Tatsache Vergnügen. Kaum waren mir die geschwärzten Korallen vertraut, die aufgeschichtet den Kochtöpfen der Fischer Halt geben, scheuerte die See die Küste sauber, nahm alle Lagerplätze mit sich fort, samt den sorgfältig zusammengetragenen Fischgerippen (ansonsten eine Gefahr für nackte Füße), Zigarettenpackungen, ausgefransten Enden Nylonschnur und den knusprigen Kringeln rauher Haut, die von einer Art der Drückerfische abgerissen worden war, die hier merkwürdigerweise als *bagets* oder ›Teenager‹ bekannt waren. Alles in allem war dieser Strand eindeutig nicht der Platz für ein Haus.

Die ideale Lage war natürlich irgendwo im Hochland, wo ich zusammen mit den Seeadlern die hell glänzenden Buchten an jedem Horizont beherrschen konnte. Meine Klettertouren auf den Klippen hatten mir jedoch deutlich gemacht, daß Bequemlichkeit Vorrang vor Verzauberung haben müßte: der Gedanke, jeden Tag Wasser zum Gipfel der Insel zu tragen, war zu abschreckend. Es kostete schon genug, es überhaupt von der Hauptinsel zu holen. Ich kam zu einem Kompromiß und wählte eine Stelle oberhalb des einen Strandendes, wo ein prähistorischer Absturz des schwarzen Eruptivgesteins von Tiwarik eine Felsenbank zurückgelassen hatte, die einigermaßen eben war und etwa sechs Meter tief, mit Kies bedeckt, auch etwas Mutterboden, auf dem Kletterpflanzen ein saftiges Vlies bildeten. Von hier aus konnte ich über die Meerenge nach Sabay hinübersehen, das Kommen und Gehen an seiner Küste beobachten oder meine Augen über die großräumigen Hänge der dahinterliegenden Gebirgsketten wandern lassen, weiter über wellige Grasebenen von *cogon zu* den Geröllschluchten, und ich konnte verfolgen, wie die Wolken die Gipfel verschleiern und enthüllen. Selbst ein noch so anspruchsvolles Auge könnte bei einem derartigen Ausblick verweilen.

Ich gab Captain Sanso Geld, er gab Befehle. Bald landeten *banghas,* mit Helfern beladen, an Tiwariks Strand, und die Kliffe hallten vom Klang des Bambusspaltens wider. Einige Einsätze zur Inselspitze wurden organisiert, und verschiedene kräftige Hölzer wurden vom Wald hergebracht, ihr Saft tropfte und hing wie Rotz vom Schnittende. Außer Nägeln, Handwerkszeug und Nylonschnur mußte wenig von der Hauptinsel mitgenommen werden. Die Ausnahme waren Palmwedel zum Weben der Platten aus *sulirap,* um mit ihnen das nackte Geripppe der Wände und des Daches zu bedecken. Daß es nicht eine einzige Palme auf Tiwarik gab, bewies hinlänglich, daß die Insel nie bewohnt war. Nicht einmal ein wilder Papayabaum war zu finden, was mich überraschte, denn ich hatte schon den regelmäßigen Flugverkehr der Vögel über die Meerenge beobachtet und hätte geglaubt, daß sie längst in ihren Eingeweiden die Samen dieses allgegenwärtigen Baumes mitgebracht hatten. Wie die Wasserjungfer hat sich die Papaya seit der Zeit ihrer fossilen Vorfahren nicht verändert: ihr Überleben scheint auf ihre Vollkommenheit hinzuweisen, die nicht unmittelbar einsichtig ist (sicherlich nicht in dem langweiligen Geschmack und der käseartigen Struktur der Frucht, die sie wie Hautlappen um ihren Stamm trägt).

Drei Tage später habe ich ein einfaches Haus und einige neue Freunde. Vielleicht weil er der Bruder des Captains ist, strahlt Arman eine Gelassenheit und Offenheit aus, die ihn leicht zugänglich macht. Er ist sofort als Fischer erkennbar, denn statt des einheitlichen, asiatischen Schwarz ist sein Haar merkwürdig braun mit kastanienbraunen Tönen und natürlichen dunkelblonden Strähnen. Nur das Haar der Fischejungen verfärbt sich so und nur dann, wenn sie fast ständig und mit Tauchgängen fischen. Auf die anderen Fischer – im allgemeinen die älteren –, die stundenlang mit Leine und Angelhaken im Boot sitzen, trifft dies kaum zu. Arman hat auch die Physis eines Tauchers: breite Brust und Schultern, schlanke Taille, kräftige Hüften. Mit siebenundzwanzig hat er bereits seinen körperlichen Höhepunkt überschritten, aber er ist wahrscheinlich von allen Fischern in Sabay immer noch am besten in Form, weil er – wie ich später entdecke – der einzige ist, der nicht raucht.

Arman hat seinen jungen Cousin Intoy mitgebracht, einen angehenden Teenager, dessen Haar auch gelbbraun ist. Intoy ist durch meine Fremdartigkeit nicht verschüchtert, ist ungeniert neugierig zu erfahren, welche Laune mich hierhergeführt hat, will wissen, ob ich irgendwelche *komiks* mitgebracht habe. Er lacht viel und springt wie ein Kobold umher. Sobald er entdeckt, daß ich ein Harpunen-Fischer bin, diskutieren wir ernsthaft Techniken und Abzugsarten, so daß Arman und die anderen interessiert herbeikommen. Mehr als alles andere scheint dieses Thema der große Eisbrecher zu sein. Wir hätten jene wissenden, geilen Gespräche über Sex führen können, die manchmal hilfreich sind, aber ich wäre nicht mit solcher Ernsthaftigkeit behandelt worden wie jetzt, da ich meine Methode beschreibe, wie eine billige chinesische Taschenlampe für nächtliches Tauchen wasserdicht gemacht werden kann. Intoy fragt nach der am häufigsten vorkommenden Fischart »von da, wo du herkommst«. Er meint Kansulay, aber es klingt bei ihm so weit und vage wie England (das alle hier in den Provinzen für einen Bundesstaat der USA halten).

Als mein Haus schließlich fertig ist, umschreitet es Intoy prüfend und verkündet, daß er hier wohnen werde. Arman fördert diese Idee.

»Du kannst hier nicht allein leben«, sagt er.

Ich erkläre, daß ich das durchaus gewöhnt bin. Alle sind entsetzt; so wie es aussieht, hat mir keiner von ihnen bei der Trinkerei am ersten Nachmittag geglaubt.

»Du mußt doch aber zumindest einen *bantay* haben«, schlägt jemand vor.

Ich glaube nicht, daß ich einen Wächter brauche, da außer mir niemand auf Tiwarik ist.

»Schurken kommen hierher,« sagt Arman düster. »Alle möglichen Kriminellen von Visaya. Eines Nachts können sie landen, heraufschleichen und dir die Kehle durchschneiden.«

Ich sage, ich würde wohl eher in einigen Faden Tiefe sterben, als daß mir die Kehle durchgeschnitten würde.

»Also gut, du brauchst einen Diener. Intoy wird für dein Feuerholz sorgen und dir jeden Tag Wasser hinüberbringen. Er ist ein guter Junge, ziemlich stark.«

»So stark wie gekochter Seetang«, pflichtet ein anderer Junge bei, dessen Aufgabe es gewesen war, Reis für den Bautrupp zu kochen. Unter Gelächter balgen sich er und Intoy und rollen die Kiesbank hinunter ins seichte Wasser, wo sie wie Meerschweine herumplanschen. Ich weiß, warum Arman insistiert. Zum einen würde meine Bezahlung für die Pflichten eines Hausjungen etwas Geld in die Familie seines Cousins bringen, daneben hat es auch etwas mit Anstand zu tun. Daß in der Nähe ein Besucher – insbesondere ein *'kano* – *ohne* Hilfe lebt, gehört sich nicht. Ich begreife das; es hat einige Jahre gebraucht, bis ich meine Unabhängigkeit in Kansulay so durchgesetzt hatte, daß ich von den Leuten – statt Anstoß zu erregen – nur bedauert und nachsichtig behandelt wurde.

Ich erkläre, ich sei Schriftsteller, der Zeit und Raum für sich brauche. Intoy kommt herbei und läßt sich fallen, er tropft, atmet heftig und sagt, ich könne ihn wegschicken, wann immer ich wolle. Eigentlich möchte ich in diesem Moment, daß alle fortgehen und mich mit meinem neuen Haus allein lassen.

Das tun sie dann auch nach einer Weile, und ich liege am Fußboden auf dem Bauch und beobachte aus der offenen Tür, wie sich ihre kleine Flotte Sabay nähert. Die Bambuslatten unter mir riechen süß nach Saft, die gebogenen Oberflächen sind noch grün. Es wird ein paar Wochen dauern, bis sie blond und die Nägelköpfe schwarz werden.

Später, am selben Abend, nachdem ich Fisch und Reis beim Schein des Feuers gegessen habe, gehe ich wieder hinunter zum Strand, um das Geschirr in den zurückweichenden, sanften Wellen zu spülen, scheuere es mit einigen Handvoll grobem Sand. Es bleibt mit einem Ölfilm bedeckt, der Tag auf Tag dort haften wird. Der Mond strahlt ehrfurchterregend, genau heute nacht ist er voll. Einige silbrige Moleküle werden vom Geschirr abgewaschen, die Meereslebewesen werden sie binnen einer Stunde aufgelöst haben.

Erste Nächte an fremden Orten können bestimmen, wie sie in Zukunft auf einen wirken. Dies ist meine zweite erste Nacht auf Tiwarik, und sie hat beschlossen, nicht wie irgendeine andere tropische Nacht zu vergehen. Verschüttetes Quecksilber, welches das Meer ist, darüber die kreisenden Galaxien und die Insel in meinem Rücken voll metallisch glänzender Blätter ergeben das eigenartigste Licht. Es ist, als erzeugte alles sein eigenes Leuchten, das der Mond dann in seiner strahlenden Linse sammelt. Heute nacht regt der Mond die Dinge an, Licht abzusondern, so wie bei einem regelmäßig benutzten Brunnen das Wasser leichter nachfließt. Ganz Tiwarik, dieser unregelmäßige Haufen aus Fels und Erde, der aus dem Ozean ragt, muß von Kapillaren geädert sein, in denen dieses Licht rinnt und sich sammelt und überfließt vom Kliff und Halm und Walddach. Die Heiterkeit und Klarheit scheinen ein gutes Omen, und ich gehe hinauf mit dem Geschirr zurück zu meiner Hütte, zufrieden, hier zu sein.

Aber das ist nicht das letzte Omen heute nacht. Ich blase die Lampe aus, liege auf dem Boden und höre auf das langsame Atmen der See unten, auf die Grillen im Gras um das Haus. In der Nähe kündigt ein knurriges Klappern den lauten, wiederholten Ruf der Waldeidechse an, die ihren eigenen Namen in Tagalog ruft: *tu-ko, tu-ko, tu-ko*... Amerikanische Truppen in Vietnam kannten sie als die *fuck-you*-Eidechse, aber der Klang dieser Silben kommt dem nicht so nahe, sagt wohl mehr über den Namensgeber als über die Benannte aus. Wie ich mich so vergnüglich treiben lasse, werde ich einer Veränderung gewahr. Die Geräusche nehmen ab, das Zirpen und Zwitschern verstummt, die rauheren Schreie von der Dschungelkappe der Insel sind verklungen. Selbst die See wirkt gedämpft. Ich öffne die Augen. Statt der strahlenden Lichtstreifen des Mondes auf Wänden und Dach: nichts außer dem Dunkel. Ich stehe auf, öffne die Tür und taste mich die Bambusstufen hinunter in eine geisterhafte Landschaft.

Der Mond ist noch da, aber er ist beinahe verloschen. Seine makellose Scheibe ist immer noch makellos, aber herabgetönt zu einer tiefen Bernsteinfarbe, als ob er durch die Glasscherbe einer zerbrochenen Bierflasche betrachtet würde. Ein Urschauer durchläuft mich, ein Gefühl, als wäre ich eine Million Jahre voraus ans Ende der Welt versetzt worden. Es wäre erträglicher, wenn die Insekten weiterhin vertrauensvoll lärmen, ihre Unabhängigkeit von solch kosmischem Alltagsgeschehen bekunden würden. Aber nichts bewegt sich. Es ist, als wären alle Lebewesen, zusammen mit der See und dem Wind durch die Trostlosigkeit einer totalen Mondfinsternis zum Schweigen gebracht.

Während die Minuten verstreichen und Die Erde bewegungslos verharrt, komme ich wieder genügend zu mir, um über mein erstaunliches Glück nachzusinnen. In der Schule gab es gelegentlich Ankündigungen, daß alle unmittelbar nach der Pause eine Stunde auslassen könnten, um eine teilweise Sonnenfinsternis zu beobachten, und wir hatten uns pflichtgemäß draußen mit geschwärzten Glasscheiben versammelt. Aber es war immer bewölkt, diese grau-verhangene Schicht, die Großbritannien böswillig vom Universum abschirmt. Nach einer halben Stunde marschierten wir alle wieder rein, nicht einmal besonders enttäuscht, die Gesichter vom Lampenruß verschmiert. Doch hier, bei meiner zweiten ersten Nacht auf Tiwarik, findet eine totale Verfinsterung des Vollmondes am wolkenlosen Himmel statt und dauert beinahe zwei Stunden. Es ist kaum zu fassen.

Es ist gewiß leicht, die Furcht der Leute vor einer Eklipse zu verstehen, selbst der des Mondes. Als mir an meinem neunten Geburtstag eine Armee-Signallampe geschenkt wurde, war ich von ihr und ihrem Zubehör hingerissen, doch mit einem besonderen Ausstattungsteil war ich vorsichtig. Es handelte sich um eine Gummischutzbrille mit tiefroten Gläsern, die zu benutzen war, wenn eine rote Glaskappe auf die Lampe aufgesetzt wurde. Dies erlaubte dem, der die Signale gab, sie zu senden, ohne daß der Lichtstrahl seine Position verraten würde. Das erste Mal, als ich an einem sonnigen Tag hinaus in den Garten ging und sie trug, wurde ich von einem apokalyptischen Schrecken erfaßt. Die Welt war zu Blut geworden. Der Tennisplatz und die Kirschbäume waren eine fremdartige Landschaft wie der Mars zu Kriegszeiten. Über ihr flammte ein furchterregender Himmel, Wogen weißglühender Gase tobten dort. Plötzlich war ich der letzte Mensch, der irgendwo noch lebte, meine Eltern, meine Schwester, mein Hund waren auf einer anderen Welt seit einer Million Jahre tot, und ich war dazu verdammt, Zeuge zu sein, wie das Universum durch Feuer zerstört wurde, bevor ich selbst verbrannte. Ich riß die Schutzbrille vom Gesicht und tauchte im warmen Juni-Sonnenlicht auf. Unter seinen beruhigenden Strahlen hatte der Rasen wieder sein üppiges Grün, während sich am Himmel oben der kochende Rauch in milde, dahintreibende Haufenwolken verwandelt hatte. Wann immer ich mich danach erschrecken wollte, ging ich mit dieser Schutzbrille herum, während der Schweiß in die Gummiaugenkappen rann; teilweise war ich kühner wegen der weißen Lichtgrannen, die an den Gläserseiten durch die Luftlöcher eindrangen.

Jetzt auf Tiwarik bemerke ich die rötliche Färbung des verfinsterten Mondes und verstehe die biblischen Hinweise, daß er zu Blut wird. Gleichzeitig bin ich natürlich von der Besonderheit des Phänomens gefesselt. Es ist so selten und so völlig unerwartet, daß ich nicht ganz weiß, wie ich damit umgehen soll; nachdem ich also forschend etwas herumgegangen bin, kehre ich zurück, setze mich auf die oberste Stufe und beobachte den ersten Silbersplitter und wie die unberührte Scheibe schließlich wieder aus dem Schatten herausgleitet. Es besteht kein Zweifel, daß dieser Himmelskörper überhaupt nichts mit dem bleichen Satelliten zu tun hat, auf dem Menschen vor beinahe zwanzig Jahren landeten. Das war nur der Mond Der Erde. Aber das strahlende Mandala, von dem der letzte Rest von Belag abgewischt wird, während ich zusehe, das ist Der Mond. Der Mond ist eine Schöpfung der Vorstellungskraft und wird für immer unberührt von der Eindringlinge Stiefelabdrücke mit ihren breitköpfigen Schuhnägeln bleiben. Und von allüberall brechen die Grillen wieder in ihr Lied aus, die *tuko* ruft, die See atmet wieder. Jetzt kann ich schlafen gehen.

KAPITEL 2

Wohne ich in Kansulay, pendele ich zwischen dem Wald und dem Dorf an der Küste. Die Entfernung beträgt nur etwa anderthalb Kilometer, aber es reicht durchaus, um den Dingen einen Hauch von der Entlegenheit des Landesinneren, dem *bundok zu* geben.

Der Weg von Kansulay führt mich durch ein Tal hoch, in dessen Grund vor langer Zeit Kokosnüsse gepflanzt worden waren. Schließlich zweigt er ab, überquert einen Bach und steigt zwischen wilder Vegetation steil nach oben, bis er auf der kahlen Höhe anlangt, wo meine Hütte steht. Von hier aus kann ich ins Tal hinab sehen, ohne an irgendeiner Stelle die Sohle entdecken zu können, nur die dichten Palmkronen – ein unendliches Gezweig aus Schwanzfedern – und den bernsteinfarbenen Glanz der Kokosnüsse. Unsichtbar unter ihnen liegen zwei Hütten, einige hundert Meter voneinander entfernt. Die eine ist die Behausung meiner nächsten Nachbarn, der Familie Malabayabas, der ich beinahe täglich begegne. Die andere ist eine Ruine und steht beim Bach zwischen den rosagrauen Säulen der Kokosnüsse. Dort lebte einmal in Gesellschaft einiger Schweine Lolang Mating.

Lolang Mating war, gemessen am ländlichen Filipino-Standard, ohne Zweifel eine außerordentliche Persönlichkeit, hatte sie sich doch entschieden, alleine zu leben, getrennt von ihrer Familie, die unten im Dorf wohnte, obwohl sie eine Großmutter war (wie der Titel besagt). Sie wurde täglich von ihrem Sohn und ihren Enkelkindern besucht, die inzwischen muskulöse Teenager sind mit verhornten Füßen vom Erklettern der Bäume. Sie kamen zum einen, um die Schweine zu füttern, zum anderen, um die Oma zu besuchen, doch allem Augenschein nach waren die Beziehungen zwischen ihnen einigermaßen herzlich. Allerdings weigerte sich die alte Frau strikt, unten bei ihnen zu leben. Wahrscheinlich hatte niemand ausreichend deutlich gemacht, daß es sich für eine Frau in den Siebzigern nicht ziemt, alleine in dieser halben Wildnis zu leben: dies wäre überflüssig gewesen in einer Kultur, deren höchstes Prinzip Familiennähe ist und wo gewohnheitsmäßig die Frage gestellt wird »*Wer ist dein Begleiter?*«, wenn irgendeine Aktivität wie Essen, Schlafen oder auch nur Heimgehen vorgeschlagen wird. In einem Land, in dem niemand etwas freiwillig alleine macht, in dem ein mit schlafenden Körpern vollgepackter Bambusboden bei weitem einem luxuriösen Alleinsein vorgezogen wird, in dem Aberglauben ebensosehr wie fehlende Taschenlampenbatterien die Leute nach Einbruch der Dunkelheit in den Häusern halten, wollte Lolang Mating allein in ihrer Hütte leben.

Allmählich freundeten wir uns an, als ich wegen notwendiger Einkäufe, Reis oder Öl, ins Dorf ging. Wenn ich morgens vom nahen Bach Wasser holte, konnte ich sie sehen, wie sie, ihre geflickten Röcke um ihre gebogenen dunkelbraunen Beine geschürzt, das graue Haar mit einem Bambuspfeil zu einem Knoten aufgesteckt, in der Strömung stand und ihre runzelige Brust wusch. Mit instinktivem Anstand taten wir so, als hätten wir einander nicht gesehen, indem ich plötzlich abseits etwas fand, das mich interessierte. Später würde sie dann einen Gruß hinüberrufen, und ich wußte, daß ich kommen und meinen Plastikbenzinkanister auf die Seite in den Bach legen und reden konnte. Mittlerweile hatte sie ihre Bluse gewechselt und war dabei, die gestrige mit einer leuchtend blauen Seife zu reinigen.

Diese frühmorgendlichen Gespräche mit Lolang Mating

wurden zu einem festen Bestandteil des täglichen Lebens in Kansulay. Wir saßen auf den niedrigen Felsbrocken, unsere Füße in der Strömung, während die Palmwedel die Sonnenstrahlen kämmten, die aufs Wasser fielen, und Schmetterlinge in der Luft schwebten. Sie würde reden und ohne Grund verstummen, geistesabwesend die Bluse durchs Wasser und wieder herausziehen, sie manchmal mit einer Patsche, die sie aus einem Palmwedelgerippe zurechtgehackt hatte, schlagen, so als ob sie einer inneren Stimme Gewicht verleihen wollte. Sie erzählte mir dabei von der japanischen Besatzung und den anti-japanischen Guerrilleros, den Hukbalahap, die sie einmal beherbergt hatte. Sie redete über Schweine und Morde und Mayor Pascual, der ohne Arschloch geboren worden war – sie wußte es, denn als Hebamme hatte sie ihn entbunden –, und der Doktor mußte mit der Schere eins machen. Sie sprach über die Zeiten, als man noch mit einem einzigen *piso* für die Familie einkaufen konnte und als fast jeder, der einen ordentlichen Hut trug, Spanisch sprach. Sie wußte viel über die Magier, die in den Hügeln des Landesinneren wohnten und ganze Felder mit *tintang luya,* schwarzem Ingwer, anbauten, jener seltensten aller Pflanzen, mit immens starken Wirkstoffen. Schwarzer Ingwer hilft, einen Bannkreis zu ziehen oder sich gegen *mananang-gal* zu verteidigen, jene vampirischen Schrecknisse, die im Gebälk der Hütten kauern, wo Babys oder Kranke sind, und ihre Zungen herunterlassen, um die Leber der Schlafenden auszusaugen.

»Hast du denn keine Angst hier nachts?«

»Natürlich nicht«, sagte sie.

»Aber du glaubst doch an all die Geister und Zwerge und Gespenster und Vampire?«

»Natürlich glaube ich an sie, ich sehe sie oft. Aber ich habe keine Angst vor ihnen. Sie würden mir nie etwas antun. Das war schon immer so, und jetzt bin ich eine alte Frau. So lange ich an meinem Platz bin, lassen sie mich in Ruhe, weil sie wissen, daß es mein Platz und nicht ihrer ist.«

»Wie Hunde.«

»Genauso.«

Sie erzählte mir, daß sie hier geboren wurde. Unwillkürlich blickte ich zur Hütte, ihre Pfähle und Wände waren vom Alter silbern gebleicht. Selbstverständlich war es nicht das Haus, in dem sie geboren worden war, aber es stand auf demselben Gelände, wie sie bei einer anderen Gelegenheit erklärte. Den Europäern, gewöhnt an nostalgische Gefühle alten Sachen gegenüber, können die Filipinos mit ihrem Verhältnis zur Unbeständigkeit manchmal eigenartig nüchtern vorkommen. Eine Architektur leichter Holzbauten und mit einem Dach aus Gras oder Palmwedeln, den Termiten und Taifunen ausgesetzt, läßt ein fünfzig Jahre altes Haus zu einer antiken Rarität werden. Häuser werden schnell gebaut, und Neuheit gilt als Zeichen dafür, daß der Familienwohlstand steigt. Ein geflicktes und windschiefes Haus zeugt von Armut und Antriebslosigkeit.

Von Lolang Matings Geburtshaus war nicht eine Spur mehr übrig, außer der geschwärzten viereckigen Grube, in der einer der vier Pfähle gestanden hatte, wie sie mir sagte. Das ursprüngliche Loch war vergrößert worden und wurde jetzt als Brennofen genutzt, um Kohle aus Kokosnußschalen zu machen.

»Als ich hier geboren wurde, gab es keine Kokosnüsse«, sagte sie eines Tages. »Das da war alles Wald wie oben, wo du lebst. Wir hatten eine Schonung, wo mein Vater Schweine hielt. Wir fanden Bananen und Papayas im Wald und bauten *kamoteng-kahoy* an, das wir hinunter ins Dorf trugen und dort verkauften. Dann kaufte unser Verpächter das Land und beschloß, alles abzuholzen und Kokosnüsse zu pflanzen. Ich erinnere mich noch, wie häßlich es aussah, die abgebrannte Erde und die Reihen der Büschel mit Kokosnuß-Setzlingen. Jetzt wird es allerdings bald Zeit, sie zu fällen und neue zu pflanzen. Sie hätten die ganze Zeit über neue anpflanzen müssen und nicht warten, bis alle gleichzeitig alt werden.«

Diese Stelle an der Bachbiegung war immer ihr Platz gewesen, ganz gleich, was gerade wuchs, und was ihn betraf, so war sie kein bißchen nüchtern. Sie sprach von Kansulay, als ob es irgendeine fremdländische Stadt wäre, nicht eine kleine Ansammlung von Häusern gleich dem ihren, anderthalb Kilometer entfernt am Meer gelegen und beinahe ausschließlich von ihren Verwandten verschiedenen Grades bewohnt.

»Zuviel Lärm dort«, sagte sie. »Ich könnte nicht in diesem Haus von Dando leben (Dando war ihr Sohn). Immerzu Kinder und Kochen und Trinken, Tag und Nacht. Und ich mag das elektrische Licht nicht, das sie legen wollen. Meine Augen tun mir weh davon. Nachts zuviel Licht ist schädlich: du merkst das daran, daß es die Leute älter aussehen läßt, selbst die Kinder. Es macht etwas mit der Haut. Und wenn du rausgehst, kannst du fünf Minuten lang nichts sehen.«

Eine echte Einsiedlerin also, in jeder Epoche und in jeder Kultur erkennbar. Der Gedanke war nicht unangenehm, daß auch ich meine Tage so beenden könnte: zur Morgendämmerung in einem lichtgesprenkelten Bach stehen und mir die runzelige Brust einseifen, zur Nacht leuchtende Pilze in einen Glaskrug tun, die einen sanften Schein in meine Hütte warfen. Eines Tages wurde Lolang Mating verrenkt am Boden liegend neben ihrem *kayuran* gefunden, dem niedrigen Holzdreifuß mit seiner gesägten Flansch, die an dessen Oberteil befestigt war und zum Raspeln von Kokosnüssen benutzt wurde. Sie wurde den Pfad hinunter zum Dorf gebracht und in Dandos Haus ins Bett gelegt. Einige Tage später ging ich sie besuchen. Sie schlurfte herum auf ihren zähen, alten Beinen, aber so, als fehlte ihr ein Schwein zum Füttern oder eine Bluse zum Auswaschen, konnte sie sich nicht mehr daran erinnern, wohin sie ging. Die Familie redete über »hohes Blut«; ich vermutete einen kleineren Schlaganfall. Sie schien ziemlich unbeeinträchtigt, aber in ihrem Blick war eine Entrücktheit, die neu war.

»Sie wollen mich nicht gehen lassen«, sagte sie mir. »Sie sagen, ich könne nicht länger dort leben, ich könnte dort allein sterben.«

»Ich nehme an, daß es zu deinem Besten ist«, sagte ich pflichtgemäß; aber wir wußten beide, daß dem nicht so war. Sie war dort geboren worden, warum sollte sie dort nicht sterben, inmitten der Glühwürmchen und Frösche und Grillen? Was war daran so positiv, wenn Familiengesichter auf einen runterstarrten und mit Arznei quälten?

»Faul«, vertraute sie mir an. »Sie haben keine Lust, den Trampelpfad hochzukommen, um mich zum Beerdigen herunterzuholen.«

Bei ihr klang es so, als wäre es sehr weit bis zu ihrem Land. Hätte sie in einer Welt gelebt, in der keine gesellschaftlichen Rituale und frommen Gebräuche berücksichtigt werden müssen, wäre sie dafür gewesen, unter den Kokospalmen bei der Bachbiegung beerdigt zu werden, statt auf dem Friedhof in Bulangan, wo die Salzluft die Zementgräber zersetzte und diese nach zehn Jahren eher greulich als ehrfurchtgebietend aussahen. Sie war vom Land ihres Todes abgeschnitten und sehr wahrscheinlich nun der Gnade oder Ungnade einer fremden Mannschaft von Gebietsgeistern ausgeliefert. Jedesmal, wenn ich sie sah, schien sie noch schweigsamer, noch erschöpfter durch die bloße Nähe von Leuten.

»Bring sie nach Hause«, drängte ich Dando. »Na komm schon, selbst wenn es nur zu einem Besuch ist, während du die Schweine fütterst.«

Und offensichtlich machte er das auch, vermutlich mit hochgezogenen Augenbrauen auf die unausgesprochenen Fragen vorübergehender Dorfbewohner und einem Ausdruck kindlicher Hilflosigkeit, während seine uralte Mutter zu ihrem Land zurückging. Dort angekommen, durfte sie nichts tun, sondern saß noch einmal im Eingang ihrer Hütte mit ihren Füßen auf der polierten Bambussprosse der obersten Stufe wie immer; sie sah hinaus auf die in ihre Lichtung flutenden Sonnenstrahlen und auf das Hin- und Hertaumeln der

Schmetterlinge im Spiel der Schatten. Dando und ihre Enkel hantierten herum, raspelten Kokosnuß für die Schweine,
kletterten einen Baum hinauf, um das Bambusgefäß mit *tuba*
zu holen. Hin und wieder blickten sie hinüber zu Lolang Mating, die den Schlaf eines alten Menschen nach einem langen
Weg schlief, angelehnt am Eingang, den Kopf gegen den Türpfosten. Und als es spät am Morgen und Zeit war, nach
Hause zum Essen zu gehen, stellten sie fest, daß sie nicht
wach zu bekommen war.

Sie karrten sie den Pfad hinunter, weg von den Glühwürmchen und den Fröschen und begruben sie dann nach ange-
messener Zeit in Bulangan. Dort weht der salzige Seewind
über ihre Zementplatte, und die Eidechsen flitzen über die
Buchstaben, die sie mit der Kellenspitze in den nassen Mör-
tel geritzt hatten. Noch viele Wochen später näherte ich mich
dem Bach aus purer Gewohnheit mit Vorsicht, bevor ich meinen Plastikbenzinkanister bei den Steinen auf die Seite legte,
wo wir gesessen hatten. Auf meinem Rückweg vom Markt am
späten Vormittag ging ich an ihrer Hütte vorbei und vermißte
ihren intelligenten Blick, denn im Eingang baumelten jetzt die
kommunikationsunwilligen schwieligen Fußsohlen des einge-
nickten Enkelsohnes.

Dann ging ich einige Monate weg, und als ich zurückkehrte,
fand ich Lolang Matings Hütte verfallen und verwahrlost vor.
Ihre Familie hatte das Grundstück verlassen, denn es war bequemer, die Schweine anderswo unterzubringen und einen
anderen Baum für Palmwein näher beim Haus zu nutzen. Das
Dach war durch einen Sturm weitgehend abgetragen worden,
und die Latten des Bambusbodens, die einmal ihre nackten
Füße poliert hatten, waren jetzt schwarz und schwammig vor
Nässe, denn es hatte reingeregnet. Ich fand in der Nähe im
Schlamm einen Schöpflöffel, den sie für Schweinefutter ge-
schnitzt hatte, und nahm ihn mit zu meiner Hütte, wo ich ihn
immer noch für kochendes Wasser benutze. Aber erst als ich
in der Dunkelheit an ihrem Grund vorbeikam, entdeckte ich

etwas Seltsames. Denn zwischen den schwarzen Säulen dieser Gruft glomm in der mondlosen Nacht Lolang Matings erbärmliche Hütte sanft. Vermutlich hatte ihre Angewohnheit, leuchtende Pilze ins Haus zu bringen, den ganzen Bau mit Sporen übersät, die mit dem plötzlichen Einbruch der nassen Witterung gesprossen waren. Wie durch Hefe belebt, pulsierte ihre Hütte mit kalter Energie, während tagsüber nur das traurige Geviert aus Sparren und Latten zu sehen war.

Nicht lange, und andere, die nachts vorübergingen, bemerkten es auch, womit die vorhersagbaren Gerüchte kursierten, daß die alte Frau eine Hexe gewesen sei und daß die ihr vertrauten Geister oder sogar ihr eigener Geist immer noch die Stelle heimsuchten, wo sie gelebt hatte und gestorben war. Der Platz wurde gemieden, die Hütte verfiel völlig; und ich wurde für noch verrückter gehalten, weil ich weiterhin am Ende des Weges lebte, der durch solch gespenstische Wildnis führte. Am Jahrestag des Todes seiner Mutter besuchte ich Dando, obwohl ich glaube, daß er halb davon überzeugt war, ich hätte ihr Ende mitverursacht, weil ich ihn, gegen sein besseres Wissen, überredet hatte. Ich ging eher hin wegen des Essens und der Geselligkeit und nicht so sehr wegen der Gebete für ihre Seele, von der ich überzeugt war, daß sie für sich selber sorgen konnte. Ihre Enkel hatten durch harte körperliche Arbeit und vom Trinken zugenommen, einer arbeitete in der einige Kilometer entfernten Stadt als Tankstellenhilfe, hatte nur den Griff einer Benzinpumpe umzulegen. Selbst die Schweine waren fett geworden. Sie durchwühlten in der Morgendämmerung das Küstenvorland, um die Ausscheidungen der Dorfbewohner aus der Erde zu holen, von denen sich jene – schicklich den Einbruch der Nacht abwartend – in flache Sandvertiefungen erleichtert hatten, wie Schildkröten, die ihre Eier legen.

Erst als sie gestorben war, wurde mir bewußt, daß mich Lolang Mating während unserer ganzen Bekanntschaft nicht ein einziges Mal gefragt hatte, was ich in Kansulay mache: eine Person von phänomenaler Diskretion. Beim ersten Mal wäre ich ihr sicher die Antwort schuldig geblieben, wenn sie gefragt hätte. Nur langsam dämmerte mir, daß sie mich vielleicht verstanden hätte, denn sie lebte ja auch wegen ihrer Familie allein im *bundok* und weil sie eben so war, wie sie war.

Um es mir allerdings selbst klarzumachen, müßte ich einige Jahrzehnte und über zehntausend Kilometer zurückgehen, mich ein paar Schlüsselerlebnissen stellen, die den Pfad hierher markieren. Ich bin jetzt alt genug, um die langwierige Chronologie meiner Kindheit und Jugend zu verschmähen, das meiste davon genauso langweilig zu erzählen wie damals zu durchleben, und ich konzentriere mich auf eine Handvoll Ereignisse. Ihre Bedeutung für mich beurteile ich so, wie das alle tun: danach, wie sie in unserem Leben nachklingen und weiterhin eigenartig relevant erscheinen und sogar uns und unser Tun beeinflussen. Daß ich im Alter von zwölf Jahren Tiwarik zeichnete, war ein offensichtliches Beispiel für solch ein Ereignis. Ein anderes geschah während der Sommerferien mit der Familie, jenem sorgfältig vorgeplanten Szenario kollektiver Reibereien im englischen Familienleben.

Bei dieser Erinnerung dreht es sich um ein spezielles Scharmützel in der langwierigen Fehde mit meinem Vater, die rückblickend mit dem Tag seiner Entlassung aus dem Militärdienst begonnen zu haben scheint und bis zu seinem Tode, in der Woche vor meiner universitären Vorprüfung, andauerte. Wir waren irgendwo im idyllischen Südwesten Englands zu einem mittäglichen Picknick an der Küste. Es war ein warmer Tag, der Atlantik war eisig. Meine jüngere Schwester Jane mit ihrer kindlichen Kälteunempfindlichkeit hatte vorher darauf bestanden zu baden und zwang so zumindest einen Erwachsenen, mit ihr zu gehen, um sie gegebenenfalls vor den grünen, dröhnenden Wellen retten zu können. Ich saß etwas hinter meinem Vater, darauf bedacht, nicht in sein Blickfeld zu geraten. Er aß langsam ein Tomatenbrot und blickte dabei aufs

Meer, als ob dort die Schiffsflotten wären, die er immer lieber entworfen hätte, statt der ehrenvolleren Karriere in Medizin nachzugehen, die vermutlich sein inneres Auge mit kaum anderem als Leichen verdorben hatte. Plötzlich erblickte ich die Wespe, die sich auf seinem Brot niedergelassen hatte und den teigigen Abdruck seines letzten Bissens bearbeitete. Ich sagte nichts. Ich beobachtete, wie er, ohne hinzusehen, noch einmal abbiß und mit seinem gemessenen, irritierend gründlichen Kauen begann.

Es war beeindruckend. Er spuckte einen Schwall Schmiere, rot und gelb-und-schwarz durchsetzt, auf den Sand; als solches schon schockierend genug, weil mein Vater peinlich genau auf Tischmanieren achtete und außerdem einen Horror vor irgendwelchen Szenen in der Öffentlichkeit hatte. Meine Mutter sah ihn voller Erstaunen an und überlegte, was sie falsch gemacht hatte.

»Verdammt, ich bin gestochen worden. Au.«

»Zeig her, Liebling.« Meine Mutter war Anästhesistin und hatte meinen Vater in Anästhesie unterrichtet, als er kurz vorm Krieg Student am University College Hospital (UCH) war.

»Es gibt nichts zu sehen«, sagte mein Vater zum Sand, den Kopf zwischen den Knien. »Es tut nur höllisch weh.«

»Gaumensegel oder Kehle?«

»Mein Gott, Frau, ich… Am Zäpfchen, so fühlt sich's an. Oh«, sagte er und kapierte plötzlich. Meine Mutter hatte weitergedacht. »Ich glaube nicht, daß ich ersticke. Aber es wird ganz schön dick. Ich kann eine Schwellung spüren.«

Wir waren weit weg vom Auto, und das wiederum war Meilen vom nächsten kleinen Krankenhaus entfernt. Meine Mutter überredete ihn zu einer Inspektion.

»Auweh«, sagte sie voll Mitgefühl. »Ja, ich kann sehen, wo es ist.«

Mein Vater beäugte sie. Was auch immer die richtigere Vorgehensweise gewesen wäre – wie zum Auto rennen –, es war offensichtlich zu spät. Er mußte es einfach durchstehen. Seine Stimme war bereits heiser und sein Atmen lauter.

»Als letzten Ausweg mußt du eben einen Luftröhrenschnitt machen«, sagte er ihr. »Zumindest könnte ich wohl in keinen besseren Händen sein.«

»Aber...«, meine Mutter sah hilflos auf die Picknick-Sachen, auf die marmeladeverschmierten Löffel, die Bakelit-becher, die Thermoskanne mit Orangensaft. Sie nahm sich das Brotmesser, ein anständiges Gerät mit einem runden Holzgriff und einer Sägeklinge, wie es sich gehört.

»Los, ihr beiden«, sagte sie zu meiner Schwester und mir. »Daddy wird es gleich besser gehen. Ihr geht jetzt zum Meer runter spielen; aber ihr dürft nicht ins Wasser gehen, es ist noch zu früh nach dem Essen.«

Wir verließen sie bereitwillig. Unten bei der Gischt, die un-regelmäßig am teilweise nassen Sand leckte, sagte Jane:

»Muß Daddy jetzt sterben?«

»Ja«, sagte ich ihr mit dem überlegenen Wissen eines älte-ren Bruders. Sie fing an zu weinen, weil sie glaubte, daß sie ihn ganz gern mochte, so wie Kinder eben sind. Ich selbst war voller Angst wegen dem, was ich getan hatte, denn ich hielt mich erst gar nicht dabei auf, zwischen schwei-gend geschehen lassen und tatsächlich etwas verursachen zu unterscheiden. Wir waren beide absolut gefesselt von der Vorstellung des Dramas, das sich dreißig Meter weiter ab-spielte. Wir brachten es nicht fertig, uns umzudrehen und zuzuschauen: Mummy säbelte mit einem Brotmesser von Harrods an Daddys Hals herum. Nach fünf angespannten Minuten konnten wir allerdings ihren winkenden Arm se-hen. Die Schwellung klang langsam ab; die Strandoperation würde nicht mehr nötig sein. Ich war beschwingt vor Er-leichterung, vielleicht wollte ich ihn also doch nicht wirklich sterben sehen. (Es sollten weitere zehn Jahre vergehen, bis er wirklich erstickte, dann allerdings an etwas noch tiefer in der Speiseröhre, nicht an einem Wespenstich, sondern durch die

Scheren des gefürchteten Krebses. Weder Brotmesser noch all das glänzende Besteck im St.George-Krankenhaus konnte ihn retten. Er war siebenundvierzig – kaum zwei Jahre älter, als ich jetzt bin.)

Später, am Nachmittag, nachdem die Wespengeschichte ausgestanden war, lagen meine Eltern, wie die meisten anderen Leute, am Strand in einer Art Nach-dem-Essen-Starre und sogen die schwache Sonne auf mit jener englischen Verbissenheit, die erkannt hat, daß es nicht viel mehr davon geben wird, nicht dieses Jahr, nicht im nächsten oder überhaupt. Ich saß etwas abseits und baute eine Paßstraße, indem ich Sand auf einem Felsausläufer aufschüttete. Als ich plötzlich auf all diese trägen Körper hochschaute, fiel mir auf, daß sie bereits halb im Sand versunken waren. Ich stellte mir vor, wie der Sand sie sich tatsächlich, während sie dösten, einverleibte, so daß bald am ganzen Strand eine Folge von sanften Geräuschen zu hören wäre *flupp! huuup! glupp!*, und wenn ich dann aufsähe, wäre er von Menschen, Hunden, Eltern verlassen, und nur noch ganz schwache Umrisse auf der Oberfläche würden andeuten, was dort gelegen hatte, wie Löffel, die man in eine dicke Suppe einsinken läßt. Ich allein würde überleben... Ich weiß nicht viel über Freuds Theorien, den eigenen Vater tot zu wünschen; ich glaube, meine Phantasievorstellung so kurz nach dem Wespen-Vorfall hatte viel mit Ärzten zu tun. Vor allen anderen sehen sich Ärzte als Überlebende, weil es ihre Pflicht ist, den Kranken und Todgeweihten zu dienen – und herumzudoktern lag mir im Blut.

Mein Vater und meine Mutter waren Fachärzte und leidenschaftliche Fürsprecher und Gründungsmitglieder der staatlichen Gesundheitsfürsorge. Keiner von beiden praktizierte zu Hause, und es gab kein verstohlenes Klingeln an der Tür, keine leisen Stimmen und Aufstöhnen im Arbeitszimmer. Dennoch gab es reichlich Hinweise darauf, daß dies ein medizinischer Haushalt war. Die Zeitschriften, die Werbung und die damals kostenlosen Arzneiproben, die tagtäglich, sechs Tage die Woche, hereingeschneit kamen, gehörten dazu. Ebenso wie der Anästhesieapparat und diverse Geräte, die meine Mutter im Schrank unter der Treppe aufbewahrte. Zuhause bei Schulfreunden, die ich besuchte, gab es auch Schränke unter Treppen, aber sie waren im allgemeinen voll mit langweiligen Sachen wie Staubsaugern, Nähmaschinen, Diaprojektoren. Keineswegs so interessant wie unser Schrank mit seiner blinkenden Ausstattung, all den Knöpfen und Skalen, dem kleinen Zylinder mit dem gefährlich explosiven Cyclopropan, den Flaschen mit gebrauchtem Äther und Trichloräthylen, die jeder Anästhesist jener Zeit als Fleckenmittel nach Hause brachte und um Hamster mit Tumoren einzuschläfern. Es gab Blutdruckmeßgeräte und orangefarbene Gummisäcke und Stethoskope und Katheter und altmodische Glasspritzen mit Ringen für die Finger. Im Vergleich dazu war mein Vater mit medizinischem Gerät nur schwach ausgerüstet; es bestand hauptsächlich aus einem gummiumrandeten Kniehammer und einem Zentner Karteikarten (er forschte über die Parkinsonsche Krankheit). . Aber es ging nicht nur um die Requisiten: die medizinische Ethik war in Überfülle vorhanden und – zumindest in der Familie väterlicherseits – mit der christlichen Ethik Des Guten Arztes fest verwoben. Mein Vater stammte von medizinischen Missionaren in China ab – so wie Mervyn Peake – und wurde im zarten Alter nach England zurückgeschickt, um am Eltham College erzogen zu werden, wo auch Peake, vier Klassen über ihm, lernte. Mein Großvater wurde dann von den Japanern in China interniert und durchlitt den Krieg heroisch, indem er sich um seine Lagergenossen kümmerte. Bei seiner Entlassung war er einer der Überlebenden, aber nur so gerade eben. Ich erinnere mich an ihn noch als kranken, alten Mann, sehr ruhig und ein richtiger Gentleman. Sein Nervensystem wurde von etwas Unaufhaltsamem zerstört; er starb, als ich ungefähr zwölf war. Sein Neffe, der Cousin meines Vaters, war Arzt; sein Sohn ist Arzt. Der jüngere Bruder meines Vaters, mein Onkel, ist Arzt, ebenso wie dessen ältester Sohn. Meine Tante war Apothekerin.

Meine Mutter war das schwarze Schaf, weil sie Ärztin zu einer Zeit werden wollte, als es sich für ein Mädchen, das bei Hof eingeführt worden war, nicht ziemte, sich mit etwas so Schmutzigem wie Medizin abzugeben. Ihre medizinische Ethik war auch stark entwickelt, die christliche Ethik verschwindend schwach. Sie war so etwas wie eine Sozialistin in einer stockkonservativen Tory Familie (mein Großvater war Conrad Im Thurn, stark in die Sinowjew-Brief-Affäre der zwanziger Jahre verwickelt). Ich wuchs mit ihren Erzählungen auf, wie sie in den dreißiger Jahren als Hebamme in der Gegend von St. Pancras in London arbeitete, vor allem erinnerte sie sich an den Schock, als sie entdeckte, wie die Armen lebten, und an die Wut über sich selbst und ihre Klasse, sich die Freiheit zu nehmen, nichts darüber zu wissen. Ich erinnere mich besonders, daß sie sagte, es sei damals keine Seltenheit gewesen, in die Mietskasernen nördlich der Euston Road zu kommen und dort festzustellen, daß das oberste Geschoß unzugänglich war, weil die Bewohner die Treppe verheizt hatten. In solchen Häusern mußte sie das Baby auf Zeitungspapier (frische Zeitung ist offenbar bemerkenswert keimfrei) entbinden und es in eine herausgezogene Kommodenschublade betten, weil es keinen anderen Platz gab.

Dabei hatte meine Mutter eine Großtante, die Kinderärztin war, somit war sie keine völlige berufliche Einzelgängerin in ihrer Familie. Trotzdem achte ich ihre unabhängige Gesinnung. Als ich heranwuchs, hielten es alle außer meine Eltern für selbstverständlich, daß ich einfach der beruflichen Familientradition folgen würde. Doch das kam nicht in Frage. Ich kämpfte bereits gegen meinen Vater: Ich hätte kein Arzt werden können, und wenn es der einzige Beruf gewesen wäre, der mir offenstand. Ich ging auf Nummer Sicher, indem ich in jedem naturwissenschaftlichen Fach außer in Biologie restlos versagte, das mir interessant und unverfänglich erschien und am Ende meine Rettung war, weil sie es mir ermöglichte, einen Platz an der Universität zu bekommen, obwohl ich siebenmal im Basiskurs Mathematik durchgefallen war, ein damaliger Schulrekord für die Abschlußklasse und einer, der, bis zum heutigen Tag ungebrochen, mich mit einem gewissen Stolz erfüllte. Erst als der vorzeitige Tod meines Vaters mich teilweise aus der Verpflichtung entließ, sinnlos zu opponieren, war ich in der Lage, das ständig mich belauernde medizinische Gespenst auszutreiben und im St.-Stephen-Krankenhaus in der Fulham Road zu arbeiten, wo ich insgesamt beinahe ein Jahr verbracht haben muß.

Kansulay hat Wasserprobleme, denn für Frischwasser ist es ausschließlich auf den kleinen Fluß angewiesen, dessen gewundener Weg aus dem Landesinneren an dem Platz vorbei führt, wo Lolang Mating sich zu waschen pflegte und wo ich immer noch meine tägliche Ration hole, wenn ich dort wohne. Weiter stromabwärts kommt er an dichter besiedelten Kokospalmenhainen vorbei, fließt schließlich durch das eigentliche Dorf, unter einer wackeligen Holzbrücke hindurch und zum Meer, wo er seine eigene Lücke in dem Saumriff in der See gebildet hat. Dieser Fluß ist Kansulays Lebensstrom. Über die Jahrhunderte hat er sich sein eigenes Bett gegraben, das gut vier und oft auch mehr Meter breit ist; aber es ist selten mit Wasser gefüllt, es sei denn, ein plötzlicher Wolkenbruch geht in den fernen Bergen nieder. Ansonsten windet er sich in einem zweiten Flußbett innerhalb des größeren dahin, mäandert von Fels zu Fels, von Tümpel zu Tümpel. Oftmals hat sich unter den schlammigen Uferböschungen ein Pfuhl gebildet, in dem Büffel lagern, ihre kühle graue Masse eingebettet in die Kuhlen, die sie sich geschaffen haben, das Maul auf der Oberfläche, Vögel auf den Köpfen.

Stromaufwärts von Lolang Matings alter Behausung leben nur wenige Leute ständig im Wald, im Gegensatz zu jenen

Gruppen, die gelegentlich dort einige Nächte verbringen, während sie Kopra aus extrem hoch hängenden Kokosnüssen gewinnen. Das Wasser, das ich entnehme, ist sauber; dafür sorgen die Blutegel und kleinen Krebse, Garnelen und Wellhornschnecken, die bei nächtlichen Jagdausflügen (mit einer Drucklampe stromaufwärts watend) zu einer Nahrungsquelle werden. Manchmal trifft man auf ein totes Huhn oder einen Büffelfladen, aber es gibt nichts, was einen ernsthaft an der Trinkwasserqualität zweifeln läßt. Von Lolang Mating aus stromabwärts ist das allerdings eine andere Sache, weil mehr und mehr Leute den Fluß nutzen, um sich, ihre Kleider und Tiere zu waschen. Wenn er das Dorf erreicht, führt er schon eine beträchtliche Menge an häuslichem Abfall mit sich; regelmäßig treten Fälle von Magen-Darm-Entzündung und Wurmbefall auf, besonders bei kleineren Kindern, deren Angewohnheit, sich im Wasser oder in dessen Nähe zu erleichtern, nicht gerade zuträglich ist.

Der dortige *barangay*-Captain erzählte mir, daß alle Mittel für die Gemeindeentwicklung von der neuen Regierung eingefroren worden sind: es sollten keine neuen Projekte in Angriff genommen werden, bis entweder die nationalen Schulden abgetragen oder alle örtlichen Beamten der Marcos-Zeit überprüft worden sind, um herauszufinden, was sie mit dem Geld für ähnliche Projekte in der Vergangenheit gemacht hatten. Kansulay mit Trinkwasser zu versorgen schien mir schon etwas wichtiger, als internationalen Wucher oder die nationale Hexenjagd zu unterstützen. So schlug ich dem Captain vor, daß ich wahrscheinlich die notwendigen Gelder von Freunden und Verwandten in Europa auftreiben könne, wenn er Arbeitskräfte und technisches Wissen bereitstellen würde.

So kam es, daß ich eines Tages unweit von Lolang Matings Hütte mit einem jungen Filipino durch den Wald ging, einem Universitätsabsolventen, der in der Provinzregierung an Wasserprojekten mitgearbeitet hatte, als es diese noch gab. Wir erwarteten nicht, auf eine ergiebige Quelle zu stoßen, welche die Stelle des Flusses einnehmen könnte, wenn sich aber eine ständig fließende aufspüren ließe, sahen wir eine gute Chance, diese ins Dorf hinunter zu einer Reihe von Steigrohren zu leiten, wo die Leute zumindest ihr Trinkwasser holen könnten. Sie müßten vielleicht immer noch im Fluß waschen; und wenn sie nicht dazu fähig waren, ihren Kindern abzugewöhnen, hineinzuscheißen und daraus zu trinken, dann mußte eben die natürliche Auslese ihren unsentimentalen Lauf nehmen und die unheilbar Hirnlosen aussieben (es gibt nichts Besseres als gute Werke mit begrenztem Etat, um einen auf die Ebene eines herzlosen Pragmatismus herunterzuschrauben). Wir begegneten Wald-Dryaden, Nymphen und Kobolden in unterschiedlicher Verkleidung – als alte Männer und Frauen, die Schweine in einer Lichtung fütterten, einem Huhn die Gurgel durchschnitten und eßbare Wurzeln mit einem rostigen Brecheisen ausgruben. Es dauerte mehrere Stunden, bis wir auf eine Mulde unterhalb eines dichtbewachsenen Hügels stießen, wo es tropfte und rieselte, was meinen Begleiter sofort aufheiterte. Nachdem er wie ein Retriever, der den Boden nach Geruch sondiert, hin und her gesprungen war, verkündete er, daß wir ein Testloch graben müßten, um zu sehen, ob die nachfließende Wassermenge den Bau eines richtigen, betonierten »Quellenkastens« rechtfertige.

Wir kehrten nach Kansulay zurück, um Männer mit Spaten zu finden, die willens waren, uns ein oder zwei Stunden Arbeit nach ihrem *bayanihan*-System zu stiften, in dem alle gutgelaunt zu einem gemeinsamen Projekt beisteuern. Es fanden sich viele Freiwillige, selbst einige gutgelaunte, bis wir genau erklärten, wo die Quelle war. Plötzlich ließ der Enthusiasmus der Leute nach, sie sahen zu Boden, oder es fielen ihnen andere Dinge ein, die sie dringend tun mußten. Müde und zerstochen wie ich war, wurde ich von einem unbändigen Zorn ergriffen. Ich ging zum Fluß in der Nähe, wo ich bockig Steine auf die kleinen Schweine schmiß, die sich in den Tümpeln suhlten, und erging mich in einem wilden inneren Monolog. *Typisch. Du ergreifst die Initiative, kriegst das Okay vom Captain, bietest an, das Geld zusammenzukratzen, und stapfst stundenlang im Urwald herum, um eine blöde Quelle zu finden, und glaubst, daß dann, nach all dem ein paar von denen wenigstens bereit sein könnten, eine Stunde Arbeit zu investieren. Ja, für wen, zum Teufel, ist denn das Ganze überhaupt? Mein Trinkwasser ist gut; es sind nicht meine Kinder, die an Ruhr und Würmern sterben. Also gut: wenn sie weiter so leben wollen – kein Problem. Sie wollen keine Verbesserungen, alles, was sie wollen, sind Almosen. Alles die Schuld der Amerikaner, die diese Entwicklungshilfementalität fördern, die und diese verfluchten Scheiß-Wohltätigkeitsorganisationen. Keiner kann diese gottverdammten Philippinen retten, nur diese gottverdammten Filipinos selbst, und bis sie das auf die Reihe gekriegt haben, müssen sie eben weiter wie vor hundertfünfzig Jahren leben...*

Und so weiter, eine ganze Weile lang. Besonders blamabel an diesem stummen Ausbruch war der da anklingende, von mir sonst so verachtete Reformergeist, von dem ich befürchte, daß er in meinen Genen steckt. Er schien mich fest in jene Kategorie von professionellen Fortschrittsgläubigen einzuordnen, die sich wohl oft in ähnlichen Ausbrüchen der Selbstgerechtigkeit ergangen haben, ob viktorianische Sozialreformer, die sich der Bruchbuden von Tottenham Court Road angenommen hatten, ob Missionare, die sich bemühten, das Penis-Verspeisen unter den Mbwele zu stoppen, oder japanische Soldaten, die versuchten, aus britischen Bautrupps für die burmesische Eisenbahnstrecke eine anständige Tagesleistung herauszuholen. Dieses Element an Herablassung findet sich immer, diese Kluft zwischen dem Ausführenden und dem Empfänger einer Tat, sei sie nun kulturell, pädagogisch, finanziell oder rassistisch.

Glücklicherweise gibt es keine Verpflichtung für irgendwen, irgend etwas aus den richtigen Gründen zu tun, wie die Schweinchen feststellten, als ich aufhörte, sie mit Steinen zu beschmeißen, weil von der richtigen Größe keine mehr übrig geblieben waren. Jedenfalls fühlte ich mich besser. Der Wasserexperte näherte sich.

»Es war sehr weise von dir zu gehen. Ich glaube, einige schämten sich, weil du sie auslachen könntest.

»Sie *auslachen?*« Ich war wirklich überrascht.

»Sagte ich ihnen ja. ›James ist sehr verständnisvoll‹, sagte ich zu ihnen. ›Er lacht nie jemanden aus.‹ Sie wissen das, aber einige schämen sich vor dir.«

»Schämen sich.«

»Wegen *nono.*«

Und plötzlich wird alles klarer, und es ist an mir, mich zu schämen. Es war weder Trägheit noch Nichtsnutzigkeit, was ihren Gesinnungswandel bewirkt hatte, sondern Aberglauben. Das Pantheon der Dämonen, Geister und Naturwesen, an die viele der Dorfbewohner glauben, ist riesig: Vermutlich habe ich nicht mehr als einen Bruchteil davon kennengelernt, und dieser Bruchteil umfaßt nur eine kurze Namensliste. Geister mit ihrem Namen zu identifizieren, ist nur ein Anfang; was diesen Vorstellungen ihre Überzeugungskraft und Macht verleiht, ist die zugrundeliegende Masse an Überlieferungen, die Mythen und Geschichten und unerklärlichen, täglichen Ereignisse, die ihnen Leben geben. Jedesmal, wenn ich eine neue Geschichte höre, stelle ich fest, wie unwissend ich auf diesem Gebiet bin.

Also, *nono* sind Geister, deren Charakteristiken sich je nach den Orten, die sie bewohnen, zu ändern scheinen, obwohl sie vielleicht in Wahrheit verschiedenen Arten angehören. Ihre Bandbreite reicht von verhältnismäßig vernünftig bis zu gemein: diejenigen, die mit Wasser im Zusammenhang stehen, also mit Flüssen, Brunnen und Feuchtgebieten, zählen zu den grimmigsten. Dies erklärte sofort das Zaudern der Männer, zu einem Ort im Wald zu gehen, den sie normalerweise mieden, und die Wohnung der *nonos* mit Spaten zu bearbeiten. Das hieß schlichtweg, sich Ärger einzuhandeln. Entwurzelte Geister würden sich auf sie stürzen. Einiges andere wurde plötzlich klar. Ich hatte einmal etwas oberhalb Lolang Matings Grundstück nach wilden Guaven und Chilies gesucht und mich, müde vom Herumstreifen, beim Fluß hingesetzt, um ihm eine Weile zuzusehen, meinen Plastikbeutel mit Guaven zu meinen Füßen. Wasser verzaubert mich sehr leicht, und im Beobachten seiner Bewegungen muß ich selber bewegungslos geworden sein. Nach kurzer Zeit erschien Lolang Mating, watete langsam stromaufwärts, ihr zerrissenes Kleid hatte sie mit einer Hand zusammengeknäult, während sie mit der anderen immer wieder plötzlich ins Wasser hineinfuhr und mit kleinen dunklen Krebsen auftauchte, die sie in ein Litergefäß aus Plastik warf, in dem ehemals Motoröl abgefüllt war. Sie führte, vermutete ich, laute Selbstgespräche, so wie die meisten Leute, wenn sie in eine Sache vertieft sind.

»Verdammt!« sagte sie leise, als sie sich wieder bückte. Offensichtlich war der Krebs ihr entwischt. Dem war aber nicht so, denn als ihre Hand an die Oberfläche kam, hatte sie ein großes Exemplar im Griff, das sie ins Gefäß fallen ließ, wo es hohltönend herumruderte. Aber dann sagte sie, »Geht weg!«

Sie sah mich nicht an, als sie das sagte; außerdem hatte sie den Plural genommen. Es war jetzt zu spät, um mich bemerkbar zu machen. Verlegen und reglos saß ich da und hoffte, daß sie mich am Ende doch nicht gesehen hatte. Und so war es. Nach einem Augenblick drehte sie sich um, ging stromabwärts zurück und verschwand hinter Büscheln dichten Grüns. Na, die Alte, dachte ich. Oder vielleicht: Wir Einzelgänger, wir sprechen immer mit den Leuten in unseren Köpfen.

Wochen später bekam ich mit, wie ein Begleiter, der vor mir ging, über ein Rinnsal sprang und auf der anderen Seite innehielt, um eine Zigarette anzuzünden. Bevor er das Streichholz anschlug, sagte er: »*Susmaryosep tabi nono.*« Als ich ihn Sekunden später einholte, fragte ich ihn nicht, was er damit gemeint habe, merkte mir aber den Ausdruck, weil ich das Wort *nono* vorher nicht gehört hatte. »*Tabi*« konnte verschiedenes heißen, »Rand« oder »zur Seite«, und wurde benutzt, um jemandem zu sagen, er solle aus dem Weg gehen. »*Susmaryosep*« war geläufig, wurde meistens als Ausruf benutzt, aber für gewöhnlich schwang etwas von ernsthafter Anrufung mit und war weniger bloß Ausdruck des Erstaunens (typisch Filipino natürlich, die Heilige Familie zu beschwören statt, etwas so Abstraktes wie die Dreifaltigkeit). Und jetzt verstand ich. Sowohl er als auch Lolang Mating hatten sich an die Geister des jeweiligen Ortes gewandt. Und plötzlich hörte ich, wie alle es taten, was nahelegt, daß ebenso, wie mir unbekannte Meereslebewesen für mich unsichtbar bleiben können, Sprache, die ich nicht verstehe, oft unhörbar ist.

Das war's also: Kansulays Wasserprojekt schien vorübergehend aus Mangel an Grabwilligen abgeblasen. Bei dieser Gelegenheit wurde mir klar, daß nicht alle gleichermaßen ob der Bedrohung durch *nono* beunruhigt waren, doch eine gewisse Rücksichtnahme herrschte, so daß niemand verspottet wurde, wenn er daran glaubte. Ich war besorgt, daß die Gläubigen das Gefühl haben könnten, ein Ausländer, mit seiner ihm eigenen Dickfelligkeit in diesen Dingen, mache sich über sie lustig und könne vielleicht sogar einige von ihnen gegen ihr besseres Wissen zum Graben nötigen. In diesem Fall jedoch machte niemand einen Rückzieher aus dem einfachen Grund, daß diejenigen, die es für notwendig hielten, anti-*nono* Vorsichtsmaßnahmen trafen. Wirksame Zaubermittel waren unter anderem Kupfer, Salz, »Metallscheiße« (d. h. Metallspäne von einer Drehbank), eine Seetangart, Räucherwerk, geweihtes Wasser und ein Kreuz aus einem Palmblatt. Beim Graben befahlen einige Männer dem *nono,* sie in Ruhe zu lassen, aber offensichtlich fühlten sie sich mit ihrem Gegenzauber sicher genug, um sich zu amüsieren, als jemand meinte, daß *nono* kein Tagalog verstünden und daß es besser wäre, sie auf Lateinisch wie ein Priester anzureden. (Bevor die Spanier kamen, müssen *nono* auf andere Art verstanden und angesprochen worden sein.)

Die Versuchsgrabung war nunmehr ein großer Erfolg. Es wurde nicht nur niemand krank, der Experte sagte auch, daß das Wasser in so ausreichendem Maße nachlaufe, daß sich der Bau einer richtigen Beton-Quelleneinfassung lohne. Kurz und gut, das Projekt war in Gang gekommen. Ich fragte ihn, ob er an meiner Stelle – mit anderen Worten, als Verantwortlicher für das Ranschaffen der Gelder – ebenso sicher und zuversichtlich wäre? Aber ja, beteuerte er. Wenn wir weiter unten bei der Rohrleitung einen großen Auffangtank bauten, der sich über Nacht auffüllen könnte, und wenn sich die Leute überreden ließen, die Hähne nach Gebrauch zuzudrehen, dann gäbe es angemessenes Trinkwasser für Kansulay. Das waren hervorragende Nachrichten, und wir kehrten alle matschverschmiert und gutgelaunt zurück.

KAPITEL 3

Ich wate durch Tiwariks Hochland, durch die wilden Gräser auf den Dschungelfleck zu, wo sicherlich noch niemand gewesen ist oder heute hingeht, außer um Hauspfeiler zu schlagen oder Feuerholz von seinen feindlichen und dornigen Randzonen zu holen: mein Lieblingsplatz auf der ganzen Insel, weil von Menschenhand so offensichtlich unberührt.

Die Art von Regenwald, dessen hoher, durchgängiger Baldachin im unteren Bereich Dunkelheit schafft, hat meistens vergleichsweise wenig Unterholz. Es dringt nicht genügend Sonnenlicht hindurch, um das Wachstum von Kletterpflanzen und Büschen anzuregen. Aber dieser unangetastete Dschungelfleck ist anders, vor allem weil er die Kappe des schroffen Inselgipfels bildet, der Stürmen ausgesetzt und dessen Erde ungleichmäßig verteilt ist. Wie mit Pfeilen dringt das Sonnenlicht von allen Seiten ein. Das dichte Gewirr des Unterholzes wächst mir an manchen Stellen weit über den Kopf, während ich an anderen nur durchwaten muß, allerdings mit gebührend Umsicht wegen verborgener Stämme, zu Truggebilden von Schwämmen und Pilzen verrottet, die in sich zusammenfallen und mich in stechendes Gebüsch werfen. Mit einem *bolo* schlage ich mir meinen Weg zum Gipfel frei, denn es ist wichtig, jeden Quadratzentimeter der Insel besucht zu haben.

Vom Gipfelpunkt aus (dessen genaue Position nicht leicht zu bestimmen ist: vielleicht bin ich niemals dorthin gekommen) hat man überhaupt keinen Blick. Blaue Lichtsplitter bohren sich von allen Seiten herein, aber es ist unmöglich zu sagen, ob sie vom Meer oder Himmel kommen. Ein durchdringender Geruch nach frischer Farbe von irgendeiner Pflanze, die ich abgeschnitten habe, hängt in der Luft. Sobald ich still stehe, fangen die Geräusche wieder an, die Grillen, Laubfrösche und *tukos* setzen ihre unterbrochene Unterhaltung fort. Ich frage mich, welcher der massiven Stämme wohl den Horst der Seeadler hält. Ich bin unermeßlich glücklich in meiner wilden Domäne: es ist wie heimzukommen.

Warum? So frage ich mich, als ich mir meinen Weg nach draußen wieder freischlage. Warum das Gefühl, heimzukommen? Woher habe ich mir diese Landschaft aufgebaut? Zudem, wo habe ich mir Landschaftsgefühl und Ortssinn erworben, außer aus der englischen Literatur? Nahezu unbeantwortbar wirft diese Frage bloß vier eigenständige Erinnerungen auf, die sich mir aufdrängen, als ich wieder das Grasland und das ungebrochene Gleißen der Sonne erreiche.

Die zeitlich erste ist die an Windlesham House, die Privatschule in Sussex, auf die ich mit knapp neun Jahren geschickt wurde. Durchaus typisch handelte es sich um ein solides Landhaus, das in den South Downs auf eigenem Grund und Boden stand und von der Außenwelt durch eine lange Zufahrtsstraße, die in einem doppelten Eisentor mündete, abgeschnitten war. Ebenso typisch fühlte ich mich verloren, heimwehkrank und drangsaliert. Flucht durch das Eisentor war unmöglich, doch ein zeitweiliges Entfliehen über die dahinterliegende Farm war nicht nur möglich, sondern auch geduldet. Wir wurden ermuntert, lange Spaziergänge zu unternehmen durch jene Hügel mit ihren kreidigen Narben, Roßkastanien- und Buchenwäldern, kleinen, von Kaninchenknödeln übersäten Graskuppen, mit windigen, offenen Landschaften und Ausblicken auf das fernliegende Meer. Was uns aber interessierte, waren die Spuren des Krieges. Die Armee hatte das Gebiet als Übungsgelände im Zweiten Weltkrieg benutzt, der erst vier Jahre zu Ende war, als ich das erste Mal zu dieser Schule kam. Sie hatten ungezählte, nicht explodierte Rauchgranaten zurückgelassen, die jetzt durchrosteten und eine feuchte rosa Paste freigaben. Wir sammelten die durchlöcherten metallenen Heckflossen dieser Kartätschen, außerdem scharfe .303er Platzpatronen, die überall herumlagen. Wir brachten sie zur Schule zurück, saßen auf unseren Betten in den eiskalten Schlafräumen, hebelten mit Taschenmesserklingen die umgebogenen Enden auf und ließen die spröden Corditschnurstücke auf die Decken herunterregnen. In den zwei Jahren, in denen ich auf der Schule war, sammelte ich einige hundert Gramm von Cordit in Stephens' Tintengläsern. Wir ließen die Knallquecksilber-Kapseln mit Nägeln, die am unteren Ende der Patronen eingeschlagen wurden, explodieren und legten Feuer an die Cordit-Pfade, die zwischen unseren Betten auf dem Boden entlang führten. Ich kann wohl sagen, daß von Anfang an meine Landschaften mit Kriegsmaterial verbunden waren.

Bei meiner zweiten Erinnerung geht es um eine andere Art von Krieg, den mit meinem Vater. Es war wieder mal während eines Familienurlaubs im Südwesten Englands, obwohl es durchaus ein- und derselbe Urlaub gewesen sein kann, denn sie fließen ineinander zu undifferenzierten Szenen von Streiterei und schlechtem Wetter. Möglicherweise waren wir in der Nähe von Okehampton in unserem klapprigen grauen Wolseley unterwegs. Ich erinnere mich nur an den strömenden Regen, an die Gereiztheit auslösende Nähe einer Familie, zusammengepfercht in einem Auto, die von unserem Atem beschlagenen Fenster und das vergebliche Macken und Schlagen der Scheibenwischer. Es war ganz deutlich zu spüren, daß sich vier Individuen fragten, was um alles in der Welt sie hier machten: die Bestürzung der beiden Erwachsenen, Eltern zu sein, und gleicherweise der beiden Sprößlinge, Kinder zu sein, all das braute sich zusammen in diesem scheußlichen Wetter und der ingrimmigen Wortlosigkeit. Schließlich hörte der Regen lange genug auf, daß wir die Fenster öffnen konnten. Jenseits der Straße, zu unserer Rechten, gab es ein langes Tal, dessen Windungen der soeben angeschwollene Fluß bestimmte.

»Sieh mal«, sagte mein Vater, wahrscheinlich ganz direkt zu meiner Mutter. »Sieh, wie der Fluß durch das Tal mäandert.«

»Ach tatsächlich, er *mäandert*«, fiel meine haßerfüllte elf-jährige Stimme voller Sarkasmus von hinten ein. »Wie ungeheuer *poetisch*.«

Dies fuchste meinen Vater; er wurde bissig.

»Wenn du's unbedingt wissen willst, es ist ein geologisches Wort«, sagte er mit kalter, gepreßter Stimme. »Es ist ein Fachausdruck, und ich habe ihn völlig richtig gebraucht. Es lohnt sich also, informiert zu sein, wenn du schon so schnell mit Spötteln bei der Hand bist.«

Er war sehr ärgerlich, vielleicht weil er es in der Tat in einem poetischen Sinn gemeint hatte und argwöhnte, daß ich es wußte. Aber von da an – zumindest für den Rest seines Lebens – fühlte ich mich unwohl, wenn es um die zulässige Art und Weise ging, Landschaft zu betrachten, und weigerte mich perverserweise, irgend etwas Schönes in Weidelandschaften und vor allem Sonnenuntergängen à la Constable zu sehen. Für mich verband sich der ganze konventionelle Kanon mit der Phantasielosigkeit von Erwachsenen, und selbst heute fällt es mir leicht, das Anschauen von Wiesen und Sonnenuntergängen zu vermeiden, insbesondere prächtige tropische Sonnenuntergänge mit den Farben eines Brennofens, umrandet von Pastelltönen. (Auch eine beträchtliche Zahl von Blumen hat abscheuliche Farben – alle möglichen hellviolett und rosa Schattierungen –, die vielleicht für Geschöpfe, die sie auf anderen Wellenlängen des Lichts aufnehmen, besser aussehen. Es ist schwierig, sich eine günstige Position auf dem elektromagnetischen Spektrum vorzustellen, um eine Andentanne in Augenschein zu nehmen.) Beliebte Ansichts-Motive sind natürlich Modesache wie auch die verschiedenen Bestandteile einer Landschaft, beispielsweise Wolken und

Bodenarten, die über die Jahrhunderte an Gunst gewinnen oder verlieren. Mein Vater gehörte zu seiner Zeit.

Die dritte Erinnerung stammt aus ungefähr demselben Jahr und dreht sich um mein zweites Internat, diesmal in Kent. An einem Junitag im Jahr 1953 habe ich hier in Bickley Hall hinten in meinem französischen Übungsheft Tiwarik gezeichnet. Wiederum ein englisches Landhaus, ein nicht besonders vornehmes Gebäude aus dem achtzehnten Jahrhundert mit ein paar schönen Zedern vor den französischen Fenstern. Das Grundstück war groß, ein beträchtlicher Teil des ursprünglichen Parks war zu Spielplätzen umgewandelt worden. Trotzdem gab es noch jede Menge bewaldete Ecken, besonders abseits vom Haupthaus, den Stallungen zu. Diese Ställe waren im Quadrat um einen Innenhof mit Kopfsteinpflaster gebaut und von einer Toreinfahrt aus zugänglich; ihr gegenüber stand ein hübscher Eckturm mit Uhr, auf dessen Dach eine Wetterfahne glitzerte. Deswegen waren die Stallungen allgemein als »Uhrenhaus« bekannt. Die zwei Flügel mit den Remisen hatte man zu Klassenräumen umgebaut, die anderen beiden zu einer Turnhalle und einer Kapelle. Daß die Kapelle einmal ein Stall gewesen war, empfand der Schulleiter als bedeutsam. Gewiß, die halbrunden Fenster hatte man in ihrer ursprünglichen Form beibehalten, und die Eisenringe zum Anbinden waren immer noch in den Wänden eingelassen. Die Fenster waren mit modernen, farbigen Glasfenstern ausgestattet worden, die an den Namen des Schulleiters und seinen Abschluß in Cambridge erinnerten, leider jedoch ohne eine Abbildung von ihm. Näher beim Haupthaus lag der ummauerte Küchengarten, der teilweise in einen Grastennisplatz und den Schießplatz der Schule umgewandelt worden war. Zu letzterem mußte der Polizist auf seinem Fahrrad kommen, um ihn zu inspizieren, weil die Anlage jenseits der Zufahrtsstraße lag, damit man die Rückseite der Küchengartenmauer als Schutzwall benutzen konnte.

Eigenartig an diesem Grundstück war die Wand von Bäumen, die es vollständig einschloß. Auf deren anderer Seite waren nicht die bunten Grafschaften, sondern der vornehme Laubbaumbestand und der Börsenmakler-Tudor von Bromley, Bickley und Chislehurst. Lag man im Schatten mit seinem obligatorischen grauen Filzsonnenhut, kaute quietschende Grashalme und führte schmutzige Reden über das ferne Geräusch von Kricket hinweg, hätte man in der hintersten Grafschaft sein können. Und doch kam der Junge, der die Gegend auskundschaftete, durch diesen Schutzgürtel aus Ulmen-, Weißdorn- und Holunderdickicht hindurch zu einem rostigen Eisengeländer und jenseits davon zu wohlgestutztem Rasen mit Gladiolenrundbeeten, Vogelfutterplätzen und kreosotgestrichenen Spalieren. Weil einige der Schüler tatsächlich in diesen nahe gelegenen Häusern lebten, gab es natürlich keinen Snobismus von höherem und niederem Adel. Es gab nur eine gewisse Übereinkunft darüber, wie die Häuser zu den Parkanlagen stehen sollten, so daß man für den Rest des Lebens instinktiv wissen würde, wo die Stallungen und wo die Behausungen der Gärtner zu finden waren.

Wenngleich der Schulleiter nicht zum Adel gehörte, besaß er ein völlig natürliches Gespür, wie das Leben in einem Park des achtzehnten Jahrhunderts zu verlaufen hatte. Er pflegte vor dem Frühstück mit einem 0.22er Schulgewehr sich an Tauben anzupirschen, und als ich Gruppenleiter der Schießklasse wurde, gesellte ich mich manchmal mit den anderen dazu. Wenn es heutzutage seltsam klingt, daß am Rande der Londoner Vororte ein Schulleiter und ein Junge in Pyjamas kurz nach Tagesanbruch die Gegend mit Schnellfeuergewehren unsicher machten, kann ich nur sagen, daß es damals wie heute völlig angemessen erschien. Ich erinnere mich, wie der Schulleiter sich an eine Taube angeschlichen hatte und sie sauber aus der Eibe herunterholte, während die Kugel kreischend über die Dächer des Einzugsgebiets der Stadt sauste. »Was für eine seltsame Taube«, sagte er und dann, »Oh«. Später hörte ich, wie er brüllend dem Oberstudienrat für Latein bekannte, daß er soeben den ersten Kuckuck geschossen habe und sollte er nicht an die *Times* schreiben?

Einige Jahre später erfuhr ich, daß die Pacht abgelaufen war, die Bulldozer aufs Gelände gekommen waren und diese kleine Insel, eine Immobilie erster Güte, dem Erdboden gleichgemacht hatten, die steigende Flut der Vororte war über sie hinweggerollt und hatte sie vereinnahmt, wobei augenscheinlich Pseudo-Georgian Häuser mit Kutschlaternen auf beiden Seiten ihrer Eingangstüren zurückblieben. Das Hauptgebäude, das Uhrenhaus, der Pavillon und all das andere gibt es nicht mehr. Ich hoffe, die Makler haben einige der prächtigen Buchen stehengelassen, aber ich nehme nicht an, daß dem so ist.

Eine weitere prägende Landschaft, die letzte dieser Reminiszenzen, liegt außerhalb von Canterbury. Sehr häufig wurden die Jungen der King's School (die mehr oder weniger gezwungen wurden, ins Kadettenkorps einzutreten) veranlaßt, in ihrer geliehenen Khaki-Uniform aus dem Schulgebiet durch das Mint Yard Tor und hinauf zu den Scotland Hills zu marschieren, um mit den Buffs, dem East Kent Regiment, zu trainieren. Um zu erklären, warum ich mit vierzehn Angst vor diesen Ausflügen hatte, ist es notwendig, sich daran zu erinnern, daß in den fünfziger Jahren einem die gesamte Schullaufbahn durch den Gedanken an den National Service verdorben wurde. Auf der ganzen Welt gab es höchst reale Kriege, es wurde in Gebieten gekämpft, wo die Briten immer noch ihre Interessen wahrnahmen, und einige Jungen, die ich kannte, waren in Malaya oder Aden oder Kenya getötet oder schwer verwundet worden, flogen Lancaster Bomber gegen die Mau Mau und führten Dschungel-Patrouillen gegen die Kommunisten an. Es waren immerhin erst zehn oder zwölf Jahre seit dem Zweiten Weltkrieg vergangen, und alle Ausbilder in der Armee wie der Regimental Sergeant Major der Schule hatten an richtigen Kampfhandlungen teilgenommen und glaubten, es sei ihre Aufgabe, aus Jungen so schnell wie möglich Männer zu machen. Außerhalb der Domfreiheit und der Mauern des Schulgebietes lag die gräßliche, brutale Khaki-Welt. Die Kasernen des East Kent Regiments lauerten auf ihrem Hügel. Des Nachts kamen für gewöhnlich die Soldaten herunter in die Stadt, um sich zu schlagen und zu trinken, und ein Junge aus meinem Schlafsaal pflegte aus dem Haus und über die Mauer zu klettern, um sich zu seinem wehrdienstverpflichteten Cousin im Pub auf der anderen Straßenseite zu gesellen. Nach seiner Rückkehr stank der Schlafsaal oft nach Bier, Senior Service und Erbrochenem.

Es war also durchaus möglich, den Morgen damit zu verbringen, Weelkes, Mundy oder Gibbons zu üben und sich am selben Nachmittag in festes Khaki zu kleiden und aus der sicheren, abgeschotteten Welt hinaus in die Klauen der Berufsarmee zu marschieren. Mit unserer Schulband, die uns blasend und trommelnd anführte, marschierten wir in einer langen Kolonne die Straße hinauf durch verfallende Tudorgassen (heute ohne Zweifel restauriert und unerträglich aufgemotzt), während der dumpfe Klang der Trommeln von den Häuserfronten zurückgeworfen wurde und von den kleinen Tabakläden mit ihren Tizer-Flaschen und verbotenen Exemplaren von *Reveille* und *Health & Efficiency,* ein widerhallendes Bummbumm für jeden Schlag. Dann ging die Band vor uns um eine Ecke, und ihr Schall war sofort abgeschnitten, so daß wir plötzlich mit dem nackten Nachhall unserer Marschstiefel alleingelassen waren. Und die ganze Zeit gingen wir leicht bergauf, zogen immer weiter fort von dem tröstlichen, bürgerlichen Haufen von Schulkleidern im Pseudo-Edwardian Stil, den wir auf unseren Pulten aufgetürmt zurückgelassen hatten. Dann gingen wir in die Kasernen hinein: Wachhäuschen, geweißte Randsteine, strahlend rote Löscheimer, überall die mit Schablonen gezeichneten Buchstaben, eine andere eigenständige Welt mit ihren eigenen Hinweisschildern und einem Busverkehr, mit eigenen Polizisten und Kinos.

»Ihr seid jetzt in der Armee!«

Dies unselige Grinsen auf seinem grausam-rasierten Gesicht, bevor es aufbrach in jenes schreckenerregende Exerzierplatz-Gebrüll, das durch einen explosiven Konsonanten abgeschnitten wurde.

»Kriegt eure scheiß Beine auseinander, ihr Sauhaufen. Es kann nichts runterfallen, ihr seid keine Frauen. Obwohl ich bei dem einen oder anderen von euch meine Zweifel habe. Bin ich nicht witzig?«

Der kollektive, stechende Blick, von dem sich jeder Junge in der Mannschaft persönlich angesprochen fühlte, starr vor Angst.

Wie lächerlich erscheint das alles heute, daß wir behutsam gepäppelten kleinen Herrscher von morgen tatsächlich geglaubt haben, uns könnte auch nur das kleinste Haar gekrümmt werden. Aber so war es, und so lange es anhielt, reduzierte der Drill alle Horizonte auf die Mauer der nächsten Holzbaracke. Es hörte immer damit auf, daß es schließlich Zeit wurde, uns zu den Scotland Hills marschieren zu lassen, eine Landschaft, die ausnahmslos für militärische Manöver benutzt wurde und die folglich so aussah, als wäre sie in diesem Bewußtsein bereits entworfen worden. Wenn wir mit unserem leichten Maschinengewehr fertig waren – diese Übungen mochte ich gerne und konnte sie gut –, gingen wir zur Anhöhe, um Granaten zu werfen und Vorträge zu hören.

Eben diese Vorträge kommen mir am lebhaftesten ins Gedächtnis zurück. Natürlich nicht der Inhalt, obwohl mir auch die Gepäckmärsche und Befehle zum Zielschießen im Bewußtsein haften geblieben sind. Ich erinnere mich an die Stunden auf diesen kahlen Hügeln in der einbrechenden winterlichen Abenddämmerung und daran, wie die Saatkrähen in die Stadt hinunter flogen, deren Kathedrale wie ein kühles graues Spielzeug im Sonnenuntergang stand. Die besondere Qualität des kalten und dunkler werdenden Himmels, die rosa angehauchten Wolken, die langsamen und hart abgezeichneten Vögel, die ihren Weg in Geraden und in

Kurven nahmen, all das stand wie ein pastorales Bollwerk gegen die Uniform, die scheuernden Stiefel, das wahnwitzige Gerede über Verstärkung und deckendes Feuer und die vortragenden Offiziere selbst, die zwischendurch ihre Käppis abnahmen, um sich am Kopf zu kratzen und plötzlich zu gewöhnlichen kahlen und ergrauenden Männern wurden, die sich auf ihre Teestunde freuten. Bei einer dieser Gelegenheiten schrieb ich mein erstes Sonett auf die Klappeninnenseite meines Unterrichtshandbuchs für Zert. ›A‹ Teil 1. Ich würde gerne so tun, als ob ich mich nicht mehr an die erste Verszeile erinnern könnte, doch hier ist sie: *Ich saß wohl da auf einem Heidehügel.*

Für jeden Schriftsteller wäre es schmeichelhaft, für sich in Anspruch nehmen zu können, daß er frühreif gewesen sei. Schade drum. Oder sogar der Wahrheit entsprechend, denn ich zweifele ernsthaft an der Heide. Auch darum schade. Ich bringe keine Schamesröte für mein früheres vierzehnjähriges Wesen mehr zustande, für den aufschlußreichen Konservatismus der herzzerreißenden Klischees. Meiner Erinnerung nach war es ein durchaus gutes Sonett, was die mechanische Technik angeht und die Tatsache, daß es beinahe ausschließlich um Natur ging. Warum sollte also diese unterschwellige Keats'sche Ader so leicht zutage getreten sein? Das fesselnde Buch von Paul Fussell *The Great War and Modern Memory* enthält ein Kapitel, betitelt »Arkadische Zufluchtsstätten«, in dem er der unerbittlichen pastoralen und blumigen Tradition in der englischen Literatur nachgeht und zeigt, wie es zu Kriegszeiten die größte Selbstverständlichkeit für die Briten war, mit dieser Sprache ihren Beschreibungen des Unbeschreibbaren Ironie zu verleihen. Das Pastorale galt als die Antithese des Krieges. Völlig ahnungslos war ich als Teenager schnurstracks in diesen tröstlichen Rhythmus verfallen, was zeigt, daß – ganz gleich, wie tot dieser Stil auch gewesen sein mag – er doch noch lebendig und auf irgendeiner unbewußten Ebene zugänglich war.

Ich erinnere mich nur noch an eine weitere Sache: In meinem Sonett ging es um Verfall wie in Tennysons *Tithonus,* denn schon damals verband ich Natur völlig mit Veränderlichkeit und Tod. Erst als ich Paul Fussells Buch las, wurde mir bewußt, daß auch dies speziell britisch war:

> In einem brillanten Essay hat Erwin Panofsky entdeckt, daß die Engländer seit dem achtzehnten Jahrhundert ein Gespür hatten, das von den auf dem Kontinent lebenden Europäern nicht geteilt wurde, nämlich einen besonderen Sinn der klassischen Sentenz *Et in arcadia ego* zuzuweisen. Weit davon entfernt, es als »Auch ich war in Arkadien« zu verstehen, heißt es für sie (korrekterweise) »Selbst in Arkadien habe ich, TOD, Macht.«

Auf den ersten Blick scheint dies den eiskalten Realismus der Erwachsenen darzustellen, der im Gegensatz zu dem rührseligen, kontinentalen Wunschdenken steht. Aber es ist gewiß die englische Einstellung zu Tod und dem Verrinnen der Zeit, die eher kindlich ist, da es die Reaktion einer vom Verlust besessenen Kultur ist. Nostalgie ist das Stammgebiet der Engländer, und wenn sie diese reiche Ader anzapfen, werden sie zu erwachsenen Kindern, die sich ständig um ein undefinierbares Dahinschwinden grämen, eine ganze Nation in Trauer um die Zeit vor dem Sündenfall. Wie leicht wird es, eine Landschaft in diesen Begrifflichkeiten anzusehen, und wie voll waren unsere Schul-Gedichtbücher von der sich daraus ergebenden Sichtweise.

»Nun denn. Die ersten zehn Zeilen von *The Deserted Village* bis morgen zur Bettzeit, Wort für Wort, oder ich lasse dich züchtigen.«

So ein dreizehnjähriger Schulaufseher zu einem zehnjährigen Missetäter. Mehr als dreißig Jahre später ist es plötzlich wieder da, Wort für Wort, zur Bettzeit in einer Bambushütte im Südchinesischen Meer:

Süßes Auburn! Lieblichstes Dorf der weiten Auen,
Wo Wohlsein und Fülle sich plagende Burschen erbauen.

Es war eine homogene Literatur, eine homogene Landschaft.
Goldsmiths Wiesengrund war so, daß Grays muhende Herden sich langsam über ihn geschlängelt haben könnten, ohne
auch nur im entferntesten das Gefühl zu haben, am falschen
Ort zu sein. Was machte es aus, daß Grays Dunkelheit durch
seine sexuelle Melancholie ausgelöst war oder Goldsmiths Polemik durch sein brutales Grundbesitzergebaren? Der Trau-
ergesang um das verlorene Glück senkte sich noch einmal auf
die englische Landschaft hernieder – die damit fertig wurde,
schon daran gewöhnt, als Metapher für solche Zwecke benutzt zu werden. Weniger als zwei Jahrhunderte später bot
sie sich als ergreifende Szenerie für Housmans dem Untergang geweihte bukolische Jünglinge mitten im Industriezeit-
alter, und ungefähr ein halbes Jahrhundert später versorgte sie
einen Rekruten wider Willen in den Scotland Hills mit Hei-
dehügeln und pubertärem Weltschmerz.

Jahrzehnte später steige ich von Tiwariks Hochland barfuß
bergab auf dem ausgedörrten, abschüssigen Boden, aus dem
dicke Grasbüschel hervorstehen, die wie lange Fäden um die
Schienbeine fließen. Ich wate durch das Haar der Insel, hier
oben auf ihrem Scheitelpunkt, mit dem blauen ruhigen Ozean
auf drei Seiten und der Hauptinsel, die träge im flutenden
Nachmittagslicht liegt. Fühle ich mich nostalgisch? Gibt es
irgendwo in mir ein wehes Sehnen, einen Blick von England
zu erhaschen? Ich kann jetzt ganz deutlich werden.

Die Sehnsucht nach einer verlorengegangenen Zeit gibt es
unleugbar, nach eingebildeten, verlorenen Inhalten, nach einem wirklichen Glück vor langer Zeit, das verpfuscht wurde.
Sie existiert als eine kulturelle Charakteristik, definiert meine
Nationalität, mein Alter und – es muß gesagt werden – meine
Klasse. Aber was immer ich betrauere, es liegt bezeichnender-
weise in keiner der Landschaften meiner Vergangenheit. Ich

vermisse auch nicht den kleinsten Heidehügel der englischen Kulisse. Es ist mir gleich, ob ich die South Downs je wiedersehe, die Tennisplätze und Terrassen von Beckenham, die Hügel und Hopfenfelder von Kent. Auch möchte ich nicht die feuchten Wasserwiesen von Oxfordshire wieder besuchen, Binsey ohne seine Pappeln, die efeubewachsene Alma Mater. Ich möchte unbedingt die Postkarten-Landschaft vermeiden: Haywain-Constable-Land, Kendal-Mint-Cake-Wordsworth-Land und West-Country-Familien-Urlaubsland.

Mir ist allerdings bewußt, daß ich etwas vermisse: ich wurde dazu erzogen, etwas zu erwarten oder zu sein, etwas, das heutzutage so unmodern und diskreditierend erscheint, daß ich es beinahe schwierig finde, es überhaupt zu erwähnen. Denn in meiner ganzen Kindheit und Jugend lag unausgesprochen, doch implizit, die Idee in der Luft, daß man früher oder später in diesem Leben *kämpfen* müsse. Eines Tages würde ich in den Krieg ziehen. Wir Kriegskinder, die während des Blitzkriegs gegen England geboren wurden und in einer Welt der Lebensmittelmarken, Gasmasken und Uniformen aufwuchsen, atmeten die bittere Atmosphäre von Evakuierung und Fliegeralarm ein. Unsere Väter waren fort, waren Helden, genau wie unsere Großväter Helden im vorherigen Krieg gewesen waren und *ihre* Väter sich in Südafrika ausgezeichnet hatten... in Indien... auf der Krim... und so weiter, die Jahrhunderte zurück. Nicht eine Generation, die ohne das Wissen aufgewachsen war, sie würde zum Kampf aufgerufen werden.

Wie sich herausstellte, waren meine eigenen Ängste vor dem National Service unnötig: Er wurde abgeschafft, gerade, als ich dabei war, mich damit abzufinden. Plötzlich war all das Marschieren mit dem Kadettenkorps, der Waffenkurs bei Catterick, die jährliche Pilgerfahrt zum Übungsgelände in Bisley nicht mehr Training, sondern wurde über Nacht zu einer finsteren Freizeitgestaltung. Am Ende hatten wir nur Soldaten gespielt. Die verheißene Härte und Kameradschaft war da, wo sie die ganze Zeit über war, im Cockpit mit Biggles oder in den Fortsetzungs-Comics von *Tiger*.

Unterschätze also nicht (sage ich mir) das Wahngebilde dieser aufgekündigten Erwartung. Du bist in deiner Generation mit der Aussicht auf Krieg großgeworden, ganz gleich, wie sehr du auch Pazifist sein magst, und ganz gleich, was später der Blick auf wirkliches Napalm aus deinen tollkühnen Phantasien gemacht hat. Du bist dankbar, daß du niemals kämpfen mußtest, du spottest der Mode entsprechend über die militärische Gesinnung, die Macho-Politik der Konfrontation. Doch tief im Inneren bist du absolut zynisch in bezug auf Frieden, für den das Menschengeschlecht genetisch untauglich ist, weil du mitbekommen hast, daß die einzige Sache, in der ein Mensch sich hervortut und der er sich mit ganzem Herzen hingibt, Blutvergießen ist.

Folgender Gedanke taucht jetzt auf: in meinem Privatkrieg mit meiner Vergangenheit dient die englische Landschaft als Schlachtfeld. Ich liebe die Fremdartigkeit von Landschaften in genau dem Maße, in dem sie in gewaltigem Kontrast zu meinen eingefleischten Vorstellungen steht, wie eine Landschaft auszusehen hat. Wie auch immer es sich mit meinem Verlustgefühl verhält, es sind nun andere Bilder vonnöten, um es auszudrücken. Darum erfüllt mich ein Tausendfüßler auf meinem Weg mit solcher Freude, so unenglisch (aber mit den Konturen eines Londoner U-Bahn-Zugs), so dick wie eine kleine Zigarre, fünfzehn Zentimeter lang, glänzend braun und mit gelblichen Beinen, die sich anscheinend nicht einzeln bewegen, sondern in Wellen, die ihn der Länge nach durchlaufen. Ich habe das Gefühl, diese Wellen sollten sich nicht in dieselbe Richtung wie der Tausendfüßler bewegen, sondern rückwärts, eher wie Ruder, die zurückbleiben, wenn sie das Boot vorwärtstreiben. Die Wirkung ist beunruhigend, wie bei Rädern eines Autos in frühen Filmen. Der Tausendfüßler schlendert von dannen in seine eigene wohlbekannte Landschaft voll riesiger Hindernisse, die leicht mit seinen fließenden Beinen zu überwinden sind, und voller Feinde, die seinen üblen Biß zu spüren bekommen. Auch er ist ein funkelndes Fossil, so voller Leben im Sonnenschein.

Kaum hatte ich Tiwarik ausgekundschaftet, mußte ich eine tägliche Routine einführen, um mich regelmäßig mit Fisch zu versorgen. Ein lebenswichtiger Teil meines spärlichen Gepäcks, das ich von Kansulay mitgebracht habe, sind meine zwei selbstgemachten Harpunen: die lange zum Gebrauch während des Tages, die kurze für nachts. Ich bin in meine Aufgabe, ja in die See verliebt. Ich bin auch in das Korallenriff verliebt, das die Insel umgibt, mit der schockierenden Schönheit und Vielfalt an Lebewesen, die es unterhält. Diese Art des Riffs ist als Saumriff bekannt (im Unterschied zu einem Atoll), das oft kilometerlang an einem Stück den Umrissen der Insel oder Küste folgt und nur durch Flußmündungen oder ähnliches unterbrochen wird, denn Schlick und Süßwasser sind den Polypen, welche die Korallen bilden, unzuträglich. Auch bei Kansulay gibt es ein Saumriff, aber dort ist der Riffhang zur Meerseite hin relativ flach und der Grund nur ungefähr zehn Meter tief, ein Sandbett, das in Küstennähe langsam über knapp zwei Kilometer abfällt. Daher gibt es weniger und kleinere Fische bei Kansulay, denn die Korallenformen sind weder so ausgeprägt noch so vielfältig. Doch hier in Tiwarik fällt das Riff jenseits der Untiefen steil ab, eine vielfarbige Klifffront, die sich abrupt in aquamarinblaue und violette Tiefen absenkt, dicht mit Algen bewachsen und von Tiefseefischen – einschließlich einiger Haifischarten – patrouilliert.

Arman ist mit der *Jhon-Jhon* angekommen: Er und seine Mannschaft von vier Personen wollen auf der entlegenen Seite der Insel auf morgendlichen Fischfang gehen. Er hat mir zwei Plastikkanister mit frischem Wasser mitgebracht und Intoy, der vom Bug in die Brandung springt, seine eigene Harpune in der Hand. Arman hilft mir, das Wasser zur Hütte hochzutragen, wo er meine *panà* untersucht, die Widerhaken mit den Fingerspitzen prüft, das Gummi versuchsweise spannt.

»Hast du eine Taschenlampe?«

Ich krame meine Taschenlampe hervor, die ich mit dem Schlauch eines Motorrades und einer zusätzlichen, aus einem Stück Glas geschnittenen Linse wasserdicht gemacht habe. Er prüft sie kritisch, knipst den Schalter an.

»Wir werden mal eines Nachts fischen gehen«, sagt er. »Vielleicht heute nacht, vielleicht morgen.«

»Es müßte spät sein«, erwidere ich und versuche, mich daran zu erinnern, wann der Mond untergegangen ist. Dunkelheit ist wesentlich für guten nächtlichen Fischfang; Mondlicht macht die Fische munter.

»Ungefähr um ein Uhr. Hast du gesehen, wie der Mond rot geworden ist? So viele Leute in Sabay hatten Angst. Die jüngeren dachten, die Welt würde untergehen, und die alten glauben, es sei ein schlechtes Omen, weil sie sagen, daß es so war, bevor die Japaner kamen. Wir werden hierher zum Schlafen kommen, damit wir alle um ein Uhr aufstehen können. Kannst du einen Kompressor benutzen?«

Ich hatte schon entdeckt, daß die *Jhon-Jhon* mit einem rostigen Luftdruckgerät ausgerüstet ist, das mit dem zwölf PS-starken Briggs & Stratton betrieben werden kann, der das Boot antreibt, und zwar mit der einfachen Methode, den Antriebsriemen von der Schraubenwelle über das Schwungrad des Kompressors zu legen. Auf den Schiffsplanken der engen Decks vorne und achtern liegen Stapel von dünnen Plastikschläuchen. Es ist das einfachste (und gefährlichste) existierende Tauchsystem. Der Taucher nimmt das Ende eines Schlauches in den Mund und geht runter, während er die Luftzufuhr mit den Zähnen reguliert. Mit einer guten Pumpe und starken Nerven ist es möglich, fünfundvierzig, sogar sechzig Meter tief zu gehen, und entspricht damit praktisch auch dem Limit für Taucher mit Ausrüstung. Halb so tief zwei oder drei Stunden lang im Dunklen mit Taschenlampe und Harpune zu arbeiten, heißt, sich bewußt zu werden, auf Messers Schneide zu leben. Ich sage Arman, daß ich schon mit einem Kompressor getaucht bin. Er hat nie zuvor gehört, daß ein 'kano das macht, und will wissen, wo ich es gelernt habe. Ich nenne eine andere Provinz, in der ich vor drei oder vier Jahren war. Er ist überrascht.

»Ich wußte nicht, daß sie es da auch machen. Oft kommen allerdings Visayans hierher, die Kompressoren haben. Ich kann mir schon denken, daß es dann vielleicht überall auf den Philippinen so ist. Typisch billige Filipino Art.«

Er klingt enttäuscht, daß die Fischer von Sabay und diesen Landesteilen nicht doch die einzigen sind, aber zugleich stolz, der Gemeinschaft jener anzugehören, die ohne all diesen verweichlichenden fremdländischen Schnickschnack einer Tauchausrüstung auskommen. Ich befürchte, wir Kompressor-Taucher sind sehr von uns selbst eingenommen. Er empfiehlt die unterseeischen Felsbrocken am Strandende als guten Ort, um tagsüber zu fischen, und geht zurück zum Boot. Auf dem Weg erzähle ich ihm, daß ich tieferes Wasser vorziehe. Er sieht mich nachdenklich an und schiebt los. Die Maschine startet, und bald verschwindet sein hanfartiges Haar um die Landzunge, und das Motorengeräusch ist abrupt abgeschnitten. Intoy tollt in den Untiefen umher und trägt eine Schutzbrille aus geschnitzten Holzteilen, in die olivengroße Gläser eingesetzt sind. Er grinst, als ich vorbeigehe, um meine Harpune zu holen. Er zeigt eine volle Reihe weißer Zähne, seine Augen sind unsichtbar hinter den blitzenden Heliographen.

Intoy ist gut. Er mag noch nicht viel tiefer als sechs Meter gehen, aber er ist behutsam und kennt sich mit den Gewohnheiten der verschiedenen Fischarten besser aus als ich. Ich schwebe im klaren Wasser und beobachte ihn einige Faden tiefer, wie er sich hinter einem Korallenvorsprung versteckt. Er wartet auf einen kleinen Schwarm Papageifische, die wie üblich vorsichtig, aber voller Neugier herankommen.

Gerade als ich denke, daß er kaum mehr Atem hat, schießt er und trifft einen einpfündigen *manitis,* eine der Meerbarben mit den charakteristischen Doppel-Barteln unterm Kinn. Mit dem auf der Harpune aufgespießten Fisch kommt er schnell hoch, zieht eine Spur verbrauchter Luft in glitzernden Strömen nach sich. Er durchbricht die Oberfläche und atmet heftig; seinen Fang nimmt er völlig nüchtern. Während des Tages lassen sich Fische keineswegs leicht mit dem Speer fangen, sie sind allzu wachsam. Das durchsichtige Wasser leitet jeden Klang, als ob es ein Tympanon wäre; es ist, als wäre man eingetaucht in eine synaptische Flüssigkeit, dazu bestimmt, die geringste neurale Botschaft zu übermitteln, ein Bad geschärfter Sinneswahrnehmung, so »unter Strom stehend«, daß es ein Wunder ist, einem größeren Fisch auch nur ein bißchen näher zu kommen. Aber mit Übung ist es möglich. Nach ungefähr einer Stunde haben Intoy und ich zusammen genug zum Mittagessen und vielleicht auch für das Abendbrot.

Wir klettern prustend aus dem Wasser und sitzen auf Felsen, während die See an unsere Füße spült. Etwas hinter ihm sitzend beobachte ich, wie die Tröpfchen aus seinen glänzenden Haarmatten fließen und den braunen Nacken herunterrinnen. Unter der beständigen Sonneneinstrahlung auf unsere Rücken verdoppelt die Hautoberfläche ihre Tiefe. Eine neue Schicht legt sich auf sie, als wäre er mit Licht bestäubt, eine Puderschicht, die seinen ganzen Körper umhüllt. So ähnlich ist die Wirkung, wenn wir es Auge und Bewußtsein erlauben, unscharf zu werden und ungeahnte Strukturen aus immer täuschenderer Ferne auf sie zufließen. Ich glaube, wenn ich meine Hand ausstreckte, um seinen schlanken Hals zu berühren, würde sie durch ihn hindurchgehen und dreißig Jahre zurückreichen. Welche Resonanz gewinnt das Leben nach und nach; eine Resonanz, die wie Nebel von dem, was nicht war, aufsteigt, der melancholische Dunst dessen, was war. Und plötzlich verdichtet sich dieser endlose Augenblick, als er den Kopf dreht und ein einziges, kurzes, unlesbares Lächeln lächelt. Eine Traurigkeit, die durchaus nicht im Widerspruch zur Sonne steht, wird aufgebrochen in dem Moment, als er auf seine Füße springt.

»Los, komm. Ich will dir zeigen, wo die großen Aale ihr Nest haben.« Und die große See spült alles weg bis auf das Ziel dieses neuen Vorhabens, während wir wieder zurückgleiten zwischen die Schichten ihres nachgebenden Glases.

So gehen die Tage dahin.

Bei zwanzig Metern und unter einer hervorstehenden Korallenschicht, die ihren schrägen Garten bis zu den sonnendurchleuchteten höheren Gewässern erstreckt, ist es dunkler und kälter. Ich bin am äußersten Ende meiner Luftkapazität angelangt, das Oxygen, das meine Lungen füllte, ist fast alles in der Anstrengung verbrannt, meinen Körper in diese Tiefe hinunterzuzwingen. Die Zeit ist hier sehr begrenzt: Ich verspüre die Dringlichkeit, den Sinneseindruck jeder Sekunde auszukosten, alles zu beobachten, sehr intensiv. Zu wissen, daß es wegen des Überhangs unmöglich ist, senkrecht an die Oberfläche zu schießen, ist teils beängstigend, teils aufregend. Würde das Bewußtsein die Verantwortung dem Körper übergeben, bevor es schwindet, dann würde der Körper stracks krampfhaft nach oben steigen und zwischen den Zacken und Zweigen auf der Unterseite des Überhangs hängenbleiben und in der Strömung wie eine Wasserpflanze hin und her bewegt werden, bis er verzehrt wäre. Das Bewußtsein muß lange genug auf dem Posten bleiben, um seine trottelige Kapsel in Sicherheit und ans Licht oben zu bringen.

Zwischenzeitlich leidet die trottelige Kapsel, aber das Bewußtsein bewundert eifrig die Kostbarkeiten dieser versteckten Welt. Der Sand ist übersät mit leeren Muscheln und Gehäusen, mit Perlmuttspiralen und ingwerfarbenen Fächerformen, mit gefleckten Schalen und Scheren. Die Hände grapschen und greifen, doch dann stoßen sich die Füße ganz entschieden ab. Ein endloser Aufstieg mit abrupten Wendungen, der schließlich den Körper berstend an die Oberfläche bringt. Da liegt er dann, hechelt das Sonnenlicht ein und aus, während die langsameren Luftblasen seines Reisewegs nach und nach von unten heraufperlen und ihn umstrudeln. Erst nach ein oder zwei Minuten kann ich untersuchen, was meine Hände gefunden haben. Hier oben im strahlenden Licht sind die Gegenstände klein und gewöhnlich: die üblichen Muscheln, Teile eines zerlegten Krebses. Eine Zeitlang haftet ihnen eine gewisse Fremdheit an wie allem mühselig Erlangten, das niemals wieder ans helle Tageslicht hätte kommen sollen; dann öffnen sich meine Hände, und die Ex-Schätze taumeln in langem Fall ihren Weg nach unten zurück in ihr Grab.

Das Vergnügen, auf diese Art fündig zu werden, erschöpft sich nicht. Ich tauche oft auf diese Weise – die reine Erholung angesichts der täglichen ernsten Aufgabe des Tötens, um zu essen –, bis solches Tauchen zur notwendigen Gewohnheit wird. Hin und wieder komme ich mit etwas hoch, das ich behalte. Meistens verlieren diese Kostbarkeiten an Wert, wenn sie die Grenze zwischen unten und oben überschreiten wie alle Souvenirs, wie jene Fragmente, mit denen ich so oft aus dem Halbschlaf aufwache und die ich krampfhaft zwischen den Zähnen halte. Ich spreche sie beim Erwachen: bedeutsame Sätze, deren Bedeutung schnell austrocknet, bis sie willkürliche Wort- und Klanganhäufungen sind. Manchmal versorgen sie mich mit Ideen, mit Titeln für Erzählungen, Insider-Witzen. Mit dem Gesicht nach unten im Wasser kann ich nun nicht länger die Bruchstücke sehen, die ich freigegeben habe. Selbst die Krebsplatte mit ihrer schimmernd weißen Innenfläche ist verschluckt worden. Mein Geist fängt an, richtig zu funktionieren: Dieser Friedhof auf dem Meeresgrund könnte sich angesammelt haben, weil die Strömung an dieser Stelle alles zusammenwirbelt; wahrscheinlicher ist allerdings, daß es den Hinterhofmüll von der Lagerstatt eines Lebewesens in der Felsfront des Überhangs darstellt. Möglich, daß ein Krake von beträchtlicher Größe in einer der Spalten und Risse wohnt. Ich sollte wieder abtauchen und entdecken, wo das ist, damit ich zurückkommen und ihn bekämpfen kann.

Eine halbe Stunde später mache ich das auch, dieses Mal mit einer langen Drahtsonde zum Ausloten. Mal um Mal tauche ich unter den Vorsprung und kämme die Felsfront systematisch ab. Einige Male trifft mein Draht auf etwas Weiches, aber die Löcher sind zu klein. Am Ende finde ich das richtige Loch. Die Sonde zittert. Eine Wolke aufgerührten Schwemmsands wird herausgeblasen, während der Bewohner sich zu den Tiefen der Inselausläufer verzieht. Es wird ein gefährlicher Kampf und unmöglich ohne Kompressor. Ich bezweifle, daß er für einen Alleingang geeignet ist.

Weil die Harpune eine so wichtige Rolle in meinem täglichen Leben in Tiwarik spielt, sollte ich sie gebührend beschreiben. Es ist ein Fischereigerät, das es schon länger gibt: Der älteste Mann in Sabay erzählte mir, daß er als Junge eine benutzte und daß sie genau wie die modernen war, außer daß in der damaligen Zeit alle Gummibänder schwarz waren. Es mag regional unterschiedliche Stile geben, aber im großen und ganzen ist die klassische Filipino Harpune ein Holzstock, wie das Spielgewehr eines Kindes geformt, mit Gummiriemen und einem Metallspeer mit Widerhaken. Wird die Harpune für die Tagfischerei gebraucht, beträgt die Gesamtlänge von Speer und Stock bis zu einen Meter fünfzig; wird sie für ein Kind gefertigt oder soll sie zur Nachtfischerei dienen, ist sie kurz: normalerweise insgesamt nicht länger als einen knappen Meter. Die Gründe für diesen Unterschied sind, daß man des Nachts an die meisten Fische sehr nahe herankommt, deswegen wird weniger Kraft gebraucht, außerdem: je kürzer die Harpune, desto leichter ist sie in der Dunkelheit in Löcher und Felsspalten hineinzumanövrieren.

Die Oberseite des Spielzeuggewehrs ist flachgehobelt, und

einige Zentimeter Bambusrohr sind an seiner Spitze vorne festgebunden. Daran wiederum werden kräftige Gummiriemen, mit Gummibändern straff umwunden, befestigt. An deren Ende befinden sich Schlaufen aus Nylon oder rostfreiem Draht. Diese passen über einen hochstehenden Zinken am unteren Teil des Speeres, der von rückwärts durch das Rohr eingelassen wird und durch den Abzugsstollen des Auslösers gegen die Gesamtspannung der Riemen festsitzt. Zwei Abzugsarten kommen in Frage. Die einfachere besteht aus einer Metallippe, die in den Schaft hineingetrieben wird und in eine in den Speer eingearbeitete Nut hineingreift. Das hintere Speerende ist in einem Loch verankert, das in ein Holzstück gebohrt ist und als Stützlager fungiert. Der Daumen des Schützen drückt das Holz am Ende herunter, hebt die Nut von der Metallippe ab, der Speer fliegt los. Die andere Art entspricht eher dem konventionellen Gewehrabzug, das obere Ende kommt wie ein Dorn durch den Schaft und mündet in einem Loch, das in das Speerende gebohrt ist. Der Zeigefinger des Schützen drückt den Abzug, der Dorn wird zurückgezogen, der Speer abgefeuert. Alle Harpunen in Sabay sind nach diesem Muster gebaut, und diese Art benutze ich jetzt; angefangen habe ich aber vor einigen Jahren in einer anderen Provinz mit der »Kipp«-Variante des Abzugs.

Ich beschreibe das hier so ausführlich, weil die Fischer ihre selbstgemachten Harpunen sehr pflegen, und die Modelle, die sie benutzen, sind jetzt so ausgereift wie das eines Fahrrads. Es mag Verbesserungen geben, die sich durch neues Material ermöglichen lassen, aber die grundlegende Idee ist eine schöne Ausgewogenheit von Einfachheit, bequemer Handhabung, Genauigkeit, Billigkeit und Anpassung an den menschlichen Körper. Die Harpune wächst aus der Hand heraus, das Auge ist an der Speerspitze (mit Widerhaken versehen, im allgemeinen mit einem geschärften Nagel, der sich in einem Loch dreht). Die Speere selbst geben Anlaß zu einem gewissen Wetteifer. Die besten sind aus Stahl, weniger als einen Zentimeter stark, der federt, sich aber nicht leicht verbiegen läßt. Die ideale Rute besteht aus der Seele eines von der örtlichen Regierung gestohlenen elektrischen Kabels und trägt die spiralige Spur der Drähte, mit denen es einmal umwickelt war. Eine gute Alternative stellt eine leichte Armierungseisenstange dar. Die billigsten, aber auch weniger tauglichen Speere sind aus weichem Stahl oder Eisen. Sie verbiegen sich sehr leicht, so daß sie am Ende eines kurzen Kampfes mit einem kleinen Kraken wie ein Korkenzieher aussehen. Auf der anderen Seite lassen sie sich viel einfacher handhaben.

Die Stärke des Antriebsgummis, die Anzahl und Länge der Riemen wird davon bestimmt, wie stark der Benutzer ist und wieviel Kraft er einsetzen muß. Ein schwerer Speer für den Gebrauch bei Tag braucht eine tatsächliche Reichweite von nur ungefähr drei Metern. Das scheint zu Land eine winzige Entfernung. Unter Wasser kann ein einfaches Gummiband eine Stahlrute kaum viel weiter treiben, ohne ungenau zu werden: Wasser verlangsamt Geschosse abrupt, wie alle wissen, die sich in Ballistik auskennen. Außerdem braucht der Speer für diese Entfernung ein gewisses Maß an Zeit, und es ist schwierig, den Fisch zu »führen« und auszutricksen, wenn schon das Geräusch des Abziehens zur Warnung ausreicht. Der Speer fliegt durch die Stelle, von der man hoffte, daß der Fisch dort wäre, außer daß er jetzt einen guten Meter weiter weg ist und sich in die entgegengesetzte Richtung bewegt. Weil diese Art Harpunen technisch so wenig aufwendig sind, muß der Fischer dies durch den Erwerb von Kenntnissen über seine Beute wettmachen: wie bewegt sich jede Art, wie reagiert sie, die feinen Unterschiede im Verhalten. Ich kann mir nicht vorstellen, wie es wäre, wenn man jeden Fisch treffen würde, auf den man zielte, als ob man Köderenten schieße. Die Fischer von Sabay sehnen sich vielleicht nach diesem Glück, aber nach einer Weile wäre es die Reaktion des Fisches, außer Reichweite zu bleiben. Zumindest teilweise liegt es an der gegenwärtigen Technik – so außerordentlich zugunsten der Fische –, daß sie sich weiterhin hier herumtreiben und sich schießen lassen; damit bleibt diese ganze Methode des Nahrungserwerbs möglich.

Wir alle haben Stunden damit zugebracht, über Möglichkeiten nachzugrübeln, die Schlagkraft unserer Harpunen zu vergrößern. Wie wäre es, eine Unterwasser-Armbrust zu bauen, statt eines direkt am Schaft entlang nach hinten gespannten Gummibandes nach dem Katapult-Prinzip? Aber die Einwände sind sofort offensichtlich: das Nachladen wäre viel zu langsam, die »Bogensehne« würde in ihrer ganzen Länge durch das Wasser behindert, die Gesamtbreite wäre unhandlich und käme für nächtliche Einsätze nicht in Frage. Und Federn? Doch dies würde einen viel komplizierteren Halterungsmechanismus erfordern, was wiederum verdeckte, rostende Metallteile bedeuten würde. Die Kraft einer zusammenschnellenden Feder wird auch nur für eine kurze Strecke freigesetzt; Gummibänder, die oft auf die doppelte Länge gespannt werden, haben den Vorteil, daß der Speer genau bis zu dem Moment angetrieben und beschleunigt wird, bis sein Ende in der kleinen Bambusführung verschwindet.

Eine weitere kritische Frage ist, wie man den Verlust des Speers vermeidet, der immerhin keine anonyme Kugel ist, sondern wie der mittelalterliche Pfeil eine handgemachte Waffe, die das Ergebnis stundenlanger Arbeit darstellt. Es ist so leicht, einen Speer zu verlieren, indem man ihn in eine plötzliche Tiefe feuert oder indem man einen Fisch trifft, der groß genug ist, um damit wegzuschwimmen. Beides ist unwahrscheinlich in küstennahen Gebieten, wenn der benutzte Speer nicht viel stärker ist als eine durchschnittliche Stricknadel. Beides ist in der Tat sehr wahrscheinlich, wenn eine große Harpune bei der Arbeit in tieferen Gewässern auf dem äußeren Hang eines Korallenplateaus benutzt wird, und das mache ich gerne.

Vor einigen Jahren fertigte ich schließlich meinen ersten eigenen Speer an, auf den ich sehr stolz war. Nicht daß dabei viel handwerkliches Können eine Rolle gespielt hätte, nur das Gefühl, Schwierigkeiten besiegt zu haben. Außer einem *bolo* hatte ich keine anderen Werkzeuge und arbeitete gebückt über einem Feuer: Steine waren Hämmer, ein alter Nagel, der nach und nach zu rotglühendem Metall geschlagen wurde, war ein Bohrer, ein Stück abgebrochener Zementbelag war eine Feile. Es kostete mich ein paar Stunden unbeholfene Mühe, Verbrennungen, Schnittwunden und einen brandigen Fingernagel, doch am Ende hielt ich einen brauchbaren Speer in der Hand. Ich nahm ihn mit hinaus, und in der ersten Stunde erlegte ich einen fetten *tudluan*. Am nächsten Tag schoß ich einen großen Tintenfisch, der gerade in dem Moment nervös an Geschwindigkeit zulegte, als mein Speer seine Knochenplatte durchdrang. Es gab eine Tintenexplosion im Wasser vor mir. Ich holte ihn ein und tastete in der undurchsichtigen Wolke umher. Nichts. Dann entdeckte ich den Tintenfisch, wie er stetig weg zum tieferen Gewässer strebte, sehr behindert durch das Gewicht des Speers, den er hinter sich her schleppte, doch mit gutem Tempo. Ziemlich oft stieß er einen Tintenschwall aus, der wie eine trudelnde Sepianuß im Wasser hing. Ich machte mich an die Verfolgung. Ab einem gewissen Punkt, als es tiefer wurde, hörte ich auf, einen prima Tintenfisch zu jagen, und fing statt dessen an, meinen Speer zu retten. Ich hatte es aufgegeben, ihn unter Wasser zu verfolgen, und war an der Oberfläche, wo ich mich auf einen letzten Versuch vorbereitete, als die schwächer werdende Gestalt weit unter mir innehielt. Ich schwamm hinunter. Er machte einen verzweifelten Versuch zu entkommen, aber er war noch erschöpfter als ich, und ich zerrte beide aus dem tiefen Wasser, ihn und den Speer.

Diese Episode mit ihrem Ende, nämlich einem Gefühl des Triumphs, den Speer zurückgewonnen zu haben, als er beinahe schon unwiederbringlich schien, hatte eine unsinnige

Wirkung. Statt als Warnung zu dienen, machte sie mich zuversichtlicher, daß ich in Zukunft imstande wäre, mit solchen Dingen umzugehen. Ein paar Tage fischte ich weiter, aber ohne spektakuläre Fänge. Dann, am fünften Tag meines neuen Speeres, sank ich auf ungefähr sieben Meter Tiefe ab zu jener wohltuenden Ebene, auf welcher der menschliche Körper im Meerwasser ein Gleichgewicht erreicht, weder absinkt noch aufsteigt, und anfänglich vermittelt sich das Gefühl, es sei möglich, dort den ganzen Tag zu verbringen, ohne Luft zu holen. Ich lag hinter einem Korallenvorsprung und wartete darauf, daß ein Verband von küstennahen Fischen sich in ihrer Neugier versammeln würde. Ich harrte so lange aus, bis ich wußte, ich könnte keine weiteren zehn Sekunden ohne Luft auskommen, geschweige denn einen ganzen Tag. Genau da schwamm ein gigantischer Papageifisch langsam an mir vorbei, sein Auge schwenkte herum, um mich aus seiner blauen Augenhöhle zu beobachten. Überrascht feuerte ich, während ich mich gleichzeitig für meinen Aufstieg abstieß, und sah ungläubig, wie der Speer danebenging. Charakteristischerweise ließ der Papageifisch einen Strahl mit Exkrementen ab, als er Reißaus nahm, und mein Speer fiel in einem immer steiler werdenden Bogen über das Plateau hinaus und in das tiefe Violett dahinter.

Den Rest des Tages verbrachte ich damit, ihn wiederzuholen. Ich hatte seine Position im Verhältnis zu einem eigenartigen grünen Korallenpilz bestimmt, der am äußersten Rand dieses Unterwasservorsprungs wuchs. Wenn ich direkt zum Pilz hinunterschwamm, ungefähr elf Meter, konnte ich gerade den Speer erkennen, wie er am Fuß des Riffs lag. Ich holte tief Luft und zwang mich fünfzehn, achtzehn und einundzwanzig Meter tief. Aber der Speer mußte in sechsunddreißig Meter Tiefe liegen, und ich kam nie näher als zwölf Meter an ihn heran. Aus dieser Entfernung konnte ich jeden Zentimeter von ihm in all den vertrauten Einzelheiten sehen: die Kratzer von meiner improvisierten Feile, die bereits anfingen, rostigbraun zu werden, sein etwas schiefer Widerhaken. Wäre ich zehn Jahre jünger gewesen, hätte ich mich im Tieftauchen trainiert, hätte ich...

Explosionsartig kam ich wieder an die Oberfläche, in den Ohren quietschte und klingelte es, der Kopf war zusammengepreßt, der Brustkorb bebte. Von wegen, hätte ich. Hätte ich genügend Verstand gehabt, ihn überhaupt nicht abzuschießen. Niemals hätte ich einen *bonah* dieser Größe sofort töten können: Er wäre auf jeden Fall mit meinem Speer weggeschwommen und hätte ihn wahrscheinlich innerhalb der nächsten hundert Meter abgeschüttelt. Aber in das Meer hinaus auf irgend etwas vom Rande des Korallenriffs aus zu schießen, das war töricht und verriet einen völligen Mangel an gesundem Instinkt. Ich war ob des Anblicks eines großen Fisches in unmittelbarer Nähe so aufgeregt gewesen, daß abzudrücken das einzige war, woran ich denken konnte. Ich sann traurig über diesen Dilettantismus nach, während ich mir einen anderen Speer zurichtete, dieses Mal durchbohrte ich mir meine Handfläche mit einem heißen Nagel. Man lernt mit ehrfurchteinflößender Langsamkeit; aber ich war zum Lernen entschlossen, denn selbst damals wußte ich, daß darin eine seelische Bereicherung lag.

Heutzutage habe ich, wie alle anderen richtigen Fischer von Sabay, dünne Nylonschnüre an meinen Speeren, durch ein Loch am Ende gespleißt. Diese Leinen, die bis zu vier Meter lang sein können, haben eine doppelte Funktion: sie ermöglichen, einen Speer zurückzuholen, und bieten gleichzeitig Platz für den Fang. Es brauchte Zeit, um zu lernen, mit einem Speer umzugehen, an dem eine Leine hing. Zu Anfang schien es unmöglich umständlich. Dieser Schwanz blieb an Korallen hängen, er versaute mir meine Sperrholz-Schwimmflosse, er trieb in der Strömung um meine Beine. In der Wut schnitt ich ihn ab; später mußte ich ihn dann wieder reumütig an noch einen weiteren neuen Speer anspleißen.

Die Handhabung der Fangleine geht so: man rafft die Leine

zwischen zwei Fingerknöcheln der Abzugshand zusammen, bis einige Fische aufgereiht sind. Man schwimmt mit geladener Harpune und ausgestrecktem Arm und hält die Schnur lose, so daß sie zwischen den Fingern durchlaufen kann, wenn der Speer abgefeuert wird, doch sofort gestoppt werden kann, wenn der Fisch getroffen ist oder der Speer ins tiefe Wasser zu fallen droht. Ich lernte sehr bald, sie nicht an mein Hand- oder Fußgelenk zu binden. Ich bin einmal in zehn Meter Tiefe hängengeblieben, festgehalten von unverwüstlicher Nylonkordel, verknüpft mit der Stahlrute, deren Widerhaken tief in eine Koralle eingebettet war. Dies ist keine Erfahrung, die sich vergessen läßt; im schlimmsten Fall muß man immer bereit sein, den Speer loszulassen. Und nach einigen Jahren Harpunenfischerei zeigt es sich, daß die Umstände, unter denen sich dies zuträgt, nicht dazu angetan sind, daß man dem Speer ungebührlich nachtrauert.

Wenn ein Fischer einen Fisch trifft, überprüft er, ob er einen genügend großen Teil seines Körpers sicher aufgespießt hat, so daß er, wenn er einmal auf der Fangleine ist, nicht wieder abgerissen wird, wenn er sich an einem Felsen verfängt oder von einer Tauchflosse getreten wird. Er läßt den Fisch über den Speer und auf die Schnur gleiten. Bei Zweidrittel der Leinenlänge ist ein Messingdrehgelenk eingespleißt, um zu verhindern, daß der Körper des Fisches wie ein Propeller im Wasser wirkt und die Schnur zu Schlingen windet. Der Fisch wird jetzt über das Drehgelenk bis zum Endknoten in der Leine geschoben. In der Praxis ist dieser ganze Ablauf eine Sache von Sekunden, während deren der Jäger schon nach neuer Beute um sich herum sucht, selbst wenn er schon nach oben steigt, um Luft zu holen.

Eines Nachts, nicht lang nach meiner Ankunft auf Tiwarik, wache ich auf, gerade nachdem der Mond untergegangen ist. Ich stehe auf und gehe hinaus. Niemand sonst ist auf der Insel; Arman ist nicht zum Fischen herübergekommen.

Ich bin froh, denn ich bin heute nacht nicht in Stimmung. Ich lasse meine Harpune wohl verstaut im Dach und gehe durch Schwärme von Glühwürmchen hinunter zum Strand. Ich weiß nicht, warum Glühwürmchen in einigen Nächten zahlreicher sind als in anderen, noch warum das phosphoreszierende Plankton im Meer sich ebenso unterschiedlich verhält. Vielleicht hat das Wetter etwas damit zu tun oder die Temperatur oder der Luftdruck; möglicherweise ist es auch nur eine Frage der Jahreszeit. Wie dem auch sei, die Nacht ist jetzt mondlos, trüb, kohlrabenschwarz, außer daß in der Schwärze diese konstanten oder blinkenden Insektenlichter schwimmen.

Ich gehe weiter, in das stille Wasser hinein, das dieselbe Temperatur wie die Luft hat und kaum zu fühlen ist, es sei denn durch sein Gewicht. Ich gehe weiter; das Wasser geht mir bis zur Brust. Beinahe ohne es zu merken, habe ich aufgehört zu atmen, und stelle fest, daß ich mich nach unten bewege in diese gleiche Schwärze, in der die Sternenpunkte von Ranken und Plankton wirbeln und glühen. Die Insel und die See sind schließlich und endlich nicht getrennte Wesenheiten, sondern ein kontinuierliches Medium. Nach einer Weile bin ich nicht mehr sicher, ob mein Kopf durchbricht zur Luft oder ins Wasser. Irgendwo in diesem funkelnden Firmament hole ich Luft. Ich weiß nur, daß es über diesem Universum einen großen Deckel gibt oder aber einen unnachgiebigen Boden unter ihm, und daß mein Kopf, wenn ich weiter lange genug nach oben oder unten steuere, so oder so anstoßen wird. Wenn ich aber einen mittleren Kurs fahre, könnte ich ewig so weitermachen, geblendet von diesen unendlichen Staubkörnchen, von meiner Reise durch eine Leere, in der die Atome der Schöpfung kreiseln. An diesem Vor-Schöpfungstag schwebt mein Geist davon und hinaus. Es ist kein Körper mehr da, der sich in diesem Nichts bewegt, nur eine Wolke von Elektronen.

Berauscht werde ich bewegungsloser Lichtpunkte gewahr.

Ich merke, daß ich auf dem Rücken liege. Die Wolkendecke löst sich auf, und die Sterne kommen durch. Nach und nach zeichnet ihre stetige Kerzenlichtkraft die Umrisse der dunklen Erhebung von Tiwarik, und alles gewinnt seine Orientierung wieder gemäß den alten Auffassungen von Schwerkraft. Die Insel hat eine weitere Genauigkeit in ihrem Namen enthüllt, aber jetzt läßt sich ihre Masse wieder richtig herum nieder. Viele Faden unter meinen Sohlen liegen die vertrauten räuberischen Zähne und Chitinschnäbel in den großen Sierras aus Koralle. Weit über mir schütten Wald und Gräser ihre Schwärme von Glühwürmchen herunter, die wie blinkende kleine Schuppen träge in das dornige Buschwerk über dem Felsgestein des Küstenstreifens hinein- und herauswirbeln.

Ich liebe diesen Ort.

KAPITEL 4

Je vertrauter das Tiwarik umgebende Riff wird, desto mehr entzieht es sich präzisem Wissen; es gibt Aufschlüsse über jenes *mare incognitum,* ohne dessen flüssige Einfassung die Insel ein Stein statt eines Juwels wäre. In Kansulay war ich von dem Schauspiel, das Lolang Matings zerfallene, in kalter Glut schimmernde Hütte bot, fasziniert, doch existieren solche leuchtenden Pilze auch hier unter Wasser im Meer. Ganz ähnlich, wie man in den Wäldern ein Glühen sieht und dann im Schein einer Taschenlampe irgendeinen unrühmlichen Schimmel entdeckt, so kann ein Korallenhügel tief unter Wasser mit einem Leuchtfeuer auf seinem Gipfel hervortreten, das viel schwerer zu finden ist. Im Dunkeln markiere ich mir die Stelle und knipse die Taschenlampe an; aber sobald Licht da ist, verschiebt sich alles plötzlich zur Seite. Schließlich mache ich es ausfindig: ein winziges Klümpchen Gallert, verloren in einem Pflanzenbüschel. Noch seltsamer sind die Lichter auf dem Meeresboden; sie ziehen mich hinunter, bis ich auf dem Bauch im Sand liege, flachgedrückt in den schwarzen Tiefen. Dieses Weißglühen ist sicher in seiner Stetigkeit der Köder, den irgendein giftiges, räuberisches Wesen in Wartestellung im Sand zusammengeduckt ausgelegt hat, wie ein verborgener Rochen seinen weißen Stachel hinter sich herzieht. Doch nein; es ist so unsichtbar im Taschenlampenlicht, daß es eine lange Minute braucht, bis ich es schließlich sehe: etwas in der Form eines aufgeblähten Zellophanfetzens, das, wiederum in Dunkel eingehüllt, Licht aus sich pumpt, wie eine unscheinbare Blume Duft aussendet.

Wozu dient dieses Licht? Anzulocken, zu warnen, zu verkünden? Wir sind an einem fremden Ort, und nichts darf als Sprache aufgefaßt werden, geschweige denn als etwas Übersetzbares. Das Licht kann einfach ein Teil des Umrisses des Lebewesens sein, so wie die vier Beine eines Hundes mit zur Definition seiner Form beitragen. Andererseits kann es auch gar kein Lebewesen sein, sondern nur ein Bruchstück davon, ein Fetzen, der Autonomie vortäuscht wie der abgetrennte Schwanz einer Eidechse oder die kriechenden Rötungen, die durch die Haut eines toten Kalmars laufen oder sich sammeln. Ein um das andere Mal bringt mich das mit meiner Nase wieder auf den Sand zurück. Wenn Wissenschaftler mit ihrer Behauptung recht haben, daß Algen über Äonen die einzigen lebendigen Dinge auf dieser gerade abkühlenden Erde waren, so sind das, was wir jetzt sehen, vielleicht die verstreuten Überbleibsel eines früheren Glanzes – ähnlich einem einige Lichtjahre entfernten, weißglühenden Gasstreifen, der alles ist, was von einer ganzen Galaxie übrigblieb.

Und jetzt lebt Die Alte Erde nur noch des Nachts weiter, wie an einem hauchdünnen Faden – in der Nacht und in den tropischen Meeren. Des Nachts eine Taschenlampe mit hinunter zu den Riffen zu nehmen, heißt, noch andere Dinge zu erfahren, die auf ein uraltes sich entwickelndes Leben hindeuten, eine bruchstückhafte Hegemonie, aus deren sichtbaren Anzeichen sich kein Ganzes erschließen läßt. Selbst wenn dem nicht so wäre, überläuft es dich kalt bei dem Klang, der deine Ohren erfüllt. Er stammt von einer Million Lebewesen, die mit aller Macht am Leben sind. Manchmal ähnelt das Geräusch einem endlosen Brutzeln, der Vorbereitung von einer Million Essen. Seinem rauhen Gebrüll wohnt zu einer anderen Zeit eine hartnäckige, manische Eigenschaft inne, so als hörtest du eine riesige Menge in einem entfernten Stadion, ihre Stimme brandet in Wellen auf, so daß die Vorstellung dies halb mit unsichtbaren Ereignissen ausstattet, halb glaubt, einzelne Worte herauszuhören. Genauso müssen an einem römischen Abend die Dorfbewohner am Rande der Stadt die Barbareien des Kolosseums gehört haben, die ihnen über einige Kilometer hinweg der sanfte Sommerwind zugetragen hat.

Die Lautstärke dieses ständigen schwarzen Geräuschs unter Wasser ist ein Zeichen für Aktivität und Gewalt weit über das hinaus, was man mit der Taschenlampe sehen kann. Darüber liegt individuell unterscheidbares Quietschen, Ächzen und Flöten. Irgend etwas trommelt abgerissen auf seiner Schwimmblase. Irgend etwas anderes gibt ein nahezu menschliches Gähnen von sich. Ein schrilles Stöhnen versetzt mir einen Schock, und ich drehe mich um, richte die Taschenlampe abwehrend in diese Richtung, um festzustellen, in welches Gemetzel ich jetzt hineingezogen werde – nichts. Nichts als ins Wasser getauchte, strahlend leuchtende Punkte, die bereits bekannten Nachtwesen, das Trippeln eines Krebses.

Es ist bald ersichtlich, daß zur Nacht andere Geschöpfe auftauchen und die Meereswege durchstreifen, genau wie zu Land auch. Wer unten bei den Riffen mit Taschenlampe und Harpune auf Fischjagd geht, lernt sie kennen, die anderen Räuber und ihre Beute. Er sucht sie nicht; ihm ist mehr daran gelegen, in die Löcher und Nischen zu spähen, um die großen Fische zu finden, die er selten tagsüber fangen kann, wenn sie wachsam und in Bewegung sind. Es braucht Erfahrung, um zu wissen, wie man sie herausholt, weil die Löcher, durch die man sie erblicken kann, zu klein sein können und der richtige Eingang schwer zu finden ist. Es ist nutzlos, einen Speer auf einen Fisch abzuschießen, der nicht geborgen werden kann. Auch das Wissen um die Art der Felsformationen, die es wert sind, hinunterzugehen und sie genauer in Augenschein zu nehmen, braucht Erfahrung.

Aber das eigentliche Geschick liegt darin, Dinge sehen zu lernen und zu wissen, was man gerade betrachtet. Als ich ein

Anfänger mit der Harpune war, bin ich mit einem kundigen Mentor auf Streife gegangen. Ich bin über nackte Felsen und einen gestaltlosen Meeresboden gegangen; Sekunden später kam er an derselben Stelle vorbei, und für ihn wurde sie zu einem ergiebigen Fischrevier. Sein Speer flirrte vor meinen Augen vorbei und erzitterte fünf Meter unter uns in einem Sandflecken, der sich plötzlich wölbte, schlug und die Unterseite von weißen Flossen aufblitzen ließ. Zu der Zeit hätte ich nicht gewußt, wie mit einem Stechrochen umzugehen ist, selbst wenn es mir gelungen wäre, ihn zu entdecken, und wäre der Gefahr seines spitzen Stachels mit den manchmal tödlichen Reizgiften ausgesetzt gewesen. Ihn aber nicht sehen zu können, bevor er sich nicht um die Stahlrute wand, war ein deutliches Zeichen, wie weit ich von meiner Eigenständigkeit als Fischer entfernt war. Und wenn ich jetzt mit einem Neuling hinausginge, würde der sich wiederum wundern, daß ich Dinge sah, von denen er wußte, daß sie nicht da sind.

Natürlich nehme ich immer noch vieles nicht wahr, was es gibt; und wenn ich berücksichtige, daß noch weit erfahrenere Fischer als ich Dinge übersehen, werde ich nachdenklich beim Rascheln des maritimen Bodenbewuchses zur Nachtzeit, beim ständigen Tosen, bei dem deutlichen Zeichen für ein unbekanntes Universum, das meine Augen nicht sehen und meine Ohren nicht hören können. Mich erstaunt immer das Erstaunen der Menschen, wenn sie entdecken, daß die sonnenlosen Tiefen der großen Unterwassergräben schließlich doch kein unfruchtbares Ödland sind. Damit zeigt sich bei ihnen nicht nur ein Mangel an Vorstellungskraft, sondern ein tiefer sitzender Chauvinismus der Sinne, eine Gewißheit, daß das, was Menschen als blinde und erdrückende Leere erscheint, für andere Lebewesen auch gelten muß. Auf anderen Wellenlängen des Sehens und Hörens, mit einer anderen Bandbreite von Reaktionen des Geruchssinns, lebt eine uralte Welt weiterhin in unsichtbarem Glanz. Wir sind zu festgefahren durch die Schöpfungsgeschichte, durch unseren

Mythos der absoluten Polarität von Dunkel und Licht, das eine als Tod und das andere als Leben deutend, als Abwesenheit und Gegenwart. Wir sind Gefangene einer weitreichenden Palette solcher Dualismen, und demgemäß leugnen wir, was sie nicht umfassen können. Das Heilmittel dafür ist, sich nachts kopfüber tief in die schwarzen tropischen Gewässer zu versenken. Durch Auge und Ohr strömen gellende Rufe; aber als Beweis für die Welt dort unten stehen sie im selben Verhältnis wie das schwache Kratzen in den Funkkopfhörern der Astronomen zu einer unsichtbaren Galaxie von Sonnen. Es ist eine großartig fremde Welt, die mit den erdgebundenen Instinkten allein nicht erfaßt werden kann. Es ist schwierig, ein Universum aus dem Inneren eines anderen zu erkennen.

Sogar im hellen Tageslicht bietet die Insel selbst, obwohl sie so klein ist, unerwartete Streiflichter. Das deutet auf mehr als nur auf Oberflächen hin. Es hat eine Weile gedauert, bis ich entdeckt hatte, daß es einen verzauberten Ort auf Tiwarik gibt, der für Spaziergänger oder Kletterer immer unauffindbar bleiben wird, da er außer von der See aus unzugänglich ist.

Auf der von der Hauptinsel abgekehrten Inselseite und dem offenen Meer zugewandt fallen die Klippen steil ab zu einer Gruppe von Felsbrocken, überspült von gurgelnden Wellen und Wogen. An einer bestimmten Stelle nimmt der Winkel zu, geht über die Senkrechte hinaus und bildet einen Überhang, unter dem eine Landspitze aus flachem Felsgestein, nicht mehr als ein oder zwei Meter breit, in die See hineinragt und so tief liegt, daß sie bei Flut überdeckt ist. Unsichtbar von oben, kann ich hier auf dem Bauch liegen, mit meiner Nase praktisch im Wasser, und vierundzwanzig Meter direkt nach unten schauen, wo die Ausläufer der Insel im Sand verschwinden. Steht die Sonne im richtigen Winkel und kräuselt kein Wind die Oberfläche, so wird das Wasser zu einem Glasquader, und durch ihn hindurch kann ich die Karte des Landes Trune erkennen.

Trune ist im wesentlichen ein wüstes Land zwischen zwei Gebirgszügen. Es ist eine Hochebene, von der aus die Bewohner ihre Augen in jede Richtung zu den großen Gipfeln hin heben können, die in dem abgeschwächten Sonnenlicht glänzen und ihren Geburtsort umgeben und bestimmen. Von diesen Höhen fallen felsbrockenübersäte Schluchten ab, Geröll von ausgewaschenem Felsen. Wenn auch ihre Umrisse schroff sind, so ist dies doch, großräumig gesehen, keine unfruchtbare Mondlandschaft. Bei genauerem Betrachten erweisen sich die Berge hier und da als dicht bewaldet, mit Dickichten von smaragdfarbenen Nacktsamern, Beständen von bernsteinfarbenen Farnbäumen, Wälder von jungen Schößlingen. Am Fuß des Berges, am Rande der Wüste finden sich kleine, weiße, zusammengewürfelte Dörfer, deren Leute ein fleißiges, aber nicht zermürbendes Leben führen, ihre Herden versorgen und ihre Terrassenfelder pflegen. Sie achten die riesigen Vögel, die in tiefen und mysteriösen Berghöhlen leben, ängstigen sich aber nicht vor ihnen. Diese elegant beflügelten Geschöpfe durchziehen ihren Himmel mit ungeheurer Geschwindigkeit, verharren gelegentlich, um ein Dorf mit ihren Schnäbeln zu beschnüffeln, decken Hunderte von Häusern in Staubwolken ein oder sehen sich in den Hochwäldern der Berge um. Trune.

Warum Trune? Ich frage mich das, sobald sich der Name eingestellt hat. Und dann geht meine Erinnerung weiter und weiter zurück zu langen, formlosen, mesmerischen Stunden auf einer Schaukel, unter deren Eichensitz eine Ecke mit Stücken zerbrochener Steinplatten gepflastert war. Darüber ließ ich mich, die Arme um die Seile gehakt, fallen, der Kopf hing bis beinahe zwischen die Knie hinunter, und ich schwang sacht vor und zurück, bis ich vom Kommen und Gehen des Bodens unter mir hypnotisiert wurde. Ich war ein Kind mit geheimen Ländern und geheimen Sprachen;

vom Cockpit meines Flugzeugs aus identifizierte ich bald die Strukturen der Landschaft von Trune. Ich kannte jede Hecke aus Moos, die sich zwischen den Dreiecken und Vielecken seiner Felder erhob; ich kannte alle Ritzen – die Autobahnen zwischen den Städten – und alle Haarrisse – Fußwege für die Dorfbewohner –, auf denen sie ihre Gänge erledigten.

Manchmal lag ich über dem Sitz auf dem Bauch und wirbelte mich höher und höher weg vom Boden, bis die Seile sich bogen und knarrten. Auf dem allerhöchsten Punkt begann der Abstieg in Spiralen. Hoch über Trune trudelte und trudelte mein kleines Flugzeug, während die Bevölkerung unten in den Feldern stand, den Kopf zurückgebogen, mit offenem Mund. So ein Schauspiel! Diese Beherrschung! Würde er wohl je rechtzeitig wieder nach oben ziehen? Es gelang ihm immer, wenngleich ihm durch die Schwerkraft der Drehungen das Blut in den Kopf gestiegen war und er eine Mauer durchbrochen, Instrumente und Meßgeräte hinter sich gelassen und Trune selbst betreten hatte, eine andere Welt, in der sein ganzer Körper von unheimlichen und durchdringenden Sinneseindrücken widerhallte. Die Besuche in Trune liebte er, und es hieß *Trune,* weil er gerne mit Buchstaben spielte und Trune in der ureigenen Schreibweise Unter war.

Daß dieser Teufelspilot von Trune auch ein eingefleischter Zeichner von Phantasie-Inseln war, scheint jetzt völlig stimmig. Er hatte bereits seine Suche nach einem Land begonnen, aber es war nicht der traditionelle Zufluchtsort. Es sollte ganz und gar nicht eine Stätte tröstlichen Ausweichens sein, sondern es hatte schroffe und unvermittelte Ecken und Kanten, atemberaubende und ehrfurchteinflößende Buchten unter tropisch blauem Himmel, aber ein trauriger, dunkler Wind durchwehte es immer – kurz ein Land, das er schließlich als sein eigenes erkennen könnte.

In meiner ersten Schule, jenem Landhaus in den South Downs, gab es eine eigenartige Legende. Das Haus war ohne richtige Keller gebaut worden, hatte aber ein Souterrain, in das Licht durch vergitterte, ebenerdige Fenster fiel. Soweit ich mich erinnern kann, wurde dieser Keller für Küchen, Waschräume und ähnliches beansprucht. Wenn man zur Schlafenszeit im Morgenmantel und einem entsprechend leidenden Gesichtsausdruck hinunterging, war da gewöhnlich eine große Frau mit aufgekrempelten Ärmeln, die »armes Kind« sagte und ihm einen Becher mit ungesüßtem Kakao (Zucker war noch rationiert) sowie ein Stück Brot mit Bratenfett gab.

Wer immer aber dann das arme Kind beobachtete, wie es an seinem Kakao nippte, hätte gesehen, wie es die Augen zu Boden gerichtet, geistesabwesend kauend umherging. Es durchstreifte die ihm bei Tageslicht verbotenen Gewölbe, musterte die Steinplatten, lugte hinter Türme von Weidenwäschekörben, die mit pergamentenen Riemen zusammengebunden waren. Wenn es tapfer genug war, streunte es in die entlegensten, unbeleuchteten Winkel, in der Obhut von riesigen Spinnen und schimmelnden, gegen die Wand gestellten Ping-Pong-Tischen. Er war etwas kühner, war er doch ein Verschwörer auf spezieller Mission, die zuvor in den Schlafräumen unter dem Dach ausgeheckt worden war. Die Mission bestand darin, Die Verschollenen Keller zu finden.

Die Legende Der Verschollenen Keller war mit das erste, was ein Junge als Neuer auf der Schule hörte. Sie besagte, daß es irgendwo unter der Schule eine ganze Ebene gab, die zu einem bestimmten Zeitpunkt in der Vergangenheit absichtlich zugemauert und in einem kollektiven Gedächtnisschwund vergessen worden war. Nachdem das Licht in den Schlafräumen gelöscht war, war das, was dort zu finden sein könnte, der Gesprächsgegenstand endloser Spekulationen. Das ging von Jungen, die von einem längst verstorbenen Schulleiter ermordet worden waren, bis hin zu einer schwachsinnigen

Tochter des gegenwärtigen Lateinlehrers, die dort angekettet war, einen eisernen Becher und eine zahme Ratte hatte, die in dem Versuch, die Fesseln durchzunagen, ihre Zähne zu Stummeln abgenutzt hatte. Unglücklicherweise fanden wir keinen Hinweis auf einen Zugang zu diesen unteren Regionen: kein neuer Zement in den Fugen zwischen den Steinen, keine Eisenringe, keine neue Tapete. Natürlich verhinderte dies die Spekulationen nicht und auch nicht die Weitergabe der Legende. Aber bald waren wir damit beschäftigt, Cordit zu sammeln und uns um Armeerestbestände zu kümmern, die es damals so billig und reichlich gab: Signallampen und Walkie-Talkies waren am beliebtesten, ihre großen Batterien waren in braunes Packpapier eingewickelt, unter Schichten von Firnis und was wie Fettschichten aussah.

Die schwachsinnige Tochter des Lateinlehrers ist ohne Zweifel bis zum heutigen Tage dort und erfüllt ihr nicht beneidenswertes Los, für unverarbeitete seelische Probleme herzuhalten. Ihr Vater muß seit langem tot sein, denn selbst damals war er schon kurz vor der Pensionierung. Aber seine Tochter ist nicht einen Tag älter. Sie – sehr schön, sehr wild – redet den ganzen Tag mit ihrer zahnlosen Ratte, starrt mit verkümmerten Augen in die Dunkelheit und erzählt ihr mit großer Klarheit die Ereignisse der herrlichen Visionen, in denen sie lebt. Denn obwohl sie in Ketten liegt, besitzt sie vollständige Freiheit, wie die Macht bezeugt, Den Verschollenen Kellern zu entfliehen, beinahe vierzig Jahre und elftausend Kilometer zu überbrücken und sich eines Nachts auf Tiwarik zu präsentieren, wo sie geradewegs in mein Bewußtsein hineinspaziert.

Es war merkwürdig, daß Die Zweiten Keller die erste Legende war, auf die ich stieß, als ich zu meiner nächsten Schule überwechselte, jener Insel inmitten von Vororten. In diesem Gebäude waren die ersten Keller richtig unter der Erde, ohne Fenster und unbeschränkt zugänglich, denn sie beherbergten die Umkleideräume und den Hobbyraum, den Stiefelraum und den Heizkesselraum, neben einer Anzahl von winzigen, unbeleuchteten Anbauten voll geborstener Koffer und verschimmelter Exemplare von Ovid mit dem Aufdruck »P. Binsted, Sommer 1938« auf einem Vorsatzblatt.

Normalerweise erreichte man diese Keller über eine Treppe, die einfach eine Fortsetzung (viel weniger aufwendig) des Haupttreppenhauses war. Außen führte eine Lieferantentreppe wieder hinauf ans Tageslicht. Am Fuß dieser Treppe gab es den massivsten Hinweis auf Die Zweiten Keller. Die dort liegende große Steinplatte schwankte dumpf unter dem vereinten Gewicht von drei Jungen (zwei, wenn einer von ihnen »Slug« Summerbee war). Niemand hat je gesehen, daß diese Platte abgehoben wurde, aber man nahm es als Tatsache, daß ein ungenannter Schulsprecher einmal für irgendeinen Auftrag während des morgendlichen Unterrichts zu Den Kellern gesandt worden war. Er hatte eine deutliche Linie nasser Fußspuren gesehen, die von der Steinkante durch den Flur zum Heizkessel führte. Dies steigerte deutlich die Furcht und den Schrecken, mit denen wir den alten Bisley bedachten, der neben seinen Pflichten als Hausmeister die Heizkessel der Schule zu beschicken und die Schuhe der Schüler zu putzen hatte. Unterstützt wurde er dabei – denn er war wirklich ein alter Mann, mit brauner Haut und voller Sehnen – von einem geheimnisvollen jüngeren Mann, den man für seinen unehelichen Sohn hielt. Er war ein Typ wie Heathcliff, mit langen, blauschwarzen, pomadigen Haaren und Tätowierungen auf den Unterarmen. Er sah wie ein Zigeuner aus, und wenn er lächelte, zeigte er seine strahlend weißen Zähne. Er fuhr mit unheimlicher Geschicklichkeit ein AJS Motorrad, und es lief das Gerücht um, daß er jedes Mädchen schwängern konnte, einfach indem er an ihm im Korridor vorbeiging und lächelte. Niemand wußte, wo er und sein nicht offizieller Vater lebten. Vielleicht lebten sie nicht in Den Zweiten Kellern, aber sie wußten bestimmt etwas über sie.

Wright war tapfer, daran gab es keinen Zweifel. Eines Tages ging er einfach zu Bisleys Sohn und bat ihn unumwunden, ihm Die Zweiten Keller zu zeigen. Ein seltsam verschleierter Ausdruck ging durch die Zigeuneraugen.

»Wie alt bist du, mein Junge?«

»Zwölf.«

»Hm. Warte bis du dreizehn bist.«

»Aber ich bin jetzt beinahe dreizehn.«

»Warte bis du dreizehn bist und bald abgehen wirst. *Dann* werde ich sie dir zeigen. Und ein paar deiner Freunde auch, wenn sie Glück haben.«

Aber irgend etwas muß in den dazwischenliegenden Monaten geschehen sein, weil Wright Die Zweiten Keller niemals gesehen hat; wahrscheinlich hatte er sie über den Aufregungen der Aufnahmeprüfung für die weiterführende Schule und der Kricket Elf völlig vergessen. Immerhin zogen wir uns dort unten oft für den Sportunterricht um und sahen erstaunt hoch beim Anblick von Heathcliff, der schweigsam im Eingang lungerte, in sich hinein lächelte und mit seinen schwarzen Augen die kleinen wächsernen englischen Körper taxierte.

Allerdings waren einige Jungen ziemlich immun gegen irgendein Gefühl der Bedrohung, die von diesem Mann ausging. Insbesondere Ackroyd war an einen sehr direkten Umgang mit solchen Menschen gewöhnt, die Schuhe putzten und Kessel heizten. Nach dem Mittagessen gingen wir hinunter in den Stiefelraum mit seinen hölzernen Fächern, in denen die Schuhe der Schüler eingestellt waren. Die Atmosphäre war so friedlich wie in einer Bibliothek, der Geruch von Leder und Lederfett und Schuhcreme lag in der Luft. Der alte Bisley und Heathcliff saßen in einer Ecke und putzten Schuhe. Bisley trug die Schuhcreme auf, Heathcliff wienerte; an Bisleys linkem Handrücken war der schwarze Pegelstand der Schuhcreme abzulesen. Ackroyd schritt zu seinem Fach, nahm seine Schuhe heraus und prüfte sie kritisch, wobei er unter die Deckenbirne mit ihrer eisernen Vergitterung trat.

»Also, toll ist das nicht«, sagte er.

Die zwei Männer putzten weiter.

»Ich sagte«, wiederholte Ackroyd, »toll ist das nicht.«

Heathcliff ließ die Putzlappen sinken.

»Es tut mir leid, daß der junge Herr nicht zufrieden ist.« Seine Stimme war leise; ich zitterte und betete darum, daß Ackroyd den Mund hielt. »Wissen Sie, wir haben nur vierundachtzig Paare zu putzen.« Er hätte wissen müssen, daß dieser Ton bei allen Ackroyds dieser Welt vergebens ist.

»Eben«, sagte der Junge. »Geben Sie mir den Lappen.« Er nahm Heathcliffs Putzlappen und schrubbte an den Stiefelspitzen. »Na also. Ist doch nicht schwierig, oder? Ellbogenschmiere nennt man so was«, erklärte er.

Der Blick, den Heathcliff ihm zuwarf, hätte mich nächtelang wach gehalten – was auch geschah –, doch Ackroyd blieb ungerührt. Er stellte nur einfach die Schuhe sorgfältig in ihr Fach zurück und ging hinaus.

Wenn der alte Bisley und der unheimliche Heathcliff die psychische Durchschlagskraft der Legende von Den Zweiten Kellern erhöhte, dann machte die Nähe der berühmten Chislehurst Höhlen sie plausibel. In sehr großen Abständen, wenn die Schule als besonders gut und verdienstvoll erachtet wurde (viele Stipendien verliehen, Wettkämpfe gewonnen), ließ man uns in Zweierreihen die knirschende Auffahrt zwischen den Rhododendren entlangmarschieren, vorbei an der Pförtnerwohnung und hinaus ins elegante Vorortmilieu. Wir gingen den Hügel hinab, vorbei an mustergültigen großbürgerlichen Häusern im gotisierenden Stil, errichtet auf kleinen Anhöhen, umgeben von weitläufigen Gärten, unter der Eisenbahnbrücke hindurch an der kleinen, von Büschen umgebenen Station vorbei, wo arme Arbeitstiere, Pendler genannt, offensichtlich jeden Tag hingehen mußten, bis dort hinunter, wo ein dicht bewaldeter Hügel steil auf der anderen Seite emporstieg. Eben da, unter dem Hügel war der Eingang zu den Chislehurst Höhlen.

Sie bildeten ein natürliches Höhlensystem, das sich, wie einige sagen, über fünfunddreißig Kilometer hinzieht. Oder sechzig. Ein wesentlicher Teil ihres Rufes fußte darauf, daß man ihr volles Ausmaß nicht kannte, derart erschreckend labyrinthisch war das Netzwerk. Einiges davon wurde während des Krieges (damals erst ungefähr sieben Jahre her) als Luftschutzkeller benutzt und war mit Friseurläden, Kapellen, Kliniken und Geschäften ausgestattet. Am Eingang, einem einfachen Holztor, das nicht einmal bis an den oberen Rand des Höhleneingangs reichte, wurden uns Öllampen ausgehändigt und großspurige Führer wie aus Dickensromanen zugewiesen, vielversprechende junge Männer mit Wapping- und Isle-of-Dogs-Akzenten, die ihre Texte auswendig gelernt hatten, spontane Witze und Warnungen eingeschlossen.

»Ein paar Typen, tja also, die sinn hier nachts runnergekomm unn über die Tore geklettert unn ham gedacht, sie könn alls umsonst ham. Nix als ne Radlampe mit. Arme Schweine.«

»Was passierte?« fragen wir und traben den Gang in einer Wolke aus Lampenruß hinunter; unsere Gestalten werden von den flackernden orangefarbenen Flammen, die wir tragen, an die Wand geworfen. Das Gefühl, immer weiter vom Sonnenlicht wegzugehen, lastet schwer auf jedem von uns.

»Tja also, wir finnen sie am Ende immer«, ertönt die Stimme aus der Dunkelheit. »Brauch nur n bißchen Zeit. Beim letzten Typ wie lang, Pete? Fünf Tage?«

»Häh?« schreit Pete von irgendwo da vorne zurück.

»Dieser letzte Kerl, der wo reingeklettert is, wie lang wars, bis wir den gefunn ham?«

»Sechs Tage, he?«

»Jou, genau, sechse.«

»Aber hatte er keinen Hunger?« fragte »Slug« Summerbee.

»Hunger? Richtig tot war der. Mausetot. Wie immer. Tot.«

»Verhungert?«

»Nee. Verrückt. Deine Batterien, wie lang tun sies, drei Stunden? Dann denkste dir, besser aufheben, so wenig wie möglich anmachen. Aber du hast dich verlaufen, oder? Diese ganzen Gänge hier, alle gleich. Du kriegst die Panik. Du machst die Lampe wieder an, weil, alles ist besser als wie die verdammte Schwärze, die dir auf die Pelle rückt.«

Wir können es uns jetzt gut vorstellen. Die Füße der vordersten unserer Zweierreihe machen ein dröhnendes und stöhnendes Geräusch in den Stollen, die nach beiden Seiten hin abgehen. Die Luft ist kalt, die Kalkwände glitschig vor Feuchtigkeit.

»Der letzte Typ, wißt ihr, wo wir'n gefunn ham? Dreißig Meter nur vom Eingang weg. *Dreißig Meter.* Der war total – aber ich sag's besser nich.«

»Nein, red weiter. *Red weiter...«*

»Seine Finger? Die warn völlig abgeschabt bis zum zweiten Knöchel. Der hat versucht, sich den Weg rauszukrallen. Aber noch schlimmer, noch schlimmer. Seine Augen? Die staken raus aus dem Kopp wie Orgelknöppe. Riesig große weiße glotzende Augäpfel unn dann das schreckliche Grinsen. Schon beim Denken an ihn kannste verrückt wern, unn ich mußt ihn ansehn, weil ich bins ja, der sie finden tut.«

Nach einer langen Weile halten wir inne, und verschiedene Taschenlampenstrahlen sammeln sich an der unebenen Decke. Etwas, das wie ein massiver Knochen aussieht, ragt aus dem Felsen heraus.

»Dinosaurier sein Bein«, sagt unser Führer. »Der Rest von ihm is noch da, begraben in dem lebendigen Felsen.«

»Können sie ihn nicht ausgraben?« fragt jemand, der offensichtlich an die riesigen und wertvollen Exemplare denkt, welche die Eingangshalle vom Naturhistorischen Museum beherrschen.

»Nee, dann kracht er mitm Dach runter. Oder es is dann nich mehr sicher, unn wir alle wärn hier ewig begraben.«

Während aller Aufmerksamkeit auf das Dach gerichtet ist, blicke ich in dem widergespiegelten Licht zur Seite und sehe verstohlen unseren Führer an. Er ist eigentlich nicht viel älter als wir. Ich bin von der glatten Linie seines Halses fasziniert, wie er nach oben schaut, von der beinahe unmerklichen Wölbung seines Adamsapfels.

»Schon komisch«, sagt er in die Stille hinein, »da gibts Leute, wo sagen...«

»Nee, Brian, nich das erzählen«, unterbricht Pete. »Weiß nich, ob ich das selber glaub, nun du machst den Kleinen nur angst.«

»Nein, red weiter. *Red weiter*...«

»Na ja, 's gibt Leute, wo sagen, die Dinosaurier würden noch immer hier irgendwo innen Höhlen leben, irgendwo, was man noch nicht entdeckt hat. Die sagen, sie haben sie manchmal rufen gehört, sehr schwach und wie weit weg.«

»Dinosaurier... *lebend?*«

»So was wie das Loch-Ness-Monster. Über geblieben aus prähistorischen Zeiten, alles klar?«

Ein Schauder durchrieselt alle Schüler. Die Kleinen sind tatsächlich versteinert. Unwillkürlich rücken wir näher zusammen, das beklemmende Schurren unserer Füße wispert durch die Verbindungswege und Stollen, die Höhlen und Gänge, wird von hundert Oberflächen zurückgeworfen, bringt unhörbar die Stalaktiten und Stalagmiten zum klingen, die aus dem Dunkel herausstaken wie Kalksteinstimmgabeln. Ein feines Echo ertönt nach einigen Sekunden, als käme es aus unbekannter Ferne nahe der Erdmitte, und läßt allen die Haare einzeln zu Berge stehen. Denn was wir vernehmen, ist ein tiefes, trauriges Muhen. Es ist genau der Ton, den wir von einem prähistorischen Relikt zu hören erwarten, einem saurischen Wandernden Juden, von der Zeit abgeschnitten und auf ewig dazu verdammt, diese unteren Regionen zu durchschreiten, wobei er einsam und verlassen nach seinen Freunden von vor siebzig Millionen Jahren ruft.

»Was... was war *das?*«

»Ach das«, sagt Brian leichthin. »Weiß nich. Kriegste auf

diesem Fleck hier immer zu hören, kümmerste dich kaum noch drum.«

»Ist das der lebende Dinosaurier?«

»Weiß nicht. Kann sein. Glaub schon. Wir machn hier nie weiter rum, verstehste? Keiner von uns weiß, was passiert, wennde den Tunnel weitergehst. Vielleicht weiß das niemand. Du mußt ganz schön bekloppt sein, da runter ins Unbekannte zu gehn. Weißte, die ham Preise ausgesetzt. 'n Tausender für den Typ, wo der erste iss, der 'ne ordentliche Karte ganz bis ans Ende der Höhlen macht. Aber wer tut das schon? Keiner. Irgendwer hier, ders versuchen möchte? Stellt euch mal vor, *tausend Mäuse.*«

Eintausend Pfund ist eine enorme Summe. Ein Manager der Spitzenklasse, wie Cheveneys Vater, bekommt dreitausend im Jahr, und sein Rolls-Royce kostet fünfeinhalb nach dem *Observer's Book of Automobiles.* Aber es gibt keine Interessenten hier unten im Dunklen, während der kalte Atem der Dinosaurier unsere Lungen füllt. Auch ich bin verschreckt, aber doch verblüfft mich der Gedanke, daß selbst diese Höhlen einen Zweiten Keller haben. Nahmen diese immer tieferen Fluchten der Unterwelten denn kein Ende? Gab es keinen Ort, der nicht seine verborgenen Ebenen hatte? (Siebenunddreißig Jahre später frage ich mich das auf Tiwarik und werde mit einer Unterwasserkluft belohnt, die direkt zum Herzen der Insel führt. Ich brauche drei Tage, bis ich genügend Mut aufbringe, tief einzuatmen und hineinzugehen.)

Der Grund, warum die Existenz der tiefergelegenen Chislehurst Höhlen die Legende von Den Zweiten Kellern der Schule plausibel machte, war, daß das Höhlensystem so nahe bei der Schule lag und außerdem, wie bekannt, bis weit nach Kent hineinreichte. Tatsächlich hatte Thompsons Tante – sie lebte draußen bei Bexley – einen Keller, in dessen Ecke eine Platte, die niemals aufgehoben werden durfte, unmittelbar zu den Höhlen führte. Thompson war kein zaghafter Junge, aber wann immer er und seine Freunde versucht waren, den

Stein aufzustemmen und in den hervorquellenden schwarzen Dinosaurieratem hinabzuschauen, erinnerten sie sich an die Finger, die bis zum zweiten Knöchel abgeschabt waren, an die wahnsinnigen Augen wie Orgelknöpfe, an das schwermütige und unheimliche Muhen. Thompson sagte einmal, er habe Angst, er könnte hineingezogen werden, würde er das Loch öffnen. »Kennst du das auch, auf den Eiffelturm zu steigen und das Gefühl zu bekommen, daß du vielleicht springen *mußt?*« fragte er. »Na ja, so ähnlich. Ich finde, es ist so dunkel da unten, es saugt dir das Licht direkt aus deiner Taschenlampe, und die Batterie wäre im Nu leer. Ich wette, die Taschenlampen von den Leuten haben nicht drei Stunden gehalten. Dieses Dunkel saugt einfach das Licht aus ihnen raus.«

Thompsons Wahrnehmung vermittelt eine Intensität von Dunkelheit, wie ich sie plastischer nie zuvor oder danach gehört habe.

Ein paar Jahre später ging ich in Canterbury zur Schule, und wir lebten innerhalb der Domfreiheit, umgeben von Geschichten über unterirdische Gänge und Verbindungswege. Insbesondere gab es das Gerücht über einen Tunnel, der rund um den Dom führte, vorbei an dem Dark Entry (mit seinem Geist einer eingemauerten Frau), unter dem Green Court hindurch und von da in Richtung auf die Mensa der Schule. Wir befragten Dr. Urry, den Domarchivar, einen sanften und wohlwollenden Mann, der für die Jungen, die Leibesübungen nicht ausstehen konnten, Unterricht in Paläographie gab. Sicherlich, sagte er, hat das etwas mit den römischen Abwasserkanälen zu tun, und dabei holte er eine Karte hervor, die sehr klar zeigte, wie sie verliefen. Wir nannten sie römische Abwasserkanäle, aber ich glaube, sie waren eigentlich eine Wasserleitung, welche die Römer gebaut hatten, um Wasser von den Scotland Hills in ihre Stadt zu führen. Die Frage war, wie konnten wir dort hinunterkommen?

Dr. Urry machte uns klar, daß sie äußerst baufällig seien

und daher *hochgefährlich,* weil man sie schon lange aufgegeben hatte... Er schilderte uns dann genau, wo einer der
Eingänge war: ein Straßenschacht, für alle erkennbar, auf der
Westseite vom Green Court, nicht weit von Lattergate. Wir
dankten ihm höflich und versicherten ihm, wir hielten es für
ein Paradebeispiel törichter Verantwortungslosigkeit, falls irgend jemand überhaupt auf die Idee käme, die Gänge zu erforschen, oder sich an einem Straßenschacht zu schaffen zu
machen, der eindeutig in den Zuständigkeitsbereich des De-
kans und des Domkapitels fiel.

Ein halbes Dutzend von uns – in Jagdausrüstung und mit
Taschenlampen bewaffnet – wuchtete daraufhin eine Woche
später den Straßenschacht auf, voll einsehbar für jeden Vor-
beikommenden, und sprang ins Loch. Wir fanden uns in einem Gang wieder, den wir nur gebückt betreten konnten und
der ungefähr auf einer Nord-Süd-Achse verlief. Wir kehrten
uns nach Süden, in Richtung Dom, und zogen kichernd los.
Der Boden war verschlammt, aber nicht zu sehr, die Decke
war gewölbt und vorwiegend aus schmalen römischen Zie-
gelsteinen. Ziemlich häufig trafen wir auf steinerne, vollständige Torbogen, sogar mit Miniaturkapitellen. Der Bibliothe-
kar hatte recht: alle Zeichen sprachen dafür, daß diese Stätte
jahrhundertelang vergessen worden war. Das Mauerwerk war
brüchig, Moos und Farne sprossen darauf, die Ziegel waren
porös und bröckelig.

Die Decke wurde niedriger: wir wurden auf Hände und
Knie in den Schlamm gezwungen, gleichzeitig rieb das ver-
rottende Mauerwerk seine Schnecken und den rosa Schleim
auf unseren Rücken ab. Das Gefühl des Eingeschlossenseins
nahm zu, der Gang war jetzt kaum hoch genug für einen krab-
belnden Teenager. Von der Spitze vorne kam die Meldung,
daß ein schwacher Lichtschimmer zu sehen sei. Er kam von
einer Öffnung über den Köpfen, ein kurzer Schacht, mit einem Gitter abgedeckt. Abwechselnd standen wir darin aufrecht. Jenseits des Gitters war der Unterboden eines Autos,

das ein Experte als einen Morris identifizierte. Das war einleuchtend: von der Richtung und von der geschätzten, zurückgelegten Entfernung her mußten wir jetzt unter der Garage des Erzdiakons sein, und dies hier war zweifellos sein klappriges, altes Gefährt. Die durch das Gitter hereindringende Sommerluft roch süßlich – nach Öl, nach Benzin und Rosen. Zögernd ließ sich einer nach dem anderen wieder hinunter und zwängte sich noch einmal in die kalte und uralte Röhre hinein. Je näher wir zum Dom kamen, desto mehr hatten wir die Vorstellung von aussickernden Leichensäften und desto mehr neigte sich die Decke. An vielen Stellen war die Decke völlig eingefallen und bildete einen Schlamm- und Ziegelhaufen auf dem Boden, über den wir hinwegrutschen mußten, und darüber lag eine dunkle Wunde aus nackter, unbefestigter Erde.

Alsbald mußten wir auf dem Bauch liegen und robben. An diesem Punkt verloren auch die Unerschrockeneren langsam ihre Nerven. Vor uns nichts zu sehen außer den schlammverkrusteten Stiefelsohlen unseres Vordermannes, dem zarten weißen Leuchten seiner Kniekehlen, seinem verschmierten Rumpf, der die Höhlung ausfüllte. Von vorne kam Gepolter und Gemurmel, erst verständlich, als es nach hinten weitergegeben wurde: Kann nicht weiter. Scheißboden, voll mit Schwemmsand bis zur Decke. Geht zurück und *los, bewegt euch...* Es lag eindeutig Panik in der Luft, nachdem jetzt jeder beschlossen hatte zu fliehen, bevor die Decke endgültig auf unseren Rücken fiel und uns mit den Grabwürmern, Kröten, verfaulenden Mönchen und Ausdünstungen von Leichen aus zweitausend Jahren begrub. Der Tunnel war wahrscheinlich an keiner Stelle mehr als zwei oder drei Meter unter der Erde, aber wir hätten in der tiefsten Mine sein können. Jemand sagte, wir könnten in die Kohlereviere von Kent durchfallen. Ich war mir sicher, daß diese an keinem Punkt nahe an Canterbury lagen, aber der einmal ausgesprochene Gedanke hielt sich hartnäckig. Wiederum Die Zweiten Keller: die Metatunnel, die augenscheinlich jeder noch so festgefügten Erde wie verwurmter Käse unterlagen.

Die Unmöglichkeit, sich umzudrehen, vermehrte die Panik. Schließlich kamen wir zurück unter den Morris des Erzdiakons, einer nach dem anderen richtete sich dankbar auf, sog die Sommerluft in die Lungen, wandte sich um und setzte seinen Kriechgang fort, der uns jetzt großräumig vorkam. Bald darauf stießen wir den Schachtdeckel auf und hoben uns ins gleißende Licht des Juninachmittags. Uns neugierig musternd, stand dort Mr. Sopwith, ein riesiger älterer Herr, der Oberstudienrat für Englisch und sehr angesehen, weil er einige Bücher geschrieben hatte. Er sprach erst, als wir alle draußen waren, blinzelnd und schlammbedeckt, und der Schachtdeckel wieder an seinem Platz lag. Dann sagte er milde: »Aber von uns armen Knaben, die wir verloren sind unter der Erde, träumen sie nicht.«

Da dies weder verständlich noch zu beantworten war, sagte jemand: »Äh, die Archäologische Gesellschaft der Schule, Sir.«

Aber Mr. Sopwith wiederholte nur seine Verszeile. »Wilfred Owen«, fügte er hinzu, »falls das jemanden interessiert. Ich nehme das allerdings nicht an.« Und er ging davon. Als ich in die Abschlußklasse kam, war Mr. Sopwith tatsächlich in den Ruhestand getreten, aber ich besuchte ihn manchmal in seinen Räumen in Lardergate, überhaupt nicht weit von dem Ort, wo der jetzt nahezu auseinandergefallene Morris des Erzdiakons immer noch über seinem dunklen Quadrat hockte.

Es erscheint nun kaum mehr zufällig, daß die Orte, die meine Auffassung von Landschaften formten, auch meine kindliche Auffassung bestätigten, daß immer irgend etwas unten drunter lag. Als ich noch ein recht kleines Kind war, wußte ich bereits, daß die Erde nicht so festgefügt war, wie sie aussah. Wenn zum Beispiel Bäume ausgerissen werden, lassen sie ein Loch in der Erde zurück, das der oberirdischen Masse an Holz

entspricht. Alles, dachte ich mir, war durchlöchert und ausgehöhlt, die Grundfesten der Berge waren mit geheimen Spalten durchbohrt, unvorstellbaren Höhlen. (Ich liebte Vernes
Reise zum Mittelpunkt der Erde.) Vor sieben Jahren befand
ich mich auf einem Lavafeld am Fuß eines manchmal akti-
ven Vulkans im Süden der Philippinen, und mein Springen
brachte den Boden zum Erklingen. Ein Teil des Vergnügens
bestand darin, daß man nicht wußte, wie dünn die Kruste
war, ob man einbrechen könnte und in Schwefelhöhlen oder
Seen aus geschmolzener Schlacke fallen würde. Dies Gefühl,
auf dünner Haut zu gehen, habe ich immer gekannt; es war
unausweichlich, daß ich mich fragen würde, was unter dem
schroffen Gipfel von Tiwarik lag.

Der unterseeische Spalt, den ich schließlich fand, war
durchaus breit genug, um hineinzuschwimmen, aber gänzlich mit Wasser angefüllt. Die drei Tage, die ich brauchte,
um mich zu stählen, die Luft anzuhalten und hineinzugehen, waren ausgefüllt mit meinen Gedankenbildern von einer
unbekannten Gattung Seeigeln oder irgendeiner Art star-
rer Pflanze, deren nach innen gebogene Stacheln mir den
Zutritt erlaubten, aber den Ausgang verwehrten. Am vier-
ten Tag nahm ich eine Taschenlampe, holte tief Luft und
schwamm über drei Meter hinein. Dort am Ende war eine
nackte Felsmauer. Ich kehrte um und strebte wieder hinaus
ins Sonnenlicht.

Jetzt, da ich wußte, daß ich hinein- und hinauskommen
konnte, schwamm ich noch einmal mit mehr Zutrauen hinein. Dieses Mal wurde an der Felsmauer das Licht meiner Taschenlampe von der Unterseite der Wasseroberfläche wider-
gespiegelt. Ich kam vorsichtig hoch, weil ich nicht wußte, ob
nicht das Dach wenige Zentimeter höher anfing. Aber da war
nichts, nur ein kühler Meeresgeruch. In der Hoffnung auf eine
große Höhle leuchtete ich die Umgebung ab, stellte jedoch
fest, daß nicht mehr als ein Faden Luft über meinem Kopf
war. Auf allen Seiten fiel der Fels beinahe in Armeslänge ins

Wasser ab. Mein geheimes Höhlensystem war nicht mehr als ein Schachtsumpf, der in einer Sackgasse uralten Seeatems endete. Es war wie das Auftauchen am Ende einer umgedrehten Eistüte. Es gab weder eigenartige Seeigel noch augenlose Fische, auch keine seltsamen Kristalle glitzerten in der Decke; nichts als eine Narrenkappe voll Luft, im Felsen gefangen.

Später erkannte ich, wie kindlich meine Hoffnung gewesen war. Mehr noch, sie war dumm und nicht nur deswegen, weil Tiwarik aus Eruptivgestein bestand und nicht Kalkstein. Es war eine Insel, die auf dem Kopf stand, verkehrt herum war; hatte ich diese Bedeutung noch nicht verstanden? Wenn es hier irgendwelche Geheimnisse außerhalb des eigentlichen Riffs gab, dann waren sie gewiß nicht in chtonische Düsterkeit eingelagert, in unterirdische Dunkelheiten, sondern in der Luft oben, in Klängen und Lichtstrahlen, die durch die Gräser liefen. Hier auf Tiwarik konnte ich in der Tat das Verborgene atmen und durch das Verhüllte geblendet werden; denn es gab nichts Mysteriöseres als die Lichtdurchtränktheit der Insel, besonders an den frühen Morgen. Ich habe niemals solch ein Licht erlebt. Es schien überhaupt nicht im Verhältnis zu dem tiefen Winkel der Sonne zu stehen und entsprach in keiner Weise der Einstrahlung auf der Hauptinsel, wenn ich morgens als erstes hinüberfuhr, um Wasser zu holen.

Vielleicht ist das allermerkwürdigste an Tiwarik, daß mein Kopf immer mit diesem erstaunlichen Licht erfüllt ist, eben auch jetzt, da ich diesen Satz in einem dunklen Zimmer in irgendeiner Stadt schreibe: diese paradoxe Eigenschaft, die es hat, indem es gleichzeitig die Oberflächen strahlender erscheinen läßt und alles durchscheinend macht. Daß die Welt unter der Welt durchlichtet und nicht dunkel ist, das ist einmalig auf der Insel, im Gegensatz zu dem Riff, das sie umgibt. Sie ist überhaupt kein Ort für Tunnel, sondern für unsichtbare, helle Flure, durch die mein Adlerpaar segelt, wenn es zu seiner Feste hoch im Dschungel zurückkehrt; vom Fisch in den Klauen rinnt Blut und malt eine Linie über mein Dach –

so geschehen an einem Morgen. Ich machte einmal einige halbherzige Photographien von der Insel, aber auf keiner zeigt sich dieses Durchscheinende. Vielleicht kann die Kamera nicht lügen, aber manchmal kann sie auch nicht die Wahrheit sagen, denn sie sieht weder mit dem Auge der Zuneigung noch mit dem des Wissens.

KAPITEL 5

Wenn ich am Haus der Malabayabas in den Hainen von Kansulay vorbeigehe, singt häufig Bini irgendwo drinnen. Es ist Gefühlsduselei und ein Klischee, das behauptet, Leute, die nichts haben, singen. Ihre Stimme schwebt über dem hohlen Raspeln des *kayuran,* auf dem sie hockt, während die Hühner sich um die Flocken des weißen Kokosfleisches balgen, die aus der Schüssel herausgefallen sind. Manchmal, wenn ich oben in meiner Hütte auf der Anhöhe sitze, trägt der Wind abgerissene Klänge von unten herauf, und sie dringen durch das aus Palmwedeln geflochtene Dach. Dann kann ich die Kinder vor Binis Haus spielen hören und sogar die Worte ihrer Lieder unterscheiden. In den philippinischen Provinzen spielen die Kinder immer noch Ringelreigen. Sogar achtzehnjährige Mädchen machen bei den Kleinen mit und so selbstvergessen wie diese, konzentrische Kreise von Kindern bewegen sich gegeneinander, Paare verbeugen sich mit seltsam anmutender Würde voreinander. Die Lieder, die sie singen, sind alte spanische Kinderlieder, Filipino-Volkslieder, Melodienfetzen aus Schlagern und amerikanischen Musicals und das alles in dem fröhlichen Kauderwelsch, als wären sie in verschiedenen Sprachen gleichzeitig zu Hause, obwohl sie keine ganz verstehen. Die Spiele vermitteln auch den Eindruck, als folgten sie einer strikten Choreographie, wären aber gleichzeitig völlig improvisiert.

An einem Tag kann ich hören, wie sie ein mitreißendes spanisches Brautwerbungsspiel aufführen, in dem eine Reihe von achtjährigen Mädchen vorschriftsmäßig zurückweicht und bei den gestelzten Annäherungsversuchen der achtjährigen Caballeros kichert. Über ihrem Singsang ist die durch und durch Filipino-Abfolge von obszönen Ratschlägen zu hören, welche die Mädchen den Jungen geben, zotige Ansinnen der Jungen an die Mädchen und allenthalben gellendes Lachen. An einem anderen Tag erklingt ein Lied im sprachlichen Wechselgesang durch das Blattwerk. Es muß zum Schulgebrauch geschrieben worden sein, hat aber jetzt so etwas wie den Stand eines echten Volkslieds, mit seiner rudimentären Geschichte und der schlichten Melodie:

Eines Tages	*isang araw*
sah ich	*nakakita*
einen Vogel	*isang ibon*
fliegen	*limilipad*
ich schoß ihn	*binaril ko*
ich holt ihn	*pinulot ko*
ich kocht ihn	*niluto ko*
ich aß ihn	*kinain ko*

Über die Jahre habe ich eine tiefe Zuneigung zur Familie Malabayabas gewonnen. Als erstes einmal mag ich ihren Namen, durch und durch traditionell im Gegensatz zum Spanischen. So wie bato »Stein« bedeutet und mabato oder malabato »steinig« heißt, so bedeutet bayabas »Guave«, und daher ist »Malabayabas« das entsprechende Adjektiv, das sich von dieser Frucht ableitet: »guavig« vielleicht. Es ist besonders bezaubernd, daß ihr kleines Haus von wilden Guavenbüschen umgeben ist. Sising (von Cäsar) ist genauso alt wie ich, Ende 1941 geboren, kurz vor der japanischen Besetzung. Seine Frau Bini (von Divina, »Dibina« ausgesprochen) ist zwei Jahre jünger, genauso alt wie meine Schwester Jane. Wir sitzen stundenlang bei ihnen oder bei mir zusammen, trinken *tuba* und essen Welpe, Krokodil, Flughund oder nur Schalentiere vom Fluß, was es gerade gibt. Manchmal nachts, wenn ich auf meinem Hügel sitze, ist jenseits der Kuppe plötzlich ein flackerndes orangefarbenes Glühen zu sehen, als würde ein Vulkan sporadisch Flammen aus Spalten unten am Weg schießen. Dann sind ihre Stimmen zu hören, sie kommen herauf unter den blendenden Lichtern aus *lagi*, den getrockneten Palmwedeln, die kunstvoll mit den eigenen Blättern zu Fackeln gebunden sind. Sising bringt, schon ein bißchen betrunken, ein langes Bambusrohr mit Palmwein, Bini eine zugedeckte Plastikschüssel mit gekochten Hühnchenteilen. Niemand trinkt etwas ohne *pulutan*.

»Guten Abend, James. Stören wir dich?«

»Überhaupt nicht. Ich fing gerade an, mich einsam zu fühlen.«

»Kein Wunder, wenn du hier oben ohne eine Frau lebst, die dich wärmt.«

»Ohne ist es gerade warm genug.« Und wir lachen über unseren inzwischen rituellen Wortwechsel. Sie fächeln sich nach ihrem Anstieg Kühlung zu, der Schweiß auf ihren Gesichtern glitzert in den ersterbenden Flammen der Fackeln, die auf der Erde liegen.

Gelegentlich habe ich eine Flasche *anisado*, die ich in der Stadt kaufe, und jetzt hole ich sie hervor – wie ein beflissener Vorstadtbürger seine zypriotische Sherryflasche aus der Musiktruhe. Wir trinken und fächeln, denn die Nacht ist tiefdunkel und schwül, ein schmutziger Wolkendeckel schirmt die Sterne ab und schließt die Erde in einen Kochtopf ein, unter dessen oberen Rand Blitze von außen hereindringen. Dieses Blitzen unter dem Horizont ist beständig, geräuschlos und bedeutungslos, denn es ist kein Vorbote eines Sturms, eines Regens oder Wetterwechsels, nichts als launische Entladungen. Wir sprechen über den ständig sinkenden Preis für Kopra, über den Erfolg ihres Sohnes mit seinem Katapult (vier Exemplare des philippinischen Nationalvogels und ein guter, ordentlicher Treffer auf Kuyos Hund, der ihre Hühner jagte), über die Gerüchte, daß der halbe Vorrat an Medizin

für das kleine, fünfzehn Kilometer entfernte Provinzkranken-
haus von einem der Ärzte auf dem Schwarzmarkt verkauft
worden war.

»Ach je«, lachen sie und schütteln den Kopf ob der Un-
veränderlichkeit menschlichen Verhaltens. Manchmal macht
mich ihr Mangel an Empörung wütend, manchmal bewundere ich ihn. Diesen Gleichmut brauchen sie, denn die Familie Malabayabas ist Pächter der Sorianos.

Ich hatte von ihren Grundeigentümern gehört, bevor ich sie
schließlich traf. Kurz nach Lolang Matings Tod hatte ich nämlich beschlossen, mir das Leben zu erleichtern und eine Handpumpe am Fuß des Hügels zu installieren, damit ich nicht
so weit zum Wasserholen hatte. Es schien offensichtlich, daß
der beste Platz dafür hinter Sisings Haus war; dadurch hatten wir alle etwas davon. Ich kaufte eine chinesische Pumpe,
sieben Meter galvanisiertes Eisenrohr, einige Säcke Zement,
und nach einigem anstrengenden Graben, dem ich mich ent-
ziehen konnte, weil ich anderswo zu tun hatte, war die Pumpe
funktionstüchtig, und innerhalb von zwei Wochen kam süßes,
klares Wasser. So weit, so gut, aber ich hatte die Besitzer des
Landes, auf dem sie stand, vergessen.

Kurz darauf wurde ich dem alten Richter Soriano vorgestellt, der auswärts, in der Stadt, lebte. Er war ein abge-
halfterter alter Knabe, der seine Zeit hauptsächlich damit
verbrachte, in einem Stuhl sitzend seine gebundene, aus den
dreißiger Jahren stammende Sammlung von Schriften der
Zeugen Jehovas durchzulesen oder sich Photoalben mit seinen alten Kumpanen anzuschauen. Er hatte kurz nach dem
Krieg geheiratet, und seine Lieblingsbilder stammten von
seiner Hochzeitsreise nach Amerika. Er reichte mir viele Al-
ben mit Schwarzweißbildern, damit ich reichlich beschäftigt
war, während ich meinen *calamansi*-Saft trank. Er beschrieb
mir seine großartigen Pläne für den Bau eines Königreich-
Saals auf dem Gelände, das die Provinzregierung offiziell
Capitol Hill benannt hatte, ein wildes Durcheinander von

Bananenstauden und herumwühlenden Ziegen hinter dem Markt, dem eine bessere Zukunft bestimmt war. Und da waren sie zu sehen, Rechtsanwalt und Frau Soriano, glücklich strahlend neben ihrem gemieteten Ford V-8 (vermutlich kurz bevor die einteilige Scheibe eingeführt worden war) bei Ausable Chasm, der Golden Gate Brücke, den Niagara Fällen, bei allen möglichen Betonraststätten am Ende der Welt. Bei ihrer zweimonatigen Rundfahrt scheinen sie so gut wie den ganzen Kontinent abgehakt zu haben, aber unverdrossen lächelnd, zumindest vor der Kamera.

Ich erkannte Mrs. Soriano sofort, als ich eines Tages von der Stadt zurückkam und bei Sising und Bini mit einer Hustenmedizin für ihren Jüngsten vorbeischaute. Eine untersetzte Frau in einem blauen Kleid, mit Schmuck behängt, in Pumps mit Pfennigabsätzen (in einem Kokoshain!) stand mit einem Stock in der Hand vor dem Haus. In der Nähe war ein Jeep, dessen Fahrer mit Sising schwatzte und der quer durch den Baumbestand und durch den Fluß gefahren sein mußte.

»Guten Tag«, rief sie, als ich näher kam. »Sie müssen der berühmte Mr. James sein.« Wir absolvierten das übliche Ritual. »Warum leben Sie hier?« fragte sie abrupt und lächelte dabei.

»Warum nicht? Es ist schön und ruhig hier oben auf dem Hügel. Brisen von der See des Nachts, kein Lärm, keine NPAs.«

»Wo bekommen Sie Ihr Brot her? Amerikaner essen Brot.«

»Ich bin kein Amerikaner. Und ich mag Reis.«

Bedeutungsvoll schweigend sah sie sich um: Binis jüngste Kinder spielten im Dreck unter dem Haus, Binis zerrissenes T-Shirt, Sisings abgewetzte Shorts, abgenutzte Gummisandalen, die mit herumliegendem Draht geflickt worden waren, die zwei alten Taschenlampenbatterien, die auf einem Baumstumpf lagen, um Sonne abzubekommen und so das letzte Mikrovolt aus ihren aufgebrauchten Chemikalien herauszupressen.

»Sie meinen, Sie wollen hier im *bundok* leben?« fragte sie. Sie deutete mit ihrem Stock auf die Handpumpe. »Haben Sie für die bezahlt? Für diese Leute?« Sie war ungläubig. »Vielleicht sind Sie sehr nett.«

Ich sagte, daß sie dort stehe, damit ich es bequemer habe.

»Wissen Sie, Sie sollten von ihnen Benutzungsgebühr verlangen. Gehören Sie zum Peace Corps?«

Fragen, Fragen. Ich wiederholte, ich sei kein Amerikaner, erklärte, nur Amerikaner könnten dem Peace Corps angehören. Mir war klar, daß es vertane Zeit war, daß für sie alle weißen Ausländer 'kanos waren, daß sie obendrein dachte, England sei einer der Bundesstaaten. Sie war genauso gelangweilt wie ich; einige Hühner der Malabayabas lenkten ihre Aufmerksamkeit ab. Sie deutete mit ihrem Stock.

»Boks!« rief sie ihren Fahrer. »Ich will die haben, es sei denn, du siehst irgendwo fettere. Alles ist hier so dünn.« Ihre Stockspitze folgte ihrem Blick und zeigte jetzt auf den kleinen Lito unter der Hütte. Ich wagte nicht, Bini anzusehen, von der ich wußte, daß sie vor Scham fast in den Boden sank, weil sie selber, wie auch ihr jüngstes Kind, dünn war und weil sich daran ihr und Sisings Versagen zeigte, ausreichend für alle zu sorgen. Boks griff sich ein Huhn, Sising das andere; sie banden ihre Füße mit Strünken zusammen und warfen sie in den Jeep. Zwischenzeitlich ruhte Mrs. Sorianos Stockspitze auf einem Handbesen, den Bini gerade aus Palmwedelrippen fertiggestellt hatte. Am Griff war er wunderschön gebunden mit dreifachem Flechtwerk aus *nito*. »Das ist nicht schlecht«, sagte sie, und ihre Stockspitze ging von Boks zum Besen. Bini übergab den Besen mit einem Lächeln; er gesellte sich zu den Hühnern auf dem Rücksitz des Jeep.

Ich traute meinen Augen nicht und konnte es nicht länger mit ansehen. Was ich hätte sagen wollen, wäre auf Sising und Bini zurückgeschlagen. Ich drehte mich um und ging den Hügel hinauf.

»Auf Wiedersehen«, rief Mrs. Soriano hinter mir. Ich

wußte, daß sie beunruhigt und unsicher war. Leute, die für sich sehr statusbewußt sind, sind notwendigerweise versessen darauf, den Status anderer einzuschätzen, was sie bei mir nicht konnte. Rein formal hatte ich als 'kano (reich, weiß, möglicherweise nützlich für Beziehungen und die Unterstützung beim Erlangen von Visa für die Familie) einen sehr hohen Rang, aber ich hatte alles verdorben, weil ich mich mit den Eingeborenen abgab, sie nicht ebenfalls als ein Mitglied der Mittelklasse anzuerkennen vermochte und weil ich nicht den Job hatte, mit dem sie ein bemerkenswertes Gehalt verbinden konnte.

Im Grunde genommen trennte die Sorianos und mich nicht so sehr eine kulturelle und geographische Kluft, sondern vielmehr eine zeitliche. Sie lebten immer noch in einer klassisch feudalen Epoche, und ihre Beziehungen waren vom Feudalismus geprägt. Ich dachte an die Schule und die europäische Geschichte zurück, an ihre Jack Straws und Johnny Peasants, die armen, einfachen Bauern, die mit der Tyrannei von Lord und Lady Grundbesitzer konfrontiert waren, an das süße Auburn. Niemals hätte ich erwartet, eines Tages die Lady Grundbesitzerin kennenzulernen und festzustellen, daß sie eine dicke Filipina war mit beringten Fingern, mit nachgemachter Dior Handtasche und einem Jeep mit Chauffeur und abgefahrenen Reifen. Doch dann hatte ich auch nicht erwartet, daß ein armer Johnny Peasant mit mir Freundschaft schlösse und des Nachts Palmwein, gebratenen Hund und die Gefolgschaft seiner Familie mitbrächte für den Fall, daß ich mich einsam in meiner Hütte in den Hügeln fühlte.

Mrs. Soriano mochte sich wohl eine Weile vor mir in acht nehmen und verwirrt sein, aber binnen sechs Monaten hatte die Selbstsicherheit ihrer Klasse die Angelegenheit geregelt. Ich mußte für einige Zeit nach Europa; bei meiner Rückkehr stellte ich fest, daß der alte Richter tot war und die Malabayabas verlegen und niedergeschlagen waren. Sie deuteten auf eine graslose Mulde hinter ihrem Haus.

»Wo zum Teufel ist eure Pumpe?« fragte ich.

»Mrs. Soriano hat sie mitgenommen. Eines Tages kam sie und sagte, daß sie jetzt nach dem Tod ihres Mannes finanzielle Probleme hätte und die Pumpe selbst brauche. Boks kam, und er und Sising haben sie ausgegraben. Das Rohr haben sie aber in der Erde gelassen; es ließ sich nicht rausholen.«

Ich war erst vor kurzem gekommen, kurz genug, um noch frisch gewaschene Hemden und Hosen in meinem Gepäck zu haben. Ich kramte sie hervor und lief wütend zurück nach Kansulay. Es war die falsche Tageszeit für Jeepneys. Irgendwann erwischte ich eine *calesa* mit hohen Holzrädern und einem knochigen Pferd, das in stundenlanger Fahrt zur Stadt trottete. Ich ging schnurstracks zum Haus der Sorianos, und das erste, was ich im Vorgarten zwischen Hühnern und Abfall sah, war die auf die Seite gelegte Pumpe. Mrs. Soriano wurde von einem Hausdiener gerufen und erschien schmerzlich lächelnd, wie es einer Witwe geziemte. Ich war ganz und gar nicht in der Stimmung zu kondolieren.

»Diese Pumpe da, Mrs. Soriano, ich will sie zurück.«

»Oh, wirklich? Ich dachte, Sie hätten sie den Malabayabas geschenkt.«

»Nein, ich habe gesagt, daß ich sie als Arbeitsentlastung für mich aufgestellt habe. Rein zufällig hilft sie uns allen, ich will sie also zurück.«

»Gehen wir doch rein, Mr. James. Ich möchte Sie gerne meinem ältesten Sohn vorstellen.«

Da ich Rechtsanwalt »Cads« (für Ricardo?) Soriano noch nie zuvor getroffen hatte, sah ich mich in der Lage, ihm pflichtgemäß mein Beileid zum kürzlichen Tod seines Vaters auszudrücken. Seiner Mutter war nicht nach Geplauder zumute.

»Mr. James hat ein rechtliches Problem in bezug auf unsere Pumpe«, gab sie ihm das Stichwort. Cads sah unglücklich drein; ich vermutete, daß er sich, wie der alte Richter, wohler fühlte, wenn er mit seinen *barkadas* trank oder sich in leutseligen Kleinstadt-Bosheiten erging. Die Rechts- und Rechtsanwaltsszene in Manila konnte gut und gerne für ihn etwas zu schnell gewesen sein, und es kam mir in den Sinn, daß der Tod seines Vaters ihm nicht ganz unwillkommen gewesen sein dürfte, weil er dadurch berechtigt wurde, sich unter dem Anschein von Selbstlosigkeit und Pflichterfüllung in die ruhigen Gewässer der Provinz zurückzuziehen. Wie er so an seinem goldenen Verbindungsring mit dem Rubin lutschte, war es sicherlich kaum vorstellbar, daß er durchtriebene Geschäfte aushecken könnte, geschweige denn sich mit deren Opfern erfolgreich auseinanderzusetzen imstande wäre.

»Nicht unbedingt *Ihre* Pumpe«, sagte ich für jenen Fall, daß dies ein rechtskräftiges Eingeständnis ihres Eigentums bedeutete, wenn das Adjektiv seiner Mutter unkorrigiert bliebe.

»Ich glaube, meine Mutter wollte sagen, äh, bitte setzen Sie sich. Möchten Sie Kaffee, ein nicht-alkoholisches Getränk, einen *calamansi*-Saft? Es tut mir so leid, nach dieser Fahrt muß Ihnen sicher heiß sein. Kansulay ist sehr weit. Als Junge bin ich oft dorthingegangen. Wir haben die *duhats in* der entsprechenden Jahreszeit gepflückt.«

»Cads«, sagte Mrs. Soriano.

»Drängel mich nicht, Mom. Mr. James ist unser Gast, und wir haben uns bisher nicht kennengelernt, obwohl ich schon soviel von ihm gehört habe... Äh, mir scheint, meine Mutter möchte gerne sagen, daß die Pumpe, ist sie einmal auf unserem Familienbesitz aufgestellt, von da an *unsere* Pumpe ist. So ist das Filipino-Gesetz. Es ist mißlich, daß Sie zu der Zeit außer Landes waren, als meine Mutter sie so dringend brauchte.«

»Dringend brauchte? Sie liegt draußen vorm Fenster auf der Erde und rostet vor sich hin. Wofür wurde sie denn so dringend gebraucht, als Hühnerstange?«

»Ha, eine Hühnerstange«, lachte Cads. »Der Witz ist gut.«

»Pläne ändern sich«, sagte Mrs. Soriano.

Vielleicht mutig geworden, weil ich erst vor so kurzer Zeit

126

in Europa war, daß ich immer noch die Immunität eines versierten Globetrotters fühlte, vielleicht weil ich an Sising dachte, den man gezwungen hatte, eigenhändig die Pumpe zu entfernen, die er aufzustellen geholfen hatte, aber höchstwahrscheinlich, weil ich nicht wieder den ganzen Weg zum Fluß gehen wollte, um mein Wasser zu holen, gab ich meine Vorsicht auf und verfolgte die Taktik, die ich für die erfolgversprechendste hielt.

»Mrs. Soriano, ich weiß zwar nicht, ob es Ihnen bekannt ist, aber ich war viele Jahre lang Journalist, und ich habe immer noch sehr viele Freunde im europäischen und amerikanischen Zeitungswesen.« Das stimmte überhaupt nicht. »Wenn diese Pumpe nicht bis morgen abend in Kansulay zurück, aufgestellt und einsatzbereit ist, werde ich es mir zur Aufgabe machen, sicherzustellen, daß diese Geschichte in den Zeitungen gedruckt wird und daß der Name von Mrs. Soriano weltweite Öffentlichkeit erfährt als einer Filipina, die es für notwendig hält, eine Handpumpe von mittellosen Bauern zu stehlen, die auf ihren Ländereien arbeiten. Glauben Sie mir«, log ich. »Associated Press und Reuters werden eine solche Geschichte aufsaugen, gerade jetzt, während das Marcos Regime in Verruf gerät.«

Mrs. Soriano blinzelte. Cads lutschte an seinem Ring.

»Das ist die internationale Seite«, fuhr ich fort. »Und jetzt zum lokalen Schauplatz: Ich bin zufällig ganz gut mit einem Ex-Minister befreundet«, und ich nannte ein altes Mitglied der Macapagal-Regierung, welche die Marcos Dynastie abgelöst hatte. Er war eigentlich ausrangiert, wurde aber immer noch in vielen Kreisen als ein durch und durch kultivierter und integrer Mensch respektiert, der die Verfolgungen unter dem Kriegsrecht mit unangetasteter Ehre überlebt hatte. Aus ihrem Gesichtsausdruck ersah ich, daß Mrs. Soriano genau wußte, wen ich meinte. »Dasselbe trifft auf den Gouverneur dieser Provinz zu, nehme ich an, denn er hat mit mir persönlich während eines Essens über seine Sorge um die Landreform gesprochen.« Das war unverfroren. Der fragliche Mann hatte durchaus seiner Sorge Ausdruck verliehen, aber ich vermute mal, nur *für den Fall*, daß die Landreform je umgesetzt werden würde. Auch wies ich nicht auf etwas hin, was Mrs. Soriano später für sich selbst herausfinden würde: wegen meiner kürzlichen Abwesenheit mußte ich mich auf den vorherigen Gouverneur beziehen, nicht auf denjenigen, der gerade in dem Versuch eingesetzt worden war, einige der eklatanteren Schandtaten meines Gastgebers wiedergutzumachen und das öffentliche Ansehen der regierenden KBL Partei wiederherzustellen.

Aber es schien, als zeigte mein schamloses und verlogenes Eindrucksschinden mit bekannten Persönlichkeiten seine Wirkung. Mrs. Soriano war ein einziges Lächeln.

»Verstehen Sie denn nicht, Mr. James, es war alles nur ein Mißverständnis. Ich glaube, ich habe mich nicht richtig ausgedrückt. Gott sei Dank sind Sie hergekommen, damit wir die Sache klären können.«

»Ich bin hergekommen, um die Pumpe zurückzubekommen.«

»Natürlich. Aber was ich zu erklären versuchte, nur bin ich so unbeholfen darin: die Pumpe funktioniert jetzt. *Ayos na.* Sie ist okay. So gut wie neu.«

»Was meinen Sie?«

»Meine Mutter hat, denke ich«, warf jetzt Cads ein, »sagen wollen, daß sie die Pumpe abmontieren ließ, um sie warten zu lassen. Sie war kaputt.«

»Stimmt«, sagte Mrs. Soriano. »Kaputt. Es lief kein Wasser. Sie haben damals beim Graben was falsch gemacht, sage ich, sie haben keinen Filter eingesetzt, deswegen kam Sand rein und hat den *balat* abgenutzt ... Cads, was ist *balat?*«

»Dichtungsring«, sagte ich müde. »Ich verstehe vollkommen, Mrs. Soriano. Das war sehr aufmerksam.«

»Nein, nein. Diese armen Leute.« Sie war jetzt entspannt, ihre Ringe glänzten im Licht der schräggestellten Fenster.

Beide Seiten konnten sich herauslügen und auf neutralen Boden gelangen; das Gesicht konnte gewahrt werden, aber ich hatte gewonnen. Das würde bei einer zukünftigen Gelegenheit nicht vergessen werden. Was ich wirklich zu ihr sagen wollte, war *Ano ka na, suwerte?*, jetzt ein etwas altmodischer Ausdruck im *kanto*-Jungen Slang, aber man konnte ihn immer noch spöttisch gebrauchen, um Luft abzulassen. Unidiomatisch ließe es sich etwa mit »Was ist mit dir – Glück gehabt?« übersetzen, was so viel heißt wie »Hat der Himmel Gold auf dich geschissen?« Aber wenn es mit der richtigen Betonung gesagt wird, dann sagt es so etwas Ähnliches aus wie die englische Redewendung mit ähnlich subtiler Satzmelodie: »Was *zum Teufel glaubst du eigentlich, wer du bist?*«

Aber das war vor zwei Jahren gewesen. Jetzt sollte Kansulays Wasserprojekt einen Schritt weiterkommen und landete auf der Bühne der Lokalpolitik. Am Morgen, nachdem wir uns den *nono* in ihrem Revier mutig gestellt hatten, gehen mein Ingenieur-Freund und ich los zu unserer Versuchsgrabung und finden das Loch voll mit dunklem Wasser, es fließt über, hin zum ausgewaschenen Flußbett. Eigentlich bin ich von der Wassermenge und der Geschwindigkeit, mit der sich die Grube gefüllt hat, beeindruckt. Ich will jedoch nicht, daß mein Enthusiasmus einen Vorwand für seine Zustimmung gibt, und schlage deshalb einen zurückhaltenden, abwägenden Ton an.

»Nun gut«, will ich wissen, »sag mir noch einmal: ist es das wert, hier bares Geld für eine richtige Quelleinfassung auszugeben? Und dazu einen guten Kilometer PVC-Rohr mit fünf Zentimeter Durchmesser? Wenn wir uns wirklich dafür entscheiden anzufangen, heißt es, bares Geld hinzulegen, selbst wenn wir bedenken, daß alle Arbeit *bayanihan* gemacht wird.«

Er schaut auf den bewaldeten Hügel jenseits der Quelle und

zieht nachdenklich einen Rechner aus der Gesäßtasche. Ich bin leicht zu beeindrucken, wenn Leute ihr Arbeitsgerät an Ort und Stelle zur Hand haben, es steht für die Ernsthaftigkeit der Absicht. Mein Vater, der schließlich kein Chirurg war, benutzte immer ein Skalpell zum Bleistiftspitzen. (Selbst ich bin mit einer kleinen Aura des Professionellen umgeben, wenn ich abends meine selbstgefertigte Harpune zum Strand hinuntertrage.) Ich bemerke jetzt, daß es ein wissenschaftlicher Rechner ist, den mein Freund benutzt, voller Tasten, beschriftet mit obskuren Funktionen. Ich will ihm vertrauen können.

»Ich glaube«, sagt er nach einer Weile, »ich glaube, daß wir genug Wasser haben werden. Aber nur zum Trinken. Die Leute müssen ihre Wäsche immer noch im Fluß waschen.«

»Ist es so wenig?«

»Ja. Außerdem noch etwas sehr Wichtiges. Du weißt, wem das Land gehört? Den Sorianos. Wenn sie eine *kaingin* hier machen wollen, *ay* – kein Wasser mehr.«

Plötzlich ist die Luft förmlich voll vom Getöse flügelschlagender metaphorischer Tauben, ein Schwarm von negativen Rückkoppelungen. In den dazwischenliegenden zwei Jahren hatte ich Mrs. Soriano nur hin und wieder auf dem Markt gesehen, lang genug, um klugerweise die Zähne zu zeigen und sich nach dem jeweiligen Gesundheitszustand zu erkundigen und zwar so, daß Anteilnahme geschmacklos erschien. Was zum Teufel denkt sie, wer sie ist? Ich hatte es wissen wollen; und nun erhoffe ich mir, daß das neue Wassersystem des Dorfes auf ihrem Land installiert wird. Ich weiß, wer zum Teufel sie ist, und sie, wer ich bin. Mein Freund hat ganz richtig das schwache Glied entdeckt, welches das ganze Projekt platzen lassen könnte. Denn wenn die Sorianos sich tatsächlich dazu entschließen sollten, eine *kaingin zu* machen und Maniok anzubauen, wo vorher nur Wildwuchs war mit ein paar eingesprenkelten wilden Bananen und Papayas, dann würde das zweifellos geschehen.

Kaingin ist die elementarste Form des Ackerbaus: Brandrodung. Sie bringt kurzfristig Gewinne und langfristig Katastrophen; natürlich entscheiden sich die Leute für die Gewinne. Es ist eine einfache Methode, um ein Stück Land urbar zu machen, und die durch das Abbrennen gewonnene Pottasche und die Nitrate ergänzen noch eine Zeitlang die natürliche Fruchtbarkeit von Brachland. Doch auf den steilen Berghängen dieser Provinz wäscht der Regen alsbald die Muttererde aus, sobald sie bloßliegt, die Flüsse verschlammen, sogar die Fischgründe im Meer nahe der Küste werden in Mitleidenschaft gezogen. Aus der Luft sieht man, daß die Philippinen bereits von den Wunden dieser primitiven Landwirtschaft gezeichnet sind. Einige Provinzen sind dadurch beinahe ruiniert, ganze Bevölkerungsgruppen mußten das von ihnen selbst geschaffene Ödland verlassen. Hier bei dieser potentiellen Trinkwasserquelle von Kansulay ist leicht vorstellbar, was geschehen würde, sollte einer der Sorianos zu einem zukünftigen Zeitpunkt diese ungenutzten Hügel ansehen und voller Gehässigkeit beschließen, den Erlös einiger Jahre Maniokanbau einzustreichen, bevor er seine Aufmerksamkeit woanders hinlenkt. Seiner üppigen grünen Vegetation beraubt, würde der nackte Boden in der Sonne ausdörren, und das Wasser, das zur Zeit noch die Erde durchrieselt, würde nach oben gezogen werden und unsichtbar in der tropischen Luft verkochen. Wenn es regnete, sähe es ähnlich aus, das Wasser liefe geradewegs ab, weil es nichts mehr gäbe, das es festhielte.

»Was ich tun werde«, sage ich und versuche, gemessen und verantwortungsvoll zu klingen, obwohl ich bereits, unwürdigerweise, etwas gelangweilt von dieser Angelegenheit bin, weil sie so schnell in mögliches Kampf-und-Streit-Gebiet führte, »ich werde dem *barangay*-Captain erzählen, was du über das Wasser gesagt hast, daß es gerade zum Trinken genug sei. Und daß ich nur dann zustimmen werde, Geld auszugeben, wenn er von den Sorianos eine schriftliche Zusicherung herausgeholt hat, daß sie diesen Hügel nicht *kaingineros* übergeben werden.« Wie entschieden das klingt. Wie fragwürdig mir solch »schriftliche Zusicherungen« erscheinen. Doch ein »zufälliges« Feuer (»Ich habe selbstverständlich den Übeltäter bestraft.«), und Kansulay wird wieder verseuchtes Flußwasser trinken müssen.

Denke ich an Sising und Bini oder meine Freunde in Sabay, stoße ich auf eine ganz normale Zuneigung, das Verlangen, ihnen gerecht zu werden. Ich komme zu dem Schluß, daß es nicht darum geht, ihr Leben so zu beschreiben, wie sie es sehen, nämlich als täglichen Kampf gegen Armut, obwohl mir die Einzelheiten nicht fremd sind. Wie gut weiß ich um Sisings Einkommen aus seinen elf gepachteten *karitan oder* seinen Palmen für die *tuba*-Gewinnung, den ganzen Lohn von 84p für drei Tage Kopraproduktion, die monatliche Durchschnittssumme aus allen Einnahmequellen des Haushalts von ungefähr £ 12.[2] Ich weiß genau, was seine Zigaretten kosten, die Seife, die Streichhölzer, die kleinen Säcke mit braunem Zucker, der lebenswichtige Reis. Ich kenne den Preis für Petroleum, das er für seine altersschwache Coleman-Laterne braucht, die er dazu benutzt, nachts Krebse im Fluß zu finden. Das ist auch der Grund, warum ich bei Besuchen nach Einbruch der Dunkelheit ihr Haus oft von den qualmenden orangefarbenen Flammen der *tangan-tangan* Bohnen des Rizinusstrauchs erleuchtet finde. »Die Kerzen der Natur«, wie Bini sie heiter nennt. Ich weiß auch, warum es sich sogar die selbstloseste Mutter zweimal überlegt, bevor sie fünfzig Centavos für ein kleines Pflaster ausgibt, um es auf den verletzten Fuß ihres Kindes zu kleben: auch weniger als 2p ist ein gehöriger Brocken aus dem täglichen Familienbudget von 35p.

So beschreiben sie selbst ihr Leben gegenüber einem Außenstehenden. Mit dem allergrößten Respekt vor ihnen – unter keinen Umständen werde ich dasselbe tun. Es klafft immer eine Lücke zwischen dem, wie Leute ihr Leben verschiedenen Zuhörerschaften darstellen und wie sie es tatsächlich leben. Armut ist alles; und auch wieder nicht. Sie zermürbt täglich, aber erklärt nicht die Stunden, die mit Klatsch, Lachen, Sehnen verbracht werden, nicht die Selbstvergessenheit in der Jagd nach dem Nest einer Holzwespe. Die Fehldarstellung der Armen als völlig befangen in ihrer Armut zu jeder Stunde ihres Tages ist genauso gefühlsduselig, wie sie so zu beschreiben, als sängen sie ständig Lieder. Nichtsdestoweniger ist es eine unausweichliche Übereinkunft dieser Zeit, daß Reich und Arm einander auf einem Terrain gegenüberstehen, auf dem nahezu nichts anderes als kalte, ökonomische Faktoren Bestand haben. Es kann sehr lange dauern, bis sich das verliert und durch etwas anderes ersetzt wird, durch Zuneigung und gemeinsame Erfahrung. Daß ich mich mit meinem eigenen, nutzlosen Schuldgefühl und auch mit Liebe auseinandersetzen muß, wo es hier um meine Freunde geht, ist mein ureigenes Mißgeschick und nicht ihre Verantwortung. Damit muß jeder aus einer Industrienation fertig werden, der in einem Entwicklungsland lebt. Wichtig für mich ist, daß Sising und Bini nicht mehr so wie früher über sich selbst sprechen, als stellvertretende Arme, die stellvertretenden Reichen gegenüberstehen. Wir gestatten uns jetzt den Spielraum des Humors, sogar des sanften Spotts.

»Hm«, meint Bini eines Nachmittags und starrt sehr genau meine Kopfseite an, auf der das Sonnenlicht liegt, »graue Haare. Die Zeit schreitet fort und immer noch keine Frau.«

Am Tisch vor ihrem Haus kippen wir ESQ ab.

»Nun mal langsam«, sagt Sising, aber seine Frau ist nicht zu bremsen.

»Nein, also wirklich. Die Hälfte der Mädchen im Dorf lassen sich den Zahn nicht ziehen, seine Frau sein zu wollen.«

Ich merke an, daß die Hälfte der Mädchen das schon gemacht haben: ihre außergewöhnliche Schönheit wird oft durch den hier weit verbreiteten Zahnverfall beeinträchtigt. Das bringt Sising zum Lachen, und er sagt irgend etwas Ermutigendes über kein Glück in der Liebe haben.

»Kein-Glück-haben kann manchmal Nicht-den-Willen-haben verbergen«, sagt Bini. Dieses alte Sprichwort läßt einen ahnen, wie sie mit sechzig sein wird, wenn sie so lange lebt: zu wissend, um wirklich sentenziös zu sein, aber wahrscheinlich nichtsdestoweniger unerbittlich.

»Gott rette mich vor Bauernweisheit«, sage ich abwehrend.

»Hat er«, sagt Bini triumphierend.

Dieser Wortwechsel raubt uns allen die Fassung, und unser Lachen erschreckt die Schweine, und die Kinder kommen angerannt, um den Witz zu hören. Als sie den Rum sehen, kehren sie zu ihrer Beschäftigung zurück. Der Nachmittag geht in den Abend über; Nacht bricht herein, und unsere improvisierte Party dehnt sich bis zum Abendessen aus. Sising holt seine selbstgebaute Ukelele hervor, und unsere Lieder steigen zur Lichtung empor, schwankend und unbeholfen, wie die Hennen, die in die Bäume zu kommen versuchen. Die Ereignisse werden etwas verschwommen. Vage erinnere ich mich an einen Mangel an Streichhölzern und an eines der Kinder, das mir den Vorschlag zuflüstert, den Türpfosten zu plündern. (Dies bezieht sich auf den Bambuspfosten am Hauseingang mit der Türangel. Es ist ein jetzt aussterbender Brauch der älteren Leute in dieser Provinz, kleine Münzen durch die Schlitze für die Querstücke der Tür zu stecken, um Glück ins Haus zu bringen. Binis alter Vater tat das immer, wenn er zu Besuch war. Für die Kinder stellte dieser geheime, sich auftürmende Hort allerdings eher ein Sparschwein dar und weniger einen Fundus an Glück. Sie versuchten immer, die Münzen mit Messerklingen herauszukriegen, wenn Sising und Bini gerade nicht hinsahen. Ich war ein Komplize, der den Eltern nichts sagen würde.)

Am nächsten Morgen wache ich mit Kopfschmerzen, aber früh auf – so früh, daß das Tal unter uns noch voll pechschwarzer Tümpel ist und die Hühner ohne Zweifel noch aus den Bäumen herunterkommen. Unerwartet pfeift es vom Weg her; Besucher oder Vorübergehende sind um diese Stunde selten. Ich warte im Tau, barfuß, eine halb gegessene Banane in der Hand. Es ist Sising.

»Ich glaube, in der letzten Nacht hast du mir nicht geglaubt.«

Mein Gehirn ist umnebelt. Es kann sich an nichts von letzter Nacht erinnern. Sising öffnet den alten Plastiksack, den er trägt, und zeigt mir zwei gleichlange Bambusstücke, die Hälften einer einzigen Röhre, ungefähr fünf Zentimeter im Durchmesser, längs gespalten. Aus einem der Stöcke war eine lange Scheibe aus seiner abgerundeten Oberfläche herausgeschnitten, so daß die Innenwand sehr dünn ist. Viele angesengte Löcher sind in dieser Wand. Sofort fällt es mir wieder ein: Ich hatte mich skeptisch geäußert, als er mir sagte, daß er nie besorgt wäre, plötzlich ohne Streichhölzer dazustehen, weil er immer Feuer machen könne. Ich hielt Feuer anzufachen für eine Fertigkeit der Ureinwohner, wie sie in entlegenen Gebieten der Welt vielleicht noch praktiziert wurde, eher aus Perversität denn aus Notwendigkeit. Ich verband Reibhölzer mit Völkerkundemuseen und mit Witzen über Pfadfinder.

Sising kramt eine Handvoll trockenen Zunder hervor, der wie Kapok aussieht (und wahrscheinlich ist) und binnen zwei Minuten hat er eine kleine Flamme, die auf dem Erdboden meiner Kochecke tanzt. Er lächelt zu mir hoch. Sein Blick ist weder triumphierend noch selbstgefällig, sondern besagt nur, »Siehst du, so wird's gemacht.« Höflich lehnt er eine Tasse Kaffee ab, sammelt Zunder und Stöckchen wieder in seinen Plastiksack, akzeptiert eine Banane und geht. Ich höre, wie sein Pfeifen den Hügel nach unten wandert, vom aufsteigenden Vogelchor in den erwachenden Hainen verschluckt wird und sich auflöst im fernen Meckern seiner Milchziege und dem Schreien seiner Kinder.

Später entdecke ich, daß das Wissen um diese Fertigkeit überhaupt keine reine Generationenfrage ist: eine Menge Kinder in den Wäldern dieser Provinz können noch Feuer machen. Wieder einmal werde ich an die Bedeutungslosigkeit der fernen Hauptstadt erinnert, an die völlige Unabhängigkeit der Leute, die Taifune, den Aufstieg und Fall von Regierungen, alle möglichen Zwischenfälle und Katastrophen überstehen und unter Bedingungen weiterleben können, die für viele nicht merklich schlimmer sind als gewöhnlich. In westlichen Ländern mit ihrer gefährlich zentralisierten Wirtschaft, wo der Lebensstandard selbst in ländlichen Gegenden sich wenig von dem in den Städten unterscheidet, ist jeder Bürger ein unlöslicher Bestandteil des Gemeinwesens. Sollte das System jemals zusammenbrechen, ohne daß es gelingt, es rasch wieder aufzufangen, dann werden die Leute anfangen zu sterben. Zumindest wäre es wieder allgemein üblich – wie das in England bis zum zwanzigsten Jahrhundert der Fall war und sich heute hier in Kansulay an jedem Tag des Jahres zutragen kann –, daß Leute sich gegenseitig aufsuchen, um Feuer zu borgen, oder daß eine Frau mit einem einzelnen Stock vorbeieilt, dessen Ende ein glühendes Stück Kohle ist und eine wabernde Rauchspur nach sich zieht.

Meine Bewunderung für diese Überlebenstechniken, diese Unabhängigkeit, ist beträchtlich. Aber mir ist auch klar, daß es Gefühlsduselei wäre, stellte man sie als irgend etwas anderes dar, als aus purer Not geboren. Allein aus diesem Grund – und aus keinem anderen – ist sie eine Tugend. Es ist auch keine Sparsamkeit, die Sisings Kind am Abend zum Dorfladen schickt, um einen viertel-*lapad* Bratöl oder einige Löffel Sojasauce in einer zugeknoteten Plastiktüte, ein halbes Kilo Reis in einer alten Keksdose, eine einzige kleine Zwiebel oder eine Zigarette zu kaufen.

Ist die Kluft zwischen Sisings und Binis Leben und dem ihrer Pachtherren, den Sorianos, riesig, so ist die zwischen ihnen und mir unvorstellbar. Trotz unserer Freundschaft, trotz der Vertrautheit der fünf Jahre bin ich immer wieder mit ihr konfrontiert. Meine Wahl, in ihrer Welt zu leben, sollte sie zutiefst mißtrauisch machen, oder sie sollten sich zumindest heftig darüber ärgern, wie leicht es mir fällt, ihren Kindern Pflaster zu kaufen.

Im Nachsinnen über diese ungenießbare Tatsache fallen mir die Male wieder ein, als Umstände – eine Verletzung, eine Woche sintflutartiger Regenfälle, Krankheit – die übliche Härte des Lebens so verschärft haben, daß sie für einen oder zwei Tage überwältigend schien. Beim letzten Anlaß hatte ich mir mein Fußgelenk so schlimm verstaucht, daß ich den Hügel nicht hinauf- oder hinuntergehen konnte. Sising schleppte das Wasser für mich, die Kinder brachten mir Gemüse und Guaven, Bini kam mit Tellern voller Tupfer und Blätter-Kompressen. Einmal bildete ich mir ein, ich hätte die Spur eines Ausdrucks in ihrem Gesicht gelesen, der mich an einen Abschnitt in Michael Herrs Buch *An die Hölle verraten* erinnerte. Er spricht dort über das Unverständnis der GIs in Vietnam, als sie erfahren, daß er und andere Korrespondenten freiwillig dort zur Kriegsberichterstattung sind, daß sie denselben Gefahren ausgesetzt sind und unter denselben Bedingungen leben, daß sie aber am selben Nachmittag schon im Flugzeug nach Hause sitzen könnten, wenn sie wollten. Manchmal fing Herr den Blick eines verwundeten Soldaten auf oder eines Mannes, der gerade einen Freund verloren hatte, »der Blick, der dich wegsehn ließ, und in seiner Haßerfülltheit war er die unverfälschteste Aufrichtigkeit, die dir je vorgekommen ist...«

Zuerst brachte ich alles durcheinander, ich verstand nichts und tat mir selber leid, fühlte mich ungerecht beurteilt. »Mensch, geh doch selber zur Hölle«, dachte ich. »Ich hätte es genausogut sein können, ich leb auch gefährlich, kannst du das nicht sehen?« Und dann wurde mir klar, daß es genau das war, was er eigentlich besagte, er erklärte sich so mühelos wie nur was, eine weitere dunkle Offenbarung des Krieges. Sie verurteilten mich nicht, sie machten mir keine Vorwürfe, sie kümmerten sich nicht mal um mich, nicht auf irgendeine persönliche Weise. Sie haßten mich bloß, haßten mich auf eine Art, wie man einen hoffnungslosen Irren haßt, der sich dieser Scheiße aussetzt, obwohl ers doch besser haben könnte, einen Idioten, der mit seinem Leben nichts anderes anzustellen weiß, als so damit zu spielen.

Es war vermutlich das erste Mal, daß genau dieses Phänomen so präzise festgehalten wurde. Zweifellos hatten Korrespondenten in früheren Kriegen manchmal Schuldgefühle, ihren Lebensunterhalt mit dem Tod anderer Menschen zu verdienen, so wie es jedem Journalisten an einem Katastrophenort geht. Aber das war vor elektronischer Nachrichtenübermittlung und Satellitenverbindung, bevor die ganze Welt zum Voyeur wurde, bevor jedes beliebige Bild auf dem Fernsehschirm denselben Grad an Folgenlosigkeit angenommen hatte wie in einem Roman. So wie Flugreisen die Welten, zu denen man aufgebrochen war, für immer veränderten, so hat die elektronische Nachrichtenübermittlung für immer die Welten verändert, über die berichtet wird. Aus der Welt des Voyeurs kommend, ist es nicht mehr möglich, einen Schritt zurück zu gehen und wieder zum reinen Beobachter zu werden. Die Rolle des beschreibenden Autors ist jetzt eine andere, ungeachtet alles dessen, was er gerne glauben möchte. Für Christopher Isherwood war es noch möglich, so zu tun, als wäre er eine Kamera inmitten der Weimarer Dekadenz, so wie es für Graham Greene möglich war, im Krankenhaus zu liegen, den Eissplitter des Romanschriftstellers im Herzen, und das Verhalten von Eltern am Bett ihres sterbenden Kindes aufzuzeichnen. Aber jetzt sind wir Videokameras: unsere Sujets wissen, wie es ist, Teil des Publikums zu sein, die Schauspieler sind selbst Betrachter. Sie wissen darum, was mit den Bildern geschieht, die von der Linse geschluckt werden, sie sehen eine Welt in ihrem Sessel, deren unersättlicher Bedarf an Bildern Fühler in allen möglichen Formen ausgestreckt hat: Kameras und Kameraleute, Journalisten mit ihren Kassettenrekordern,

Schriftsteller mit ihren Abgabeterminen. Vor allem wissen sie, daß kurz im Zentrum der Aufmerksamkeit von jemand anderem, selbst von der Welt, zu stehen nicht notwendigerweise Interesse oder Sorge voraussetzt, sondern am Ende mehr mit guter Programmgestaltung, Produktverkauf, Unterhaltung zu tun hat.

Es ist schön und gut, aufzuzeichnen, wie Menschen singen, ihren unbekümmerten Einfallsreichtum. Auch ihre Würde angesichts von Leiden festzuhalten, ist durchaus in Ordnung. Es ist inspirierend, sie (im Fernsehen) zu beobachten, wie sie sich, wie die Manileños 1986, in den Weg von Panzern und APCs setzen, genauso wie (in der Realität) ihre Improvisationskünste angesichts von Katastrophen mitzubekommen. Aber es bleibt doch eine Katastrophe, das Leben der Menschen von Kansulay und Sabay und all jener wie sie – überall auf der Welt. Daß es eine schwelende, nicht explosive Katastrophe ist, bleibt wahr und zwar unabhängig davon, ob das gelebte Leben in ihrem Schatten glücklich, zufrieden, traurig oder erbärmlich sein mag. Ich schwatze mit Bini beim Wäschewaschen; ich folge ihren Augen, wie sie resigniert auf dem zu dünnen Körper von Lito ruhen. Wenn ihr Singen zu mir hinaufweht, denke ich nicht länger an den nicht klein zu kriegenden menschlichen Geist, ich denke an ein nationales Gesundheitswesen und daran, daß es gewisse elementare Dinge gibt, mit denen sich der menschliche Geist im ausgehenden zwanzigsten Jahrhundert nicht mehr herumschlagen dürfte.

Filipinos haben mich oftmals gefragt: »Schreiben Sie ein Buch über die Philippinen?« In der Vergangenheit habe ich wahrheitsgemäß geantwortet: »Nein, ich weiß nicht genug«, und habe ihnen einen Anflug der Erleichterung angemerkt, bevor der übliche Ausdruck der Enttäuschung darüber zu sehen war, denn gewißlich ist der Ort doch bedeutend genug, irgend jemanden *da draußen* zu interessieren? Diese Miene der Erleichterung ist die erste Bestätigung, daß die neue Ära, die Michael Herr so beredt verkündet hat, auch hier aufdämmert, ein zunehmender Verdacht, daß ein Autor so etwas Zynisches und Kluges tun könnte, wie beträchtliche Strapazen für ein Buch in Kauf zu nehmen, das ihm später Geld einbringen könnte.

Das ist die Krux: die belauschte Welt will jetzt wissen, wer zuhört und warum. Jeder beliebige hätte nach Kansulay mit einem journalistischen Auftrag (»Hol die Hintergründe ein, komm an die richtige *grass-root*-Stimmung ran«) kommen können, oder auch als Arzt, als Mitarbeiter einer internationalen Hilfsorganisation, als Berater für irgendein Bauprojekt. Aber in keiner dieser Funktionen zu kommen und weder mit der Absicht, über die Szene hier zu schreiben, noch so ganz als Voyeur, sondern einfach, um zu leben: Dies reduziert jeden Menschen, mich eingeschlossen, zu etwas völlig Unverständlichem.

Und doch kann auch dies wiederum ein gefühlsduseliges Konstrukt sein. Je mehr man versucht, eine Kultur durch die Linse einer anderen verstehen zu wollen, desto mehr verliert sich die gesamte Thematik in Polemik. Die grundlegende Eigenheit und Unausforschlichkeit der Menschen, ihre absolute Andersartigkeit bleibt. Ich denke an die (mir) geheimnisvolle eigene Welt von Sising und Bini und den Kindern, wie sie inmitten der Kokospalmen leben, nirgendwo und überall, ihre Tänze tanzen, ihre Lieder singen. Der Teil von ihnen, den ich beziffern kann – ihre wenigen Habseligkeiten, ihre Arbeit, ihre Bestrebungen, daß zumindest eines ihrer Kinder in Manila arbeiten oder sich ins Ausland verheiraten kann –, den kenne ich. Aber es gibt eine andere Seite, weit fremder, die nur wenig mit *nono* und der ganzen Bandbreite von bäuerlichem Wissen und Glauben zu tun hat. Vielmehr geht es darum, wie sie Tod und Taifunen und Grundbesitzern gegenüberstehen, wie sie unversichert in einer Welt der Katastrophen leben, für die es keine Wiedergutmachung gibt. Es hat mit uralten, kulturellen Normen zu tun, die einmal, vor gar nicht langer Zeit, auch in Europa galten, die aber jetzt vergessen oder außer Mode sind.

Eines Tages dringt ein anderes Lied zu mir durch die Bäume heraus; die Kinder singen es zu einer Melodie, die für mich schwermütig geworden ist. Unter den jungen Stimmen kann ich die von Marisil, Binis fünfzehn Jahre alter Tochter, ausmachen. Sie bringt die geraden, unmodulierten Klänge hervor, die völlig östlich sind: in ihrer rauchigen Schärfe werden die Worte heil durch das Blattwerk getragen:

Ali, ali namamangka,
pasakayin yaring bata;
pagdating sa Maynila
ipagpalit ng manika.

Ali, ali, namamayong,
pasukubin yaring sanggol;
pagdating sa Malabon
ipagpalit ng bagoong.

Plötzlich sind das nicht mehr die Worte, die ich auswendig kenne. Sie werden ungeheuer finster. Ebenso wie unterschwellig in gewissen Grimmschen Märchen die wahre Wildheit der menschlichen Psyche lauert, so nehme ich plötzlich zum ersten Mal in diesem ungekünstelten Lied die schreckenerregende Bedrohung wahr, die von dem Fremden ausgeht, dem die bösen Kinder übergeben werden können, dem Unbekannten, dem jeder für eine vollständige Metamorphose überantwortet werden kann:

Alte Frau, alte Frau, paddel
in deinem Boot.
Dieses Kind, nimm's mit,
bist du dann in Manila,
mach es zu einer Puppe.

Alte Frau, alte Frau, unter
deinem Schirm,
schütze dieses Kind,
bist du dann in Malabon,
mach es zu Soße aus Fisch.

Das Schräge daran verfolgt mich; die Kinder singen von »diesem Kind«, aber meinen nicht sich selbst; sie singen, als wären sie bereits Eltern, die einen Buhmann heraufbeschwören, um damit ihre eigenen Sprößlinge zu erschrecken. Mein Blick wandert zu dem unsichtbaren Singen, über das Tal mit seinem Dach aus Palmblättern, die mit ihren grünen und goldenen Speeren die Sonne zurückschlagen und Urtümliches vielerlei Art verbergen. Im Angesicht dieser elementaren und unveränderlichen Welt und unter dem vorübergehenden Bann nachmittäglicher Melancholie frage ich mich, was um alles in der Welt ich glaube, hier tun zu müssen, und warum ich bei Wasserprojekten mitmischen muß. Welchen elterlichen Geist beschwichtige ich gerade durch diese idiotische Lebensweise?

KAPITEL 6

Zurück auf Tiwarik verbrachte ich den Morgen mit häuslichen Aktivitäten, ich stellte ein Trockengestell für Fische her: vier gleich lange Holzstücke aus dem Wald, darauf in Brusthöhe eine Platte aus Rattangeflecht. Es steht ein paar Meter von meiner Hütte entfernt, so daß die Sonne darauffällt, und gleichzeitig nahe genug, um die Seeadler auf Distanz zu halten wie auch die Krähen, die ab und an zum Stibitzen von der Hauptinsel herüberflattern.

Essen ohne Kühlschrank in den Tropen aufzubewahren, ist eine besondere Kunst. Nach einem nächtlichen Fischzug kann man den Fang für den Rest der Nacht in einen Baum hängen, ohne die Fische auszunehmen, zu schuppen und einzusalzen, und so bleiben sie bis zum Morgen frisch. Aber in dem Augenblick, in dem die Sonne aufgeht, müssen sie gesäubert oder gekocht werden. Wenn nach einem Gourmand-Frühstück noch Fisch übrigbleibt, ist es am besten, ihn zu trocknen.

Inzwischen mag ich sonnengetrockneten Fisch sehr gern, allerdings hängt viel davon ab, wie er mariniert wurde. Doch zuerst muß er fachgerecht zerteilt werden. Kleiner oder flacher Fisch wird dem Rückgrat entlang aufgeschlitzt und hängt an der Bauchseite zusammen. Dadurch wird sichergestellt, daß das dickste Fleisch längs des Rückens voll der Sonne ausgesetzt ist. Dickere Fische wie Aale werden zweifach aufgeschlitzt, so daß sie sich in drei Fleischlappen auseinanderklappen lassen. Die Fischer von Sabay beherrschen diese Technik mit großer Behendigkeit und großem Geschick und achten kaum darauf, was ihre Hände tun.

Dann wird der Fisch sorgfältig gewaschen, um das Blut und alle Reste von inneren Organen abzuspülen, und einige Stunden lang zum Marinieren in Pfannen gelegt. Wird nur Salz zur Konservierung genommen, muß die Lösung zwar stark genug sein, um die Bildung von Bakterien zu verhindern, aber nicht so stark, daß der Fisch ungenießbar wird. Der richtige Salzgehalt kann daran gemessen werden, ob der Fisch in der Lösung schwimmt und nicht in ihr absinkt. Ich selbst ziehe eine aufwendigere Marinade vor, nämlich eine aus kleingeschnittenen Zwiebeln, Knoblauch, gestoßenen Pfefferkörnern, Sojasauce und *tuba*-Essig, das Ganze mit entsprechendem Salzgehalt. Einige Chilies geben den nötigen Pfiff. Dann werden die Fische auf einem *tuyuan,* so wie ich gerade einen gebaut habe, flach in die Sonne gelegt. Wenn sie durch und durch getrocknet sind, lassen sie sich für lange Zeit aufbewahren. Allerdings muß man bei feuchtem Wetter ein Auge auf sie haben, falls sie »schwitzen«: da Salz hygroskopisch ist, absorbiert es Wasser aus der Luft, Bleiben sie trocken, sind die Fische knusprig und wie Papier. Sie rascheln, wenn sie sortiert werden, und schmecken gebraten ausgezeichnet. Vorsorglich sollte man für magere Tage einige zur Hand haben; außerdem sind sie immer gut als *daing zu* verkaufen.

Die ganze Zeit über, während ich an dem *tuyuan* arbeitete, nahm ich immer wieder Explosionen im Hintergrund wahr. Hin und wieder läßt ein dumpfer Knall die Luft um Tiwarik erzittern, und das Echo eines gedämpften Klatschens ertönt am Strand, gerade so, als wäre es müde von der Klippe heruntergefallen und ihm fehlte die Energie zu einem weiteren Schritt. Gleichzeitig summte eine Melodie hartnäckig in meinem Kopf herum, wie es manchmal geschieht, wenn die Hände beschäftigt sind. Es ist eine Melodie, die ich seit Jahrzehnten nicht mehr bewußt gehört hatte, etwas, freigesetzt aus der Kindheit wie eine prähistorische Luftblase, die – in einem Feuerstein eingeschlossen – bei dessen Zertrümmern wieder in die Zirkulation gerät. Ein bemerkenswert lauter Schlag hinter der nächstgelegenen Landzunge hat die Assoziation in meinem Gehirn freigeschmettert. Ein besonderes Merkmal dieser Detonation, etwas Erinnerungsträchtiges in ihrem *timbre,* macht es mir möglich, das Musikstück als Teil einer vierhändigen Mozartsonate zu identifizieren. Und dann kommt in einem plötzlichen Ansturm die gesamte Erinnerung an Mozart, an Explosionen und strahlendes Sonnenlicht zurück. Wieder einmal hat anscheinend mein derzeitiges Leben auf dieser merkwürdigen Insel ein ganz eigenes Stück Vergangenheit zu Tage gefördert.

In einem lang vergangenen Sommer, kurz bevor ich zur Schule in Canterbury wechselte, gingen mein Freund Howard und ich einigen gemeinsamen Interessen nach, Musik und Explosionen waren zwei davon. Während der langen Ferien verbrachten wir viel Zeit abwechselnd bei ihm und mir zu Hause, wo wir mehr oder weniger dasselbe machten. Oft saßen wir am Klavier und erdachten voller Ernst für populäre Lieder immer ausgefeiltere Gegenstimmen, oder wir spielten Mozart-Duette. Dann plötzlich zwang uns ein anderes Verlangen, in die Garage zu gehen, um Bomben zu bauen.

Ich hatte immer noch etwas von meiner ursprünglichen Cordit-Sammlung übrig, Howard (dessen älterer Bruder bei der Armee war) besaß viele leere .303er Patronenhülsen. Wir bohrten ein kleines Loch nahe dem Boden und führten ein Stück Jetex-Zündschnur ein, die man in jener Zeit kaufen konnte, um Modellraketenmotoren zu starten. Dann füllten wir die Patronen mit einer Mischung aus Natriumchlorat-Unkrautvernichtungsmittel und Zucker; die offenen Enden preßten wir in einem Schraubstock zusammen. Diese kleinen Bomben machten einen ungeheuren Lärm und zerrissen zu ausgefransten Messingblättern. Manchmal, wenn man sie mit dem Boden auf eine hölzerne Oberfläche stellte, flogen ihre Zündkapseln weg, und sie zischten wie Geschosse ab; eine schimmernde Kupferscheibe blieb tief im Holz verankert zurück. Kein Experte, der in Peenemünde am Projekt seines »Führers« arbeitete – dem raketengetriebenen Vergeltungsschlag –, hätte sorgfältiger experimentieren können: Wir variierten die Mischungsverhältnisse und notierten alles in einem Übungsheft. Wir stellten Verbindungen her zwischen den Behältnissen und den verschiedenen Explosivstoffen, da wir nicht nur Gewehrpatronen benutzten: Wir versuchten es mit Gasrohrstücken, Marmeladengläsern voll Gips, Tonkugeln, einer Rolle Toilettenpapier, an beiden Öffnungen verstopft und in einige Meter Elastikgurt eingewickelt, die Howards Vater für den Dachgepäckträger seines Humber Super Snipe so schätzte.

Dieser Sommer hallte wider von Melodien und knatternden Schlägen. An Erwachsene erinnere ich mich nur am Rande. Howards ältere Schwester Judith scheint sich mir eingeprägt zu haben, weniger weil sie eine besonders hübsche Sechzehnjährige war mit hüftlangem blondem Haar, auf dem sie praktisch sitzen konnte, sondern weil unsere Geräusche ihr Pony verschreckten. Sie mochte keinen Mozart und fand Jungen mit Bomben doof. Wir mochten keine Ponys, und es war eine allgemein anerkannte Tatsache, daß Mädchen zu einer Kategorie von Doofheit gehörten, die das Wort neu definierte. Unsere Minen wirbelten Erdklumpen vor den Hufen ihres Ponys auf, worauf es mit geblähten Nüstern in eine Koppelecke unter den schützenden Schatten einer Ulme galoppierte, in deren Zweigen ein »Spitzenprodukt« eingebettet war: eine unserer besseren Erfindungen, voller Magnesiumpulver, die mit einem ungeheuren, blendend hellen Licht und mit Krachen barst. Abgerissene Zweige und Ulmenblätter regneten hinter dem Pony herunter, das nochmals mit rollenden Augen losstürmte, nun zum anderen Ende des Feldes, wo es die Hecke durchbrach und verschwand.

Wir ließen nachts Bomben los, um deren Blitz zu beobachten: auf Gleitern und Drachen jagten wir sie in die Höhe, um festzustellen, wie eine Explosion am Himmel aussah. Wir opferten sogar Howards ältestes Fesselflugmodell, wobei wir den in Form gegossenen Plastikpiloten im Cockpit, dessen Kopf und Schultern unter dem Dach festgeklebt waren, durch eine Bombe ersetzten. Die Wirklichkeitsnähe dieser Explosion überstieg alle Erwartungen: Sie entzündete den Treibstoff im Tank, und das ganze Flugzeug zerbarst bei hoher Geschwindigkeit mitten in der Luft. Für Kinder, die mit den Filmen über den jüngst beendeten Krieg großgeworden waren, sah das völlig authentisch aus: die abgerissenen Flügel trudelten zu Boden, der E. D.-»Bee«-Motor flog aus seiner Halterung heraus und fiel durch das Gewächshausdach, während ein Rauchstreifen über den Sommerhimmel zog.

Und trotz allem waren wir noch unzufrieden. Ich filzte Äther aus Mutters Flasche mit verbrauchter Anästhesielösung, Howard stahl Benzin aus dem Atco-Motorrasenmäher seines Vaters. Daß wir uns nicht selbst in die Luft jagten, ist ein Wunder, aber keiner von uns büßte mehr als eine Augenbraue ein. Kein Nachbar beschwerte sich, niemand von den Eltern schritt ein. Sie waren vermutlich alle als Ärzte oder Rechtsanwälte anderweitig zu beschäftigt, um zu bemerken, womit sich ihre Söhne abgaben. »Das klingt nett«, sagte Howards Vater eines Abends geistesabwesend, nachdem wir einige Duette gespielt hatten. »Besser als diese Feuerwerkskörper, die ihr hochgehen laßt. Ich hätte nicht gedacht, daß ihr die im August kaufen könnt. Ich konnte das nicht als Kind.« Auch mein Vater war merkwürdig tolerant. Ein einziges Mal, als ich ihn in Verlegenheit brachte, schritt er ein. Das geschah, als er, meine Mutter, meine Schwester und ich von der Stadt nach Hause kamen, wo wir einen Film gesehen und zu Abend gegessen hatten. Es war spät, eine dunkle Sommernacht. Aus irgendeinem Grund trug ich in meiner Tasche eine der Patronenbomben. Während mein Vater den Wagen parkte und die anderen schlaftrunken die Haustür öffneten, zündete ich sie im Vorgarten, um zu sehen, wie groß wohl der Blitz sein würde. Der Krach war sehr zufriedenstellend, und ich ging mit einer Taschenlampe durch die Hecke in den Obstgarten, um die zerfetzte Metallhülse zu suchen, die ich durch die Apfelzweige hatte rasseln hören. Binnen weniger Minuten war von vorne eine Unterhaltung zu vernehmen. Ich bekam mit, wie mein Vater sagte: »Nein, ich fürchte, das war mein Sohn mit einem Feuerwerkskörper. Ich werde ihn gewiß zur Rede stellen. Es tut mir leid, Herr Wachtmeister, daß Sie bemüht werden mußten. Gute Nacht.« Ich machte mich so lange wie möglich rar, bis ich Gefahr lief, ausgesperrt zu werden. Dann ging ich hinein und fand meinen Vater zornesbleich vor, nicht weil ich Bomben hatte explodieren lassen, sondern weil er das Ganze dem Ortspolizisten erklären mußte, der auf seinem Fahrrad schweißgebadet angekommen war und vor Angst, der erste bei einem Mordfall zu sein, gezittert hatte. Einem unschuldigen Polizisten einen Schock zu versetzen und meinen Vater in die Lage zu bringen, sich für mich entschuldigen zu müssen – das war überhaupt nicht lustig, geschweige denn Stoff für einen Familienwitz. Andererseits habe ich heute meine Mutter im Verdacht, daß sie sich – ihrem eher subversiven Charakter gemäß – insgeheim amüsierte.

Die Tage von Howard und mir nahmen kein Ende, und unsere Freundschaft war grenzenlos. Doch in meiner Erinnerung ist dieser Sommer nicht im üblichen Sinne sorglos gewesen. Henry Ward Beechers Aussage, daß ungeachtet ihrer geballten Energie »Junge Burschen Stunden großer Niedergedrücktheit und Traurigkeit erleben«, traf auf uns durchaus zu, aber besonders auf Howard, der in einem nicht-chronologischen Sinn älter war als ich. Er hatte bereits einen kurzen Blick in die Zukunft geworfen, und eines Nachts war er untröstlich. In der Dunkelheit seines Schlafzimmers steigerte er sich in eine eigenartige Stimmung verzweifelnder Ernsthaftigkeit hinein, die ich mit Erwachsensein verband; schließlich war er in Tränen aufgelöst. Er sagte, daß wir uns bald nie wiedersehen würden; er ginge in eine Schule, ich in eine andere. Er sagte, er wisse, daß wir in fünf Jahren nicht länger Freunde wären. Er hatte Schiß (unser Sprachgebrauch), Wehrdienst leisten zu müssen. Plötzlich erschienen fünf Jahre wie nichts. Es war, als könnten jetzt jederzeit Männer in Khakiuniform kommen, um uns von zu Hause loszureißen und mit uns wegzumarschieren, genau wie sein Bruder William gerade aus der Heimat verbannt worden war und nun in Malaya beschossen wurde.

Bislang hatte ich für mich selbst diese Zukunft nicht im Blick, aber Howards Worte erfüllten mich sofort mit einer ansteckenden Panik. Sein Unglücklichsein machte mich unglücklich; seine Furcht ergriff auch mich. Eine ganze Weile gaben wir uns beide den Tränen hin, jeder von uns starrte auf seine ureigene Vision dieser nie enden wollenden Entwurzelungen und Trennungen, von denen wir wußten, daß sie unser gemeinsames Los sein würden. Die scheinbar endlose Welt der Kindheit ging ihrem Ende zu. Dies geschieht nicht, wenn Kinder altklug mit dem Ernst von Erwachsenen handeln, sondern wenn das Morgen auf dem Heute zu lasten beginnt. Wir hingen für kurze Zeit irgendwo zwischen Trauer und Panik und schwelgten hingebungsvoll in einer Art feierlichen Hysterie. Was taten wir wirklich? Was konnte es anderes sein, als die Zukunft als feindliche See zu zeichnen, um desto besser aus der Gegenwart eine ewige Insel zu machen. Was anderes, als einen Sturm zu entfesseln, um uns den Luxus des Trostes zu verdienen, jungen Liebenden gleich, wenn sommerliches Mondlicht wie eine kalte Sense auf ihr Bett fällt.

Am folgenden Tag waren wir früh auf den Beinen und fertigten mit einer sonderbaren Intensität Bomben. An jenem Morgen müssen wir pfundweise den Zucker von Howards Mutter und sackweise das Unkrautvernichtungsmittel seines Vaters verarbeitet haben; als das aufgebraucht war, gingen wir an den Dünger. Ich erinnere mich, wie ich neben Howard kauerte, als er eine Bombe fest in ein Erdloch hineinstampfte. Ich denke daran, wie ich nicht seine Hände, sondern das Rund seiner Ohrmuschel mit dem hellen Bogen feiner Haare betrachtete, den Flaum auf seinen Unterarmen, den Karamelgeruch verbrannten Zuckers, der in seinem Haar hing, den verletzlichen Hals in seinem Aertex Kragen. Am Nachmittag fiel uns relativ spät ein, mit Unterwasserexplosionen zu experimentieren, indem wir Bomben in die Wassertonne legten, ein riesiges Eichenfaß, das vorher für Melasse benutzt worden war. Bis zur Teestunde hatten wir eine Methode entwickelt, die Zündschnur trocken zu halten, und hatten eingefärbte Wasserfontänen in die sonnendurchflutete Luft gejagt, die sich dann auf die Kapuzinerkresse abregneten. Unbeabsichtigt töteten wir dabei einen Goldfisch, den er auf einem Rummelplatz gewonnen und von dem er vergessen hatte, daß dieser mit ein paar Wassermolchen, die dabei ebenfalls umkamen, im Faß war. Wir merkten die Sache mit dem Goldfisch erst nach ein paar Tagen, als ihn Bakterien an die Oberfläche trieben, mit einem Kranz von Saprophyten um seine Kiemen.

Diese Nacht schien die Reihe an mir, einen Sturm zu entfesseln, aber es war nicht das gleiche. Zu befangen, zu sehr der Versuch, etwas zu wiederholen, das spontan, unausweichlich, in der ihm gemäßen Zeit geschehen war. Wir spielten das Ganze durch, und wieder fiel das sommerliche Mondlicht auf unser Bett, aber diesmal brachte es uns statt dessen auf den Gedanken, aufzustehen und in die warme Nachtluft, die nach Levkojen duftete, hinauszugehen und mit der unter der Treppe hervorgeholten ultravioletten Lampe nach gelben Ordensband-Nachtfaltern Ausschau zu halten.

Wir haben uns nie wieder gesehen; Howard hatte recht gehabt. Keiner von uns war der Typ dafür, Kontakt mit Freundschaftscliquen zu halten, zu Ehemaligentreffen zu gehen oder bei einem Essen die alten Seilschaften zu pflegen. Wir hätten einen Bund schließen können, taten es aber nicht. Wahrscheinlich waren wir beide durch Visionen entmutigt, in denen zwei schlaksige Halbwüchsige sich treffen und mit einer eitel prüfenden Geste – eine Hand am Hals, als ob die letzte Rasur kontrolliert würde – die formelle Unbekümmertheit unserer Gesellschaftsschicht vortäuschen:

»Herrje, du bist's, Andrews.«

»Mein Gott, es ist H.-P. Ach, du meine Fresse. Was machst denn du hier? Oh, entschuldige, das ist Felicity.«

(Aber in meiner Phantasie kamen diese Treffen mit alten Schulfreunden normalerweise im Ausland zustande, als besiegelten Fernreisen das Erwachsensein. Ich stellte mir vor, auf den Champs-Élysées, im Shepheard's Hotel in Kairo, auf dem Campus der Berliner Universität Bekannten zu begegnen. Oder wir befänden uns mit unseren jeweiligen Freundinnen auf demselben Rheindampfer oder in derselben Seilbahn hoch über Kitzbühl. »Du liebe Güte, es ist...« – »Was um alles in der Welt...« – »Sollen wir zusammen essen gehen...? Entschuldige, das ist Lisl.«)

Ich kann mich jedoch noch an die Musik erinnern, die wir spielten. Im entfernten, klavierlosen Tiwarik kam plötzlich alles wieder, aus den Dachstübchen der Erinnerung hatten die Explosionen sie herbeigerufen. Diese erklären sich rasch, als Armans *bangka* auf dem Kiesstrand aufläuft. Er und Totoy Matias springen heraus und sehen zufrieden mit sich aus, wozu sie durchaus Grund haben, denn die Bilgen sind voll von einer schlüpfrigen Masse aus silbrigen und rosafarbenen Fischen – vorwiegend *dalagang bukid,* einer kleinen Art von *Caesio,* ähnlich dem Hering, dessen reizende, einheimische Bezeichnung »Landmädchen« bedeutet. Die erfolgreiche morgendliche Arbeit mit Dynamit hat ihnen ein gutes Mittagessen eingebracht. Demokratisch (denn er ist Besitzer und Kapitän der *Jhon-Jhon)* macht sich Arman ans Fischausnehmen. Er hat die Bombe geworfen, Totoy Matias hat das Ziel ausgesucht. Die zwei anderen der Besatzung, die eher langsam aus dem Boot steigen, hatten die anstrengendere Aufgabe, nach unten zu schwimmen und den Fang hochzuholen. Besonders Silo sieht völlig fertig aus und scheint sogar zu frieren. Der Nichtraucher Arman sagt ihm, er solle mehr rauchen, denn es herrscht die weitverbreitete Annahme, daß Rauchen einem Mann Energie gibt und ihn warm hält.

Weil ich Feuerholz und Küchengeräte habe, kochen und essen wir im Schatten meiner Hütte. Der Fisch schmeckt so gut, wie er nur sein kann, wenn man ihn direkt aus dem Meer hat. Auch nicht das unmittelbare Tiefgefrieren erhält diesen unverwechselbaren Geschmack. Es ist nicht eine Frage der Bakterien oder des Verfalls; es ist beinahe so, als hätte das Leben, das im Augenblick des Kochens noch in den Fischzellen vorhanden ist, einen eigenen Geschmack, ein frischer Meeresgeist, der sich ansonsten verflüchtigt. Wir essen auch *kinilaw*, marinierten rohen Fisch, der meine phantasievolle These bestätigt, denn er ist noch mehr von Zellaktivitäten durchpulst. Mit einem Mal verstehe ich die naiven Vorstellungen über Inkorporation (Anthropophagie, Heilige Kommunion). Vielleicht werde ich jetzt besser schwimmen. Alsbald dösen wir bei den Überbleibseln des illegal gefischten Mittagessens.

Die Leute von Sabay sind geübte Bombenhersteller, wie ich eines Morgens entdecke, als ich hinüberpaddele, um Reis und Streichhölzer zu kaufen, und Arman vorfinde, als er das, was er »Dynamit« nennt, in einem großen Wok über dem Feuer in seiner Kochecke zusammenbraut, umgeben von leeren Ginflaschen, hilfreichen Kollegen und Kindern. Genau gesagt handelt es sich bei diesem Explosivstoff nicht mehr um Dynamit, sondern um *Ammoniúm*, den billigeren und eher legal zu erwerbenden Ammoniumnitratdünger, den sie für Mangobäume verwenden. Er ist weiß und gekörnt, dem Pulverschnee nicht unähnlich, der in winzigen Bällchen und nicht in Flocken fällt. Um seine Sprengkraft zu erhöhen, wird er mit gewöhnlichem Paraffin geröstet, ähnlich wie Reis gebraten wird. Der junge Pyrotechniker in mir wird wiedererweckt, nachdem er jahrzehntelang geschlummert hatte.

Ich erzähle ihm von den Bomben, die ich mit dreizehn so oft gebastelt hatte; auch ich hatte verschiedene Dünger- und Unkrautvernichtungssorten verwendet, allerdings mit Zucker vermischt, statt sie in Paraffin zu rösten.

»Wir haben auch Zucker genommen«, sagt Arman. »Dann kamen einige Fischer von den Visayas hierher, blieben eine Woche lang auf Tiwarik und sagten uns, daß wir mit Paraffin die Durchschlagskraft erhöhen könnten. Deswegen machen wir es jetzt so. Sie sind sehr erfinderisch da unten. Die meisten cleveren Ideen in bezug auf Fischen kommen von den Visayas. Sie haben uns beigebracht, wie wir unseren eigenen Zünder herstellen können, damit wir nicht darauf angewiesen sind, daß die Armee uns ständig mit Sprengkapseln versorgt.«

Ihr Zünder war eigentlich nicht neu; er ist im Handbuch des OSS, des Büros für Strategische Dienste, aus dem Zweiten Weltkrieg beschrieben –, aber ich erwähnte es nicht. Arman zeigt mir, wie eine Taschenlampenbirne an Schmirgelpapier gerieben wird, bis ein Loch im Glas entsteht, damit die Birne mit pulverisierten Streichholzköpfen gefüllt werden kann, bevor sie mit dem Loch nach unten in den noch heißen Dünger gesteckt wird, mit dem die Ginflasche aufgefüllt worden ist.

Nach einer Geschichte war es die Armee in Gestalt eines Trupps schurkischer Soldaten, welche die Dorfbewohner von Sabay zum illegalen Fischen zwang. Dieser Bericht hat etwas von einer Halbwahrheit. Ich hege keinen Zweifel, daß so etwas geschehen ist, ähnliche Vorkommnisse lassen sich überall auf den Philippinen finden. Doch bereits Jahre zuvor gehörte die Dynamitfischerei zum Alltag in Sabay und hatte sich zu einer ausgereiften Kunst entwickelt. Seit ich auf Tiwarik lebe, habe ich dazu zwei klar getrennte Einstellungen. Eine davon sieht so aus:

Wenn ich mich als Harpunenfischer beschreibe, der jagt, um sich zu ernähren, dann glaube ich, daß ich angesichts der aufgewendeten Zeit und Energie, der schieren physischen Zermürbung mir jedes Gramm meines Essens verdiene. Ich esse meine Erfolge – meistens ist das eine Sache von Minuten – in Dankbarkeit. Meine Mißerfolge belaufen sich auf ungezählte Stunden, und daraus ergibt sich gegenwärtig mein Tag. Nur ausgerüstet mit einem durch ein Gummiband abgeschossenen Speer es mit schlauen und schwer zu fassenden Seelebewesen aufzunehmen, ist ein Spiel, in dem es der Jäger sehr schwer hat, da sein Leben ständig von dem ihm fremden Milieu und gewissen Bewohnern dort bedroht ist. Beute, die er unter diesen ungleichen Bedingungen macht, ist oft besonders kostbar. Einem Tier in dem ihm eigenen Element gedanklich zuvorzukommen und es auszutricksen, bedeutet, kurzzeitig aufgehört zu haben, als ein Engländer der Mittelklasse, ein Universitätsabsolvent, ein Schriftsteller, ja selbst als ein menschliches Wesen zu denken und aktiv an diesem anarchischen, amoralischen Willen teilzuhaben, der allem, was man ist oder vorgibt zu sein, zugrunde liegt. Sich peinlichst behutsam an den Papageifisch anzuschleichen; sein Interesse wachzuhalten, indem einige Handvoll Sand vom Grund aufgenommen oder kleine Wolken Schwemmsand aufgewirbelt werden; seine Befürchtungen zu beschwichtigen, indem man ihm eine halbe Minute lang den Rücken zukehrt und bewegungslos, sieben Meter tief, sich an einem kleinen Korallenknauf festhaltend im Wasser liegt; seine Kollegen fesseln und sie dazu zu bringen, genau in dem Augenblick vorsichtige Kreise zu ziehen, in dem man entweder nach oben zum Luftholen muß oder stirbt, und sie durch dieses Hochkommen an die Oberfläche auseinanderstieben: dieser sich endlos wiederholende Zyklus ist so sehr eine Analogie zum Anpirschen an sexuelle Beute, daß man eine seltsame Verbundenheit mit dem Fisch fühlen muß, der gewöhnlich am Ende entkommt, doch ganz gelegentlich gefangen wird.

Das Benutzen von Sprengstoff ist die totale Antithese dieses privaten Kampfes. Nach einem Wummern, gefolgt von einer markerschütternden Detonation unter Wasser, ist die unmittelbare Umgebung ein anonymes Schlachtfeld. Der Meeresboden ist mit Leichen übersät, weil nicht alle mit Dynamit getöteten Fische praktischerweise mit dem Bauch nach oben an die Oberfläche treiben. Einige liegen auf der Seite auf dem Grund, vermutlich weil dieselbe Schockwelle, die ihr Gefäßsystem zerreißt, auch ihre Schwimmblasen zerstört. Ob ein Fisch sinkt oder nach oben treibt, scheint von mehreren Dingen abhängig zu sein, darunter fallen Temperatur, Salzgehalt des Wassers und Fischart. *Tulingan* beispielsweise, ein Fisch, der in diesem Landstrich das ganze Jahr über als Hauptnahrungsmittel dient, ist eines der kleineren Mitglieder der Thunfischfamilie ohne Schwimmblase und sinkt unweigerlich in den tieferen Gewässern, in denen er sich aufhält; damit gehört er zu den vielen für die Dynamitfischerei ungeeigneten Arten. Davon abgesehen toben in dem Explosionsgebiet immer einige Fische wie wildgeworden herum, weil ihr Gehirn zerstört ist. Das Gehirn eines Fisches zu zerstören, indem ich es mit einem Stahlspeer durchbohre, ist für den Fisch sicherlich nicht besser. Alles, was der Jäger sich zugute halten kann, ist, daß der Sieger eines Einzelkampfes nicht mit demselben Makel behaftet ist wie der, welcher ungeschoren über allem schwebt und seine wahllos treffenden Bomben losläßt. Und wenn einer der Bomber sich verschätzt, seine Bombe zu früh losgeht und ihm einen Arm, eine Hand, den Kopf eines Begleiters unter dem Kreischen der Scherben einer Ginflasche nimmt, so sagt der Jäger fromm, wie schrecklich das ist, wenn er diese tragische Geschichte eines entfernteren Küstenstreifens hört – was ja auch stimmt. Aber innerlich stellt er sich auf die Seite seiner geliebten Beute, statt seiner eigenen Art und kann einen tiefen und heimlichen Gedanken nicht unterdrücken: »Geschieht ihnen recht.«

Das ist die eine meiner Einstellungen. Die andere erkennt bereitwillig die Dringlichkeit an, nicht nur einen einsamen Jäger, sondern eine ganze Familie zu ernähren und genug Geld zu verdienen, um das Lebensnotwendige einzukaufen. Sie erkennt bereitwillig an, wie abscheulich moralische

Standpunkte sind, wenn sie von Außenstehenden wie mir eingenommen werden, die, ungeachtet dessen, daß sie sich freiwillig den Härten dieses Lebens aussetzen, es nicht müssen. Sie erkennt auch die Geschicklichkeit der Dynamit-Fischer von Sabay an, denn sie werfen nicht blindlings Bomben. Sie erkannten vor Jahren, daß sie mit zu großen und zu tief angesetzten Sprengladungen die Korallen beschädigen und daß Fischbestände an der Küste völlig von gesunden Riffen abhängig sind. Des weiteren zielen sie im allgemeinen zu einer bestimmten Zeit auf eine spezielle Art, meistens auf *dalagang bukid,* und suchen ihr Ziel sorgfältig aus. Nach solch einem entsetzlichen Schlag ist es erstaunlich festzustellen, daß der Boden mit toten *dalagang bukid* bedeckt ist, doch andere Arten offensichtlich unverletzt über ihnen herumschwimmen. Das liegt nicht daran, daß *dalagang bukid* besonders anfällig sind, sondern am Geschick der Jäger.

Bei dieser Vorgehensweise treibt das Boot, ein Mann mit Taucherbrille liegt darin quer, das Gesicht im Wasser, und hält Ausschau nach einem genügend großen Schwarm, der eine der wertvollen Bomben verdient. Er gibt durch Winke nach hinten mit seiner freien Hand Anweisungen in einer stummen Signalsprache, indes ein Gefährte entsprechend mit einem Paddel steuert. Im Bug steht derjenige mit der Bombe bereit zum Wurf, ausgerüstet mit einem Streichholz (wenn sie eine konventionelle Zündschnur benutzen) oder ansonsten mit Drähten und einer Batterie. Dieses Dahintreiben und Winkegeben kann sich über Stunden unter der gleißenden Sonne hinziehen, das geduldige Beobachten wird von einem beträchtlichen Wissen über das Verhalten von Fischen geleitet, denn alle diese Männer sind auch Harpunenfischer, und sie verfügen über das handwerkliche Geschick einer langen Erfahrung. Oft gehen sie nach Hause, ohne eine einzige Bombe abgeworfen zu haben, manchmal haben sie innerhalb weniger Minuten Glück.

Wird ein passender Schwarm gefunden, steigt die Spannung, denn dies ist der Augenblick größter Gefahr. Dies ist so, weil *dalagang bukid* sich oft sehr dicht unter der Wasseroberfläche bewegen. Kontrolle darüber, in welcher Tiefe die Ladung explodiert, erlangt der Bombenwerfer hauptsächlich dadurch, daß er abschätzt, wie lange er seinen Wurf nach dem Anbrennen der Zündschnur hinauszögern kann, wobei er entweder die Ginflasche über und über glitzernd in hohem Bogen in den Himmel schleudert oder sie sprühend in der Hand hält.

Der Moment ist nicht nur für die Wartenden und die Beobachter in den kleinen Booten ringsum gefährlich, die sich alle einen Anteil am Fang erhoffen. Diese Gefahr betrifft auch alle Schwimmer und Taucher in der Nähe, die unbemerkt geblieben oder selbst zu beschäftigt sind, um die plötzliche Aktivität an Bord des still dahintreibenden Schiffs wahrzunehmen. Einmal war ich ungefähr vier bis sechs Meter unter Wasser hinter einem Korallenvorsprung, als ein widerwärtiges Geräusch in meinem Kopf explodierte, gefolgt von einer Schallwelle, die ich auf der ganzen Körperoberfläche fühlte. Ich tauchte benommen auf, in meinem Kopf dröhnte es, ich wußte nicht, wohin ich schauen sollte, denn die Detonation und ihre Auswirkungen waren völlig richtungslos gewesen und hatten meinen Körper gleichzeitig innen und außen angegriffen. Als ich zitternd auf die Felsen kroch und erwartete, Blut aus Ohren und Nase fließen zu sehen, sah ich in mindestens hundert Metern Entfernung eine Ansammlung von Booten. Bis heute kann ich mir nicht vorstellen, wie Fische nur wenige Meter vom Explosionspunkt entfernt überleben können, aber ich weiß, daß es so ist. Das Geräusch ist nervtötend. Geräusche setzen sich eigenartig im Wasser fort: Oft war ich tief unter der Oberfläche, wenn Bomben weiter weg explodierten, achthundert Meter, sogar eineinhalb Kilometer entfernt. Als erstes ist ein scharfes Zischen zu hören, wie das plötzliche Entweichen von Kohlesäure aus Wasser, erst dann folgt der Schall des lauten Knalls. Taucht man schnell genug auf, kann man denselben Knall noch einmal hören, da er durch die Luft langsamer weitergeleitet wird.

Kurz bevor die Bombe geworfen wird, ertönen Rufe wie »*matera!*« oder »*hagis!*«, welche selbst diejenigen auffordern, ihr Gesicht aus dem Wasser zu nehmen, die nur über die Seite ihres Bootes starren. Es folgen der schimmernde Bogen, das Platschen, das atemlose Warten. Dann springen zwanzig Meter entfernt aus der See kurze weiße Strahlen aus Gischt und Sprühregen empor, und das Holz des Bootes schlägt gegen die Fußsohlen und Hüften. Kaum ist das aufgeschäumte Wasser zurückgefallen, startet der Schiffer der Bombenmannschaft auch schon seine Maschine, die jetzt den Kompressor antreibt. Diejenigen, die den Fang holen, beißen auf ihre Luftschläuche, packen Handnetze und springen über Bord.

Doch die Schnorrer sind bereits im Wasser, schwimmen hinunter, um zu sehen, wieviele Körper sie einsammeln können, bevor die Jungen mit ihren Luftschläuchen und Netzen ankommen, um den Meeresboden methodisch abzuräumen. Alles hängt von der Wassertiefe ab. Sehr wenige Fischer aus Sabay werden tiefer als neun Meter schwimmen, um einige *dalagang bukid* einzusammeln, denn die Handvoll kleiner Fische ist, besonders bei starker Strömung, kaum die verausgabte Energie wert. Einmal unten, sind die Fische für den Freibeuter schwer festzuhalten: sie schlüpfen leicht aus seiner Faust, einige zappeln noch schwach. Und ständig hängt ihm ein Junge im Nacken, der sich mit seinen Sperrholzschwimmflossen schnell bewegt, ein sich aufbauschendes Netz trudelt wie der Müllsack eines Parkwächters hinter ihm, literweise entströmt in fein dosierter Verschwendung seinem grinsenden Gebiß die ausgeatmete Luft. Im allgemeinen läßt es die bombende Mannschaft zu, daß die Schnorrer behalten, was sie ergattern konnten, vorausgesetzt, es sind nicht mehr als ein halbes Dutzend einigermaßen große Fische, und unter der Voraussetzung, daß der Fang gut ist. Früher durfte ich mit einigen Dutzend Fischen abziehen, bis man entdeckte, daß ich

Nichtraucher war und meine Lungen mich ohne Mühe bis zu zwölf Meter Tiefe hinunterließen, auch bei mehrmaligem Abtauchen. Jetzt gelte ich als berüchtigter Geier, und sie durchsuchen lachend, aber gründlich mein Boot. Meistens beobachte ich allerdings machtlos, wie sie sich mit dem Kompressor in achtzehn bis vierundzwanzig Meter Tiefe aufhalten, solange sie wollen. Ich statt dessen kämme die Korallenvorsprünge nach kleineren Fischen ab, während unter mir – einer präraffaelitischen Lady von Shalott gleich – ein Junge mit in der Strömung fließendem und sich in Luftperlen hebendem Haar seine Netze dreht und wendet und von den steilen Hügelhängen und felsigen Schluchten alles absammelt.

Manchmal bringt eine Bombe nicht mehr als fünfzig Fische ein. Wenn der Bomber keinen Motor in seinem Boot hat und damit auch keinen Kompressor, wenn er sich außerdem verschätzt hat und seine Opfer in tiefem Wasser liegen, ist das Heraufholen derart mühsam, daß er nahezu dieselbe Ausbeute hat wie jemand, der einen Fisch nach dem anderen erjagt: jeder einzelne Fisch ist sauer verdient. Sollte das jemand bezweifeln, so möge er fünfzehn Meter hinunterschwimmen, um (wenn er Glück hat) mit zwei kleinen Heringen in der Hand wieder hochzukommen – und das Ganze dann neunmal wiederholen. Am Ende könnte er vielleicht meine zweite Einstellung teilen in bezug auf Dynamitfischen, wie es hier in Sabay praktiziert wird. Wie dem auch sei, es ist seit langem ein lebenswichtiger Bestandteil der örtlichen Wirtschaft geworden. Müßte es plötzlich aufhören, wäre eine ohnehin arme Gemeinde praktisch ruiniert, denn konventionelle Fischfangmethoden könnten sie wahrscheinlich am Leben halten, würden ihnen aber keine Hoffnung auf irgendein Weiterkommen bieten, keine Verbesserungen zulassen, niemandes Medizin, keines Kindes Schulbildung bezahlen, kein Benzin ließe sich für ein einziges Fischerboot kaufen.

Dies ist zwar alles richtig, aber es gibt natürlich auch die Frage des Umweltschutzes. Damit zu argumentieren, daß die

Ausbeute der Bombenfischer von Sabay verglichen mit den japanischen Schiffen dürftig sei, die mit high-tech Fanggeräten vollgestopft den Archipel heimsuchen, ist korrekt und doch irrelevant: dessen bin ich mir bewußt. Ich weiß, daß keine der beiden Techniken wünschenswert ist, daß beide folgenschwer sind. Es ist mit Sicherheit vorherzusagen, daß die Konsequenzen ungerechterweise für die Dorfbewohner schlimmer sein werden als für die Japaner, die immer irgendwo anders mit ihren Schleppnetzen fischen können. Wenn ich mir im übrigen die redlichen feinen Damen und Herren Europas anhöre, frage ich mich gelegentlich, ob sie wohl glauben, daß Fisch aus artgerechter Aufzucht stammt und human getötet wird, nur weil sie ihre Fischstäbchen und Kabeljaustücke im Supermarkt tiefgefroren, in ordentlichen geometrischen Formen und mit Bildern friedlicher Meereslandschaft verpackt kaufen. Wahrscheinlich denken sie nicht daran, daß riesige Fabrikschiffe quer durch den Ozean breite Bahnen mit ihren Schleppnetzen abfischen, die Wege praktisch von allen lebendigen Geschöpfen sauberfegen und lange, leere Korridore zurücklassen. Sicher vermuten sie auch nicht, daß diese Geschöpfe erst erstickt und zu Tode gefroren, dann zu Brei verarbeitet, vermengt und zu gefälligen Produkten gefertigt werden, von Fischmehl bis hin zu Filets.

Ich bleibe einstweilen in der Gesellschaft von Dynamitfischern, durchschreite meine Insel wie ein Balkankönig, der durch den Lärm von immer näher rückenden Anarchisten beunruhigt wird. Intoy, auf seine Art der reinste kleine Anarchist, ist ein hingebungsvoller Spaßvogel. Er springt hinter einem Felsen hervor, sein Kopf durchbricht das, was ich für leeres Wasser gehalten habe, sein Lachen klingt von den Bäumen.

Der Leser wird nunmehr den Eindruck haben, daß das Leben hier eine pure Männerwirtschaft ist, durchweg maskulin. Für den ungebundenen Mann gibt es kaum eine Alternative, wenn er nicht vorhat, so plump zu sein und ein Mädchen aus einer anderen Region zu importieren, als wäre es ein weiterer Bestandteil der lebenswichtigen Vorräte fürs Inselleben. In dieser Hinsicht sind die philippinischen Provinzen – im allgemeinen leidenschaftlich, aber anständig – durchaus nicht das, was ein Ausländer, dem nur Manila vertraut ist, sich vorstellen mag. Alle möglichen wilden Flirts finden statt, doch werden sie bis zum allerkleinsten Detail vermerkt. Fromme katholische Eltern und Schwiegereltern legen immer noch Wert auf Jungfräulichkeit am Hochzeitstag, aber Ehre und finanzielles Übereinkommen schätzen sie noch höher ein. Zweimal habe ich an Trauungen teilgenommen, die *ninong* für das Kind, das die Braut so offenkundig trug, betitelt wurden. Niemals gab es das geringste Anzeichen dafür, daß nicht alles ideal empfunden wurde: alle waren überglücklich, daß das Richtige getan, eine Romanze vom Himmel gesegnet worden war und der Sprößling ehelich sein würde. Viele Ausländer, die sich in das Land begeben und sich vorstellen, irgendwo anbändeln zu können, entdecken bald, daß alles, was über das unschuldigste Flirten hinausgeht, sehr ernst genommen wird, nicht zuletzt deswegen, weil man aus verschiedenen Erwägungen heraus dazu neigt, Ausländer als potentielle Ehemänner zu schätzen (um nicht taxieren zu sagen). Mädchen werden normalerweise nach der Pubertät von ihren Freundinnen begleitet, wenn es darum geht, einen alleinstehenden Mann aufzusuchen. Selbst Marisil Malabayabas, die ich kenne, seit sie ungefähr zehn ist, hat mir nur sehr selten etwas zu meiner Hütte in Kansulay gebracht ohne die Begleitung von ein oder zwei kleinen Schwestern, obwohl das durchaus auch daran liegen kann, daß Filipinos nicht gerne etwas allein machen.

Um unbelastet von solchen Dingen zu bleiben, ist es folglich meine Wahl, hier ein Leben zu führen, das die Zielscheibe von sanftem Spott und Klatsch ist: Ich bin *mönchisch,* ich bin *tugendhaft,* ich bin *ein Ehrenmann,* ich *habe mich unter Kontrolle,* ich bin *kalt und geschlechtslos,* ich bin *baklâ:*

man kann es sich aussuchen. Je mehr Menschen wissen, desto weniger mögen sie natürlich Rätsel. Was die Sexualität anbelangt, so wissen Filipinos in der Tat sehr viel und zwar von frühester Jugend an. Deswegen sind meine Freunde irritiert und fasziniert, daß sie in meinem Fall dieses Problem nicht lösen können, und ich habe gehört, daß bei etlichen Trinkgelagen manch hitzige Diskussion um dieses nebensächliche Thema geführt wurde. Offensichtlich hat der alte Vater von *kapitan* Sanso einmal schnaubend geäußert: »Warum muß er überhaupt irgend etwas *sein?* Warum kann er nicht einfach *vernünftig* sein?« Dafür ziehe ich den Hut vor ihm oder halte vielmehr sein Andenken in Ehren, denn er ist vor kurzem gestorben.

Im übrigen führe ich auf Tiwarik ein Leben, in dem die Gesellschaft – so vorhanden – notwendigerweise männlich ist, außer wenn Ehefrauen oder Schwestern zu Besuch herüberkommen oder ich sie zu Hause auf der Hauptinsel besuche. Es vergehen oft viele Tage, an denen ich niemanden, weder Mann noch Frau, sehe. Vielleicht träume ich irgendwo oben auf der Insel, oder ich fische, wenn jemand für eine oder zwei Stunden am Strand an Land geht. Beim Zurückkommen finde ich nur die Kielspuren und Fußstapfen vor, eine Zigarettenkippe bei meiner Hütte, oder drinnen wurde ein Plastikkrug mit *tuba* als Geschenk zurückgelassen. Wie unsicher mein Stellenwert auf dem Heiratsmarkt von Sabay auch sein mag, ich kann nicht daran zweifeln, daß ich im Haushalt der Zuneigung einen eigenen Platz einnehme. Gegenseitige Zuneigung scheint mir nicht die schlechteste Lebensbasis zu sein, selbst wenn sie alle in ratloses Staunen versetzt.

An anderen Tagen kommt Intoy am frühen Morgen mit meinem Wasser herüber. Da ich mir jetzt vier Plastikkanister besorgt habe, ist das nicht mehr als tägliche Routine vonnöten. Er hat sich meiner ziemlich angenommen, und wenn ich ihn nicht von Zeit zu Zeit entmutigte, würde er, glaube ich, herkommen und auf Tiwarik leben. Und dies, obwohl ich deutlich gemacht habe, daß ich nicht bereit bin, ihn für weitere Pflichten zu bezahlen, weil ich einfach nichts weiter brauche, abgesehen vom Wasserbringen und einer gelegentlichen Besorgung im Dorfladen. Für ihn ist es aber vermutlich nicht nur eine Sache des Geldes. Vielleicht hat es etwas mit Status zu tun oder nur mit dem nicht alltäglichen Vergnügen, einen Ausländer von nahem zu beobachten. Aus welchem Grund auch immer, seine ständige Anwesenheit würde mir nicht passen. Abgesehen von allem anderen hätte er die meisten Tage in der Schule sein sollen, denn seine Schulzeit ist bislang äußerst dürftig ausgefallen. Hin und wieder, wenn seine Eltern ohne ihn auskamen und es sich leisten konnten, ihm einen Bleistift und ein Übungsheft zu kaufen, besuchte er die Dorfschule in Sabay. Über die Jahre hin hat er Brocken von diesem und jenem aufgeschnappt, doch was Schularbeit angeht, so hat er niemals zu lernen gelernt.

Überraschenderweise besuchen beinahe zweihundert Kinder im Grundschulalter bis zwölf oder dreizehn diese Schule, viele laufen jeden Tag und bei jedem Wetter einige Kilometer von den entlegenen Weilern her, die in den Hainen und Wäldern auf den unteren Hängen der Gebirgsketten verborgen sind. Auf dieser Ebene des Dorflebens begegnet man einem tiefen Verlangen nach Stabilität in der Verwaltung, nach öffentlicher Ermutigung, nach Fortschritt. Der Respekt vor Bildung ist groß; diesbezüglich scheint nicht der geringste Grad an Zynismus zu herrschen, das geht so weit, daß es als kaum weniger subversiv gilt, die Existenz Gottes in Frage zu stellen, wie den Wert der Bildung zu bezweifeln.

Die Schule in Sabay ist ein langer Bungalow mit einer Veranda an der einen Längsseite, dessen Dach, dort wo das Wellblech durchgerostet oder weggeweht ist, mit *cogon* geflickt wurde. Um die Schule läuft ein Randstreifen, auf dem die Kinder Blumen gepflanzt haben: einige blühen, andere wurden von den Schweinen, den Hühnern oder Ziegen ausgerissen, welche das Dorf zwischen Schule und Küste nach

Nahrhaftem durchstöbern. Vor dem Bungalow steckt eine Fahnenstange in einigen geweißten Steinen. In der Schule ist es kühl und trüb bis auf Lichtstreifen, die durch die Spalten im Bau dringen. Die Klassenzimmer sind kahl: es gibt nicht genügend Pulte, Stühle oder Tische, nie ist genügend Kreide da, die wenigen vorhandenen Lehrbücher sind zerfleddert, veraltet oder schlicht und einfach schlecht wie in dem Fall einiger Bücher über philippinische Geschichte und Kultur, die nur leicht verschleierte Hagiographien der Marcos sind. Aus irgendeinem Grund erinnern mich diese Räume an das Uhrenhaus in meiner zweiten Schule: vielleicht haben sie dieselbe Größe wie die umgebauten Remisen. Der Kontrast könnte sicherlich kaum größer sein. Die Klassenzimmer im Uhrenhaus waren funktionsgerecht ausgestattete kleine Erziehungsfabriken, um das Qualitätsprodukt herzustellen, das die Eltern kauften: Zugangsberechtigung für die Höhere Schule, für die Universität, zur Schokoladenseite des Lebens. Hier in Sabay würde niemand jemals diese Klassenräume mit Fabriken verwechseln. Es sind vielmehr die Außenposten der alphabetisierten Zivilisation, mit Kinderbildern an den Wänden, gemalt mit den wunderbar blassen Farben des letzten Rests von ausgelaugten Filzstiften auf die Innenseite von Zigarettenstangen-Kartons. Handgeschriebenes liegt dort und Additionen, außerdem irgendwelche Tabellen, die von der letzten Sitzung des lokalen Gesundheitsdienstes übriggeblieben sind und Fälle von TBC, Würmern und Gastroenteritis in den umliegenden *barrios* aufführen.

Hier wie in Tausenden von ähnlichen Schulen überall in den philippinischen Provinzen unterrichten unverschämt unterbezahlte Männer und Frauen. Viele von ihnen sind, wie sie selbst traurig erkennen, kaum ausgebildet. Der Versuch, dem entfernten Manila Materialien, Gehaltserhöhungen oder auch nur Anerkennung abzuringen, heißt den Mond anflehen. Oft sind sie gezwungen, die benötigte Kreide aus ihrer eigenen Tasche zu bezahlen. Aber sie machen weiter, jahrein, jahraus, und ein stetiger Strom von Kindern verläßt ihre Obhut, zumindest des Lesens und Rechnens kundig. Das ist ein Triumph; die schiere Anwesenheit solcher Menschen in den Dörfern ist eine handfeste Sache, die der Barbarei entgegengesetzt werden kann, die so oft das Land zu verschlingen droht. Genau auf dieser Ebene der *barangay*-Beamten, Priester, Lehrer und Gesundheitsdienst läßt sich oft am besten das Vermächtnis jener radikaleren und aufgeklärteren Spanier und Amerikaner ablesen, die dieses Land kolonisierten.

Von Zeit zu Zeit hat Intoy diese Schule in Sabay besucht, doch mit dreizehn oder vierzehn (niemand scheint das sicher zu wissen) kann er weder richtig lesen noch schreiben. Zu oft brauchte ihn sein Vater, um ihm beim Fischen oder Reis Anpflanzen zu helfen, ebenso wie vor siebzig Jahren in England Kinder von der Volksschule ferngehalten wurden, um auf dem Land zu helfen oder auch nur, um mit Steinen nach Krähen zu werfen. Ich möchte ihm so gerne helfen, aber es wäre sinnlos anzubieten, ihm den Besuch der höheren Schule in Malubog zu finanzieren, da er nicht mithalten könnte, selbst wenn man sie überreden könnte, ihn aufzunehmen. Jedenfalls hat er inzwischen beinahe das Stadium des Berufs-Aussteigers erreicht. Sich bilden zu lassen, ist eine Sache der Gewohnheit, und die hat Intoy nie angenommen. Statt dessen ist er *bulakbol*. Er faulenzt, sieht sich Comics an, klettert bei starkem Wind lachend zwanzig Meter hohe Palmen hinauf, er kann alles mögliche in diesem ländlichen Bereich; er fischt mit himmlischer Gewandtheit. Wahrscheinlich wird er bald ein Trinker und Raucher sein; vielleicht muß er heiraten, bevor er achtzehn ist. Oft träumt er davon, nach Manila zu gehen, einer mehr unter den Migranten des Landes, der darauf hofft – worauf? Geld, Jobs, Vergnügungen; was auch immer.

Wenn ich an all das denke und insbesondere an Intoy, werde ich manchmal deprimiert. Es ist so vorhersagbar, so unabwendbar. Doch wiederum frage ich mich, ob das nicht noch eine neue Form der Sentimentalität ist, sich übermäßig

Sorgen zu machen, wie andere Menschen ihr Leben leben. Währenddessen glänzt Intoy in der Sonne wie Ariel. Es gibt bei ihm kein Anzeichen dafür, daß er wie Howard vor langen Jahren einen plötzlichen düsteren Einblick haben könnte, eine Vision seiner Zukunft. Er rennt und lacht und taucht. Er liegt in der Hütte auf dem Rücken und macht Dutzende von *nito*-Ringen verschiedener Größe, die er mit erstaunlicher Fingerfertigkeit flicht. Er erzählt schreckliche Witze. Eines Tages erscheint er mit einem Bombenbausatz für den Einsatz auf dem Land und nicht für das Meer. Er hat die Idee, den großen Krebsen nachzuspüren, die sich in den Felsspalten gerade über dem Wasserspiegel einnisten, und hat mehrere kleine Flaschen und etwas Dünger mitgebracht. Ob ich Zucker hätte? Kordel?

Als ich damals Bomben machte, habe ich niemals versucht, braunen Zucker zu benutzen, aber Intoy versichert mir, daß es geht. Einfache Zündschnüre aus in Petroleum getauchter Kordel vervollständigen ein paar dieser Vorrichtungen, und wir ziehen los, um sie versuchsweise in Löcher zu stecken. Bei der ersten gibt es einen sanften Knall und eine weiße Rauchwolke, aber da fehlt offensichtlich noch Sprengkraft: Der Fels bleibt unbeschadet. Die zweite ist wenig besser und läßt lediglich einen vergrößerten Riß zurück, der nach verbrannter Marmelade riecht. Wir gehen wieder zur Hütte, um Zucker und Dünger in verschiedenen Proportionen miteinander zu vermengen. Nach ungefähr einer Stunde haben wir eine Mischung erreicht, die sehr zufriedenstellend sprengt, aber ich bin kaum überzeugt, daß Intoy damit viele Krebse bekommen wird. Gerade an diesem Morgen habe ich den Fang der letzten Nacht mariniert; ich fange jetzt an, den Fisch auf das Trockengestell zu legen, während Intoy losläuft, um mit den Bomben sein Glück zu versuchen.

Nachdem es ein paarmal geknallt hat und er nicht wiedergekommen ist, gehe ich los, um nachzusehen, und befürchte, seine verstümmelten Überreste zu finden. Schließlich – mein

Herz steht beinahe still – sehe ich ihn ausgestreckt mit dem Gesicht nach unten auf den Felsen über dem Wasserspiegel liegen, ein brauner Fuß von kleinen Wellen umspült. Aber er versucht nur, Krebse in ihren Löchern zu entdecken. Ein Streichholz leuchtet auf, ein dünner Rauchfaden kringelt sich in der Luft, Felsstücke wirbeln hoch und platschen ins Meer. Intoy springt aus seinem Versteck hervor und lugt in den Krater hinein. Er greift hinein und hält dann eine riesige kämpfende Schere in der Hand; der Rest des Krebses ist entweder pulverisiert oder außer Reichweite. Aber er ist zufrieden mit seinem Morgen, und nachdem er die Schere geröstet hat, präsentiert er sie mir mit einer stolzen und anmutigen Geste.

Eines Nachmittags paddelt Totoy Matias in einem kleinen *bangka* herüber, um zu fischen. Arman ist nach Malubog gegangen, um Vorräte einzukaufen, Danding nimmt den Vergaser der *Jhon-Jhon* auseinander, damit ist es heute allein Totoy Matias' Aufgabe, für die Mahlzeiten der Familie zu sorgen. Ich empfinde ihn immer als finsteren jungen Mann: seine Anwesenheit ist bedrückend, so als hätte ihm das Leben persönlich Unrecht getan und er wartete immer noch auf Wiedergutmachung. Aber außer seinen Netzen bringt er eine Ausgabe von *Magix Komix* mit, die er und Intoy zusammen auf dem Boden der Hütte lesen, wobei sie unter Ausrufen der Überraschung und des Vergnügens mit ihren Fingern auf Einzelheiten der Bilder zeigen. Essen zu beschaffen kann warten.

Totoy Matias' Leben und Ruf wurden an dem Tag verwandelt, als der morgendliche Jeep nach Sabay hereinrumpelte und ein Päckchen für ihn hatte, das die neueste Ausgabe von *Magix Komix* enthielt; aber sie mußten auf ihre Verwandlung warten, bis er die Geschichte in der ersten Hälfte des Comic-Heftchens durchgelesen hatte. Es ging da um ein Mädchen, das dreizehn Finger hatte, jeder mit einer eigenen Identität. In Krisenmomenten (das heißt, in jeder Ausgabe) er-

blühten auf ihren Fingerspitzen monströse Köpfe, einige viel-
äugig, einige mit einem Rüssel, einige bar allem außer einem
einzigen Haarbüschel und einem Mund. In diesem speziellen
Heft wurde das Mädchen von einem unklugen Kerl vergewal-
tigt, der zu spät entdeckte, daß das, was er für ihre wehr-
losen Hände gehalten hatte, die sich in seinen Rücken gruben, tatsächlich umgestaltete Finger waren, die einander voller Schadenfreude angrinsten, bevor ihre Klauen das Fleisch
bei lebendigem Leib von seinen Rippen rissen und fetzten.
Auf Seite vier gab er, übel zugerichtet, seinen Geist auf, und
Totoy wandte sich der »Ich-liebe-dich-Rubrik« zu. Der erste
Brief, den er las, lautete so:

An: Sandy Mariano
027 Batisan St
Batangas City
»Aus Nichts wurden wir geboren, und bald werden wir wieder
wie zuvor nichts sein...« Ganz herzlichen Glückwunsch zum
Geburtstag am 6. März.

Gary Piswig
581 Merchan St
Lucena City

Beim zweiten traf ihn fast der Schlag:

An meinen allereinzigsten
Totoy Matias
Sabay

Hi! Hallo! mein Liebster! Ich hoffe, Dein Befinden ist gut.
Dito ko lang masasabi sa iyo na, *Du bist meine Muse. Paß*
auf Dich auf, weils mir wichtig ist!

Dich noch immer liebend
Vangie
Mary Immaculate Academy
San José

168

Das erstemal den eigenen Namen gedruckt zu sehen, vermittelt ein Hochgefühl wie nichts anderes. Die gleichgültige und unermeßliche Welt gibt einem plötzlich das eigene Bild wieder zurück. Totoy war vor Stolz und Freude überwältigt und trug die Ausgabe von *Magix Komix* tagelang mit sich herum, zeigte sie jedem, den er traf, was wiederum Freude auslöste, denn seit der vorhergehenden Ausgabe wollten die Leute wissen, in welche neuen Abenteuer das Mädchen mit den dreizehn Fingern verwickelt würde.

Es war unmöglich, sich nicht mit ihm – und auch mit Vangie – zu freuen, denn ihren Namen gedruckt zu sehen, hatte ihr Dasein für Totoy zu einer greifbaren Wirklichkeit werden lassen, wie kein schlicht per Post geschickter Brief von ihr es hätte tun können. Ich wollte ihn nicht fragen, aber noch nicht einmal zwei Tage zuvor hatte ich mitbekommen, wie ihn Freunde wegen eines Mädchens in Malubog, der nächsten größeren Stadt an der Küste, aufzogen. Es war ein geschickter Schachzug von Vangie, sich selbst und Totoy zu verewigen; damit hatte die Konkurrenz in Malubog alle Hände voll zu tun, um aufzuholen.

Eine Weile später ließ die Aufregung nach. Eine neue Ausgabe von *Magix Komix* kam an, ohne seinen Namen ein einziges Mal zu nennen. Das Mädchen mit den dreizehn Fingern spielte einer alten Frau übel mit, die eigentlich eine Hexe war und versuchte, sie zu verzaubern. Der Finger mit dem Schweinerüssel grub sich seinen Weg in das uralte Ohr und fraß sich in ihr Gehirn. Ich fragte mich, was geschehen würde, wenn sich das Mädchen geistesabwesend in der Nase bohrte oder noch Schlimmeres.

Totoy verfiel wieder in seine alte Trostlosigkeit. »No money, no honey«, meinte er mit seiner einzigen englischen Redewendung, wenn ich ihn fragte, wie es ihm ginge.

»Mach dir nichts draus. Laß uns heute nacht fischen gehen. Vielleicht wirst du einen großen Hai fangen und ihn auf dem Markt in Malubog für viel Geld verkaufen.«

»Ach je … Vielleicht wird der Hai mich fangen.«

»Auch das kann vorkommen.«

Seitdem sind schon viele Ausgaben von *Magix Komix* erschienen, doch Totoy Matias liest es ganz so, wie ein pensionierter General sich in die letzte Nummer einer Gazette vertieft, die vor langer Zeit einmal seine Beförderungen und seine Tapferkeitsauszeichnungen gemeldet hatte. Nach einem kurzen Schlaf und ziemlich erschöpft vom Lesen gehen Intoy und Totoy Matias zusammen fischen. Ihre Stimmen werden in der Abendstille über das Wasser getragen. Intoy ist noch etwas zu jung, um anders als im Jetzt zu leben, funkensprühend und großspurig. Totoy dagegen scheint auf etwas zu warten, das vielleicht nie geschehen wird. Wo immer er hingeht, verbreitet er eine Atmosphäre der Instabilität und Vergänglichkeit, die auf Leute ansteckend wirkt, weil sie plötzlich anfangen, über ihre eigenen Pläne zu sprechen, nach Manila zu gehen, als Seemann oder Funker auf Handelsschiffen zu arbeiten, zusammenzupacken, abzuhauen, loszuschwirren. Manchmal beteiligen sich Ehefrauen und Familien an solchen Diskussionen, diejenigen, die mit Kindern und unregelmäßigen Geldsendungen zurückgelassen werden und die nicht viel zu sagen haben angesichts solch unbestreitbarer Prioritäten wie Arbeit, Geld, Zukunft. So schmieden insgeheim überall auf den Philippinen Millionen von Familien traurig und erregt an dem kollektiven Traum, der ihre Zersplitterung bedeutet.

Die Stimmen von Intoy und Totoy Matias verebben, als ihr Boot um eine Landzunge fährt. Sie kommen nicht zurück. Die Nacht fällt herein, und ich bereite mir mein Abendessen allein, erwarte jeden Moment ihr Schwatzen von der Küste her zu hören. Wie die Klänge von außen hereindringen, dies ist eines der Vergnügen auf Tiwarik. Explosionen und Klavierpassagen aus der Vergangenheit können das Ohr des Zuhörers an jedem beliebigen Punkt der Insel erreichen, aber ansonsten gibt es hier zwei Aspekte: auf der meerzugewandten Seite kann man sich allein im Universum vorkommen – oder zumindest von dem Hauptteil der Menschheit abgeschnitten –, auf der nach Sabay gerichteten Seite treiben die Klänge, wenn die Luft still und die See ruhig sind, mit einer eigenartigen Deutlichkeit herüber wie aus weiter Ferne, doch klar aus einer anderen Welt kommend. Das Krähen der Hähne auf der Hauptinsel hat mich im Morgengrauen in meiner eineinhalb Kilometer entfernten Hütte geweckt. Am späten Nachmittag habe ich den Schall vom Basketballspiel gehört, das auf dem nahe der Schule gelegenen, improvisierten Sportplatz stattfand, wo man Spielbrett und Korb an eine Palme genagelt hat. Des Nachts, wenn ich wach im Dunkeln liege, höre ich die Balgereien der Hunde von Sabay. Meiner Schätzung nach dauert es ungefähr fünf Sekunden, bis mich ihr Japsen und Heulen erreicht, das Ergebnis des jeweiligen Kampfes steht also dann schon fest, und drüben im Dorf muß bereits eine beklemmende, vorübergehende Stille eingetreten sein, während auf Tiwarik die vernehmbaren Rohheiten ihren Höhepunkt erreichen.

Heute nacht erinnere ich mich relativ spät daran, daß ich mein *bislad* noch nicht hereingeholt habe und der Tau schon auf das Trockengestell gefallen sein muß. Ich gehe hinaus und sammle die Fische beim Sternenschein ein: sie sind sowieso praktisch trocken. Während ich dabei bin, dringen schwache Geräusche von der Meerenge herüber: Stimmen, Paddeln. Aus der Dunkelheit kommen drei kleine *bangkas* an, in denen Intoy und seine Freunde sind. Es stellt sich heraus, daß sie bereits mit ihren Familien in Sabay zu Abend gegessen haben. Keine Spur von Totoy Matias; er ist schon seit langem mit seinem Fang nach Hause zurückgekehrt. Statt dessen will eine Gruppe von sechs Teenagern (zwei von ihnen vermutlich noch nicht einmal so alt) für die Nacht untergebracht werden, damit sie in der Morgendämmerung mit dem Fischen beginnen können. Sie haben *tuba* (ein Geschenk von Armans Frau), einige Päckchen gebratenen und gesalzenen Mais, »Chikinini« genannt (von Captain Sanso), und einen Stapel pornographischer Spielkarten mitgebracht. Diese sind so abgegriffen, daß ihre Bilder kaum zu erkennen sind, und sie kamen vor einem Jahr durch Dandings Neffen in ihre Hände, der die Karten in Olongapo im Spiel von einem US-Seemann gewonnen hatte.

Wir rollen die Matten auf und spielen, ein bißchen beengt, auf dem Fußboden bei Lampenlicht Karten, ein Glas mit einem Drink macht die Runde. Ein oder zwei der Jüngeren bekommen einen kleinen Schwips und runzeln die Stirn in Konzentration auf das Spiel, das nicht viel anders zu sein scheint als eine Tagalog Version von »Schnipp-Schnapp«. Die Gewinner bestrafen die Verlierer, zählen ihre Pfänder zusammen und teilen *pitik* aus, ein Schnippen mit dem Fingernagel auf die Rücken der Fingergelenke der ausgestreckten Hände. Intoy wälzt sich in gespieltem Schmerz auf dem Boden, während die anderen ihn schadenfroh bezichtigen, *baklâ* zu sein. Von Zeit zu Zeit wünsche ich mir, sie würden alle weggehen, so daß ich mich ausstrecken und schlafen kann. Dann empfinde ich mich als kauzig und denke, daß ich ohne ihre Besuche trübsinnig und geistesgestört vor Eigenbrötlerei würde.

Schließlich verlöscht das Licht, und in der Dunkelheit liegen wir wahllos nebeneinander am Boden, passen uns dem verfügbaren Platz an mit einem Gutteil Ausgelassenheit und vorgetäuschten Beschwerden. Stille tritt ein, in der ein Hund drüben in Sabay schwach, aber deutlich zu hören ist. *»Si Biloy«*, sagt jemand. »Bokboks Katze ärgert ihn immer.« Es folgt eine kurze Diskussion über die Katzen und Hunde des Dorfs. Eine Gespenstergeschichte wird angefangen, ist aber zu wenig furchterregend und wurde offensichtlich nur halb verdaut aus einem Comic entnommen. Sie kichern. Von den Wänden kommt sacht das *chuk-chuk-chuk* einer Eidechse.

In tiefster Nacht drehen sich einige unvermittelt um, murmeln, legen sich in ihrem Tiefschlaf anders zurecht, verlagern sich verhalten in unbekannte Richtungen. Im grauen Licht beim Hahnenschrei stehen wir neben ganz anderen Nachbarn auf, kümmern uns ums Feuermachen und Reiskochen, alles mit einer gewissen lustigen Beweglichkeit. Die Sonne ist aufgegangen und erklärt alles für ausgelöscht. Wir beginnen wieder einen neuen Tag.

Kurz darauf kommt Totoy Matias und verkündet, er werde nach Manila gehen, um Arbeit zu suchen. Er sagt vage, ein Cousin dort werde ihm helfen, aber er habe niemanden, der ihn auf der Reise begleite, und er traue sich nicht zu, alleine zu fahren. Ich plane in nächster Zeit wohl keine Reise nach Manila?

Ich hatte das nicht vor, stellte aber bei näherem Überprüfen fest, daß ich es tun sollte. Mein Visum muß in Kürze erneuert werden, und so sage ich ihm, daß wir zusammen reisen können. Er ist darüber sehr erfreut. Zwei Tage später höre ich, daß er allen erzählt hat, ich hätte ihm angeboten, sein Fahrgeld zu zahlen. Ich kann mich nicht dazu bringen, verärgert zu sein, bin aber nahe dran, weil er nicht jemand ist, dem ich mich besonders verbunden fühle.

Kurz vor unserem Aufbruch gehe ich hinauf zum Grasfeld und sage der Insel, daß ich höchstens eine Woche wegbleiben werde, weniger, wenn irgend möglich. Draußen auf der Meerenge kann ich sehen, wie die *Jhon-Jhon* dahintreibt, Armans bronzefarbener Haarschopf ist kaum erkennbar, weil er im Wasser hängt, seine Beine ragen auf der anderen Seite heraus, er verharrt bewegungslos in seiner Suche nach einem Schwarm. Es ist eine vertraute Szene. Ich paddele nach Sabay hinüber und warte mit Totoy Matias auf den Jeep, der verspätet in einer Sand- und Korallenkieswolke eintrifft. Fischfrauen eilen herbei, tragen Körbe mit dem Fang der Nacht und den *daing,* den sie auf ihren Dächern getrocknet haben. Mit viel Geschiebe mühen sie sich hinein in den Wagen, tragen eine rostige Waage auf dem Rücken, hinter der sie am Morgen auf dem Markt in Malubog die Aufsicht führen werden.

Während ich selbst hineinklettere, erblicke ich Intoy, wie er sich in den Schatten eines Hauses drückt. Er sieht ängstlich aus, denke ich, aber vielleicht ist es auch nur Neid. Von jenseits der Meerenge erklingt ein dumpfer Knall. Unwillkürlich schauen alle voller Interesse zur See und spekulieren. *Wie weit weg ist die* Jhon-Jhon? *Hat es Zweck hinzueilen, um einen Fisch zu ergattern?* Der Jeep fährt von Sabay los, begleitet von winkenden Händen, Start zum ersten Teil einer langen und ungemütlichen Reise, auf der es noch viele Jeeps, Boote und Busse zu besteigen gilt, die uns langsam der Hauptstadt immer näher bringen, einer Stadt, die ich niemals besonders gemocht habe.

TEIL 2

Manila

Das Manila, das Ex-Präsident Ferdinand Marcos Ende Februar 1986 zurückgelassen hatte, war wie der Mann selbst eine nur zu bekannte Mischung aus Reichtum und Verfall. Sein Regime und seine Familie glichen den Prestigeprojekten, mit denen sie von Zeit zu Zeit die Stadt punktuell geschmückt hatten, um zu Besuch weilende Päpste, Potentaten, Weltbanker und ihresgleichen zu beeindrucken. Gerade ihre Auffälligkeit zog die Aufmerksamkeit auf abbröckelnde Fassaden, und es entströmte ihnen ein Dufthauch wilder Furcht gleich dem dumpfigen Giftpilzgeruch der Klimaanlagen. Auf dem trockengelegten Küstenstreifen lag Imelda Marcos' Augapfel und ganzer Stolz, ihr Kulturzentrum der Philippinen, zu dem Künstler, Opernsänger und Ballett-Truppen von Rang und Namen anreisten. Dahinter, auf der zum Land hin gerichteten Seite des Roxas Boulevards erstreckte sich eine Reihe von Hochhäusern mit internationalen Hotels, hier und da klaffte eine Lücke, wo ein Nachtclub oder ein Massagesalon niedergebrannt worden war. Einige sichere Kilometer entfernt landeinwärts waren die Ober- und Mittelschicht-Enklaven angelegt, die üppig ausgestatteten Villenvororte wie Forbes Park, Dasmariñas Village und Wack-Wack mit seinem Golfplatz, sowie das Makati Commercial Centre, ein Manhattan im Taschenformat. Dazwischen, mitten im wilden Durcheinander der Betonwellenbrecher des Küstenvorlands, in ausgebrannten Ruinen, sogar in Bäumen und Buschwerk hausten die Obdachlosen in Pappkartons und Plastikplanen, die Kleinkinder, schwarz vor Fliegen, wurden zum Schlafen auf das Pflaster gelegt, zwischen die Füße der Passanten. Selbst die Banker der Welt hatten den Glauben an diese Stadt verloren.

Ich erreiche diesen Ort mit einem Kopf noch voll von Stille und glitzernder Luft, von unbegrenzten Räumen, doch all dies wird sofort erstickt und gewaltsam ersetzt durch Menschenmengen und Kohlenmonoxyd. Manila muß man sich stellen. Es ist unmöglich, irgend etwas über die Philippinen zu schreiben, ohne sich an einem Punkt mit dieser außergewöhnlichen Stadt auseinanderzusetzen. Hier handelt es sich nicht um irgendeine konventionelle Höflichkeit, mit der ein Besucher der Hauptstadt seiner gastgebenden Nation Tribut zollt – weit gefehlt –, sondern es gibt zwei andere Gründe. Der eine ist, daß das meiste, was die Welt von den Philippinen weiß, sie via Manila erreicht; die Stadt vermittelt in hohem Grad das Bild von der Nation, und was das bedeutet, sollte man sich genau ansehen. Der zweite Grund ist die beinahe mythische Stellung, die Manila im Bewußtsein der Filipinos selbst einnimmt. Vielleicht ist das ein allgemeines Phänomen in jedem Land, in dem die Armut der ländlichen Gebiete die Menschen zentripetal zur wichtigsten Stadt treibt. Ohne Zweifel: wo immer man in den Provinzen hingeht, man bekommt stets das Gefühl, daß kaum jemand da bleiben möchte, wo er ist, sondern alle nur die Tage zählen, bis die passende Laune des Schicksals die Fahrt nach Manila bezahlt, ihm dort Unterkunft und Verpflegung gewährt, ihn durch ein bißchen *pakiusap* unterstützt, ihm einen Job bietet.

Manchmal kann man aus der Art, wie dieser Wunsch formuliert wird, schließen, daß Manila lediglich der notwendige erste Schritt zur Auswanderung ist. Bleibt auch Amerika das Gelobte Land für viele Filipinos, so bietet der Rest der industrialisierten Welt ebenfalls ein lohnenswertes Exil. Die Zeitungen sind voller Anzeigen von Agenturen und Schiebern, die Visa unter der Hand beschaffen, sich um den Papierkram, um Bestechungen und Formalitäten kümmern, die mit der Erlangung eines Passes einhergehen, oder die Bewerber für Auslandsjobs interviewen. Zu den traurigsten aller ständig sich wiederholenden Berichte in einer Nation voller Leidensgeschichten gehört die eines jungen Mannes draußen in der Provinz, der sich um einen Job als Arbeiter bei einer Baufirma in Saudi Arabien bewirbt. Die Agentur in Manila, die den Job vermittelt, lädt ihn mit einem Brief voller hoffnungsfroher, positiver Signale zu einem Vorstellungsgespräch ein. Alles, was der Bewerber zu tun hat, ist, sich zum angegebenen Ort und Zeitpunkt einzustellen und zwar mit einigen persönlichen Photos sowie einer Bewerbungsgebühr von einigen hundert Pesos, die seine Ernsthaftigkeit beweisen und die Bearbeitung der Papiere entgelten. Der junge Mann ist niedergeschlagen: eine solche Summe kann er nie aufbringen. Aber er veranstaltet eine Sammlung bei seiner Familie, seinen Freunden, seinem Gemeindepriester, bei allen und jedem. Er macht sich zum Bettler. Er kratzt sein Fahrgeld zusammen. Irgendwie bringt er es schließlich fertig, bei einem aus dem Boden gestampften Büro in Manila zu erscheinen, und wird mit dreißig, vierzig anderen gleich ihm begrüßt. Sie alle füllen Formulare aus, übergeben ihre Photos, übergeben ihre Gebühren und werden gebeten, um drei Uhr nachmittags wieder zurückzukommen.

Es ist nichts Ungewöhnliches, lakonische Zeitungsberichte über solche Männer zu lesen, die tot aufgefunden wurden und Selbstmordbriefe hinterließen (im Fall eines Analphabeten von einem Berufs-Schreiber verfaßt), die besagen, daß sie nicht nach Hause zurückkehren konnten, zu jenen Familien, jenen Freunden, jenem Gemeindepriester. Unmöglich, ihre ohnmächtige Wut und Scham zu beschreiben, als sie um drei Uhr wieder zurückkommen, die Tür verschlossen finden und niemand je von einer »Gulfcon Recruitment Enterprises Co.« gehört hat. Doch wie phlegmatisch sind die meisten Filipinos, außer den Verwandten des Verstorbenen, wenn sie so etwas hören. »O je...« Sie schnalzen ein-, zweimal, dasselbe Geräusch, das Engländer machen, um ihre Pferde anzutreiben, was hier aber Kummer bedeutet, dann lachen sie kurz. Das geschieht eben; so ist die Welt nun mal, voller Schwindler und Betrüger; man sollte auf der Hut sein; traue weder einem Polizisten noch dem Präsidenten, es sei denn, sie sind deine eigenen Familienmitglieder, dann sei doppelt vorsichtig.

Abgesehen von solchen Geschichten ist es für jeden wohlmeinenden Besucher eine ausnehmend traurige Angelegenheit, ein Land von so großer Schönheit und reich an Naturschätzen zu betrachten und festzustellen, daß die meisten seiner Bewohner anscheinend darauf versessen sind, es zu verlassen und sich als die Dienstboten der Welt zu verdingen, als ihre Babysitter, Kindermädchen, Köche, Chauffeure, Hausdiener, Arbeiter, Barmixer, Hotelpagen und Kellnerinnen. Er muß eine besondere Bedeutung haben, dieser nahezu romantische Traum, der zeitweilig fast über die reine Geldangelegenheit hinausgeht. *Der Drang nach Süden,* in das Land, wo die Zitronen blühen, den die deutschen Romantiker beschrieben haben, hat sein Gegenstück in den heutigen Philippinen im *Drang nach dem Ausland.* »Ausland« ist unter allen Umständen gut, weil es besser zahlt. Aber ein Hungerlohn in einer Londoner Wimpy Bar, obwohl er im Vergleich zu dem, was Sising in Kansulay verdient, großartig ist, scheint doch kaum ausreichend, um überzeugend begründen zu können, warum die nackte Tatsache, im Ausland zu sein, zu Hause mit Erfolg und Status verbunden ist. Es muß noch etwas anderes dabei mitschwingen, irgendein Traum vom Großgewinn im Lotto, von grenzenlosen Schätzen, damit der Mythos die Wirklichkeit weiterhin überlebt, die gnadenlose Ausbeutung, die Kälte, metaphorisch und buchstäblich, die den gewöhnlichen Kulturschock über die Grenze des Erträglichen hinaustreibt und erklärt, warum so viele Filipinos in Großbritannien in Nervenheilanstalten landen.

Indes bleibt Manila für die Ungelernten das Ziel, für die Brauchbareren eine Zwischenstation und für die mit Abschlüssen und Qualifikationen Gesegneten die Zahlkasse. Von den Emigranten gibt es wenige, die nicht davon träumen, eines Tages zurückzukehren, typischer- und sehnsüchtigerweise zu dem kleinen Teich ihrer ländlichen Herkunft, in dem ihr neuer Reichtum sie in der Tat zu sehr großen Fröschen werden läßt. (Der Neid! Die Bewunderung! Das köstliche Begleichen alter Rechnungen!) Von den Durchreisenden, die ähnliche Phantasien nähren, scheinen die meisten dazubleiben und nach einiger Zeit festzustellen, daß sie in die Kategorie der Ansässigen übergewechselt sind. Das scheint zuzutreffen, denn die Stadt wächst immer weiter.

Gemeinhin wird hervorgehoben, daß die meisten Europäer den Eindruck haben, Manila sei verwirrenderweise eine Stadt ohne Mitte. Der Zweite Weltkrieg sowie Wind und Wetter haben viel zerstört, und die alte regional-einheimische Architektur aus Holz und *nipa*-Dachbedeckung ist von Natur aus vergänglich. Die Stadt erscheint ihnen als formloses, unübersichtliches Durcheinander, reines zwanzigstes Jahrhundert, das sich an einer stinkenden Bucht entlangzieht. Einige Besucher sind besser informiert; in dem Fall ist es üblich wahrzunehmen, daß in der wuchernden Stadt eindeutig abgegrenzte Dörfer zu finden sind, immer noch in *barangays* organisiert genau wie in den Provinzen, aus denen viele der Bewohner erst vor kurzem eingetroffen sind. Diese Besucher haben vielleicht auch das eine oder andere Buch von Nick Joaquin gelesen, einem der bekanntesten zeitgenössischen Filipino-Autoren. Unter seiner Sammlung journalistischer Essays, viele davon unter seinem anagrammatischen *nom de plume* »Quijano de Manila« geschrieben, finden sich vereinzelt Passagen, in denen er voller Liebe und Nostalgie seine Stadt durchwandert und interessante Einzelheiten aus der Versenkung holt.

Mehr als jeder herkömmliche Reiseführer veranlaßt Quijano den Reisenden, sich an einer unbeachteten Ecke dieser tosenden Stadt hinzusetzen und vorsichtig die Fühler auszustrecken. Es sind eben nicht die Reiseführer-Sehenswürdigkeiten, die anrühren: nicht die alte spanische Festung von Intramuros im Stadtkern, nicht das Hotel, in dem General MacArthur eine Suite bewohnt hat, auch nicht das Nationalheiligtum auf dem Platz, wo 1896 Dr. José Rizal von den Spaniern hingerichtet wurde. Insbesondere die Sonnenuntergänge in der Bucht von Manila sind offensichtliche Fälschungen, die irgendein vulgärer Mensch mit Hilfe von Technicolor zustande gebracht hat. Da in Manila wenig von dem übriggeblieben ist, was ein Europäer als alt ansehen würde, wendet er sich an Quijano, um einen Blick auf das darunterliegende Palimpsest zu erhaschen. Da Gebäude und Denkmäler fehlen, muß er sich darauf stützen, die Stadt mit Hilfsmitteln wie dem Straßenverlauf nachzuzeichnen. Durch irgendeinen Glücksumstand existiert noch die elegante Hauptgeschäftsstraße der späten spanischen Epoche – Escolta – und hat sogar ihren ursprünglichen Namen behalten. Jetzt liegt sie am Rande von Chinatown, ein Sammelsurium von Uhrengeschäften und Restaurants. Aber ansonsten braucht man Quijano fast überall, um die Straßen einordnen zu können, deren Namen sich geändert haben und deren derzeitige unterschiedslose Verwahrlosung eine historische Individualität verbirgt. Calle Azcárraga zum Beispiel, die vor nur fünfundzwanzig Jahren in Claro M. Recto, nach einem verstorbenen nationalistischen Intellektuellen, umbenannt wurde. Den Teil, der am Tondo endet, beschreibt Quijano so:

> Heute haben die Divisoria, der Tutuban-Bahnhof und verschiedene Busdepots diesen Teil der Azcárraga in ein Babel verwandelt, und der Lärm, der Gestank und das Getümmel bilden den ersten Eindruck vom Leben in Manila für die Neuankömmlinge aus der Provinz.

Um Tutuban herum lag einmal ein *nipa*-Dorf. Hier wurde Bonifacio geboren; hier hielten die Katipuneros [die nationalistischen Revolutionäre] ihre ersten Treffen. Gerade jenseits von Tutuban, in der Nähe der Ecke Reina Regente, gab es einen *bibingka*-Stand, welcher in den zwanziger Jahren der berühmteste in der ganzen Stadt war. Die Renaults und Studebakers standen nachts vor dem bescheidenen Laden Schlange, in dem ein paar alte Frauen scheinbar Stunden brauchten, um eine vollendete *bibingka* herzustellen.

Dem Geschichtsbewußtsein eine vergnügliche Seite abzugewinnen, fällt in Manila schwer, und man zweifelt daran, daß selbst für so eingeschworene Manileños wie Quijano die *bibingkas* ganz dasselbe waren wie für Proust die *madeleines*. Vielleicht ist das Vergnügliche hier fehl am Platze, sogar irrelevant. Ganz sicher verweilt man auf der Brücke nahe der Post über dem tiefen, khakifarbenen Pasig und fühlt, wie der Beton unter dem ungeheuren Verkehrsstrom vibriert, für den sie zweifellos nicht vorgesehen war. Die Brühe darunter ist kaum Wasser zu nennen, obwohl es auf seiner umschwärmten und schillernden Oberfläche Laubbüschel trägt, eine Erinnerung an seinen Ursprung fern im Landesinnern. Hier hineingeworfen zu werden, würde sicherlich den sofortigen Tod bedeuten. Gewiß bleibt man da stehen, wenn auch nur, um darüber nachzusinnen, daß diese vergiftete Kloake genau der Fluß ist, von dem einige Etymologen *Tagalog* ableiten, den Namen, den Volksstamm, seine Sprache *(taga + ilog:* Bewohner am Fluß). Wenn er diese Stelle erreicht, ist er gerade an den Gärten des Malacañang Palasts vorbeigeflossen.

Ich erklärte zu Beginn dieses Buches, daß ich ursprünglich auf die Philippinen kam, weil sie einer der Orte in Südostasien waren, die ich zur Zeit des Vietnamkriegs nicht besucht hatte, obwohl sie bis zu einem gewissen Grad in den Krieg verwickelt waren. Folglich kann Manila in mir ganz stark die Zeit von vor nahezu zwanzig Jahren heraufbeschwören, nicht zuletzt, weil es in vieler Hinsicht so altmodisch ist. Die scheußliche Betonbauweise, die erbärmlichen Masten der elektrischen Oberleitungen, die Jeepneys, die so aussehen (was aber meistens nicht mehr der Fall ist) wie Jeeps aus dem Zweiten Weltkrieg mit neuer Karosserie, die Bier- und Nachtlokale, die Go-Go-Bars und der ganze Rest, sie alle erinnern an eine asiatische Nachschöpfung einer amerikanischen Garnisonstadt. Es ist weitgehend Post-*Süd-Pazifik*, einiges allerdings nur in Ansätzen. Es mag eine moderne, internationale Stadt sein, wie Reiseführer und offizielle Verlautbarungen sagen; es mag all die neuesten Probleme zeitgenössischer urbaner Tendenzen und Krisen aufweisen, wie soziologische Studien behaupten; doch mich überwältigen in Manila der Geruch und das Gefühl einer anderen Epoche. Bin ich in Manila, so bin ich auch – wenngleich nur ein bißchen – im Saigon oder Bangkok der Vergangenheit, eine Illusion, die durch die Militäruniformen im US-Stil verstärkt wird. Die Schuhputzer, der Schmutz, die Gewalt, die Schießereien, die Bettler, die Kinderprostitution, die »Hostessen«, die Taschendiebe sind gleich; der gelegentliche Bürstenschnitt auf asiatischen Köpfen verstärkt diesen Eindruck; die ausgebrannten Bars, Hotels und Massagesalons ähneln sich zu sehr.

Suche ich unbewußt danach und sehe deshalb das, wonach ich suche? Schlimmer noch, bin ich selbst von einer elenden Nostalgie besessen? Ich glaube nicht. Sicherlich bin ich erstaunt darüber, wie sich alles fortsetzt, geräuschvoll, lebhaft. Mich verwundern weniger die Tatsachen, von denen Besucher aus Übersee nichts wissen wollen. Ein Mensch, der abliest, was unter der Oberfläche liegt, und damit ein Verständnis für die Situation erst zuläßt, ist in ihren Augen eher ein Spielverderber. Es ist vergnüglicher und einfacher, Geld auszugeben, als Fragen zu stellen. Es ist noch zu früh nach der selbsternannten »People's Revolution« vom Februar 1986, um zu erkennen, ob Manila selbst seine abgeschmackte Rolle als Bordell des Ostens, gerade so, als müßte es immer noch den Truppen (die wunderbarerweise unsichtbar bleiben) in ihrer Freizeit dienen, aufgeben wird. Sehr wahrscheinlich ist tatsächlich eine Ära vergangen. Aber es ist relativ schwer vorstellbar, wie sich die ökonomischen Zwänge schnell wandeln könnten. Jemandem wie mir, für den diese Stadt so eigentümlich altmodisch bleibt, drängt sich der Gedanke auf, daß Manila am Ende nicht in irgendeiner kulturellen Zeitkapsel gefangen ist, sondern schlicht und einfach aus Mangel an der richtigen Art, das Geld auszugeben, stagniert. So wenig mysteriös ist das.

Ende der siebziger und Anfang der achtziger Jahre – während des Niedergangs der Marcos Dynastie – befand sich das Land, oberflächlich betrachtet, in einem Zustand stabiler Anarchie, der durch zweierlei herbeigeführt wurde: durch die Härten des Kriegsrechts und durch die unbeschränkte Freiheit von Staatsdienern, fast alles tun zu können, was ihnen beliebte. In diesem seltsamen politischen Übergangsstadium besaß Manila einige der berauschenden, wilden Endzeitqualitäten, die auch anderen berühmten Städten unter Diktatoren auf dem Höhepunkt ihres Niedergangs zugeschrieben wurden: Batistas Havanna, Faroukhs Kairo, sogar Mussolinis Salò. »O ja, ich erinnere mich noch an das damalige Manila«, werden die alten Hasen in dreißig Jahren ihren Erinnerungen nachhängen, der halb entrüstete Ton ihrer ursprünglichen Erzählungen hat dann längst einer abgeklärten, weltlichen Gesinnung Platz gemacht. »Mein Gott, das Land war so offen. Alles war erlaubt, wirklich alles und jedes. Vorausgesetzt natürlich, du hattest Geld. Aber du brauchtest nur sehr wenig. Ach ja, es konnte nicht so bleiben, und das ist auch ganz richtig so« (der beflissen verantwortungsvolle Bürger); »die Armut und die Übergriffe waren ekelhaft« (der obligatorische Menschenfreund). »Aber...« (Diese Wehmut, diese Wehmut).

Eine Stadt, ein ganzes Land verwandelt sich in solchen Momenten in Phantasialand, einen weit entlegenen Ort, dem der Rest der Welt seine ungezügelten Träume überstülpen kann. Dort in der Ferne winken barocke Formen des Lasters, Disney-Versatzstücke fremdartiger Gelüste, die auf großartige Weise gestillt werden, ein schimmernder Blick der Begierde. Es wäre ein sexbesessenes Las Vegas gewesen, hätte nicht Las Vegas selbst Gesetze; dieses Land, diese Stadt hatte für den zahlenden Ausländer keine. Wenn seine Aktivitäten schamlos waren, dann genau auf die Art, wie Phantasien, weil folgenlos, ohne Schamgefühl sind. Weder das Land noch seine Hauptstadt waren real für diejenigen, die hereinflogen, sich betranken, zurück ins Bewußtsein massiert wurden, ihre Samenkanäle in eine »Begleitung« entleerten und wieder abflogen. Später schüttelten sie den Kopf in reumütiger männlicher Komplizenschaft in den weniger hektischen Bars von Hong Kong, sagten nur »Bah!«, wenn sie verspätet entdeckten, daß sie eine goldene Krawattennadel verloren oder sich Gonorrhöe gefangen hatten.

Auch Manila oder Manileños waren nicht wirklich für die riesigen, blassen Päderasten – die deutschen, die englischen, die amerikanischen, die schwedischen, holländischen, australischen, französischen Päderasten –, die in den klimatisierten Einkaufszentren herumsaßen, während sich kleine Mädchen und Jungen in sehr neuen Jeans und Turnschuhen an ihren Tischen versammelten und soviel Essen wie möglich in sich hineinstopften, bevor die Rechnung verlangt wurde und ihr strahlender Gastgeber zur Abgeschlossenheit seines Zimmers im Hilton, Hyatt oder in einem gemieteten Appartement der Dakota Mansions davonschlenderte – je nach Laune einen, zwei oder drei von ihnen im Schlepptau. Das berüchtigtste dieser Einkaufzentren war Harrison Plaza, das später »niederbrannte« (Manileños versehen diese Redewendung mit ihren Anführungsstrichen, wann immer sie sich auf ein Gebäude beziehen, das wegen der Versicherungsprämie oder aus Blutrache dem Erdboden gleichgemacht wurde). Aus der Asche ist seitdem auf demselben Gelände und mit zumeist denselben Läden ein neues Harrison Plaza entstanden, aber dieser

Phönix ist sehr keimfrei und sterilisiert. Obwohl sich die Marcos' noch zwei oder drei Jahre hielten, behaupten interessierte Kreise, das alte Manila (ihr altes Manila) sei im Grunde mit dem ersten Harrison Plaza gestorben. Neben allem anderen ging auch eine gewisse Unschuld verloren. Ein neuer Schlag an Kindern sei nachgewachsen, sagen sie, hart, abgebrüht, gefährlich, vielleicht sogar mit AIDS. *Sayang.* So konnte es auf die Dauer nicht weitergehen.

Wie richtig ist diese Wahrnehmung. Teil des Vergnügens an Phantasien liegt in dem Wissen, daß sie außerhalb der Zeit existieren, Un-Zeit in einer Un-Welt, erkauft gegen die immer weiter nachdrängende Wirklichkeit. Diese Besucher hatten etwas Hastiges an sich wie das sprichwörtliche Kind, dem im Süßwarenladen freie Hand gelassen wird. Wenn ihrem Verhalten in der Öffentlichkeit auch eine gewisse Unschuld anhaftete, lag das daran, daß ganz offensichtlich jedes Schuldbewußtsein fehlte. Natürlich waren sie keine Unmenschen: Sie halfen dem Kind ökonomisch ... Jedenfalls hatte das Kind kein wirkliches, eigenständiges Sein, sondern es war Teil einer Phantasie, die bereits älter war als es selbst. Während die heterosexuellen Touristen mit ihren Handtaschen und Kameras durch das Harrison Plaza bummelten und Empörung und eine gewissenhafte Kultiviertheit bekundeten beim Anblick dieser Männer, wahrscheinlich ihre eigenen Landsleute, die da die Kinder streichelten, betätschelten und mit ihnen liebäugelten – Kinder, die oft nicht älter als zehn aussahen (und oft nicht älter waren) –, schienen die Phantasten es nicht einmal nötig zu haben, Selbstvergessenheit vorzutäuschen. Das hatten sie alles zurückgelassen, als sie die letzten Polizeikontrollen auf Schiphol, Heathrow und Frankfurt passierten. Die Störche der KLM, BA und Lufthansa hatten sie sicher aus allen gesetzlichen Klauen getragen und wie neugeborene Babys in dem sonnigen Land ihrer wilderen Träume abgeliefert. Alles andere nahmen sie nicht wahr. Es waren nur die ernsten Heteropärchen aus Iowa und Darwin mit ihrem Sonnenöl, ihrer Rechtschaffenheit und ihren Hongkong Nikons, die so auffällig nicht »neu geboren« waren, die sie entsetzt und naserümpfend beäugten.

Um auch nicht einen Augenblick ihrer vierzehn Tage oder drei Wochen zu verschwenden, brachten diese Männer gewöhnlich Exemplare von maschinengeschriebenen Heften mit, typischerweise in Amsterdam veröffentlicht und mit Titeln wie *The Boy-Lover's Guide to Asia*. Diese Broschüren waren auch Teil der Phantasien, ihre Verhaltensvorschriften und ihre Ratschläge ohne jede Ironie. Vieles ließ sich zwischen den schwach gedruckten Zeilen lesen. Auf ihre Art taten sie ihr Mögliches, um die Kluft zwischen den Kulturen unüberbrückbar zu machen, die Phantasien aufrechtzuerhalten und sicherzustellen, daß ein Objekt niemals ein Subjekt wurde:

> Der Filipino Junge ist ein einziges Lächeln und voller Zuneigung. Einfach, warmherzig und darauf bedacht, Sie zufriedenzustellen, werden Sie ihn als hochgradig loyal erfahren. Aber fürchten Sie nicht, daß Sie sein Herz brechen, wenn Sie das nächste Mal seinen Freund vorziehen. Er wird auch dann glücklich sein.

Kein Wort über die allgemeine asiatische Konvention, bei der Lächeln und Lachen oft Verlegenheit und Beunruhigung verbergen sollen, sondern nur die verführerische Sündhaftigkeit des Süßwarenladens. Auch nicht viel darüber, was darauf hinwiese, daß hochgradige Loyalität etwas mit ökonomischen Zwängen zu tun haben könnte, mit einer auf Unterstützung angewiesenen Familie. Mark Cousins postulierte einmal einen imaginären, witzigeren und ironischeren Bosie, indem er »die Liebe, die ihren Preis nicht zu nennen wagt« vorschlug. *The Boy-Lover's Guide* war weniger zurückhaltend:

> Seit unbedenklichen Zeiten ist der gängige Preis für einen Jungen fünfundzwanzig Pesos [damals ungefähr drei US Dollar], und wir möchten Sie nur bitten, nicht darüber hinauszugehen. Für den Jungen ist das viel Geld,

selbst wenn es für Sie nicht viel ist. Außerdem würden die Preise steigen, wenn Sie den Betrag erhöhten, und Sie würden den Markt für diejenigen verderben, die nach Ihnen kommen. Wenn Sie eine spezielle Vorliebe für einen Jungen haben, ist es besser, ihm neue Jeans oder Schuhe zu kaufen. Ein T-Shirt ist für ihn eine tolle Sache.

Ist da etwas Besonderes um Schuhe in der Bildersprache rassistischer Verachtung? Man wurde plötzlich an den unsterblichen Ausspruch von US Landwirtschaftsminister Earl Butz erinnert, der 1976 zum Rücktritt gezwungen wurde, weil er meinte, »das einzige, wonach Farbige im Leben trachten, sind eine enge Möse, weite Schuhe und ein warmer Platz zum Scheißen«. Jedenfalls wurde dem geneigten Leser, der seinen *calamansi*-Saft im VIPs trank und das Geschehen draußen beäugte, nichts über die, oft bewaffneten, Männer gesagt, die ihren Anteil an den fünfundzwanzig Pesos der Jungen nahmen. Auch erfuhr er nichts über die Straßenbanden, die letztlich Manila – ja selbst Harrison Plaza – unter Kontrolle hatten (und noch haben), deren Tätowierungen auf der Schulter oder dem Hintern des Jungen er später vielleicht mit einer scherzhaften Bemerkung streichelte, was das Kind dazu veranlaßte vorzugeben, sein Bruder habe sie aus Spaß gemacht. »Der Kinderfreund« ist durchaus nicht in der Lage, die blauen Buchstaben SSC oder den Pumakopf als Erkennungszeichen des Sigue-Sigue Commandos auszumachen; auch nicht das UFO-Zeichen, das für die Sputnik Bande steht; auch nicht den bärtigen, gehörnten Tatarenkopf, der Bahala Na Bande zugehörig, der berüchtigten »Selbstmord«-Bande, bei deren Straßenkämpfen ein halbes Dutzend tot zurückbleiben konnte. Auch konnte er aus OXO kein Bandenzeichen herauslesen und BCJ nicht als Batang City Jail identifizieren, das jedem Kind zu jeder Tages- und Nachtzeit drohte (und immer noch droht), wenn es auf der Straße von einem Polizisten in Geldnöten aufgegriffen wurde und offensichtlich nicht der Mittelschicht angehörte. Einmal ins

Gefängnis gebracht, steht es jedem Kind frei – tatsächlich wird es dazu gedrängt –, eine Mitteilung an die nächsten Angehörigen, Freunde oder an entfernte Bekannte zu schicken und sie zu bitten, fünfzig oder hundert Pesos aufzutreiben, um seine Entlassung zu erkaufen. Die nicht schreiben können, finden einen Gefängniswärter oder ein Bandenmitglied als Schreiber (natürlich für einen Anteil). Viele Jungen und Mädchen können sich in einigen Tagen loskaufen. Andere haben weniger Glück und müssen etwas länger mit Asseln, Toiletteneimern und Gewalt fertig werden, ganz zu schweigen vom Diebstahl des neuen T-Shirts, der Jeans oder der Schuhe.

Die tödliche Ergebenheit der Mitglieder ihrer Bande gegenüber, die tödlichen Rivalitäten zwischen den Banden untereinander, sowie zwischen ihnen und der Polizei, der Slum als Dorf und Kampfplatz, beherrscht von abstrusen Schwüren, Ehrenkodices und Verpflichtungen – das alles ist natürlich Teil der Stadt, die jenem Manila zugrunde liegt, das die Touristen sehen. Genauso werden die alten Straßen, die Nick Joaquin würdigt, unter neuem Namen und zeitgenössischem Beton versteckt, die jetzt in einem solchen Ausmaß verlorengegangen sind, daß sie praktisch wie Trune ein Reich in der Vorstellungswelt bilden. Das Manila, das Phantasialand für die Filipinos aus den ländlichen Gebieten, die ihrem Glück nachjagen, ist eine andere Stadt als die, in der Touristen ihr Phantasialand sehen; aber gelegentlich überschneiden sich die beiden und werden von beiden Seiten als ein Kampfplatz erkannt. Phantasialänder und Kampfplätze haben viel miteinander gemein, abgesehen von dem Vermischen von Blut und Leidenschaft, Eros und Thanatos, Der Feind und Der Geliebte und all den anderen berühmten Paarungen. Nur weil sie entpersönlichen, ist das Ganze möglich. Folglich: Das Schlitzauge wird ermordet, und Der Junge wird bezahlt; irgendwo in der Mitte, auf diesem im Schatten liegenden grauen Terrain, das solche Wirtschaftsebenen sowohl trennt wie verbindet, treiben zwielichtige *mafiosi* ihre Geschäfte. Für bestimmte Kategorien von Außenstehenden ist es wichtig, daß ein Land und seine Leute pure Einbildung bleiben und nur in den auf sie zugeschnittenen Rollen Wirklichkeit erlangen: *Hostess, Call-Boy, Barmixer, Hotelpage, Kellnerin, Bauer.* Das ist schließlich das Wesen des Tourismus.

Heutzutage gibt es in Manila tatsächlich eine eigenartige Seilschaft, zumeist Ausländer oder vom alten Manila Übriggebliebene, die in den Zeitungen als »Malate Mafia« bezeichnet werden. Malate ist speziell das Gebiet um den Ermita Touristengürtel herum, in dem unter anderem auch das Harrison Plaza liegt. Charakterisierend für die Leute der Malate Mafia sei, daß sie ihren Wohnsitz hierher verlegt haben und jetzt weitgehend die verschiedenen Branchen wie Kinderprostitution und Drogen kontrollieren und zur Hauptzielscheibe des Post-Marcos Reformeifers geworden sind. Führende Katholiken und selbsternannte engagierte Bürger empören sich öffentlich über sie, auf ihre Macht (ökonomisch? Vetternwirtschaft?) wird häufig angespielt, wenn es um den Grund geht, warum es so schwierig erscheint, ihre Auflösung durchzusetzen. Ob sie protektioniert werden und von wem, ist unklar. Klarer ist, daß sie kaum so unmoralisch sein können wie die Armut, die ihr Überleben sichert.

Manila bleibt der Busen, aus dem die Welt die meisten ihrer Informationen über die Philippinen saugt. Vielleicht ist das zwangsläufig so. Diese Tatsache hat bestimmte Folgen für die Genauigkeit, mit der dieses Land wahrgenommen wird. Das machte sich insbesondere während der berühmten Snap Election, jener kurzfristig anberaumten Wahl, vom Februar 1986 bemerkbar, welche das Ende der zwanzig Jahre Marcos-Dynastie besiegelte.

Ich war zu der Zeit nicht in Manila. Ich war noch nicht einmal auf den Philippinen, sondern oben auf einem Berg in der Toskana, abwechselnd besorgt und erleichtert, als der BBC

World Service die Nachrichten sendete über die Menschenmengen, die sich den Panzern entgegenstellten, und über die
Panzer, die nicht schossen. Eine Woche oder mehr stand bei
jeder Nachrichtensendung das Neueste von Manila an erster
Stelle, die Korrespondenten reichten ihre Berichte pflichtgemäß und umfangreich ein, und am Ende jener Woche hatte
ich den seltsamen Eindruck, daß ich Beschreibungen eines
Landes zu hören bekam, das ich nie besucht, geschweige
denn, in dem ich je gelebt hatte. Die Begriffe waren natürlich
durchaus vertraut: Die Regierung, Das Volk, Die Opposition, Die Streitkräfte, Die Polizei, Die Kirche, Die Behörden
(wie die Briten insbesondere dieses Wort lieben!). Aber Der
Staat, den sie beschrieben, war irgendwie nicht zu erkennen,
und je mehr man den Journalisten zuhörte, wie sie ihre eigenen Beschreibungen bekräftigten, desto klarer wußte man,
daß es so bleiben würde.

Vielleicht war es nicht der Fehler der Journalisten. Auf der
Welt herumgescheucht zu werden, von einer nachrichten-
werten Krise zur nächsten, ist dem Wissen selten förderlich.
Es fällt schwer, übermäßig Respekt vor der Meinung eines
»Südostasien-Korrespondenten« zu haben, aus demselben
Grund, der uns einem südkoreanischen Zeitungsmann miß-
trauen läßt, dessen Bereich »Europa« ist. Großbritannien
wäre dann lediglich eines der vielen Länder, die in sein Spezi-
algebiet fielen. Ungeachtet dessen, wieviele Monate er eifrig
in der Bibliothek von Seoul zugebracht hat, wir bezweifeln zu
Recht, daß er viel über Großbritannien weiß, wenn er immer
nur wenige Monate dort gelebt hat, einschließlich der obligatorischen paar Tage in Nordirland mit Teilen der IRA. Wir
wären wahrscheinlich noch skeptischer, wenn er sich völlig auf Dolmetscher und Führer verlassen müßte. Hatte er
mit Kleinbauern in den Yorkshire-Hügeln gelebt? War er mit
den Sorgen und Nöten der Pendler am Samstagabend im Pub
in Westerham oder auf dem Hog's Back vertraut? Konnte er
wirklich die Feinheiten verschiedener Kompromisse ermes-

sen, die eine Million Familien machen, die tief in der Falle der Verschuldung saßen? Insbesondere: verstand er tatsächlich die dahinterliegende Politik?

Doch die Philippinen waren vielleicht der einzige Ort im Fernen Osten, an dem viele westliche Journalisten offensichtlich nicht den unmittelbaren Druck verspürten, zusätzliche Hausaufgaben zu leisten. Genug, den alten geübten Blick ein paar Wochen von – aus den lautersten beruflichen Gründen – dem großen Hotel aus darauf zu werfen; man sollte urban, amüsant und lesbar sein, sowie zwischendurch ein paar Tage NPA-im-Landesinnern absolvieren und das alte humanistische Banner über den Slums von Tondo hissen. Alle machten sie es. Um fair zu sein: Wie auch sonst? Das ist Journalismus. War das hier nicht ein quasi amerikanischer Satellit? Haufenweise Spezialisten, um sie kurz ins Bild zu setzen. Abgesehen von allem anderen hatten sie bereits einen vertrauten Freund ausfindig gemacht, eine Polarität, die sie erkannten: Der Korrupte Diktator versus Das Geknechtete Volk. Ihre Schreibmaschinen und Modems waren in der Tat noch warm von derselben Geschichte, die sich nur wenige Tage zuvor in Haiti zugetragen hatte.

Unter den Gründen, warum Journalisten diese neue Aufgabe vergleichsweise leicht nahmen, waren Religion und Sprache. Nach offiziellen Verlautbarungen sind 90 % der Bevölkerung in den Philippinen Christen, und 100 % sprechen Englisch. Als eine ex-spanische, ex-amerikanische Kolonie muß die Kultur, so die Annahme, einigermaßen zugänglich sein. Gleich Hongkong ist es »ehrenhalber« ein Teil des Westens, anders als Hongkong hat es nicht jenen Aspekt einer chinesischen Mehrheit, hinter deren Drachen und komplexen Schriftzeichen, außer für die großen Experten, so viel verborgen bleibt. Im Gegensatz dazu müssen die Philippinen *verständlich* sein.

Gerade diese Zugänglichkeit schafft eine eigenartige Barriere. Da der Westen darauf besteht, der Welt einen linguisti-

schen Spiegel vorzuhalten und sein eigenes, mit Mängeln be-
haftetes Spiegelbild darin entdeckt, ist diese Barriere schwer
wahrzunehmen, geschweige denn zu überschreiten, besonders wenn über die beiden Themen, Religion und Sprache,
gesprochen wird. Die philippinische Version des Christen-
tums ist oftmals eine frömmelnd pompöse Form des Katho-
lizismus, voll von sorgfältig aufbereitetem Aberglauben und,
in der Osterzeit, Kreuzigungen. Es ist damit eine altmodische
Variante, die vielen weltlichen Europäern bedeutend fremder
vorkommt als Buddhismus. Für sie hat es einen mittelalter-
lichen Anstrich, wenn sie von den frommen Armen hören,
die noch weiter verarmen, um eine Handvoll unechter Perlen zu kaufen, die sie auf einen steifen kleinen Chormantel
einer grob geschnitzten Plastik von Santo Niño oder Unserer
Lieben Frau von *Biglang-Awa* (Unvermittelte Barmherzig-
keit) aufnähen. Ähnlich wirken auf sie die Zeitungsbilder der
Karfreitagabend-Ausgaben, in denen ein frommer Zimmermann aus Tondo drei Stunden ans Kreuz genagelt hängt, das
er selbst liebevoll hergestellt hat, oder ein Bürgermeister aus
der Provinz reumütig seinem Gott dankt, daß ein Mordver-
such fehlgeschlagen ist (die Kugel traf seinen Rosenkranz),
indem er mit auf den nackten Rücken geschnallten Nagel-
brettern drei Kilometer weit auf Knien kriecht. Es klingt
allzusehr nach den Geißelungen während der Karwoche in
Spanien: bluttriefend, dunkel, hysterisch. Es ist sicher sehr
un-zwanzigstes Jahrhundert.

Wenn genau dieselben weltlichen Europäer zufällig am Karfreitag durch Kansulay kämen, könnten sie Tatang Naldo sehen, wie er seine Kräfte mißt, die traditionsgemäß dann auf
einem Höhepunkt sein sollten. An diesem Tag ißt er Glas und
verschlingt Superwheel-Riegel, außerdem (so wird mir unzu-
verlässig versichert) brät er Eier auf der Vorderseite seines
T-Shirts. »Demonyo«, sagen die Leute von Kansulay respekt-
voll. Mit diesem Phänomen eng verbunden – in Tausenden
von Landkreisen in den Philippinen, landauf, landab – ist ein

Vorfall, von dem in den Zeitungen der Karwoche 1986 berichtet wird. Ein nicht diensthabender Polizist in Manila bot an, Glücksbringer zu testen, indem er sie mit einem M-16 Gewehr auf einem unbebauten Grundstück beschoß. Der Höhepunkt der Geschichte war nicht eigentlich, daß ein Kind von einer abgeprallten Kugel getötet wurde, sondern daß die Mehrzahl der *anting-antings* versagte und einer .223er Kugel mit einer Geschwindigkeit von 300 m/sec nicht standgehalten hatte. Sie waren offensichtlich gefälschte Glücksbringer und ihre Träger bedauernswerte Betrogene. Zwei Amulette blieben offensichtlich unversehrt, vermutlich kamen sie den Behauptungen ihrer Besitzer nach, daß sie alle Waffen abwehren konnten. Was ein Polizist, der nicht im Dienst ist, mit einem automatischen Gewehr und einem Vorrat an Munition überhaupt auf einem Grundstück im Slum zu suchen hatte, wurde nicht klar. Es war Karfreitag und nicht der Tag, um solche Fragen zu stellen.

Auch da, wo es um die Sprache geht, ist der Anspruch der Philippinen, die drittgrößte englischsprachige Nation der Welt zu sein, äußerst täuschend, aber der Besucher in Manila wird vielleicht weder Zeit und wohl auch keinen Grund haben, dies anzuzweifeln. Amerikanisches Englisch ist weitgehend die Sprache der gebildeten Mittelschicht, der Eliten, in Regierung, Wirtschaft und Verwaltung. Die meisten seriösen Zeitungen der Hauptstadt sind in Englisch, die größeren Rundfunkanstalten funktionieren nach amerikanischem Muster. Da es als Sprache der Elite betrachtet wird, strebt man danach, Englisch zu sprechen, oder täuscht es vor, so daß ein Filipino den Eindruck vermitteln kann, er verstünde weit mehr, als tatsächlich der Fall ist.

Die offizielle Sprache der Philippinen ist Pilipino, das im wesentlichen Tagalog mit Lehnwörter aus anderen Dialekten ist. Tagalog ist die Ursprache des Volkes, welches sich im Luzon Gebiet, in dem Manila liegt, angesiedelt hat. 1936 wurde es für die ganze Nation als Basis des Pilipino angenommen und zwar gegen die energischen, rivalisierenden Ansprüche anderer großer linguistischer Gruppen, besonders derer aus den Visayas. Das heutige Pilipino wird manchmal verächtlich als fossile Sprache bezeichnet, deren Reinheit – wie die des Französischen – von einer Akademie aufrechterhalten werden muß. Kritiker wie Nick Joaquin machen einen Unterschied zwischen ihr und *Filipino,* das als Umgangssprache ihrer Meinung nach für die halbe Bevölkerung die Muttersprache ist und von der anderen Hälfte als *lingua franca* benutzt wird: ein bewegliches, lebensvolles Pilipino, voll von *Argot,* entlehnten Wörtern und einfallsreichen Wendungen.

Das also ist der nationalistische Gesichtspunkt. Was das amerikanische Englisch angeht, das oft schon als Kleinkind durch die Redewendungen der Mütter gelernt wird und weniger eine wirkliche, linguistische Geläufigkeit hat, so wird ein zweckdienlicher täglicher Kompromiß mit »Taglish« eingegangen, einer natürlichen hybriden Form, die von Rundfunksprechern, Regierungsbeamten und allen, die sich gern als gebildet betrachten, benutzt wird. Im Tagalog liegt das umgangssprachliche und Verständigungs-Element, im Englischen das Prestige. In seiner schlimmsten Variante ist Taglish lediglich Pidgin-Filipino und Pidgin-Amerikanisch, wie sich an diesem Auszug aus einer Besprechung in der Zeitschrift *Babae* (Woman) zeigt:

> Erwartet wurde na eine farbenprächtige ang Vorstellung der Preisträger nang gabing iyon dahil sa emcee pa lang na sina Nova Villa bei Rowell Santiago, erwartet wurde na etwas, um der ang jährlichen Sining-Himig Preisverleihung beizuwohnen na ito.
>
> Nennen Sie es »palpak« oder Problem ng mga Menschen hinter den Kulissen, unang ungelösten Problema ang Skript ng zeigen na hindi mabasa-basa nina Nova bei Rowell dahil kahit malinis ang pagkakamakinilya nito, na-entstellten ang Skript sa sari-saring Einfügungen bei pagtu-Verdrehungen ng Anzahl ng mga Preisverlei-

her bei den Preisträgern. Kapagawan naman ito ni Greg Ritual na Vorsitzende für die Preise ng BAMCI.

Der Hauptzweck dieses geistlosen Zeugs ist nicht so sehr, Informationen zu übermitteln, sondern der Leserin das Gefühl zu geben, sie sei »where it's at« – sie sei »in« – (eine weitere beliebte Taglish Redewendung). Auf der anderen Seite kann bestes Taglish eine ungezwungene Vertrautheit im Umgang mit beiden Sprachen zeigen, die sich oftmals in Wortspielen ausdrückt, zweifellos ein Markenzeichen von in sich ruhenden und zivilisierten Menschen. Bei einer Demonstration im Vorfeld der Februar-Wahlen stand auf einem Spruchband: *Kailangan Bigas Hindi Teargas* (Wir brauchen Reis, nicht Tränengas), ein Satz, dessen Schlagkraft in nur einer Sprache verlorengegangen wäre. Was »na-mangle« und »pagtu-twists« in dem obigen Auszug angeht, werden Kenner der Etymologie ihre Freude an solchen Deklinationen über die Sprachgrenzen hinweg haben, zum Beispiel auch an dem Schild *Bawal Umistamby,* das »Aufenthalt Verboten« bedeutet (eine Ableitung von der englischen Redewendung »to be on stand-by«/ »sich in Bereitschaft halten«). Wenn wir uns vor dreißig Jahren mühsam und mit Schmerzen vom Rugbyfeld schleppten, haben wir gesagt »Je suis utterly knackeré« (ich bin völlig ausgeknocked) oder »Shaggé, cést moi« (ich bin ausgepowered).

Eines der erfreulichen Dinge, die ich bei meiner Rückkehr nach Manila einen Monat nach der Wahl erfuhr, war, daß während dieser angespannten Woche viele der Radioanstalten der Hauptstadt ins Filipino verfielen. Es war, als ob bei einer wirklichen Krise alle Anmaßung der dringenden Notwendigkeit wiche, völlig verstanden zu werden. Auf die Art gab Manila auch zu, daß der Rest der Nation, der das Ganze vielleicht belauschte, möglicherweise echte Probleme haben könnte, Englisch zu verstehen.

Aber zu der Zeit, als die Journalisten der Welt ihre Berichte ablieferten, kam »Manila« ihnen gerade recht, um als Kürzel für »die Philippinen« zu dienen, ebenso wie sie ihre eigenen vertrauten Bezeichnungen für Gebilde nahmen, die denen daheim nicht glichen. Es wurde offensichtlich, daß die Philippinen in dem Augenblick am wenigsten mit einem westlichen Land gemein hatten, wenn sie von westlichen Journalisten beschrieben wurden – das erklärt, warum ich mich im entfernten Italien verwirrt fühlte. Denn wenn ein Brite Worte hört wie »Die Regierung«, »Die Armee« und – vor allem – »Die Behörden«, so weiß er innerlich, daß damit die rechtmäßigen, in der Verfassung verankerten, ordnungsgemäßen, unparteilichen Instanzen in Großbritannien gemeint sind. Er überträgt das auf ein fremdes Land und nimmt an, daß auch dort die Erlasse Der Regierung landauf, landab bekannt sind; daß Die Streitkräfte Der Krone gegenüber für ihr Verhalten verantwortlich und ihr unverbrüchlich ergeben sind; daß sie wiederum unterstützt werden und man ihnen gehorcht. So ähnlich glaubt der Brite auch, daß grundlegende Dienstleistungen und Pflichten bei der öffentlichen Hand liegen und daß ihre Umsetzung einheitlich sein wird. Ausgenommen in Katastrophenfällen kommt Wasser immer aus der Leitung, die Elektrizität funktioniert immer, Postbeamte rauben im allgemeinen nichts aus den Sendungen oder nehmen ungestempelte Briefmarken von den Briefumschlägen, um sie zugunsten ihrer eigenen Tasche weiter zu verkaufen, auch gehen Finanzbeamte nicht von Tür zu Tür, holen sich die Einkommensteuer in bar und begleichen damit ihre Spielschulden. In dem Zusammenhang: Finanzbeamte sind genauso selten unecht, wie es unechte Polizisten gibt.

Ich bin nicht absichtlich dickfellig. Natürlich modifizieren Journalisten Begriffe, sprechen von »Teilen der Armee« (eine sehr unbritische Vorstellung) und »der Marcos Regierung«, und natürlich wissen intelligente Briten ganz genau, daß man im Ausland Dinge anders handhabt, besonders in den anarchischeren Regionen der Welt. Unseligerweise bleibt das Vokabular dasselbe, und es kann gar nicht anders, als falsche

Signale zu setzen. Schon der Gebrauch solcher Wörter wie »Regierung« und die »Behörden« schürt die Erwartung, etwas Vertrautes zu hören, unbeschadet dessen, wie verzerrt es auch zeitweise geworden sein mag. Dadurch kann innerlich ein Bruch entstehen, ein kurzer Augenblick völligen Unverständnisses, beispielsweise wenn der BBC-Hörer in London erfährt, daß »sich ein Sprecher der philippinischen Armee freut bekanntzugeben, daß es wahrscheinlich lediglich 133 Privatarmeen in den Philippinen gibt«. Plötzlich befindet er sich auf unbekanntem Terrain; hier ist irgendwo ein Widerspruch, etwas, worüber man ihn nicht informiert hat. Auf wen bezieht sich dann die Bezeichnung »Die Behörden«?

In zunehmender Verunsicherung und in Skepsis beginnt er schließlich, sich der Wellenlänge des Filipino anzunähern, der sich genau diese Frage jahraus, jahrein stellt, je nach den lokalen und nationalen Umständen. Schußwechsel zwischen rivalisierenden Gruppen der Polizei sind keine Seltenheit in der Hauptstadt des Landes, auch zwischen tatsächlichen und vermeintlichen Polizisten, zwischen guten Polizisten und schlechten Polizisten, zwischen denen, die abkassieren, und denen, die ihren Anteil wollen. Armee-Einheiten liefern sich gegenseitig Feuergefechte wegen Kompetenzstreitigkeiten, geheimer Verschwörungen, wegen Lehngütern, die sie sich widerrechtlich angeeignet haben. Provinzgouverneure und Bürgermeister betreiben Schiebereien, haben private Todesschwadrone und gedungene Totschläger; sie halten Sklaven, schöpfen Entwicklungsgelder ab. Kurz, es gibt keinen einzigen Erlaß von Den Behörden, der unfehlbar, landauf, landab, in den Philippinen greift (der Archipel ist praktischerweise in der Größe mit den Britischen Inseln vergleichbar).

Es fällt Leuten aus den Demokratien des industrialisierten Westens schwer, sich daran zu erinnern, daß ihre Länder auch einmal vor gar nicht langer Zeit solche Phänomene aufwiesen. Überraschenderweise bleibt das schwierig, selbst wenn es zu Hause Skandale größeren Ausmaßes gibt, die ins Gedächtnis rufen, daß die Anarchie, die sie so leicht im Ausland feststellen, nirgendwo je weit von der Oberfläche entfernt ist. Selbst in einem europäischen Land wie Großbritannien, das in gewisser Hinsicht – das wäre zu erörtern – ein Zuviel an Regierung hat, gab es Skandale: Korruption bei Prominenten der Provinz (Poulson), bei Kabinettministern (Stonehouse, Maudling), bei Londons unbestechlicher Polizei (das Auffliegen des großen Porno-Rings Anfang der siebziger Jahre).

Aber vielleicht ist es besonders schwer, sich ein Land vorzustellen, wo es so wenig Verbindung zwischen den Regierenden in der Hauptstadt und den Leuten in der Provinz gibt. Es wurde bereits darauf hingewiesen, daß klar erkennbare, ländliche Elemente selbst in der Metropole Manila hinter den geweißten Hohlblockmauern existieren können, hinter jenen Mauern, die errichtet wurden, um die Slums vor dem Blick der Touristen abzuschirmen, während Dorfleben seit undenklichen Zeiten praktisch an der Stadtgrenze anfängt, wenn nicht im Erscheinungsbild, so zumindest was die Einstellung betrifft. Von den Provinzen ist die Hauptstadt unendlich weit entfernt. Was in Manila geschieht, hat fast keinen Einfluß darauf, wie das wirkliche Leben geführt wird. Marcosse kommen und gehen, und die Manileño Mittelschicht kann ihren Aufstand als »Revolution des Volkes« beschreiben, aber in der wirklichen Welt sind die Menschen damit beschäftigt, Reis zu pflanzen und Fische zu fangen; die Mango-Zeit kommt, und unter den Kokospalmen finden improvisierte Partys statt. Nachrichten von Ereignissen außerhalb sickern kaum durch.

Draußen im Land bleiben die alten Fertigkeiten unvergessen. Welches Unglück kann den Menschen widerfahren, die durchkommen – selbst ohne Streichhölzer? Die sich auf ihr eigenes Können verlassen und aufeinander, niemals aber auf eine ferne Regierung, die sie selten mit irgend etwas Gutem aufgesucht hat, aber oft mit korrupten Bürgermeistern, mit raubenden und mordenden Truppen? Wenn es eine nationale

Sorglosigkeit über das Morgen gibt... *bahala na...*, dann muß das zumindest teilweise daran liegen, daß selbst recht urbanisierte Filipinos immer noch nahe genug an ihrer ländlichen Herkunft sind, um zu fühlen, daß sie als letzten Ausweg immer zurück in die Provinzen gehen und sich selbst ernähren können. Die Straßen von Manila sind voll junger Leute – unter ihnen jetzt Totoy Matias –, die nur Monate entfernt sind von einem Leben, in dem sie auf Palmen kletterten und Reisfelder pflügten. In einer verheerenden wirtschaftlichen Krise könnten sie durchaus die Hauptstadt und ihre Regierenden verlassen, ebenso wie sie sich im Augenblick der Verfassungskrise von einer fremden Sprache abgekehrt haben.

Wenn man dies alles weiß, was soll man mit solchen Redewendungen anfangen wie: »Der Wille des Volkes« oder »Nationalgefühl« oder selbst »Das Empfinden des Volkes«, wenn sie, wie das geschehen ist, von westlichen Journalisten für ein Land wie dieses gebraucht werden? In Großbritannien, einem Staat, der mit sich selbst verbunden ist und zwar durch Fernsehen, das beinahe alle sehen, durch Zeitungen, die Millionen lesen, der mit Meinungsumfragen überschwemmt wird, mit Programmen, in die sich Zuhörer per Telephon einschalten können, mit Protestmärschen und all den demokratischen Möglichkeiten, die sicherstellen, daß es tatsächlich so etwas gibt wie eine mehrheitliche nationale Meinung über beinahe alles, in einem solchen Staat bedeuten derartige Redewendungen etwas. Aber wie soll Konsens in einer Nation erreicht werden, die durch achtzig größere Dialekt- und elf Hauptsprachgruppen gespalten ist, die durch kein verläßliches Telephonnetz verbunden wird, wo das Reisen mühsam und oft gefährlich ist? Eine Nation, die gemessen an Prozentzahlen wenig anderes liest als Comics, wenn überhaupt, und aus purer Macht der Gewohnheit ihrer eigenen Presse mißtraut? Loyal ist man der Familie gegenüber, der *barkada,* der Bande, der Gemeinde, der ethnischen Gruppe. Diese sind unbrauchbar, um verläßlich Schlüsse auf so etwas Kohärentes wie »Den

Willen des Volkes« zu ziehen. In diesem Kontext bedeutet eine solche Redewendung nichts, deswegen erkannte ich das Land nicht, auf das sie angewandt werden sollte, als ich die Nachrichten in Italien hörte.

Was war es denn, dieses Land, das zufälligerweise denselben Namen trug? Es war mehr oder weniger eine Erfindung jener westlichen Journalisten, die, abwechselnd hochnäsig und ernst, eine weitere ihrer homogenisierten Dritte-Welt-Nationen für die Lektüre am Frühstückstisch schufen. In beinahe vollständiger historischer, politischer und kultureller Ignoranz des Landes, das sie beschreiben, verließen sie sich weitgehend und unbewußt auf die amerikanische Version. Niemanden wundert das; alle sollten zutiefst schockiert sein. Es ist erstaunlich, daß eine moderne, unabhängige Nation beinahe völlig vom Blickwinkel ihrer alten Kolonialherren gesehen wird. Das ist – zum Beispiel – so, als könnte der Welt die heutige indische Politik nur durch Engländer erklärt werden, deren Ohren noch auf die volltönenden Verlautbarungen Des Großen Durbar und Lord Curzon eingestimmt waren, denn auf diese Weise hallen tatsächlich die längst vergangenen Erfindungen von General MacArthurs Version von Bataan und Leyte wider, entlang der Korridore des State Department und daher, gespenstisch, über die Drähte von Reuters und AP.

Natürlich liegt der Geschichte der Philippinen in diesem ganzen Jahrhundert Amerika zugrunde. Oder vielmehr wäre es genauer zu sagen, daß Amerika über den Philippinen liegt, wie sein strategisches und ökonomisches Klassifikationssystem des Globus sich in so vielem über die objektive Realität von Staaten und Nationen legt. Auf diese Weise sind die ganzen Philippinen gewissermaßen ein Palimpsest, dessen schwache Umrisse hartnäckig auftauchen und erneut auftauchen unter den Verkleidungen, die amerikanische Außenpolitikstrategen für sie ausgesucht haben: antikommunistisches Bollwerk gegen Südostasien, nicht sinkender amerikanischer

Flugzeugträger, das Land von Del Montes Ananasplantagen. Beschreibt man den Blick der westlichen Presse auf die Philippinen als den Blick auf ihre eigene Erfindung, so ist der Grad des Erfindungsreichtums eigentlich sehr gering. Es ist eher eine Sache der Übereinkunft. Aber in dieser Übereinkunft liegt immer noch das Bild eines nicht wiederzuerkennenden Landes, ebenso wie die Touristenbroschüren ein Bild der Länder entwerfen, das sie zu verkaufen trachten.

Wenn das auf Manila zutrifft, so stimmt es doppelt für den Rest des Landes. Denn wenn die Philippinen sich jemals denjenigen erklären, die Zeit und Neigung haben zuzuhören, so geschieht das in den Provinzen und nicht in der Hauptstadt, wo alle möglichen, fast unmerklich verzerrenden Linsen – einheimische und ausländische – reißerisch aufgemachte Bilder projizieren, um allen Phantasien gerecht zu werden: die Stadt des Goldes, die historische Stadt, die Stadt der Sünde, die sich entwickelnde Stadt; Kulturzentrum, Regierungssitz, die heiligen Hallen der Akademie, Banken- und Handelsknotenpunkt, Herz und Seele der Nation. Alle sind wahr und unwahr. Alle, da sie alles beanspruchen, bedeuten fast nichts.

Was hat Manila mit Tiwarik zu tun?

Ich habe versucht anzudeuten, wie gänzlich abgelegen eine kleine Insel, querab von einer Insel, ist, die selbst weit weg von einer Inselprovinz liegt. Doch selbst diese kleine Insel existiert als eine politische Wesenheit, ist in die Abläufe des tagtäglichen Lebens eingebunden. Vor einigen Jahren – lange nach der Ausrufung des Kriegsrechts im Jahr 1972 – erschienen eines Morgens Truppen in Sabay, die weiter oben an der Küste, in der Nähe der Provinzhauptstadt, stationiert waren. Es war lediglich ein kurzer Aufenthalt von einem Tag auf ihrer gemächlichen Tour durch die Provinz, die für sie ein langweiliger Ort sein mußte, denn es gab keine politische Opposition dort, keine NPA Guerrillas, keine wütenden Studenten oder Bauern. Um die Zeit auszufüllen, unternahmen sie die Anstrengung, ihre eigenen Lebensbedingungen zu verbessern, und kamen nach Sabay, um zu schnorren. Sie beschlagnahmten das Boot von Armans Vater für einen Nachmittag, an dem sie betrunken fischten, und nachdem sie nichts gefangen hatten, schossen sie es voller Löcher und ließen es auf den Felsen in der Nähe des Strandes sinken. Für eine Weile sah es so aus, als würden sie auch seinen Besitzer erschießen.

Seitdem verlangen sie, daß *barangay* Captain Sanso ihnen regelmäßig frischen Fisch gibt, aus dem einsichtigen Grund, daß das Essen in der Armee miserabel sei und einer ihrer Offiziere ohnehin für seine Truppe bestimmte Dosenvorräte auf dem Markt in Bulangan verkaufte. Der Tauschhandel liegt darin, daß die Soldaten das Dorf ständig mit Sprengkapseln und Sprengsätzen versorgen, damit die Fischer Dynamit einsetzen können. Das stellt sicher, daß ihr Fang manchmal groß genug ist, damit ein anderer Offizier etwaigen Überschuß auf dem Markt in Malubog verkaufen kann.

Wenn auch die Dynamitfischerei bereits zum Leben von Sabay gehörte (wie fast überall auf dem Archipel), durch diese Episode wurde es unmöglich für die Dorfbewohner, mit dieser Gewohnheit zu brechen, selbst wenn einige der wachsameren Fischer anfingen, sich wegen der sterbenden Korallen zu sorgen. Die inoffizielle Bedrohung durch eine Handvoll offizieller Truppen wurde zum Bestandteil der ineinandergreifenden Zwänge, die das Leben der Menschen in einer sozial komplexen, isolierten Gemeinde verstricken.

Und so ein vertrauter Anblick von Tiwarik aus. Ein kleines Boot treibt in der spiegelglatten Ruhe, seine Insassen sind gegen die Sonne eingehüllt, sie hängen über den Seiten und starren stundenlang hinunter. Die See ist wie flüssiges Metall, nichts bewegt sich. Dann knallt unter dem Boot eine große Tür zu, laut genug, um mich aus meiner Hütte zu holen und mich nach allen Richtungen blicken zu lassen. Aber es gibt nicht viel zu sehen: ein Hauch von Dampf und Gischt verteilt sich über einem Schaumfleck, auf den die anderen Boote hinsteuern, ihre Insassen gleiten bereits mit Schleppnetzen ge-zielt über Bord.

Weit weg in Manila gibt es ein Gesetz, das von allen mög-lichen Regierungs- und internationalen Organisationen ratifi-ziert worden ist, das besagt, daß so etwas gänzlich illegal sei. Aber hier auf Sabay geschieht es auf ausdrücklichen Befehl »Der Behörden«. Es ist, als hätten sie die ganze Zeit gewußt, daß ich eines Tages kommen und auf Tiwarik leben würde, und sie fügten ihr dieses Quentchen an Kriegsgerät und Krieg hinzu, ohne die meine arkadischen Landschaften nie vollstän-dig wären.

TEIL 3

Tiwarik und Kansulay

Die Reise alleine von Manila zurück ist irgendwie weniger beschwerlich. Mit jeder Radumdrehung, welche die Stadt weiter hinter sich läßt, wird mir leichter ums Herz. Der erste Blick aufs Meer ist ein Segen, selbst wenn er dort, wo ich an Bord gehe, durch Dreck und Abfall einer Flußmündung beeinträchtigt wird. Als ich am folgenden Tag nachmittags Bulangan erreiche, bin ich wie umgewandelt, erleichtert um das Gewicht einer unbestimmten, allgemeinen Angst, die auf dem Weg hierher von mir abgefallen ist. In Malubog begrüße ich einen Ladenbesitzer möglicherweise zu überschwenglich. Ich bin so froh, ihn zu sehen, obwohl seit dem letzten Treffen erst acht Tage vergangen sind. Ich vertusche diesen Schnitzer, indem ich bei ihm einige Dosen Alaska Kondensmilch für Familien in Sabay kaufe: es gehört sich nicht, ohne ein *pasalubong* von einer Reise zurückzukehren.

Dadurch verpasse ich beinahe den letzten Jeep dieses Tages nach Sabay. Er will gerade losfahren und ist bereits derartig beladen, daß man nicht zu fragen wagt, wie er überhaupt vorwärts kommt. Froh darüber, daß ich mich nicht hineinzwängen und verlegen sein muß, weil ich so riesig bin, stehe ich statt dessen auf einer leeren Fischkiste, die im Heck am Gitter festgezurrt wurde und klammere mich an den Rand des Dachgepäckträgers, auf dem ebenfalls Gepäck und Kinder hochaufgetürmt sind. Die klare Luft zischt vorbei, wir ducken uns vor dem Laub des dichten Gezweigs. Von meiner erhöhten Warte aus blicke ich auf den Jungen neben mir, der gerade heraufgeklettert ist und mit seinen Füßen einen Halt gefunden hat. Ich erkenne in ihm einen von Intoys jüngeren Brüdern. Seine kleinen Hände krallen sich um den Rand des polierten Aluminiumdaches, seine Sehnen treten hervor. Sein braunes und ernstes Gesicht hält er dem Wind entgegen. Aus diesem Blickwinkel schimmert die feine Seide auf seiner Wange und auf dem oberen Mundwinkel matt. Ungewöhnlicher ist sein Haar, dessen glattes asiatisches Schwarz im Luftzug glänzt. Seine Bewegung ist kontinuierlich wie die eines Wasserstroms, wie das Gleiten des Wassers vom Bootsrand aus betrachtet, ein hypnotisches, lebhaftes Fließen. Es ist, als breche das Haar in einer nicht endenden Bugwelle aus seinen Schläfen hervor und husche, mit Glitzern, Aufleuchten und Gischtflocken vorbeifliegend, nach hinten über seinen Kopf hinweg. Bei einem Blick zurück erwarte ich beinahe, in der Staubwolke hinter uns einen Strudel von Haaren zu sehen.

In dieser Nacht spaziere ich allein den Strand von Tiwarik entlang, beobachte, wie meine Fußstapfen unsichtbare Grane aufrühren und zu einem momentanen Aufleuchten bringen, lebendige Körnchen, die bei abfließendem Wasser gestrandet sind. Im Kies wimmelt es von Einsiedlerkrebsen, ein ständiges Gewusel von kleinen Burgen, die über einen geschundenen Boden torkeln und rudern, der ihnen bemerkenswerterweise reiche Beute bietet. Ich beglückwünsche sie zu ihrer Randexistenz, gehören sie doch weder völlig zum Meer noch zum Land, leben in abgelegten Festungen und ergattern sich ihren Lebensunterhalt von dem, was Meer oder Mensch übriggelassen haben. Hier und da verstricken sich zwei in einen Kampf, verlieren das Gleichgewicht, rollen hinab ins Wasser. Andere stoßen zusammen, krabbeln aneinander vorbei, folgen ihrem eigenen Wanderpfad mit unerbittlicher Zielstrebigkeit. Wie kann ein jeder einen eigenständigen, ihm gemäßen Weg verfolgen über diese Hügel toten Kalkgesteins hinweg, in Tälern, zwischen Einschnitten und Felsbrocken hindurch?

Ist ihr Vorwärtskommen nur beliebig? Werden sie von all den Geruchsmischungen verwirrt und abgelenkt? Verstehen, was jeder Krebs tut, warum er genau da hingeht, hieße, etwas Bedeutsames verstehen. Hier im Mondlicht am Meer ist es möglich, das Weltenende zu erblicken, Äonen, nachdem der letzte menschliche Leichnam seine letzten Aminosäuren ausgehaucht hat, und noch immer sind die Einsiedlerkrebse mit den Brosamen der See beschäftigt, schieben sich klickend auf ihren verschlungenen Pfaden entlang, Pfaden, denen das sie überspülende Wasser täglich zusammen mit dem überquerten Gelände eine neue Gestalt verleiht.

Am nächsten Morgen ist die Sonne nicht dasselbe Gestirn, das den photochemischen Smog über Manila zu einer blaßbraunen Kuppel gebacken hatte. Sie ist direkt und klar. Sie läßt die Harze des Waldes ausbluten, sie entkleidet den Ort von jeglicher menschlichen Narretei, mit der ich ihn vielleicht umhüllt habe. Bei diesem strahlend erleuchteten Zwiegespräch zwischen Land und Wasser geht etwas darüber hinaus vor sich, das ich sehr gerne verfolgen möchte. Denn mehr als alles andere gemahnt das Licht daran, wie unzureichend es ist, die Sonne anzusehen und »Sonne« zu sagen, die See anzusehen und »See« zu sagen. Es nützt nichts vorzugeben, sie beide hätten keinen metaphorischen Status, daß das wabernde Flirren des Mittags um Tiwarik nicht zugleich auch in allen möglichen Formen *Abschiede* vom Licht beinhaltet. Folglich erblickt man hinter jeder Landschaft eine Flüchtigkeit, als raste etwas dem Auge nicht Erkennbares durch sie hindurch, etwas, das beinahe Auge war, verliebt und vorübergehend, intelligent und durstig.

Dieses Auge gilt es zu kultivieren, eine Art des Schauens, das das Ego hinter sich zurückläßt. Dieses eigentliche Auge kümmert sich nicht darum, ob man es mag, noch meint es, es müsse unterhalten. Der Seeschwalbe gleich gleitet es auf leichtem Wind zwischen arktischen Gletschern oder starrt in Löcher tief unten, in ultramarinen Tiefen. Ruht sein Blick auf

Haut, wundert es sich, wie leicht sich Verlangen abreiben läßt, weiß jedoch um ein nie gestilltes Sehnen. Unruhige Winde wehen durch alles, was es sieht, und sie können sehr klare und unvermutete Umrisse zurücklassen. Tiwarik mit seiner summenden Brandung hat zur Mittagszeit die Konturen eines Bewußtseins, ausgesprochen ruhig und empfindsam. Wie ein geheimnisvolles, stillstehendes Fahrzeug wartet es im Leerlauf. Der Fahrgast geht hinauf zu seiner Hütte, setzt sich auf den Boden im Schatten. Eine andere Art Reise hat begonnen.

Auf dieser Reise, die zu jedem beliebigen Zeitpunkt stattfinden kann, lernt er, daß er kein Recht darauf hat, unentgeltlich mitgenommen zu werden. Die Landschaft nimmt ihn mit, doch nicht, wie er es will. Sein Verlangen, die Landschaft solle hinreißend oder mystisch sein, ist nur sein Verlangen, das er ihr überzustülpen versucht; aber ihr könnte nichts gleichgültiger sein. Unbeeinträchtigt geht sie ihren eigenen Weg mit äußerster Energie und Effizienz weiter, völlig selbstbewußt und völlig ohne Mitgefühl. Im Wald, an der Küste und inmitten der Riffe bewegt sie sich auf eine Weise vorwärts, die für den menschlichen Betrachter wie Krieg aussieht. Aber die Komplexität dessen, was geschieht, die pure Schönheit der riesigen Struktur hat nichts mit menschlichen Interpretationen zu tun, sondern umfaßt lediglich die unverfälschten Lebensbedingungen. Die Borstenwürmer stellen ihre brillanten Federkronen auf; die Korallenalgen sind eifrig mit ihrer Photosynthese beschäftigt, die Polypen mit Chemosynthese und Licht, ihrer täglichen Kleinarbeit. Außerhalb des Riffs gleitet, einem Priester gleich, ein Hammerhai vorbei. Er ist von der Großtuerei über seinem Kopf ziemlich unbeeindruckt, ohne Eile, nicht hungrig, denn er zieht über einem tiefen blauen Graben in nur wenigen Metern Abstand an einem halben Dutzend Gemeinen Thunfischen vorbei. Hai und Fischschwarm nehmen sich durchaus wahr, aber, mit welchen Kommunikationsmitteln auch immer, sie teilen sich etwas mit, das ihnen gestattet, ihre jeweiligen Bahnen fortzusetzen, die sich kurz gekreuzt haben. Die Thunfische ändern ihre Route nicht. Wie die Einsiedlerkrebse auf ihrem Weg irgendwohin sind sie zielgerichtet oder durchqueren einfach nur Meilen sonnendurchleuchtetes Wasser. Langsam verschwindet auch der Hammerhai. Ich beobachte, wie er sich in seiner Großartigkeit allmählich zu einer schwach erkennbaren Gestalt verwandelt, auf der sich das Gekräusel der Oberfläche abzeichnet, bis sein Bild vom Wind ausgelöscht wird.

Von meiner Warte aus kann ich hinabsehen und Vermutungen über die Millionen von Botschaften anstellen, die unten auf den Wellen weitergetragen werden, sie werden aufgefangen, auf sie wird reagiert, sie werden gehört, gerochen, geschmeckt, gesehen, abgetastet, empfangen. Einige Botschaften sind in sich höchst gefährlich, Zell- und Nervengifte, die aus einer Vielzahl von Nesselzellen, Rücken, Fängen und Drüsen ausgetreten sind. Solche Botschaften werden oft von menschlichen Schwimmern empfangen, und die Fischer von Sabay zahlen mit gleicher Münze heim, denn außer vorzüglichen Bombenlegern sind sie auch gute Giftmischer. Nur in diesen Augenblicken, wenn der Mensch seine Waffen einsetzt, die für eine andere Größenordnung und ein anderes Gelände entwickelt worden sind, wird das Riff zum Schlachtfeld.

Wie erfinderisch sind sie, diese Menschen, die durch eine harte Schule gegangen sind, um mit einer solchen Bandbreite an Möglichkeiten zu überleben. Ein Fischer von Sabay kann nicht nur auf den steilen Hängen hinter dem Dorf Landwirtschaft betreiben, Reis und Maniok anbauen, wenn der Regen kommt, sowie mit Netz, Harpune und Sprengstoff fischen, wenn das Meer es zuläßt, sondern er hat noch eine weitere Einkommensquelle. Diese stammt aus zwei getrennten Aktivitäten, die unter dem Begriff *similya* oder »Sämlinge« bekannt sind. Bei der einen sind Kinder damit beschäftigt, zu bestimmten Zeiten in der Brandung auf und ab zu laufen und bauschige Netze mit feinsten Maschen hinter sich herzuziehen, um kleine Fische, *bangus,* zu fangen. Der *bangus* oder Milch-Fisch *(Chanos chanos)* wird in den Philippinen sehr geschätzt und hat den hohen Status »Nationalfisch« erhalten. Er ist teuer und wird daher häufig in Fischfarmen gezogen. Die kleinen Fische werden in Plastiktüten verpackt und an Zwischenhändler versandt, um in großen Fischbecken aufgezogen zu werden.

Bei der anderen *similya* Aktivität werden lebende Exemplare von Korallenfischen für den Export an ausländische Händler gesammelt, die sich auf tropische Fische für die Aquarien der Welt spezialisiert haben. Wiederum sind die Methoden der Sabay Fischer illegal und genial. Diesmal basiert die Technik auf *sodiúm* oder *kuskus:* Natriumzyanid, das von einer entfernten Provinz in Form weißer, kristalliner Brocken eingeschmuggelt wird, das für alle Welt wie Waschsoda aussieht. Diese werden umgefüllt in Shell Rotella-Motoröl-Plastikbehälter, die mit einer kurzen Tülle versehen sind, und mit Seewasser verdünnt. Die Boote hierfür sind leichter als beim Dynamitfischen, denn die Korallen, in denen gefischt wird, liegen im allgemeinen in seichteren Gewässern, und ein Kompressor ist nicht nötig. Schwimmer mit Taucherbrillen halten sich an den Auslegern des Bootes fest und treiben im Wasser über den Korallen, bis eine geeignete Fischart gesichtet oder ein vielversprechender Vorsprung entdeckt wird. Dann schwimmt einer mit dem Gift nach unten und spritzt mit seiner Flasche in Ritzen und Löcher. Es scheint, daß Zyanid mit Seewasser verdünnt weniger tödlich, eher betäubend wirkt. Während der »Giftmischer« auftaucht und seine Flasche mit einem leichten Netz vertauscht, taumeln die ersten Fische aus den Korallen heraus, bewegen sich narkotisiert auf dem Rücken, auf der Seite, verhalten sich wie betrunken. Diejenigen, auf die man es abgesehen hat, werden herausgeschöpft und im Boot zusammen mit Meerwasser in Polyäthylentaschen umgefüllt. Nach Sabay zurückgekehrt, werden sie nach Arten sortiert und zweimal wöchentlich die

Küste aufwärts versandt, wo sie von einem Vertreter aus Manila abgeholt werden, der den Fischern im allgemeinen ein Sechstel des Preises bezahlt, den er von den ausländischen Händlern zwei Tage später verlangen wird.

Nach landläufiger Ansicht sind *kuskus*-Kristalle für diese Menschen und ihre Familien gefährlicher als für Fische, denn betäubte Fische scheinen schnell wieder zu sich zu kommen, wenn die Verdünnung richtig gewählt wurde. Unseligerweise gilt diese Wahrheit nur so weit, wie die Beobachtung der Leute von Sabay reicht: die eigentlich verheerende Wirkung von *kuskus* auf die unsichtbaren Pflanzen und Tiere sehen sie nämlich nicht. Wenn *kuskus* im übrigen zeitweise nicht zu haben ist, gibt es wirkungsvolle Alternativen, unter anderen *bayati*- und *tubli*-Wurzeln, beides Pflanzen, die häufig vorkommen, aber schwieriger einzusetzen sind, weil sie selbst stärker als Zyanid im Salzwasser reagieren und die Fische unmittelbar töten, statt nur zu betäuben. Sie sind jedoch nützlich, um große und gefährliche Beute, zum Beispiel große Aale, hervorzuspülen, weil sie dem Harpunenfischer Zeit geben, seinen Schuß anzubringen, und er dabei weniger von dem scharfen Gebiß bedroht wird, welches das Fleisch von der Hand wie einen Handschuh abziehen kann. Fischer, die sich viele Meter tief an große Muränen heranmachen, sind für jede Hilfe dankbar; läßt man die Strömung einen Spritzer *tubli*-Wurzel zu jenem hin und her schwenkenden Kopf mit Reißzähnen tragen, kann das ausschlaggebend sein.

Bislang habe ich selbst kein Gift benutzt genauso wenig wie Dynamit und werde es auch nie tun. Zum einen habe ich davor viel zu große Angst. Zum anderen hasse ich seine Ungenauigkeit, sein rücksichtsloses Abschlachten der Mikroorganismen, die zufällig bei der Verfolgung eines einzigen kleinen Aquariumfisches in die Quere gekommen sind. Außerdem kann ich mir, weil ich keine Familie zu ernähren habe, die seltsame und verschrobene Einstellung erlauben, daß man verantwortlich sein sollte sowohl für seine Verwegenheit als auch für seine Geschicklichkeit, wenn man sich freiwillig mit einer großen Muräne einläßt. Ein echter Jäger könnte nie Gift in seinem Arsenal zulassen; das ist eine Frage des Stolzes und des guten Geschmacks. Es ist überhaupt nicht kompliziert, Aale zu schießen, doch außerordentlich schwer, sie zu töten. Sie haben eine furchteinflößende Kraft, und haben sie sich einmal weit genug in ihre Löcher zurückgezogen, um mit ihrer halben Länge einen festen Halt zu finden, kann man ihnen eher den Kopf abreißen, als daß sie sich von der Stelle rühren. Für mich ist das ein trauriger und mitleiderregender Anblick: ein großer Aal mit aufgeschlitztem Kopf, einen Speer im Auge, der Unterkiefer weggerissen, das weiße Fleisch in Fetzen in der Strömung, und immer noch sind seine Muskeln in starrkrampfartigen Zuckungen angespannt, und der starre Blick seines übriggebliebenen Auges ist auf den nächstliegenden Feind geheftet. In solch einem Zustand kann er niemals überleben, doch vielleicht noch ungefähr eine Stunde lang durchhalten (denn sein Gehirn ist winzig und unzugänglich), möglicherweise lange genug für müde Jäger, um aufzugeben, weiterzuziehen und ihre zerstörte Beute zurückzulassen. Jedem, der einmal sein eigenes Blut im Wasser zu grünen Wolkenformationen hat erblühen sehen, sollte das Mitgefühl für zähes Leben nicht fehlen.

Daß die Dorfbewohner Natriumzyanid einsetzen, bleibt indessen ein wichtiger Bestandteil ihrer *similya*-Vorgehensweise, die wiederum erheblich zu ihrem Einkommen beiträgt.[3] Diese Art des Fischfangs interessiert mich überhaupt nicht, deswegen entgehen mir zweifellos die Feinheiten dieser Technik. In Seewasser gelöstes Natriumzyanid mag in der Tat ein unendlich subtiles Gift sein, das eines Renaissance-Giftmischers würdig wäre. Doch auch bei Dynamit vertreten ja viele Apologeten – selbst Arman eingeschlossen – den Standpunkt, es könne selektiv und genau sein. Es stimmt, daß es diese Techniken schon seit geraumer Zeit gibt und daß immer noch Fische in den Gewässern von Sabay und in den Korallenriffen von Tiwarik zu finden sind. Aber ich bin nicht lange genug hier, um zu wissen, wieviel besser die Fischbestände und die Korallen vor zehn und mehr Jahren waren. Das heißt, auf dieser lokalen Ebene, wo ich die betreffenden Menschen kenne und um ihr Leben weiß, glaube ich manchmal, daß sie geradeso die Gratwanderung zwischen der Zerstörung der Meeresökologie und deren Überleben, auf das sie angewiesen sind, schaffen.

Von einem bestimmten und parteiischen Blickwinkel aus mag man in dieser Weise denken und schlußfolgern. Wird dieser Blickwinkel jedoch so weit zurückgenommen, daß Sabay nurmehr ein weiteres winziges Dorf ist, dessen Fischereigewohnheiten nicht untypisch sind, dann ergeben sich düstere Aussichten für den ganzen Archipel. Ungeachtet dessen, wie geschickt die Filipinos sind, sie zerstören kontinuierlich ihre Korallen wie ihre Wälder. Diejenigen, die Dynamit einsetzen, sind oft kaum mehr als See-Cowboys, die mit starken Booten anderer Menschen Fischgründe plündern, ihre Gefriertruhen mit Leichen vollstopfen und unbekümmert weiterziehen, wobei sie verwüstete Korallen, tote und sterbende Geschöpfe zurücklassen und damit lebenswichtige Kolonien von Mikroorganismen vernichten. Die Zyanid-Fischerei ist auf ihre Art noch verheerender, denn die Dorfbewohner sehen nicht, daß die Korallenpolypen selbst vergiftet werden, daß die Algen, von denen sie abhängig sind, und das verborgene Leben tief im Inneren des Riffs zum Sterben verurteilt sind.

Dies ist ein nationales Problem, weil vermutlich nahezu achtzig Prozent der tropischen Salzwasserfische der Welt von den Philippinen kommen, ein Markt, den eine vergleichsweise geringe Zahl von habgierigen und halsabschneiderischen Exporteuren versorgt. Diese statten die Fischer regelmäßig mit Zyanid aus, bestechen die Bediensteten der örtlichen Küstenwache und Polizei, um die Giftzylinder auf den Inseln verteilen zu können. Manche Fischarten werden schon jetzt sehr selten. Einige der größeren Kaiserfische, wie der Traum-Kaiserfisch *(Euxiphipops [Pomacanthus] navarchus)*, der Blaukopf-Kaiserfisch *(Euxiphipops [Pomacanthus] synthometopon)* und der Imperator-Kaiserfisch *(Pomacanthus imperator)* sind drastisch verringert worden. Die Paletten-Doktorfische *(Paracanthurus hepatus)* werden immer seltener, dies trifft auch auf einige Arten der Falter- und Anemonenfische zu. In dem Maße, wie die Bestände zurückgehen, steigen die Preise, und der Wettbewerb wird noch skrupelloser. Die amerikanischen und europäischen Besitzer von stillen oder belüfteten Aquarien, welche den hauchdünnen Abklatsch eines traurigen Fischlebens so klinisch bewahren wie unsere eigenen lebenserhaltenden Apparate, können nicht ahnen, wie es auf der anderen Seite dieser Kette aussieht, beziehungsweise nehmen es lieber nicht zur Kenntnis. Die Welt, aus der diese Fische genommen wurden, ist gesetzlos und zerstörerisch: gierige Lehnherren, die von bestochenen Beamten gedeckt werden, geschmuggelte Giftsäcke, ausgebeutete Fischer und sterbende Lebensräume. Auf jedes lebende Exemplar, das überdauert, um an einem der lebenserhaltenden Apparate in irgendeinem Wohnzimmer sein Leben auszuhauchen, kommt eine unbekannte Anzahl Fische, die sterben, während sie auf dem Meeresboden vergiftet, in Beutel gesteckt, etikettiert und exportiert werden.

Viele Monate später und weit entfernt kamen durch einen kleinen Vorfall die Erinnerungen mit aller Bitterkeit wieder hoch. Ich war in London und hatte unter anderem vor, mein Ohr untersuchen zu lassen – vermutlich hatte das ständige Tauchen irgendeinen weit innen gelegenen Teil des Gehörgangs beeinträchtigt. Dank familiärer Beziehungen bekam ich einen Termin bei einem privaten HNO-Spezialisten. Eines Morgens saß ich also im typischen Warteraum eines Facharztes.

Von dem Raum selbst ließ sich nicht darauf schließen,

ob die wartenden Patienten durch die dunkelrote Tür aus imitiertem Mahagoni gingen wegen neuer Kontaktlinsen, eines Haartransplantats, einer Zahnbehandlung oder einer gynäkologischen Untersuchung. So wie die Räumlichkeiten aussahen, konnten sie sowohl die Mitteilung erwarten, sie schuldeten dreitausend Pfund, als auch, ihnen blieben gerade noch sechs Monate, um ihre Angelegenheiten zu ordnen, wenn sie Glück hätten und eine vorübergehende Besserung einträte. Ein Hauch von Cavendish Square lag in der Luft. Dicke Teppiche auf dem Boden, in einer Ecke eine Stehlampe mit goldenem Lampenschirm, Ledersessel, Stapel von *Vogue, Punch, Country Life, The Lady, Autocar* auf niedrigen Tischen. Schwere aschfarbene Vorhänge umrahmten die Aussicht auf hauptsächlich aus dem achtzehnten Jahrhundert stammende Dächer, verschandelt durch schmutzige Antennen, mit Dachpappe ummantelte Wasserbehälter und verrostete Wärmetauscher. Auf dem Kaminsims aus Marmor stand eine Uhr aus Marmor von ungeheurem Gewicht und mit absurd langsamem Pendelschlag: ›Festina lente‹ war auf der gravierten Kupferplatte im oberen Teil als passende Ermahnung zu lesen.

Doch die übliche düstere Stimmung und Spannung, die sich immer in solch unechten Clubsphären ausbreitet, wurde in aller Schärfe durch ein großes Aquarium gesteigert, das gegenüber der Lampe in der Ecke stand. In ihm befanden sich die üblichen kleinen Fische, die sich träge und untätig bei dem kleinen Thermometer, den dünnen Plastikröhren, die Luftblasen von sich gaben, und dem im Kiesboden eingelagerten Firlefanz aufhielten. Die zielgerichteten, undeutbaren Bahnen, welche die Fische in ihrer natürlichen Umgebung zögen, waren hier unmöglich. Plötzlich schwamm hinter einer Piratentruhe, die den Eindruck von aus ihr hervorquellenden Kaskaden von Schmuck erwecken sollte, ein alter Freund hervor: ein winziges Exemplar eines Königs-Drückerfisches, die Art, die ich oft für mein Abendessen gejagt hatte. Jede Fischart hat im Wasser eigene charakteristische Bewegungen und Verhaltensweisen. Teilnahmslos und schmählich verloren war dieses arme Wesen doch nicht so sehr seiner Eigenart beraubt, als daß es verlernt hätte, einer Bedrohung frontal entgegenzutreten, in diesem Fall meinen Fingerspitzen, liebevoll am Glas vor seiner Nase. Es stand in seiner vertrauten Haltung, die Vorderseite nach vorne gerichtet, die Rücken- und Bauchflossen schienen sich gegenläufig zu bewegen, dann drehte es sich halb, zog sich etwas zurück, um sich der Gefahr von etwas weiter weg wieder zu stellen. Das war der *moment juste* für den Speer, wenn der Fisch für kurze Zeit die Breitseite bot. In Gedanken feuerte ich und hörte das *pok!,* als die zähe Haut durchbohrt wurde, vernahm das alarmierte Trommeln, während ich aus neun Meter Tiefe mit aufgespießter Beute nach oben kam (denn Königs-Drückerfische leben lieber ein bißchen tiefer). Beim Auftauchen an die sonnenhelle Oberfläche hatte ich den Fisch schon von der Stahlrute nach unten auf die Fangleine geschoben, die ich hinter mir herzog, und war gerade dabei, neu zu laden, bevor mein Kopf in die klare Luft emporstieß.

»Schön, nicht?« Die Sprechstundenhilfe, die mich in den Warteraum geführt hatte, stand neben mir. »Sind Sie ein Fischliebhaber?«

Ich machte eine unverbindliche Bemerkung und fragte, ob sie den Königs-Drückerfisch schon lange hätten.

»Ungefähr eine Woche. Ist das nicht ein schöner kleiner Kerl? Wir hatten schon einige von der Sorte. Wenn Sie ganz genau hinsehen, werden Sie feststellen, daß er überhaupt nicht schwarz ist, sondern mitternachtsblau. Und wenn Sie *wirklich* nah rangehen, merken Sie, daß er eigentlich gar keine richtigen Schuppen hat: es ist nur ein Rautenmuster auf seiner Haut. Ich weiß nicht, warum, aber diese Art macht es nie sehr lange. Normalerweise nur ein oder zwei Monate.«

Ich überlegte, ob ich ihr von seinem hohen ersten Rückgrat erzählen sollte, das sich senkrecht fest aufstellen läßt, um den Fisch zur Verteidigung in den Spalten zu verkeilen, und das erst wieder gelöst werden konnte, indem das niedrigere zweite Rückgrat wie ein Hebel heruntergedrückt wird. Ich sagte ihr nichts davon, daß diese Fische, in Bananenblätter gewickelt und über einem offenen Feuer gebraten, sehr schmackhaft sind. Statt dessen fragte ich mich, ob der Lebensweg dieses speziellen Vertreters in der küstennahen Dünung von Tiwarik begonnen hatte, wo er sich zu einem kleinen Fisch entwickelte, um später durch Armans Zyanid betäubt und in seinem Netz geborgen zu werden, von welchem Augenblick an er dazu bestimmt war, sein restliches Leben lang nicht durch zehn Meter ungetrübtes, tropisches Meer, sondern durch nur wenige Zentimeter wiederaufbereitetes Seewasser zu starren, das durch einige Glühbirnen an einer Glaswand erwärmt wird, bis Saprophagen in seinen Kiemen wachsen und ihn töten werden.

Die Sprechstundenhilfe führte mich hinüber zum Arzt, der mir binnen Minuten erklärte, daß in meinem eigenen linken Ohr Schimmel wuchs, und er verschrieb mir irgendwelche Tropfen dagegen. Die Infektion ging zurück, doch die Schwierigkeiten blieben. Ich bin jedoch nie wieder hingegangen, um festzustellen, ob der kleine Königs-Drückerfisch überlebt hatte. Von Zeit zu Zeit denke ich an ihn in seinem erbarmungslosen Exil, an sein Leben umgeben von unechten Steinen in der Hütte des Achterdecks einer nachgemachten Galeone, vierundzwanzig Meter über den Straßen von London.

Ich erwachte aus einem Traum, in dem das Meer tot, vergiftet und ohne Leben war, und erwartete, den Aasgestank vom Strand her zu riechen, während die Einsiedlerkrebse an den verwesenden Haufen zerrten. Statt dessen ruhte der Ozean voller Leben in seinem Bett, von Mond und Sternen in Licht gebadet, sein atmender Leib wurde von leichten Brisen, die über die Meerenge kamen, gefächelt. Ich setzte mich nach draußen und beobachtete, wie der gegenüberliegende Gebirgszug von der einen Seite des Himmels zur anderen hüpfte – wie ein Diagramm. Mit einem Mal ging ich völlig im Universum auf. Schlaftrunken, nicht auf der Hut, ging es mir wie einem unachtsamen Fabrikarbeiter, dessen Kleidung sich in der Maschine, über die er sich beugt, verfängt, und der mit einem Ruck in den Mechanismus hineingerissen und von diesem verschluckt wird. Mir war, als wäre ich mit dem Meer verschmolzen. Mein Herz schlug im Rhythmus mit den Bergen. Sterne strömten in meinen Kopf. Ohne Ohren, ohne Zunge hörte ich, wie ich Worte sagte, die ich immer benutzt haben mußte, stets weiter benutzen werde und die bedeuten *Du hast es doch schon immer gewußt* und Es *ist immer hier, immer jetzt* – Banalitäten, jenseits von Übersetzbarkeit, jenseits von Sprache. Nur in dieser Stille kann das Universum vernommen werden, wie es in Kieseln und Kraut spricht, im glitzernden Plankton und im Gehirn des Raubfischs, im unbeschreiblichen Klang der Hügel, wenn sie sich falten und schichten. *Wie kann das jemals in Vergessenheit geraten?* Und doch vergesse ich es. Ich kann es nicht glauben. Wie kann ich vortäuschen, daß das alles nicht so ist und mich täglich von Dummheit herabziehen lassen?

Sollte man um dieser Idiotie willen Tränen vergießen, die im Sternenlicht schimmern, würden es doch zumindest Tränen des wirklichen Bedauerns und nicht des Mitleids sein. Das einzige, was existiert, zu vergessen, scheint wie ein Verbrechen zu sein, für das es keine Erlösung geben kann. Zu Recht wäre die Folge davon, daß alles zu toten Gegenständen würde: das Meer verwandelte sich in einfaches Wasser, die Berge würden zu geologischen Brocken, Wind und Regen wären mehr oder weniger ungelegen. Aber wunderbarerweise hebt der Gebirgszug auf der anderen Seite der Meerenge noch seine Felsspitzen hoch und zuckt mit seinen bewaldeten Schultern. Gemessen an den großen Gebirgszügen der Welt sind diese Kordilleren ein Nichts, vergleichbar mit den South Downs. Aber heute nacht sind sie das Höchste, was man sich vorstellen kann, vielleicht weil das Meer zu ihren Füßen keinen Anhaltspunkt für ein Maß bietet, anders als eine Talsohle mit Häusern und von Straßen durchzogen.

Traurig und ärgerlich zugleich fällt mir mein Vater ein, der Berge liebte. Die Überraschung, ihn dort vorzufinden, läßt mich zusammenfahren, aber je mehr ich darüber nachdenke, desto weniger bin ich überrascht. Nicht nur die Berge sind es; nicht einmal meine Erinnerung an die Kämpfe über Landschaften und den quälenden Widerstand gegen alles mögliche. Es scheint ganz speziell der Gifttraum gewesen zu sein, aus dem ich gerade erwacht bin, aber ich kann nicht ganz verstehen, warum.

Als ich vier Jahre alt war, kam mein Vater in mein Leben. Urplötzlich trat dieser aus dem Kriegsdienst entlassene Fremde ins Haus und behauptete, der Mann meiner Mutter zu sein. Welches intelligente Kind könnte einer solchen Geschichte glauben? Ehemänner und Väter sollten eigentlich ein unverzichtbarer Teil des Familienlebens sein, doch meine Mutter, meine Schwester und ich waren scheinbar sehr gut ohne einen ausgekommen. Warum also diese plötzliche Notwendigkeit? Wiederum vier Jahre später war ich jeweils monatelang weg in den South Downs, Monate, die sich ihrerseits über zehn oder elf Jahre erstreckten. In den Ferien trafen sich mein Vater und ich kaum. Er war überarbeitet und leicht reizbar, der gehetzte Berufstätige, der offensichtlich immer weniger Zeit daheim verbrachte. Auf diese Art ist es durchaus möglich, daß jemand heranwächst, ohne jemals seinen Vater kennenzulernen. Wie bei dem Gott, von dem man in der Schule hörte, bestand immer die Verpflichtung, ihn zu lieben, zu respektieren und zu fürchten, aber die Konturen blieben blaß und unscharf, die Gesichtszüge verschwommen. Von der Fremdheit der anderen Seite kam keine Resonanz; einzige Ausnahmen bildeten die gelegentlichen, unerklärlichen Wutausbrüche, die sich wie Blitze über meinem Kopf entluden.

Warum denke ich dann noch immer an ihn? Wie konnte dieser entschwundene Fremde irgendeine Rolle in meinem jetzigen Leben spielen, noch weniger, wie kann er irgend etwas mit mir hier auf der Insel zu tun haben? Ich weiß es nicht so recht. Allerdings ist mir klar, daß er nicht irrelevant ist, und der Grund dafür tritt allmählich stärker zutage. Deswegen werde ich zu den Bergen jenseits der Meeresenge starren und mich dazu zwingen, noch einmal über die Sache mit dem Gift nachzudenken. Es ist *Zyanid,* und das führt mich zurück zu jener zweiten Schule.

Kurz vor dem Mittagessen traf mich der Rektor auf dem Korridor außerhalb des Speisesaals. Ich stand stramm, streckte meine Hände aus und drehte sie, um sie kontrollieren zu lassen. Selbst ich konnte sehen, daß die Handgelenke oberhalb der »Gezeitenmarke« grau waren, aber er warf nicht einmal einen Blick auf sie.

»Dein Vater kommt heute nachmittag«, bemerkte er. »Das interessiert dich vielleicht, dachte ich.« Er lächelte nicht. Eine der Schullegenden besagte, daß er, wenn er grün trug, insbesondere den grünen Tweedanzug, in Kampfstimmung wäre. Augenblicklich trug er eine bräunliche Sportjacke mit Lederknöpfen, aber sein Schlips war grün und flauschig. Ich wagte nicht zu fragen, warum mein Vater unerwartet käme. Offensichtlich hatten sich mein Verhalten und meine schulischen Leistungen so verschlechtert, daß die üblichen Maßnahmen wie die vierzehntägigen Berichte und die informellen Gespräche beim Teezelt am Elternsprechtag nicht mehr ausreichten. Er war gerufen worden, um mich von der Schule zu nehmen. Nein, schlimmer: *Parent's Caning* – Schläge Mit Dem Rohrstock Im Beisein Der Eltern.

Eine weitere Legende an dieser Schule, noch schreckenerregender als die Der Zweiten Keller, so furchteinflößend, daß niemand gern darüber sprach, war ein Ereignis, das »Parent's Caning« genannt wurde. Dies fand angeblich ungefähr alle zwanzig Jahre einmal statt, wenn ein Junge etwas wirklich so Gräßliches getan hatte, daß keine der üblichen Strafen dem gerecht wurde. Sie war das Pendant der privaten Grundschule zum Spießrutenlaufen. Sie war so grausam, daß neben dem Schularzt, der nach jedem Schlag den Puls des Opfers prüfte, der Vater des Jungen als Zeuge hinzugerufen wurde. Das Ganze war natürlich von vorne bis hinten erfunden, reine Schuljungen-Hysterie, aber es hielt uns nicht davon ab, daran zu glauben, und jetzt auf dem Korridor außerhalb des Speisesaals wußte ich, daß ich das Opfer sein würde. Ich hatte so große Angst, daß ich mir nicht einmal die Mühe machte zu überlegen, was ich getan hatte, um dies zu verdienen. Und mein Vater war auch noch Arzt! Das besiegelte es.

Als der Rektor nach Beendigung des Mittagessens aufstand, um etwas anzusagen, war ich soweit, in Ohnmacht zu fallen; in solch einem Zustand hätte ich alles, was er gesagt haben könnte, als Beweis für meine bevorstehende Hinrichtung ausgelegt. Die Ankündigung, daß die ganze Schule einen halben Tag frei habe und ihn im Schwimmbad zubringen könne, war völlig plausibel. Was war natürlicher, als daß ein besonderer Platz für das »Parent's Caning« notwendig war, an irgendeiner ungewöhnlichen Stelle, wo sich allen Anwesenden die Gewichtigkeit dieses Ereignisses einprägte? In Wirklichkeit sagte der Mann lediglich, daß wir uns vom oberen Ende des Geländes jenseits des Kricketfelds der Junioren fernhalten sollten, und damit ging er hinaus. Mir wurde heiß vor Angst. Was war da oben auf diesem ungenützten Stückchen Land außer der alten Eiche? Natürlich. Sie war bekannt als Die Galgen-Eiche, denn sie hatte einen kräftigen waagerechten Ast mit einer Narbe rings um die Rinde, die auf jene Zeit zurückging, als das Haupthaus gerade gebaut wurde und er regelmäßig als Galgen für unbotmäßige Kutscher, aufsässige Diener, meuternde Lakaien benutzt wurde. Die Galgen-Eiche! Ein vorzüglicher Fleck für »Parent's Caning«.

Es war ein Samstag, und deswegen hatten wir sowieso den Nachmittag frei. Um zwei Uhr fanden sich hier und da auf den Spielfeldern einige Schüler ein, um ein paar Runden Kricket zu spielen. Mehrere Jungen erwarteten den Besuch ihrer Eltern. Auch ich, nur wie anders würde die Rolle meines Vaters sein! Viele von uns standen herum, nicht unbedingt sehr nahe an dem verbotenen Baum, aber auch nicht gerade weit davon entfernt. Es wurde wild darüber spekuliert, was geschehen würde. Jemand meinte, daß sie Die Galgen-Eiche vielleicht fällen würden und daß deswegen den Umstehenden Gefahr von den entwurzelten Geistern derer drohte, die an dem Ast gebaumelt hatten; wir hatten M. R. James unter der Bettdecke mit Taschenlampe gelesen. Ich blieb stumm und wagte nicht, ihnen die Wahrheit zu sagen, weil ich wußte, hätte ich sie erst einmal ausgesprochen, würden alle erkennen, daß es die einzig logische Erklärung war.

Um zwei Uhr dreißig tauchte ein vertrautes Auto bei den Rhododendren-Büschen hinten an der Zufahrt auf und kam knirschend vor der Schule zum Stehen. Mein Vater erschien mit einer medizinisch aussehenden Flasche in der Hand. Natürlich Riechsalz, um meine Lebensgeister wieder zu wecken. Ich traute mich nicht, zu ihm zu laufen, um ihn zu begrüßen. Statt dessen löste sich der Rektor aus einer Elterngruppe, mit der er bereits im Gespräch war, und schüttelte meinem Vater die Hand – wie mir schien – mit einem Lächeln, in dem bedeutsamerweise eine Spur von Ernsthaftigkeit und Anteilnahme lag. Zusammen gingen sie allmählich das Grundstück hinauf zum Kricketfeld der Junioren und zum Baum.

»Haben Sie einen Stock?« hörte ich meinen Vater fragen.

»Es gibt dort einen«, erwiderte der Rektor.

Da ich das Unausweichliche nicht länger hinausschieben konnte, ging ich auf sie zu.

»Hallo!« grüßte mich mein Vater mit abgeschmackter Herzlichkeit. »Unerwartet, stimmt's? Was hältst du von dieser schönen Flasche?«

226

Die Flasche, die er trug, war wirklich beachtlich, geriffelt und blau, blauer noch als jene runden Magnesiamilchflaschen mit ihrem Stopfen aus Mattglas. Auf dem Etikett war ein roter Totenkopf mit gekreuzten Knochen. Ich nickte kläglich.

»Zyanid«, sagte er.

»*Zyanid?*«

»Genau. Schrecklich gefährlich.«

»Es ist ausgesprochen nett von deinem Vater, herzukommen«, sagte der Rektor mit jenem heuchlerischen, breiten Lächeln, von dem wir alle wußten, daß es Rektoren für die Jungen bereithielten, deren Eltern in der Nähe sind. »Der arme Pollock, gestern abend.«

Pollock war der Wicket Keeper, der Tormann der Ersten Mannschaft, der am Tag zuvor von einer Wespe gestochen worden war und nun ganz verschwollen auf der Krankenstation lag, statt gegen eine Schulmannschaft in Kent zu spielen, die nur aus Schlappschwänzen bestand, aber während der Spielpause hervorragende Würstchen anbot.

»Ich habe also«, fuhr der Rektor fort, »den alten Bisley suchen lassen, und als er es gefunden hatte, da habe ich sofort an deinen Vater gedacht, weil er Arzt ist – freundlicherweise ist er gleich zur Krankenhausapotheke rübergegangen.«

»Ja, aber was wirst du *machen?*« fragte ich kläglich.

»Das Wespennest zerstören, was denkst du denn?« meinte mein Vater.

»Also«, sagte der Rektor, »ich habe absichtlich nichts von unserem Vorhaben erzählt. Wenn eine Menge kleiner Jungen weiß, daß ein großes Wespennest mit dem tödlichsten Gift, das wir kennen, um zwei Uhr dreißig beseitigt werden soll und daß sie sich auf keinen Fall in der Nähe aufhalten sollen, dann wird sicher kein einziger fehlen. Wenn man aber vage bleibt, hat man eine geringe Chance... Hallo! Ich glaube, ein bißchen mehr hier rüber. Ungefähr vierzehn Meter von der Eiche entfernt, sagt Bisley, und er hat es markiert. Ja, da ist der Stock. Gut. Alle mal zurücktreten.«

Und die Sonne, die senkrecht gestanden hatte wie flüssige Lava und gleißend gewesen war, sank um einige Grade und begann an diesem wunderschönen Juninachmittag milde auf dieses Eiland zu scheinen, das von noch unsichtbaren, sich ausbreitenden Vorortsiedlungen umgeben war. Die Bäume warfen ihre Schatten, in denen Amerikanischer Fuchs, Zitronenfalter und Schachbrett flatterten, und weiter weg tollten weißgekleidete Gestalten, und das Pochen beim Auftreffen des Balls auf den Schläger drang gedämpft durch die träge Luft herüber. Wir Jungen wurden auf einen sicheren Abstand zurückgewunken, während ich stolz beobachtete, wie mein Vater mit einem halben Liter des gefährlichsten Giftes der Welt herankam, um mit dem, was ganz gewiß Hornissen und überhaupt keine Wespen waren, den Kampf aufzunehmen; vermutlich handelte es sich um das größte und gefährlichste Nest, das jemals in Südengland gefunden wurde.

Und als seine gebückte Gestalt sich aufgerichtet hatte, etwas rot im Gesicht, weil er den Atem angehalten hatte, schickte der Rektor jemanden los, um einen Spaten zu holen, und sie deckten alles mit einer dicken Schicht Erde zu, so daß nichts außer einem leichten und angenehmen Bittermandel-Geruch zurückblieb. Diese Tage, wie weit entfernt sie jetzt scheinen, nicht etwa, weil sie verblaßt wären, sondern weil sie eine Lebensweise zeigen, die im modernen England undenkbar ist. Was wäre vernünftiger und naheliegender im Umgang mit einem Wespennest, als einen Facharzt der Neurologie anzurufen, ihn zu veranlassen, in der Apotheke einen halben Liter Zyanid zu holen, mit dem Auto herüberzukommen und das Gift auf das Schulgelände zu gießen? Dann zurück zum Haus, um eine Tasse Tee zu trinken und vielleicht die Zweite Kricketmannschaft bei den Netzen zu sehen, sich den Mantel auszuziehen und einige gemeine Bälle gegen das konkave Übungsgerät zu werfen, die selbst Pollock nicht hätte halten können. Und schließlich sich daran zu erinnern, die Zyanidflasche mitzunehmen, von der er annahm, sie sei im Pavillon stehengeblieben, doch später, nach besorgtem Suchen, entdeckt er sie im Kofferraum des Autos, wo er sie sicherheitshalber gleich hingepackt hatte, fährt in einer tiefwirbelnden Staubwolke den Fahrweg hinunter und verschwindet hinter den Rhododendren, während er den kleinen Sohn in einem Hochgefühl von Erleichterung und Stolz zurückläßt.

Diese Lebensweise, eigentlich ein Überbleibsel aus einer gemächlichen Patrizierwelt, war mit den allgemeinen Wahlen 1945 zu Ende gegangen. Auf Tiwarik mögen die entfernten Rufe von Kricketspielern an schläfrigen Juninachmittagen so frisch wie eh und je wieder auftauchen, wenn ich es zulasse; doch das regelmäßige Pochen ihres Spiels klänge jetzt für mich wie das Tacken der Termiten in der Nacht, die das Rahmenwerk meines Hauses von innen her langsam zu Staub zerfallen lassen.

Kaum zu glauben, daß ich mich je so wie damals terrorisiert gefühlt haben soll, der Laune irgendeiner Respektsperson ausgeliefert. Unbewußt muß es allerdings eine Wut in mir geweckt haben, denn schließlich hatte mein Vater an jenem Nachmittag in seinem heroischen Feldzug gegen die Wespen gewonnen: er hatte mich mit einem langanhaltenden Schrecken bestraft, weil ich einmal versucht hatte, ihn mit einer Wespe zu töten. Auf einer Ebene war das nur fair; auf einer anderen war es fürchterlich unfair, mir die Schuld dafür zu geben, daß er nicht liebenswerter war und nicht mehr geliebt wurde. In mir wuchs eine Abwehr, eine Bockigkeit, die später in meiner Weigerung mündete, so zu denken und zu handeln, wie er und seine bezahlten Stellvertreter, die Rektoren, es offensichtlich wünschten. Zu all dem gehörte, die Schönheiten der englischen Landschaft zu leugnen und immer wieder durch die Mathematikprüfung zu fallen. Zehn Jahre lagen diese beiden Vorfälle vielleicht auseinander, aber es sollten noch weitere fünfundzwanzig Jahre verstreichen, bevor ich diesen einfachen Zusammenhang erkennen würde, etwas, was jedem Außenstehenden höchst trivial erschiene, wie das bei den bemühten Selbsterkenntnissen der anderen immer der Fall ist.

Der gegenüberliegende Gebirgszug ist noch geschäftig; die Vorstellung, daß Hügel immer bewegungslos sind, ist sichtlich unsinnig. Der Mond ist inzwischen an eine andere Ecke des Himmels geglitten. In diesem neuen Winkel hebt das Licht neue Seiten der Hänge, Geröllhalden und Schluchten hervor, die sich jetzt anzuschicken scheinen, dröhnend nach unten zu fallen und Sabay einzuschließen, das schläft und unerkennbar bei der schwarzen Linie der Kokospalmen liegt, welche die Küste in beiden Richtungen säumen. Berge. Wie leicht ließ es sich vorhersagen, daß ich Bergen am längsten von allem widerstehen würde.

Unter den Büchern meines Vaters befand sich immer ein Album, das diskret und flach unter anderen Dingen lag und in dem unter dem Titel *Solch Königliche Tage...* Texte und Photographien wie ein Buch zusammengestellt waren. Diese Aufzeichnungen dokumentierten die vierzehntägige Bergtour, die er, sein jüngerer Bruder und zwei Freunde im Juli 1939 in Norwegen unternommen hatten. Mein Onkel schrieb die Texte, mein Vater machte die Aufnahmen, von denen einige besonders schön und gelungen waren. Heute tut es mir leid, daß mein Vater nicht auch den Text geschrieben hat. Dem außergewöhnlich lesbaren Stil meines Onkels merkte man dennoch an, daß hier ein sehr junger Mann geschrieben hatte (er war damals neunzehn), der sich etwas an die Welt von *Drei Mann in einem Boot* anlehnte, manchmal hart an der Grenze des Komischen, ohne es jemals so richtig zu sein. Geschickt wirkte er eigentlich dieser Tendenz entgegen, indem er mit detaillierten Berichten und Grafiken jeden Tag die Kletterpartien der Gruppe festhielt, und in dieser Hinsicht ist *Solch Königliche Tage...* ein kurzes und ganz ernst zu nehmendes Tagebuch eines Bergsteigers. Natürlich zeigt sich in der Kameraderie die damalige Zeit; das ist jetzt beinahe ein halbes

Jahrhundert her. Zwischen den Zeilen kann man lesen, daß dieser Urlaub ein wunderbares Zwischenspiel war. Mein Vater war gerade approbierter Arzt; vermutlich verbrachten er und sein Bruder nie wieder so viel Zeit zusammen. Fand man hier noch eine Spur der alten Zeit, so drängte die neue sich unerbittlich auf: sechs Wochen später befand Großbritannien sich im Krieg, und ungefähr sieben Monate später wurde Norwegen von Nazi-Truppen besetzt. Aber der Grund für meinen Wunsch, mein Vater möge dieses Buch selbst geschrieben haben, ist darin zu suchen, daß er vielleicht etwas von sich selbst preisgegeben hätte. Daß er zum Bedauern der anderen ein paar Tage früher nach Hause gehen mußte, ist das einzige, was man über ihn erfährt, und es wird nicht begründet. Er fuhr weg, um seine erste Stelle als Medizinalassistent am UCH anzutreten.

Doch eben dieses Schweigen zur Rolle meines Vaters bei der Geschichte spricht Bände. Niemand hätte ohne einen zartfühlenden Blick diese Bilder aufnehmen können: Sie sprechen für ihn. Durch den Text erfuhr ich, daß er zum wenigsten schon einmal zuvor, 1937, dort gewesen sein mußte, es ging bei dieser aufgezeichneten Reise im wesentlichen auch darum, die Gipfel erneut zu besteigen, auf denen er bereits gewesen war, teils – vielleicht –, um zu führen, teils, weil er sich danach sehnte, etwas von der schon erlebten Freude weiterzugeben. Fünfzig Jahre später haftet jenen sorgfältig gestalteten Blättern, jenen Schwarzweißbildern von nackt im Gletscherwasser badenden, blassen, jungen Engländern eine gewisse Wehmut an. Für meinen Vater zumindest muß dieses zeitweilige Gefühl von Freiheit und Abenteuer überwältigend gewesen sein.

Um das zu verstehen, ist es notwendig, sich vor Augen zu halten, wie es ein Kind empfunden haben muß, von China aus um die halbe Welt nach Südost-London verfrachtet zu werden und von da an von den Eltern und dem großartigen, wilden Gebiet, das seinen Geburtsort Kuling umgab, abgeschnitten zu sein – während des größten Teils seiner Schulzeit in einer Reihe von Vororthäusern frommer, ältlicher Verwandter untergebracht, aus Koffern zu leben, wie so viele andere Söhne der britischen Kolonialverwaltung in Indien und der Missionsgesellschaften. Jene langen Straßen mit Reihenhäusern und den ironischen und unpassenden Namen schottischer Landschaften müssen ihm wie blanker Hohn vorgekommen sein: Glenshiel Road, Glenesk Road, Glenlyon Road, Balcaskie Road. Wie ihn solche nonkonformistische Eintönigkeit niedergedrückt haben muß. (Ich erinnere mich nicht, daß mein Vater ein einziges Mal über Christentum gesprochen hat: seine Loyalität gegenüber seiner Familie war zu groß. Aber ich bin mir jetzt ziemlich sicher, daß er niemals auch nur ein Wort davon geglaubt hat.) Eine Atmosphäre ehrenwerter Ärmlichkeit im finanziellen und geistigen Bereich durchzieht die wenigen Erzählungen, die ich über seine Jugend gehört habe, eine Ausnahme bildeten die kurzen Verschnaufpausen anläßlich gelegentlicher Urlaube im Lake District, wo er wanderte und kletterte. Dort muß er sicherlich lange, ungebundene Tage voll wilden Schweigens und beflügelnder körperlicher Anstrengung wiederentdeckt haben, grandioses Gegenmittel für die verkrampfenden Ermahnungen der kongregationalistischen Eiferer Süd-Londons, deren häßliche Kirchen er pflichtgemäß besuchen mußte.

Traurig für ihn, wenn er als Familienvater seine Familie zu irgendwelchen Orten mitnehmen wollte, die ihm viel bedeutet hatten, und meine Schwester und ich vom Lake District wenig begeistert waren. Besonders ich verhielt mich verächtlich. Für einen Jungen, der bereits daran gewöhnt war, die South Downs auf der Suche nach Cordit zu durchstreifen, waren eine Menge regennasser Gipfel voll Düsternis und nasser Schafe höchstens ein Mittel gegen gute Laune. Meine gemeine Verdrossenheit verdarb dem Vater einige Ferien und trug wahrscheinlich viel dazu bei, unsere Beziehung zu belasten. Es war sein Schicksal, daß er auf der ohnehin kurzen

Liste möglicher Freuden mit seinem einzigen Sohn keine teilen konnte.

Ich glaube, die Norwegen-Expeditionen blieben für ihn Höhepunkte seines Lebens, jedenfalls meiner jetzigen Erinnerung nach an seine damaligen Berichte, als wir noch miteinander sprachen. Dort erlebte er Kameraden und ein harmonisches Miteinander, ein gewisses Maß an Können und Gefahr, atemberaubende Landschaften. Diese Teile Norwegens wurden vermutlich zu jener Zeit außer von Bergsteigern nicht viel bereist, wahrscheinlich kaum mehr als Island bei dem Besuch Audens und MacNeices ein, zwei Jahre zuvor. Es gab Verständigungsprobleme, Schmerzen (Pferdebremsen) und Freuden (kiloweise wilde Erdbeeren). Buchstäblich über allem standen Berge. Mein Vater kam in gehobener Stimmung zurück: Kolåstind... Vellesaeterhorn... Kvitegga. *Die Berge.*

Ein weiterer Höhepunkt seines Lebens, wie in dem vieler junger Männer dieser Zeit, muß der Krieg gewesen sein. Welche anderen Umstände hätten einen gerade approbierten Medizinalassistenten zu einem Major im Royal Army Medical Corps werden lassen und ihn nach Indien geführt? *Der Himalaya.* Es ist schwierig, Einzelheiten darüber zu erfahren, wohin er ging, wie lange er blieb, aber ich erinnere mich an seine Berichte über das Bergsteigen, und sein Gesicht war durch die innerlich geschauten Bilder verklärt: majestätische Gipfel, Schneefelder und Gletscher von wilder und überirdischer Schönheit. Wenn er auch nicht ganz auf dem Dach der Welt gestanden hatte (denn er war ein Amateur und kein Mallory), so war es doch zumindest ein Obergeschoß gewesen, von dem aus er nach Osten über Tibet hinweg zu seinem Geburtsland geschaut hatte, dorthin, wo sein Vater damals in einem japanischen Konzentrationslager von Typhus geschüttelt wurde. Er muß auch nach Westen geblickt haben, wo er seine junge Ehefrau und seinen neugeborenen Sohn zurückgelassen hatte.

Später sprach er über all das kaum; noch weniger, als ich mein entschiedenes Desinteresse an seinen langweiligen alten Bergen bekundete. Aber im Laufe der Zeit hatte er seine Schätze heimlich gesammelt, seltsame und wunderschöne Photos, aufgenommen mit seiner Zeiss Ikon. Für den Rest seines Lebens hing eines der ersten, ein Bild vom Smørskredtind für *Solch Königliche Tage...*, gerahmt an einer Wand seines Arbeitszimmers, bei einem Mann von nahezu peinigender Bescheidenheit muß das ein Zeichen tiefer persönlicher Bedeutung gewesen sein. Vielleicht erkannte er mehr und mehr, wie passend jener Titel war, angesichts des Tributs, den Karriere und Familie ihm abverlangten. Jahrelang hatte ich angenommen, daß es ein Shakespeare-Zitat war, möglicherweise ein sterbender Falstaff, der von seiner Jugend träumt. Erst vor kurzem, als ich das Album richtig durchlas, fand ich auf der letzten Seite die Strophe, aus welcher der Titel stammt. Sie ist von G. W. Young, dem Dichter und dem vermutlich größten englischen Bergsteiger seiner Generation:

Und lebte ich nie wieder solch königliche Tage?
Schläft ihre Nacht doch immer noch in mir.
Ich träumte meine Füße auf die Sternenpfade,
mein Herze ruhet in dem Hügel hier.
Nicht grollen mag ich, weil manches ungetan,
Ich halt' die Höh', bewahr' den Traum, den ich gewann.

Doch damals ging das alles an seinem Sohn vorbei. Zu seinem Bedauern teilte ich auch seine Leidenschaft für Schiffe nicht, die zu jener Zeit, vor den Massen-Flugreisen, noch zu einem gewissen Grad mit einem Zauber umgeben waren, der jetzt schwerlich vorstellbar ist. Welch komplexe Assoziationen mußten Schiffe bei den Menschen im Ausland auslösen, die in ihnen notwendigerweise das Mittel sahen, das sie sowohl mit ihren Familien vereinen, als auch von ihnen trennen konnte, das sie auf mühsame Reisen um die halbe Welt trug, wobei jede einzelne Meile der Fahrt am eigenen Leib zu spüren war. Wie viele Schuljungen seines Alters kannte er alle Schiffahrtslinien samt ihren Flaggen und Schornsteinzeichen. Er konnte sehnsuchtsvoll in Tilbury oder Southampton stehen und nur anhand des Namens und der Schiffsgesellschaft mehr oder weniger genau wissen, wohin jedes Schiff zog, woher es wahrscheinlich kam. (Es ist überhaupt kein Vergleich, heute in Heathrow zu stehen und eine Boeing der British Airways zu sehen. Nicht nur bleiben Zielort oder Herkunft im dunkeln, sondern auch das Flugzeug, einzig durch die Farbe zu unterscheiden, gleicht jedem beliebigen einer anderen Fluggesellschaft. Wenn er allein schon eine Silhouette weit draußen auf See erblickte, sagte mein Vater »P&O« oder »*Viceroy of India*«.)

Die Welt sah unter diesen Gegebenheiten anders aus und wurde anders erfahren. Reisen bedeuteten etwas anderes und wurden entsprechend empfunden; die Länder, die man am Ende erreichte, waren nicht dieselben, in denen wir heute ankommen, weil sie einen anderen Platz in der Vorstellungswelt des Reisenden einnahmen. Ein Wechsel des Transportmittels verändert den Zielort. Das klingt seltsam, dessen ungeachtet ist es aber so. Das zeigte sich eines Tages im ganz Alltäglichen, als ich genügend über die Strömungen bei Tiwarik wußte, um nach Sabay zu schwimmen, dort Mittag zu essen und zurückzuschwimmen. In dem Moment nahmen beide Orte in meinem Bewußtsein andere Positionen ein, und seitdem empfinde ich beide anders. Das ist ein mysteriöses Gesetz, und meinem Vater, wie ungezählten Tausenden von Seefahrern und Schiffspassagieren, die auch das Zeitalter der Luftfahrt noch erlebt haben, muß es wohl bekannt gewesen sein.

Jetzt kann ich mir meinen Vater am besten mit seinem ramponierten und geschätzten Fernglas vorstellen und nicht mit seiner Kamera, mit der er so vollendet umging. Ich glaube, der Grund dafür ist, daß ich begriff, daß er jedes Mal, wenn ich ihn mit dem Auge am Sucher des Apparats erblickte, etwas sah, das wir später anschauen würden und pflichtgemäß bewundern. Doch schaute ich zur Seite und stellte fest, daß er sich völlig auf die Okulare des Fernglases konzentrierte, wußte ich, daß er woanders war und Dinge sah, in die niemand je eingeweiht werden würde, es sei denn, er ließe sich herab, sie mitzuteilen. Bei einem Urlaub, als ich noch sehr jung war, stieg ich mit ihm auf die Höhe einer Klippe, irgendwo an der Südküste Englands. Unterhalb befand sich ein kleiner Hafen, unweit davon, auf der Reede, lag so etwas wie ein Kriegsschiff vor Anker. Mein Vater war ganz aufgeregt.

»Meine Güte, schau mal, es ist die *Matapan*«, sagte er und stellte sein Fernglas darauf ein, um sich diese Gewißheit zu bestätigen. Dann reichte er mir das Glas, zeigte mir, wie erst jedes einzelne Okular und dann das ganze Gerät scharf eingestellt wird, und lag einige Zeit neben mir im Gras auf dem Bauch, wobei er mich auf Einzelheiten des untenliegenden Schiffes hinwies. Ich erinnere mich jetzt nur noch daran, wie klein es war, an seine graue Farbe, an die runden Allwetter-Klarsichtfenster, die in die geneigten Flächen auf der Brücke eingelassen waren, und vor allem an seinen Namen, *Matapan*. Gut dreißig Jahre lang verband sich mit dem Namen etwas Süßes und Bitteres: wahrscheinlich »Marzipan« und »Pa«. Nachdem ich dann die Philippinen zum ersten Mal besucht hatte, träumte ich lebhaft von einem Schiff, das aus dem Nichts auftauchte, aus den Tiefen der Erinnerung. Das Schiff selbst trug die Gesichtszüge meines Vaters: sein Gesicht und seine Haare waren grau, und es schien zu fauchen, als wäre es fürchterlich zornig. Ich erwachte, von kindlicher Furcht geplagt. Der Ursprung des Traums war eine Sache für sich, aber ich zerbrach mir tagelang den Kopf, um herauszufinden, warum er diese spezielle Form angenommen hatte. Dann fiel mir die neue Sprache ein, die ich gerade lernte. In Tagalog bedeutet *matápang* »stark« und »mutig«, und im Fall von alkoholischen Getränken klingt dabei »feurig« und »scharf« an. Ganz genau, es waren die Wutausbrüche meines Vaters, die ich fürchtete. Während der Schulferien mit ihm zu leben, bedeutete soviel wie über vermintes Gebiet zu gehen. Man begriff niemals so richtig, warum ein bestimmter Schritt falsch gewesen war, abgesehen von der Tatsache, daß etwas in die Luft geflogen war. Die Explosionen waren schrecklich.

Eine Episode eines anderen Urlaubs ist für mich von durchdringender Melancholie erfüllt. Ich habe heute keinen Schimmer mehr, was wir dort machten, doch wir waren an einem Ort namens Allhallows im Mündungsgebiet der Themse, etwas flußabwärts von Tilbury. Wahrscheinlich war es Mitte September, ungefähr zur Teestunde. Am Nachmittag herrschte dickster Nebel. Ich erinnere mich nur an eine feuchte, sumpfige Stelle am Rande einer wellenlosen Wasserfläche, die sich in der Ferne verlor. In diesem fahlen Licht stand mein Vater, mit seinem Fernglas suchte er die Nebelbank ab, die von der Nordsee her das Land überzog. Aus dem Nebel heraus tutete es von irgendwoher in tiefem Baß und verlieh allem die Atmosphäre völliger Düsternis. Nach einer Weile sagte er: »Ich glaube, es ist die alte *Burma Star*. Schnell«, und gab mir das Fernglas. Irgendwo da draußen im Grau erspähte ich eine noch grauere Masse, bevor der Nebel sie verschluckte. Es hätte ein gewaltiges Säugetier gewesen sein können, das auf dem Weg zum Meer und zu seiner geheimen Begräbnisstätte war. Dann tönte jenseits dieser undurchdringlichen Finsternis der volle Klang von Schiffsmaschinen über das Wasser herüber. »Ja«, sagte mein Vater zufrieden, »das wird die alte *Star* sein. Ohh.« Er seufzte tief. »Denk nur: Marseille, Genua, Port Said, Aden, Bombay, Rangoon...« Diese Litanei brachte mich den Tränen nahe.

Wirkliche Tränen sind mit meiner letzten Erinnerung an ihn und sein Fernglas verknüpft. Es war unser letzter gemeinsamer Urlaub. Canterbury lag gerade hinter mir, und ich bereitete mich auf Oxford vor. Ich war unglücklich verliebt, übelgelaunt, überhaupt nicht gewillt, mich an Familienferien zu beteiligen, eigentlich wollte ich nirgendwo sein. Mein Vater hatte damals weniger als ein Jahr zu leben. Bis zum heutigen Tag bin ich mir nicht darüber im klaren, ob er es wußte. Ärzte können genausogut wie alle anderen Menschen die Wahrheit vor sich verbergen. Wir waren im Süden Frankreichs, hatten Avignon besucht, uns Arles angesehen und waren jetzt nördlich an Marseille vorbeigefahren, um unterhalb von Fréjus wieder zur Küste zu gelangen. An irgendeiner Stelle, noch tief im Landesinneren, es könnte nahe Draguignan oder so weit östlich wie Grasse gewesen sein, picknickten wir auf einer Anhöhe. Mein Vater richtete sein Fernglas auf den Horizont. Ich blickte finster auf eine Pastete und bekam nur halb das Geräusch mit, das er machte. Als ich dann hochschaute, konnte ich von meiner Position etwas seitlich hinter ihm ein Auge voller Tränen sehen. Ich war schockiert. Es war bislang kein guter Tag gewesen, und es waren auch keine unbeschwerten Ferien. Fast erwachsen und ein fürchterlicher Egoist, entschied ich, seine Tränen als Ausdruck der Enttäuschung über seinen Sohn zu interpretieren. Voll Selbstmitleid versank ich noch tiefer in mich hinein.

Heute bin ich sicher, daß die Tränen meines Vaters nichts so Naheliegendem oder Prosaischem galten. Höchstwahrscheinlich kamen sie in einem jener Augenblicke, da ein Mensch eines gewissen Alters inmitten der Überreste eines Picknicks sitzt und plötzlich unfähig ist, durch ein Fernglas zu schauen, ohne etwas Anderes als nur das Imaginierte wahrzunehmen. Vielleicht erblickte er aus der Perspektive eines beschwerlichen Lebens voller Sorgen, jenseits von hundertzwanzig Kilometern schimmernder französischer Klarheit, den äußersten südlichen Zipfel der Alpen und fühlte noch einmal mit überwältigender Deutlichkeit, was Berge ihm bedeuteten, in einer früheren Zeit immer bedeutet hatten, als seine Aussichten, die sich seit damals durch jede Umwälzung in seinem Leben stärker eingetrübt hatten, noch unbeeinträchtigt waren. Vielleicht wußte er, wie wenig Zeit ihm noch blieb, vielleicht auch nicht, aber mit sechsundvierzig und bei seiner außerordentlich erfolgreichen beruflichen Laufbahn muß er gewußt haben, daß er niemals wieder die Zeit und die Kraft aufbringen konnte, den Fuß auf einen Gletscher zu setzen oder Tee mit Schmelzwasser des Annapurna aufzubrühen. Und in dem Zusammenhang: das Schicksal würde ihm auch nicht noch einmal solch einen glückseligen Umstand bieten, eingeladen zu werden, auf dem Pilotensitz einer RAF DC-3 Platz zu nehmen und, völlig ohne jede Ausbildung, dreißig Offiziere und Soldaten eine viertel Stunde lang hoch über Burma zu fliegen. Auf ihre Art waren auch das königliche Tage gewesen.

Was bedeutet er mir jetzt? Ich bin endlich alt und gemäßigt genug, um sehen zu können, was ich von ihm geerbt habe. Gewiß eine physische Ähnlichkeit. Hin und wieder überrasche ich mich bei einem Gesichtsausdruck, der seinem gleicht, und zwar für Fernsehauftritte als neurologischer Experte in der Serie »Your Life In Their Hands«: teils wehmütig, teils wichtigtuerisch. Wir sind noch in vielem gegensätzlich, von dem ich beschloß, daß es so sein sollte, aber zunehmend höre ich meine Stimme wie aus dem Nichts sagen: »Das würde er mögen«, oder »Wenn er das doch sehen könnte«. Schließlich gibt es einen Teil von ihm, der dem Drängen seines Elternhauses, Gutes zu tun, entronnen ist. Dieser entwischte seinem Praktizieren, seinem Kinder Zeugen, seinem Broterwerb, er unterlief seine Sehnsucht nach respektabler Stabilität und ließ sich ertappen, wenn er durch das Fernglas in weite Fernen starrte, in denen solche Dinge keine Rolle spielten. Kurzum, es muß Zeiten gegeben haben, in denen dieser Teil von ihm mir den Tod wünschte.

Das bereitet mir unermeßliches Vergnügen. Für einen Sohn ist das eine befreiende Erkenntnis, weil es ihn von jeder Pflicht entbindet, diese vertrackten elterlichen Gefühlsaufwallungen zu erwidern, die sich einfach und schlicht als Liebe ausgeben. Statt dessen kann ich ihm auf dieser anderen Ebene begegnen, über die er nicht sprechen konnte und wo ich nicht zugehört hätte. Zum ersten Mal fühle ich eine gewisse Nähe zu ihm. Bedenkt man, wie wenig Vater und Sohn sich kannten und daß sie kaum je miteinander sprachen, ist mein jetziges Empfinden eigenartig, daß unter allen Menschen ausgerechnet er es ist, der am ehesten verstünde, was ich in den Wäldern von Kansulay und in den Riffen von Tiwarik treibe, obwohl er genauso zurückhaltend gewesen wäre mit dem Versuch, es in Worte zu kleiden, wie es auch mir letztlich nicht gelingt. Dieser Gedanke dient zum Teil dazu, mich daran zu erinnern, daß ich – genausowenig wie mein Vater – keinen Sohn habe, mit dem ich eine Erfahrung teilen könnte.

Jetzt, viel zu spät, vermisse ich ihn. Er ist schon lange dahin.

Der gegenüberliegende Gebirgszug ist zur Ruhe gekommen. Hinter ihm dämmert der Morgen, und das stärker werdende Licht hat seine schwarzen Konturen erstarren lassen. Die Sterne verblassen, und die Nacht verabschiedet sich mit einem großen türkisfarbenen Seufzer. Steif komme ich auf die Beine und strecke mich. Dort tief unten im Meer, über dessen Oberfläche der Morgenwind streicht, werden die Papageifische aus ihren Schleim-Schlafsäcken schlüpfen, die sie sich für die Nacht bereitet hatten. In den Korallen findet ein Schichtwechsel statt: die Beutetiere der Nacht machen Platz für die des Tages. Dazwischen scheint die Zeit in der Schwebe, zwanzig Minuten lang beinahe ohne Bewegung, eine allgemeine Pause, als wäre die Aufmerksamkeit aller Lebewesen völlig gefangengenommen vom täglichen Wunder des zunehmenden Lichts.

Ich gehe hinunter zum Strand. Die Einsiedlerkrebse sind weg; nichts regt sich. Aus der hohlen Hand trinke ich ein paar Schluck. Es ist herb, süß, lebendig. Ich schwimme nackt hinaus und gleite die blauen Schluchten hinab.

KAPITEL 9

Irgend etwas ist mit dem Wetter geschehen. Möglicherweise handelt es sich um einen Vorgeschmack des *habagal,* des Südwest-Monsuns. Die Tage sind verhältnismäßig windstill, aber es ist vielleicht der Mond, der bei Einbruch der Dunkelheit das Wasser zu unruhigen Wellenbergen auftürmt, wenn die Ebbe ungewöhnlich weit zurückweicht. Es ist die entsprechende Jahreszeit. Die Spitzen der Korallen ragen über dem Wasserspiegel empor, ebene Flächen, von tiefen Einschnitten aufgebrochen. Im Wasser wird man auf spitze Grate geschleudert: Felsen tauchen auf und schlagen dem Schwimmenden die Schulter blutig, während er sich gegen den zurückweichenden Sog stemmt. Das Wasser selbst ist trüb, die Turbulenzen der oberen Schicht reichen hinunter zu den Nischen mit Schlick, beziehen ihn ein, der vor langer Zeit aus dem Land gewaschen wurde. Die Gezeiten sind voll von Plankton und Diatomen. Es lohnt sich nicht mehr, des Nachts zu fischen, die Sicht ist so eingeschränkt, daß man blind in einer schwarzen Suppe taucht, die mit Seeigelminen durchsetzt ist.

Ich fahre in meinem Boot von Tiwarik hinüber und besuche Freunde auf den tiefer gelegenen Berghängen hinter Sabay. Überall zwischen den Kokospalmen und steilen roten Feldern mit ihren zusammengebackenen Erdklumpen sind die ausgebleichten Haarschöpfe der Fischer zu sehen, die vorübergehend das Meer verlassen haben, um das Land zu bestellen.

Ihre Flexibilität überrascht mich. In Kansulay halten die Menschen die Arbeit der Bauern und Fischer eher getrennt und schlüpfen nicht in andere Rollen, wenn das Wetter ihnen nicht paßt. Statt dessen bleiben sie in den Häusern und trinken, eine Beschäftigung, die beiden Seiten angenehm ist.

Ich entschließe mich, für ein paar Tage die Küste hinauf nach Kansulay zu gehen, und lasse das Meer sich vom Kampf mit dem Mond erholen.

Kansulay, Morgendämmerung. Das Krähen unten von Sisings Hahn wird an andere in den Palmen versteckte Hähne übermittelt, von ihnen aufgenommen und weitergegeben, manchmal brüchig und unstimmig, andere treffen den archetypisch richtigen Ton, wie Gebetsrufe aus Laubminaretten, die leiser unten im Dorf ankommen. Ich bin aufgestanden und bewundere das Gewusel in Luft, Gras und Gebüsch. Alles glänzt: der schimmernde Tau und die natürlichen Öle blinken auf den blassen Mittelrippen der Bananenblätter, die im eleganten Bogen in der sanft aufsteigenden Luft schwingen. Tag um Tag ist es das gleiche, obwohl diese – wie alle Morgendämmerungen – so tut, als wäre sie die erste der Weltgeschichte. Die Vögel veranstalten ein besonders lautes Spektakel. Die Geräusche sind wie alles andere ein Teil des Geschehens, der Teil, den ich am meisten vermisse, wenn ich in Italien lebe. Das Haus dort verfügt zwar über eine erstaunliche Aussicht, und die Abgeschiedenheit der rauhen Hügellandschaft mit ihren großen seufzenden Wäldern übermittelt getreulich den Wechsel der Jahreszeiten, doch was das Hören angeht, ist jener Ort eine Wüste. Diese Seuche, nichts Lebendes erblicken zu können, ohne es sofort töten zu wollen – vorzugsweise mit einem automatischen Gewehr –, hat überall eine Stummheit erzeugt, die vorwiegend nur durch Gewehrschüsse gebrochen wird. Eine andere meiner Landschaften. Vor über einem Vierteljahrhundert hat Rachel Carson den stummen Frühling vorhergesehen; in meinem Teil der Toskana ist es bereits dazu gekommen. Nur wenige Monate lang ist es einem vergönnt, im Schatten der Weinreben zu liegen und das außergewöhnliche Geräusch schneller Flügelschläge zu hören, welche die Luft mit hundert Stundenkilometern durchschneiden, ein atemberaubendes Sausen wie von Segelflugzeugen, zuweilen so überraschend und so nahe, daß man, als erfaßte einen eine Urangst vor gigantischen Raubvögeln, eine Gänsehaut bekommt.

In Kansulay kommt das Brausen in der Luft vorwiegend von den gezackten Flügelspitzen der Krähen, die ihren englischen Entsprechungen nicht unähnlich sind, wenn sie flügelschlagend über den Gebirgskamm ziehen, um nach Küken Ausschau zu halten, die ihren Müttern durchs Unterholz folgen und ein Auge immer gen Himmel richten. Ein weiterer charakteristischer Klang stammt von den Flügeln der zaunkönigartigen Vögel, schimmernd braun, mit zarten gebogenen Schnäbeln, ähnlich wie Teppichnadeln. Wenn sie um die *lumboy*-Bäume herumflattern, produzieren sie mit ihrem Flügelschlag einen explosiven Wirbel, der dem von Schwärmern gleichkommt, die in der Abenddämmerung Nektar nippen. Zum dritten ertönt das schmissige, klare Geräusch des engen und kräftigen Flügelschlags der Pirole, wenn sie einander in ihren Luftübungen jagen oder eine Krähe zurück in ihr Territorium scheuchen.

Der Pirol ist der philippinische Nationalvogel, ein sehr schönes Tier, nicht viel größer als die englische Amsel, aber schlanker, stärker und mit einem schweren rosafarbenen Schnabel. Seine Federn sind strahlend gelb und schwarz, gegen die grünen Blattrippen der Kokospalmen, deren Spitze er erklimmt und umschwirrt, glüht er wie ein üppiges Juwel. An dem betreffenden Morgen hängt einer an der Schnur um Kados Hüfte, dem neunjährigen Sohn von Sising, der ein paar Stunden später mit Freunden in der Lichtung auftaucht. Sie kommen auf mich zu, lächeln, wirken tüchtig. Meine Jäger, ihre Zähne blitzen in der Sonne. Alle tragen Katapulte und Schnüre, von denen kleine Vögel kopfunter herabbaumeln, einige flattern noch schwach gegen die Shorts. Ich gratuliere ihnen zu ihrer Geschicklichkeit.

»*Pulutan lamang*«, sagt Kado abwertend. »Nur Snacks.« Aber sie sind offensichtlich stolz. Einer der Jungen zielt auf etwas in einem nahen Baum. Ein kurzes Schnarren des Gummibands, ein Stein schlägt gegen Holz und surrt weg übers Tal. Der Junge schüttelt den Kopf und lacht. Auch ich lache, fühle Bewunderung, die in Eifersucht umschlüge, wäre ich nicht selbst Harpunenfischer. Alle, die den Nationalvogel auf zwanzig Schritt Entfernung mit dem Katapult herunterholen können, wissen in dieser Welt zu leben. Kado nimmt jetzt den beeindruckenden Leichnam von seinem Jagdgurt. Die safranfarbene Brust ist mit Karmesinrot durchzogen, denn sein Kopf ist zertrümmert, und ein Auge ist völlig rausgeschlagen. Beispielhafter Schuß.

»Hübsch«, sagt er, während er ihn bäuchlings auf den Boden legt und seine Flügel ausbreitet, als flöge er noch hoch über einer endlosen Weite. Einer seiner Begleiter fügt weitere kleine Vögel aus seiner Sammlung hinzu, meist Finken. Die Kämpfe der noch lebenden haben die Schlingen um ihre Füße fester gezogen, so daß es ihm schwerfällt, die Knoten zu lösen. Er zerrt ungeduldig, und ihr Zwitschern wird schrill; noch etwas fester, und es wird zu einem dünnen, winzigen Schreien. Wie Zweige brechen ihre Füße ab, und das Kind legt diese gewaltsam Amputierten zu der Reihe am Boden, wo sie mit den Flügeln im Staub schlagen. »Sieben«, sagt er. »Sehr gut, wenn sie geröstet sind.«

Die Klangqualität von Pein hat nichts mit Lautstärke zu tun. Das trifft auf eine Mozart Oper zu und auf ein Verhör. Vermutlich schreien diese Vögel aus voller Kehle, aber in Dezibel gemessen ist der Ton nicht so laut wie bei ihrem üblichen Lied zur Morgendämmerung. Er ist nur hoch, hoffnungslos und andauernd. Das erinnert mich an einen Morgen, als ich in aller Frühe einen italienischen Bauern aufsuchen mußte und ihn in der Küche beim Kaffeekochen traf, als er gerade seine Mausefallen inspizierte. Es waren keine Fallen, die zuschnappen, sondern dicke, mit Vogelleim bestrichene Papierfetzen. An jenem Morgen klebte eine Maus auf einem Blatt Papier am Boden vor der Speisekammer, ihr nächtliches vergebliches Abstrampeln war deutlich an dem sie umgebenden zähen Leim abzulesen. Während der Bauer erzählte, was der Hagel am vorhergehenden Nachmittag in seinem Weinberg angerichtet hatte, knüllte er alles – Papier, Leim und Maus – zusammen und warf den Ball ins Feuer. Ich hatte nicht darauf geachtet, was er tat, und war, da die Maus sich natürlich nicht regte, davon ausgegangen, daß sie tot war. Als aber der Papierball im Kamin Feuer fing, ertönte von dort ein winziger, entsetzlicher Schrei. Ich glaube nicht, daß der Bauer ihn überhaupt bemerkte: Es war weniger als das Entweichen von Dampf aus einem feuchten Scheit, weniger als der Atemstoß eines Hummers in der Küche eines Restaurants. Dieser kaum hörbare Aufschrei ohnmächtigen Schmerzes, jetzt wieder durch die Finken gegenwärtig, klingt mir immer noch in den Ohren und löst banale Überlegungen aus, die zu anderen banalen Überlegungen führen: *Welch zufälliges Geschick erwartet mich?* und: *Fühlen Fische weniger, weil sie schweigen?*

In Wirklichkeit sind nicht alle Fische stumm, wenn sie der Spieß trifft. *Bujhong,* der langschnäbelige Aal, gibt ein *ow, ow, ow* von sich, als protestierte er gegen eine monströse Ungerechtigkeit. Viele Arten des Horn- oder Drückerfisches (wie der *boriri)* machen ein trommelndes Geräusch. Vielleicht sind das Alarmsignale, nicht Ausdruck von Schmerz: Gelegentlich habe ich sie von Fischen gehört, wenn sie bedroht wurden, aber unangetastet blieben. Die meisten Arten schlagen nur lautlos mit den Flossen, bewegen das Maul oder haben es sperrangelweit zu einem *O* aufgerissen, wobei die zarten Chitinplatten des Mauls und der Bäckchen voll ausgedehnt sind und, weil sie nicht länger übereinanderliegen, durchscheinend werden, die Lippen des Fisches treten gespenstisch aus dem Gesicht. Ich bin distanziert, ich habe Gewissensbisse, ich esse. Doch ich weiß, daß ich eines Tages nur Gemüse essen werde. Nicht, daß ich gerade zimperlich wäre (Tod klebt an meinen Händen, und sie kennen ihre Aufgabe), sondern ich bin meine Phantasien leid, ich bin es leid, Schmerz zuzufügen. An einem gewissen Punkt ist Töten-um-zu-essen eine Begründung, keine Erklärung. Eine Erklärung gab Rilke, als er sagte: »Töten ist eine Gestalt unseres wandernden Trauerns.«

Kaum bin ich wieder in Kansulay, entdecke ich, daß mein Rückzugsort am Berg nicht mehr die einstige abgeschiedene Festung ist. Des Nachts üben Lolang Matings gespenstische Geister zweifellos immer noch ihren Schutz aus, aber wenn das Tageslicht voll auf dem jähen Hügelgrat liegt, bewegen sich die Kinder mit langstieligen Fischnetzen von einem tiefen Schatten zum nächsten. Die *duhat*-Zeit ist gekommen.

Den Schatten werfen die altehrwürdigen *duhat*- oder *lumboy*-Bäume, jeder schwer mit purpurnen Früchten. Diese Früchte sind wie eine Hagebutte so groß, haben innen einen einzigen Stein, das Fleisch ist wässrig blau, süß-herb, mit leicht harzigem Geschmack. Ich werde ihrer schnell überdrüssig, aber andere schätzen sie sehr. Jetzt zieren die Kinder in ihren bunten Fetzen von T-Shirts und zerrissenen Baumwollshorts die Zweige, rufen aus riesigem Blättergewölk hervor, fröhliche Papagei-Stimmen, während unter ihnen frisch abgelutschte *duhat*-Steine wie Vogelkleckse zur Erde prasseln. Meine Hütte steht unmittelbar unter einem Baum. Der Klang der Steine, wie sie auf mein sonnengedörrtes Strohdach pladdern, treibt mich aus dem Haus, und nach oben blickend sehe ich vollbeladene Äste mit Kindern, die untereinander wetteifernd die Zunge begutachten, um festzustellen, wessen am blauesten ist.

Daß es noch einen weiteren Strom des Dorflebens gibt, der hier durchzieht, wird mir klar, als mich einige Jungen, Teenager, einer von ihnen Lolang Matings jüngster Enkel, aufsuchen und fragen, ob ich eine alte Dose hätte, die sie sich borgen könnten. Ich glaube, es geht um *duhats,* und leihe ihnen einen überflüssigen, ramponierten Aluminiumtopf mit Griff, den ich einmal auf dem Meeresgrund gefunden hatte und den ich jetzt benutze, um wilde Bohnen zu sammeln. Die Jungen danken mir feierlich und verschwinden hinter einem Baum. Ich mache mich wieder ans Schreiben. Rauch treibt durch den Schatten vorbei und hinauf zu einer Palme, hinter deren Krone wolkenloses Blau liegt. Dem Rauch ist der Weg versperrt, und er spaltet sich im Schatten der Blätter auf, schlüpft durch sie hindurch und verschwindet hinter ihnen. Schließlich schaue ich nach, was sie treiben.

Mit einem gewissen Ernst kochen sie über offenem Feuer. In dem nunmehr geschwärzten Topf über den Flammen, dessen Inhalt vor Rauch und Dampf schwer erkennbar ist, befindet sich ein Gemüsebrei. Sie kochen Guava Blätter auf, deren Sud gut für frische Wunden ist. Wer ist denn verwundet worden? Sie alle – ist die Antwort. Ihr Herumdrucksen und die unnatürliche Ruhe sind ein Zeichen für Schmerzen, denn gerade an diesem Morgen hatten sie sich unten im Dorf bei einer Hütte eingefunden und waren beschnitten worden.

Mitfühlend durchzuckt mich die Pein, was ich unter beiläufiger, munterer Besorgnis verberge. Dies sind keine Kinder: der Älteste ist sechzehn. Ich rate ihnen, falls die Guava Blätter nicht wirken, wieder zurückzukommen, dann würde ich ihnen Sulfonamid Pulver geben. Die Idee eines medizinischen Rückhalts gefällt ihnen, und sie leihen sich eine Nagelschere, um ein einigermaßen sauberes mitgebrachtes T-Shirt zu zerschneiden. Sie fertigen eine Anzahl runder Flicken und schneiden unter viel Gefrotzel über die Größe ein Loch in die Mitte. Dann packen sie ihren Topf mit dem Gebräu und ziehen sich lachend zurück.

Zuerst dachte ich, daß es sich hier um ein eigenartiges Überbleibsel aus der Zeit der Amerikaner handelt, kleinbürgerlich-puritanisch besessen von Hygiene oder

Schuld, das ungeachtet medizinischer Indikationen die Verstümmelung männlicher Kinder vorschrieb. Das trifft jedoch nicht zu. Zumindest in dieser Provinz ist Beschneidung ein wirklicher Ritus, Eintritt ins Mannesalter. Das geht in der Tat so weit, daß Jungen, solange sie unbeschnitten sind, oft als *baklâ* bezeichnet werden, ein Wort, das man ungefähr mit »effeminierter Homosexueller« übersetzen kann. Für den echten *baklâ* gibt es einen anerkannten Platz in der Gesellschaft, und welchen Spott er auch auf sich ziehen mag, dieser ist weit eher eine Belustigung, die den anderen gelten läßt – sogar Zuneigung –, und eben keine gnadenlose Hetze, wie sie sich gewisse andere Kulturen leisten. Wie harmlos auch immer, so ist es dennoch Spott, dem allerdings augenscheinlich durch den Griff zur Rasierklinge schlicht der Boden entzogen werden kann, und es stellt sich ein sehr einfacher Grund dafür heraus. Die Jungen von Kansulay meinen nicht, ihre sexuelle Orientierung sei davon abhängig, sich als angehender Teenager einer Operation ohne Narkose zu unterziehen. Vielmehr herrscht klipp und klar die Annahme, daß eine Frau von einem unbeschnittenen Mann nicht empfangen kann. Das Wissen um diesen Irrtum hindert sie natürlich nicht daran, ihm Glauben zu schenken, genauswowenig wie irgendwelche anderen Kenntnisse die geringste Auswirkung auf Überzeugungen haben. Vielleicht ist es am Ende nur eine schwere Prüfung, zu der sich viele hingezogen fühlen, und sie wählen dafür die langen Schulferien (die zufällig mit der *duhat*-Saison zusammenfallen), damit sie sich in Ruhe erholen können.

Täglich kommen die Jungen zum Berg zurück, um frische Blätter aufzubrühen und ihr verletztes Glied einzureiben. Etwas barsch erkundige ich mich, wie es ihnen gehe: Die Wahrheit ist, sie sind ganz unbefangen, und ich bin verlegen. Ich weigere mich, mir irgend etwas anzusehen; ich beharre darauf, daß ich kein Arzt bin. Mir graust bei dem Gedanken, daß meine Hütte in eine unheimliche Waldklinik verwandelt wird. Ich kann schon die Sonntagsausgaben englischer Boulevardblätter vor mir sehen. *Wer ist dieser mysteriöse Ausländer, der sich als Arzt ausgibt und in dessen einsamem Haus ein ständiger Strom heranwachsender Jungen intime Untersuchungen über sich ergehen läßt?* Nach einigen Tagen, als aus den Bemerkungen der Jungen deutlich wird, daß Guava Blätter sie nur langsam heilen (nicht überraschend angesichts der dunkelbraunen Flüssigkeit mit ihrem leicht silbrigen Film wie bei einer Kanne kaltem Tee), gebe ich ihnen orangefarbene Papierbeutel mit Sulfonamid Pulver und weise sie an, dieses sparsam auf einem sauberen, trockenen Wundverband zu verwenden. Wenigstens einige Tage lang keinen Sud, kein Waschen, nichts Nasses und, wenn die Wunde noch weiter näßt, noch mehr holen. Ich bin eine Internats-Hausmutter, die sich um *tinea cruris* (Fußpilz) der Rugby-Mannschaft kümmert.

Sie brauchen alle zwei Beutel, und es kommt mir natürlich der Gedanke, daß sie diese an den Apotheker, bei dem ich sie besorgt habe, zurückverkaufen könnten und auf die bewährten Guava Blätter vertrauen, die schließlich alle anderen zu kurieren schienen. Auf der anderen Seite ist der Apotheker weit weg in der Stadt, und nach einigen Wochen grüßen mich die Jungen im Dorf, indem sie mir aus ihren Häusern zurufen, daß sie sich jetzt erholt hätten.

»Du bist aber immer noch *baklâ*«, *kontert* eine spitzbübische Schwester. Gelächter von allen Seiten unter den Bananenbäumen und Kokospalmen, in das der betreffende Junge mit einstimmt. Das gutmütige Johlen scheucht die Hühner und Schweine auf.

Rund um mein Haus auf dem Hügel ist es jedoch des Nachts noch so menschenleer, wie ich es mir wünsche. Lolang Mating hält alle gelegentlichen Besucher auf Abstand, das glimmernde Holz ihrer verfallenen Behausung ist eine Grenze, über die niemand unbegleitet den Fuß zu setzen wagt. Nicht einmal Sising kommt allein herauf. Statt dessen ist meine Hütte der Treffpunkt für Besucher, die nicht Menschen, sondern von einer Art sind, welche die schlimmsten Befürchtungen der Abergläubischen verstärken. Die *lumboy*-Bäume sind brechend voll von großen Fledermäusen, die Früchte fressen, sich bekämpfen und raufen, die Luft hallt vom Schlag ihrer ledernen Flügel wider. Einige haben Körper von der Größe einer Katze und Flügel mit einer Spannweite von gut einem Meter. In der Abenddämmerung steigt aus dem Wald eine Wolke kleinerer Fledermäuse in den purpurnen Himmel auf, aber erst wenn es richtig dunkel ist, breiten diese Flughunde ihre Schwingen aus, segeln von den Wipfeln des Waldes herüber und lassen sich beim Baum hinter meiner Hütte nieder, das Geräusch gleicht dann dem Ausschütteln eines dicken nassen Regenmantels. Die ganze Nacht lärmen sie in dem Geäst, wobei Zweige und *lumboy*-Steine auf mein Strohdach regnen. Hin und wieder fliegt unversehens eine der kleineren Fledermäuse stracks durch meine Hütte, zum einen offenen Fenster herein, durch das andere hinaus, nur ungefähr dreißig Zentimeter von mir entfernt, der ich auf der Matte am Boden liege, den nackten Körper befächelt von ihrem wirbelnden Flügelschlag.

Eines Nachts wirken die Fledermäuse besonders laut: Mein Schlaf wird durch ein anhaltendes dünnes Wimmern, ein verlorenes, hoffnungsloses Wehklagen unterbrochen. Mit der Morgendämmerung habe ich es vergessen, aber bald darauf kommt eine Gruppe Jungen, die triumphierende Laute unter dem nahe stehenden *lumboy* von sich geben ... Ich entdecke, daß sie tags zuvor eine Falle gelegt haben, welche aus einem einzigen Nylonfaden hoch in der Luft besteht, an dem Angelhaken hängen. Einer der Flughunde hat sich in zwei dieser Haken verfangen, hoffnungslos verheddert und die ganze Nacht dort gehangen.

Ein Junge klettert hoch, es wird ziemlich viel herumgebrüllt, meist Anweisungen und Vorsichtsmaßregeln, denn die

Fledermaus ist noch immer sehr lebendig und hat einen Kiefer von der Größe einer kleinen Katze, aber enger und mit nadelfeinen, scharfen Eckzähnen. Nach einigem Gerangel in den Zweigen, währenddessen die Fledermaus zweimal schreit, fällt sie – immer wieder aufschlagend – durch die Zweige zu Boden, wo sie sich kraftlos hochhebt; weil der Junge ihre Schwingen in der Mitte gebrochen hat, sind sie und ihre zarten, kleinen Hände unbeweglich geworden. Die gesplitterten Knochenenden stechen jetzt durch den rötlichen Pelz der beiden Vorderarme hindurch. Ihr Kopf dreht sich, um der Bedrohung zu begegnen, die Augen sind riesig und schwarz und vollkommen rund wie Tintentropfen. Ich bin erschüttert von ihrer Verwundbarkeit, die gleichermaßen durch das Herausnehmen aus ihrem gewohnten Element wie durch die Haken und gebrochenen Knochen verursacht scheint. Sie ist Opfer des Tageslichts, ein Fisch, der aus dem Wasser genommen wird, aller Fähigkeiten beraubt, die sie normalerweise so stark machen. Die Jungen binden ihre Flügel ausgestreckt auf einen Rohrstock; gekreuzigt – die Fledermaus blickt von einem zum anderen.

»Nehmt sie weg und tötet sie schnell«, sage ich schroff. Die Jungen sind erstaunt über meine Wut; sie wissen nicht, daß meine Hütte durch ihre achtlose Brutalität geschändet wurde. Ich veranlasse sie, ihre Angelhaken abzunehmen, und verbiete ihnen, sie irgendwo in der Nähe anzubringen. Gleichzeitig steigert sich meine Verärgerung, weil ich mir zuhören muß, wie ich diese gereizten Befehle erteile. Wer bin ich, daß ich Menschen verbiete, für ihre Nahrung Fallen zu stellen? Ich bin kein aktiver Tierschützer (wie könnte ich das, ohne zu heucheln?), und noch viel weniger besitze ich auch nur einen einzigen Quadratzentimeter ihres Grund und Bodens. Doch mein Leben würde unerträglich werden, versuche ich zu erklären; ich könnte nicht mehr schlafen, weil ich ständig lauschen würde, wenn ich wüßte, daß in der Nähe Fallen gelegt sind.

Sie tun so, als verstünden sie es, und sind einverstanden, sie weiter weg aufzustellen, ein Kompromiß, den ich akzeptiere. So ist Arkadien. Später am Tag komme ich am Haus eines der Jungen vorbei und sehe, daß die Fledermaus an ihrem Kreuz noch lebt, obwohl durch Verletzungen und Durst sichtlich geschwächt. Mein Blick versucht dem jungen Mann, der sich aus dem darüberliegenden Fenster lehnt, etwas zu vermitteln, aber er lächelt nur. Keine Elektrizität, kein Kühlschrank, kein schneller und früher Tod, hätte er sagen können. Aber er täte es nicht: es bedeutet ihm einfach nichts.

Meine Hütte bleibt in all dem ruhig und ausdruckslos. Sie lebt wie ich, wie wir alle, ist allen möglichen tierischen und pflanzlichen Aktivitäten ausgesetzt. In einigem ist dieses Leben einem nie endenden Campingurlaub vergleichbar, davon abgesehen, daß die Möglichkeit, unter dem eigenen Dach aufrecht zu stehen, ein Luxus ist, während mich das Hineinkriechen unter eine Zeltplane niederdrückt. Das Sammeln und Trocknen von Feuerholz, das tägliche Wasserholen von der Pumpe bei Bini und Sising, das gehört einfach zu der üblichen Hausarbeit, die man erst dann bemerkt, wenn das Wetter schlecht ist. So etwas wird schlicht zur Gewohnheit. Schwerer fiel es mir, mich an die permanente Unbequemlichkeit einer kissenlosen Welt anzupassen: rechtwinklige Stühle aus Bambus, Bänke aus zwei Stangen, die über einem Gestell festgezurrt sind, Sitze aus gespaltenen, dicken Scheiten. Der Körper berührt den Boden an den Fußsohlen; alles andere kommt mit hartem Holz in Kontakt, das von dünnen Hintern und knochigen Gliedmaßen poliert ist. Ich schaue mich um nach irgend etwas, irgendwo, auf dem sich bequem sitzen läßt. Ich träume von meinem Studierzimmer in der Schule, vom Gemeinschaftsraum an der Universität, von Bibliotheken und Clubs. Ich komme aus einer Sitzkultur, wo versunken in großen Polstersesseln spekulative Unterhaltungen geführt wurden, die Räume mit Wänden voller Bücher.

Ich bin (sage ich mir) ein Junggeselle im Stil der viktorianischen Zeit, à la Sherlock Holmes. Ich sehne mich nach einem abgetragenen Lieblings-Hausrock, nach Sesseln, über deren runde, mit Polsternägeln gearbeitete Armlehnen ich meine Beine schwingen kann, nach einem Glas guten Cognac, »um den nächtlichen Gedankenfluß« zu fördern. Ein Problem von drei-Pfeifen-Länge, rauchgeschwängerte Gemächer für Ideen-Entwürfe, stille Zimmer, in denen sich das Eigenleben des Denkens ungehindert entfalten kann... – all das gibt es im Filipino-Leben nicht.

Und am Rande dieses rotweingetränkten Unsinns führt mich etwas in eine andere Richtung, und ich befinde mich jenseits allen Unbehagens. Plötzlich erscheint der Lattenboden, auf dem ich schlafe, als der bessere Entwurf für den Körper, die Brise, die durch ihn hochdringt, ist köstlich kühl. Das Leben wird nicht luxuriös, doch es wird wieder durchaus möglich, das Sehnen nach Weichheit ist weg. Was gibt es Besseres, als stehend zu schreiben wie so viele Viktorianer? Ich könnte mir vorstellen, daß Dodgson den größten Teil von Alice stehend geschrieben hat; Edward FitzGerald schrieb *Rubaiyat* im Stehen; unverwüstliche anglikanische Lieblingslieder wie »Vorwärts, Christi Streiter« und »Durch die Nacht voll Not und Zweifel« flossen aus der Feder von Pfarrer Sabine Baring-Gould, als er sinnend an seinem Pult stand. Ich kaufe mir Nägel, borge mir eine Säge, schlage etwas Bambus. Jetzt steht vor meiner Hütte im Schatten des *lumboy*-Baums ein behelfsmäßiges Stehpult aus Bambus, an dem ich schreibe. Die Kinder sind verdutzt. Ständig werden neue Standards des Bizarren aufgestellt. Schreiben ist sonderbar, aber auf einem Berg stehend schreiben, umgeben von Wald und Palmen, ist jenseits des Sonderbaren und reif für eine neue Mode.

Andere Anpassungen sind auch notwendig. Eines Abends fängt es an zu nieseln. Später in der Nacht werde ich durch Wasser, das auf meine Rippen tropft, geweckt. Draußen regnet es stetig und in Strömen, die Dachabdeckung aus letztjährigen Palmwedeln kann dem nicht ganz standhalten. Eine weitere Reparatur am Morgen, denke ich: einige Palmzweige schneiden, einige neue Teile *sulirap* weben. Es ist noch früh für die Regenzeit, doch trotzdem ist es soweit, sich auf das Einsetzen der eigentlichen Sintflut des Monsuns vorzubereiten. Auf der Suche nach einem trockenen Fleck wälze ich mich auf dem Boden herum. In diesem halbwachen Zustand, als ich die Augen aufschlage und alles finster ist, frage ich mich, wieviele meiner ehemaligen Klassenkameraden – nun alle in den Vierzigern – sich des Nachts auf dem Boden rollen müssen, um der lecken Stelle im Dach auszuweichen. Welch ein Beweis bodenlosen Versagens wäre das für mich in jenen Tagen gewesen, wenn ich gewußt hätte, was die Zukunft für mich bereithielt. Ich hätte überhaupt nicht verstanden, wie solch ein Unheil mich hat treffen können, daß ich mein Geburtsrecht dadurch verwirkt habe, nämlich ein respektabler und gutsituierter Engländer der Mittelschicht zu werden. Ich wäre wahrscheinlich gezwungen gewesen, den Schluß zu ziehen, daß ich an irgendeinem Punkt meines Lebens dem missionarischen Eifer zum Opfer gefallen war: aus meinem tiefsten Inneren war unerbittlich der Ruf an mich ergangen, irgend etwas Genetisches hatte durchgeschlagen und mich zu guten Werken im Busch verdammt.

Zu der Zeit, als ich in der Klasse saß und über eine Karriere nachdachte, wäre mir eine weit einfachere Wahrscheinlichkeit nicht in den Sinn gekommen, daß mich statt dessen etwas einholen sollte, das wesentlich freiwilliger und durchaus vernünftiger war: ein totaler Überdruß allem gegenüber, was ich eigentlich werden sollte. Denn damals hatte ich noch nicht geahnt, daß mich eines Tages diese überaus prosaische Welt, die wir ernsthaft für uns ins Auge faßten, verwirren sollte oder daß es mich verblüffen würde, auf welche Weise so viele Menschen erfolgreich die unübersehbare Konstruiertheit solch einer Welt und ihre Verfallserscheinungen ignorierten. Mein jugendliches Selbst sah damals zu keiner Zeit mein Erstaunen darüber voraus, daß eine riesige Anzahl von Individuen so unverrückbar immun gegen Ablenkung, nämlich gegen das Verströmen von Licht, von Gerüchen und Klängen, bleiben konnte sowie gegen hinreißende Unordnung und das behutsame Vergnügen, wagemutig an den Brüchen eines Universums zu leben, das so offensichtlich und so sublim überhaupt nicht entworfen worden war. Wie hatte ich nur je erwägen können, morgens und abends im Verkehrsstau auf der South Circular Road zu stehen, dabei Radio zu hören und zu fluchen, und noch unvorstellbarer, all das als einen angemessenen Preis zu akzeptieren? *(O Zeit zu flüchtig, O Flüchtigkeit ohn' Ende.)* Irgend etwas fehlt mir, und dieser Zustand ist unheilbar. Wegen dieses Mangels sehne ich mich nicht danach, Burton oder Speke zu sein, aber er zwingt mich anzuerkennen, daß Erforschen immer auch ein Element des Wunsches in sich birgt, verlorenzugehen.

Und ich bin verloren: mit offenen Augen, ohne etwas zu sehen in einer Hütte auf einem Hügel in einem Wald, von dem nur schwer vorstellbar ist, daß er sich auf irgendeiner Karte finden ließe. Es ist sogar kaum ein richtiger Ort, eher ein Fleck für schlaftrunkene Grübeleien, nicht unähnlich jenen eines mit Unterbrechungen dösenden Fluggastes, der aus dem Fenster auf die dunkle Erde unter sich schaut, schwach eine Ansammlung von Lichtern erblickt und sich träge fragt, wo sie ist und wie sie heißt, eine namenlose Insel in einem unbekannten Meer. Dann, die Kopfhörer aufgesetzt, nickt er wieder kurz ein und versinkt hinter dem Horizont. Wie oft habe ich des Nachts nach oben gesehen: von Wellenkämmen aus, von einer Wüste oder einem Wald aus, habe die blinkenden Lichter beim Vorüberziehen beobachtet und auf das abnehmende Dröhnen gehört.

Ich gehe früh morgens aus dem Wald hinunter zum Dorf, um einen örtlichen Regierungsbeamten der regionalen Wasserbehörde oder so ähnlich zu treffen. Er könnte herrisch sein, weil er und nicht ich die Amtsgewalt in solchen Dingen hat. Auf der anderen Seite könnte er zuvorkommend, gar unterwürfig sein, weil ich, so das Gerücht, an Geld herankomme und er sowie sein Bezirksrat sicherlich nicht. (Jetzt, in diesem Fall, ist er charmant und unbrauchbar mit einem »San Miguel Bier«Bauch, der sich unter seinem nachgemachten Lacoste Sporthemd wie ein Tumor hervorwölbt.)

Während ich auf das Dorf zulaufe, schweben die ersten Schmetterlinge wie glitzernde Membranen aus dem Schatten in die Sonne, bevor sie wiederum aus dem Licht taumeln und zu großen Insekten werden. Ich begegne nun auch den ersten Dorfbewohnern, die auf dem Weg zum Wald sind, zu Grundstücken, die sie beackern, oder zu Hütten, wo sie Schweine, Ziegen, Hühner halten und die sie oft untertags als zeitweiligen Stützpunkt nutzen. Wenn sie Küken haben, die noch nicht alt genug sind, um auf der Stange zu sitzen, verbringen möglicherweise einige Familienmitglieder auch die Nacht dort, um Schlangen, Wildkatzen und Krähen zu verjagen. Während der weit vom Dorf entfernten Kopra-Herstellung und besonders, wenn die Grundbesitzer ihren Arbeitern Überstunden abverlangen, damit die Lieferung ein bestimmtes Schiff erreicht oder ein günstiger Marktpreis erzielt wird, werden diese Hütten oft zu beengten Schlafstätten, es herrscht eine gesellige Atmosphäre bei der Nachtarbeit. Dann wird dem Licht des *tapahan*-Feuers, das in seiner Kuhle unter den aufgestapelten Kokosnußhälften schwelt, jenes von den Kochstellen hinzugefügt, die Schwärze des umliegenden Waldes wird so verstärkt und macht ihn noch bedrohlicher.

Wir begegnen einander mit dem charakteristischen Tagalog Gruß, der manche Ausländer so irritiert, wenn sie feststellen, was er bedeutet: »Wo gehst du hin?« Mir wurde einmal von einem Australier erzählt, der sich tatsächlich die Mühe gemacht hatte, den Satz »Kümmere dich um deine Angelegenheiten« zu lernen, ausdrücklich, um diesen Gruß zu erwidern. Anscheinend war es das einzige, was er auf Tagalog wußte, und er war sich wahrscheinlich nicht der Wirkung bewußt. Hätte er ein bißchen nachgedacht, wäre ihm vielleicht aufgefallen, daß es aus einer neutralen Perspektive betrachtet nicht aufdringlicher ist, jemanden zu fragen, wohin er geht, als sich zu erkundigen, wie es ihm geht, wie in: »Wie geht's, wie steht's?«, besonders, da beide Gepflogenheiten nur einer höchst unverbindlichen Antwort bedürfen. »Gut«, »Okay«, »Nicht schlecht«, sind nur das westliche Pendant zu den Erwiderungen, die ich jetzt denen gebe, die mich auf dem Weg nach Kansulay begrüßen: »Dorthin.« »Nach unten.« Manchmal geben mir die Menschen als Reaktion auf meinen Gruß eine knappe Erklärung: »In den Wald.« »Die Schweine füttern«, und heben einen alten Plastikbehälter, halbvoll mit Schweinefutter, hoch. Oder, gleichermaßen höflich, können sie mir ganz ohne Worte etwas entgegnen, indem sie eine Geste machen, die ich in meiner Unwissenheit für Filipino-spezifisch hielt, bis ich auf folgenden Abschnitt in einem chinesischen Roman aus dem achtzehnten Jahrhundert stieß, *Die Geschichte vom Stein,* der Klassiker von Cao Xueqin:

> Golden bemerkte, daß die Frau von Zhou Rui mit einer Nachricht für Frau Wang gekommen sein mußte, und bedeutete ihr, daß ihre Herrin im Haus sei, indem sie mit dem Kinn in diese Richtung zeigte und ihre Lippen spitzte.

Genau das ist es – man zeigt mit dem geschürzten Mund statt mit dem Finger. Statt zu reden, mit dem Sprechorgan eine Geste zu machen, erscheint mir eigentümlich ausdrucksvoll. Wer kommt mir sonst noch auf dem Pfad entgegen? Einige Kinder gehen mit Verpflegung zu den Hütten ihrer jeweiligen Familie oder tragen auch nur lange Messer. Jungen sind selten ohne ihr Katapult anzutreffen. Bald begegne ich dem Sohn des Zimmermanns, Nilo und seinem Freund Yor (dessen Spitzname sich recht umständlich von der Umkehrung des Wortes für »Autsch!« ableitet und auf den Tag zurückgeht, an dem er einen Bienenstock gefunden hatte). Nilo trägt eine Stange mit einem Querbalken an der Spitze. Auf einem Teil sitzt eine mißmutig dreinblickende Taube, die mit ihrem Bein an einem kleinen Bambus-Trinkgefäß festgebunden ist; der andere Teil ist mit etwas umwunden, das wie braunes Kaugummi aussieht, ein äußerst klebriger Vogelleim, aus verschiedenen Harzen hergestellt. Während sie gehen, übt Yor seine *komokon*-Rufe: das charakteristische hohle Gurren der Tauben auf einem Ton, das *accelerando* wiederholt wird. Er tut dies mit zusammengelegten Händen, wie jedes europäische Kind auf dem Land eine Eule imitiert. Alle drei erwartet ein langer Morgen in den Hügeln bei dem Versuch, einen weiteren *komokon* dazu zu bringen, sich neben dem Lockvogel niederzulassen.

Nilo selbst ist für den Wald geschaffen, mit einem erstaunlichen Repertoire von Vogel- und Tier-Rufen, Pfeifen, Grunzen, Schreien. Ich habe ihn beobachtet, wie er Pirole zu einer Palme rief, als er unsichtbar im lichtgesprenkelten Schatten stand, seine braune Haut war an einigen Stellen durch die Löcher in Shorts und T-Shirt zu sehen. Er ist ein richtiger Filipino-Papageno und hat es nicht nötig, sich mit Federn auszustaffieren, um das zu beweisen. Aber etwas Schreckliches geschieht mit diesem begabten Vogelfänger: Er ist im Stimmbruch, und er bringt einige seiner besten Rufe nicht mehr zustande. Entweder muß er im Falsett alles neu lernen, oder er muß sich einer mechanischen Hilfe bedienen. (Vielleicht hat Papageno deswegen eine Flöte gehabt, um wettzumachen, daß er diese Magie in der Pubertät verloren hatte.) Nilo hat sich damit abgefunden, zumindest für einige Zeit ein weniger guter Vogelfänger zu sein. Aber wie sehr er sich auch darüber freut, erwachsen zu werden, er ist ganz traurig über den

Verlust seines unumstrittenen Platzes als Vogelfänger Nummer Eins unter Kansulays Jungen. Es ist amüsant, sich ihn in einem ganz anderen Milieu vorzustellen, in weißes Linnen gekleidet, in einem kühlen grauen gotischen Gebäude und mit erotischer Melancholie darunter leidend, daß er nie wieder fähig sein wird, das Sopran-Solo in »O hätte ich Flügel wie Tauben« zu singen.

Als ich mich Kansulay nähere, werden die Häuser zwischen der Vegetation auf beiden Seiten zahlreicher. Überall sind die Menschen damit beschäftigt, *yamas* für die Hühner auszustreuen, mit Schüsseln voll schmutziger Wäsche zum Fluß zu gehen, Gemüse oder den Fang der letzten Nacht feilzubieten. Nilos Vater, der Schreiner, spaltet vor seinem Haus dicke grüne Bambusrohre zu Latten von drei Zentimeter Breite, die für Böden, Dachsparren oder eine Couch verwendet werden.

»Wo gehst du hin?« ruft er mir zu.

»Reis kaufen.«

Er lächelt. (Der Andeutung, daß man keinen Reis mehr hat, haftet ein leichter Unterton von Unglück an. Mit dem Lächeln erkennt er zudem an, daß mein Leben von denselben Gesetzen wie seines regiert wird.) »Was wirst du essen?«

»Getrockneten Fisch. Ich sollte heute nacht vielleicht fischen gehen. Wenn das Wetter gut ist.«

»Ah. Keine Arbeit, kein Essen«, sagt er schulmeisterlich. Er hält natürlich Schreiben überhaupt nicht für eine richtige Arbeit, aber ich habe ihm oft Fisch gegeben, und er nimmt mich als Fischer ernst. Er winkt mir fröhlich zu und spaltet weiter seinen Bambus. Auf der anderen Seite des Pfades, beinahe seinem Haus gegenüber, befindet sich eine kleine Lichtung, auf der zwei sägende Männer ihre Böcke aufgestellt haben, die einen strahlend rosafarbenen Palmenstamm ohne Rinde halten. Sie haben gerade ein gerußtes Seil gegen seine Rundung geschnellt, um den ersten Schnitt zu markieren, und spannen ihre Sägen, bevor sie mit der mühsamen Arbeit beginnen, deren stetiger Rhythmus ein regelmäßiges Puffen durch die Haine tönen lassen wird, ähnlich dem Geräusch einer weit entfernten, altmodischen, gemächlich fahrenden Dampflokomotive.

Plötzlich verstehe ich etwas von dieser Gemeinde und anderen wie ihr. In der Art, wie sie funktioniert, gibt es nichts Verborgenes; man kann ihren Mechanismus sehen. Das buchstäblich überflüssige in dem Gruß der Menschen liegt darin, daß alle genau wissen, wo jeder einzelne hingeht und mehr oder weniger wie jede Stunde des Tages verbracht wird. Zum Beispiel hätte ich dem alten Toly im Wald begegnen können, der im Vorübergehen sagt, daß er keine Lust hat, wegen des Mittagessens den ganzen Weg zurückzugehen. Diese Nachricht würde mit echtem Interesse von seiner Kusine unten im einen Kilometer entfernten Kansulay aufgenommen werden.

»Er kommt nicht zurück? Hat er Reis gehabt?«

»Ich habe nicht gefragt.«

»Trug er den Sack aus Binsen oder den Zementsack?«

»Ich kann mich ehrlich nicht erinnern.«

Wissend blickt die Kusine ihren Gefährten an. »Dann wird er sich einige Bananen kochen«, sagt sie. »Ja, wahrscheinlich«, pflichtet der andere bei. »Das macht er immer.«

Diese allgemeine Wißbegierde, die jede kleinste Bewegung kennt, geradeso als hätte sie ein Recht darauf, wäre für Städter unerträglich und erstickend. Sie schwören auf die segensreiche Anonymität der Großstadt, die große Freiheit, unbeobachtet in einem Leben eigenen Zuschnitts zu verschwinden. Andererseits hat das Leben eines Dorfes wie Kansulay Tag um Tag einen ersichtlichen, verständlichen Sinn. Die Ursache ist Arbeit, die Wirkung ist Nahrung. Jeder kann sehen, wie dieses System in aller Öffentlichkeit funktioniert, es liegt nichts Geheimnisvolles darin.

Nun, die ständig fortschreitende Urbanisierung der Welt wird sich nicht zurückdrehen lassen, und es ist sehr wahrscheinlich, daß genau dieser Vorteil, ein begreifbares Leben zu führen, so lange nicht geschätzt werden kann, bis der entwurzelte Dorfbewohner zum ersten Mal mit wirklicher Angst fertig werden muß, denn das scheint der Preis für seinen Fortschritt zu sein. Ich bin Zuschauer bei diesem wahnsinnigen Karussell: ich beobachte, wie sich die jungen Männer und Frauen von Kansulay sehnen, nach Manila zu gehen, dort einer nie gekannten Verwahrlosung und Überarbeitung ausgesetzt sind, und alle nur einen großen Traum hegen, einen Paß und eine Arbeitserlaubnis im Ausland zu erhalten – irgendwo, irgend etwas. Indessen, hier bin ich, ein Flüchtling aus jener entwickelten Welt, ich verwerfe ihre Werte nicht, vielmehr verwirren und langweilen sie mich; all das ist den Dorfbewohnern, unter denen ich lebe, gleichermaßen unverständlich.

Ich glaube, ich bin ein Elementar-Mensch. Für mich sind Leben und Schreiben nicht zu trennen, aber auf einer gewissen Ebene teile ich die Ansicht von Nilos Vater, daß Schreiben keine richtige Arbeit ist, obwohl es eine vollkommen angemessene Art ist, sein Leben zu verbringen. Es war für mich eine Offenbarung, daß ich in meinen Vierzigern in der Lage bin, mir mit meiner Harpune meinen Lebensunterhalt zu verdienen. Diese verspätete Entdeckung hat mir außerordentliches Vergnügen bereitet, sogar ein unvermutetes Selbstvertrauen geschenkt. Tag um Tag kann ich mich selbst ernähren, könnte sogar eine Familie unterhalten, wenn ich eine hätte. Und weil so wenige Menschen in Kansulay überhaupt gerne fischen und noch weniger sich dabei besonders hervortun, verschafft mir das seltsamerweise eine Stellung im Dorf – einen Platz in seiner Wirtschaft, der eindeutig anerkannt und verstanden wird, so wie sie mich jedesmal, wenn sie mich sehen, fragen:

»Wo gehst du hin?«

Ungefähr eine Woche später gehe ich zu einem Treffen des *barangay*-Wasser-Komitees, das ich gefordert habe, vorgeblich, um herauszufinden, was alle von dem Fortgang des Projekts halten, aber eigentlich, um sie ein bißchen aufzumischen. Seit ich weggegangen war, um auf Tiwarik zu leben, schien sich die ganze Sache nicht mehr zu bewegen, wurde so abgestanden wie das Wasser, das dadurch ersetzt werden soll. Es hatte sich bereits dieser unbezähmbare Geist gezeigt, jene lethargische Entschlossenheit, sich mit den Dingen, so wie sie sind, zu arrangieren. Insgeheim bin ich nahe daran, dem Beifall zu spenden, dennoch habe ich mich entschieden, energisch zu sein. Ich bin kein Weltverbesserer. Die Fortschrittsidee empfinde ich als eine der öderen Selbsttäuschungen der Menschheit, aber ich denke immer noch, daß es möglich sein sollte, ohne viel Mühe wenigstens einigen von Kansulays Kleinkindern den Tod und manchen Magen-Darm-Katarrh zu ersparen. Außerdem, so sage ich mir, als ich den Trampelpfad entlanggehe, muß niemand in Kansulay einen einzigen Pfennig dafür bezahlen. Für das Wasser werden keine Gebühren erhoben, anders als im Balimbing-*barangay,* in dem nach fünfjährigen Bestrebungen das Wassersystem schließlich von Bauunternehmern der Provinzregierung mit Mitteln der Zentralregierung gebaut worden war, um dann festzustellen, daß es sich bei der Bewilligung für dieses Projekt tatsächlich um einen langfristigen Kredit handelte, den die Einwohner des Barrio in monatlichen Raten von P 7.00 pro Hausanschluß zurückzuzahlen verpflichtet waren. Zumindest würde das Kansulay Projekt den ohnedies Verarmten nicht entweder eine unabsehbare Schuldenlast aufbürden oder ihnen die wenig beneidenswerte Wahl zwischen unentgeltlichem dreckigem Flußwasser und sauberem, teurem Leitungswasser aufzwingen.

Nachdem ich mich in die richtige Stimmung hineingesteigert habe, stiefele ich in das Haus des Captains. Und dort, unter den vertrauten Gesichtern der dörflichen Funktionäre, gibt es eins, dessen Anblick ich gewiß nicht erwartet hatte: das des Sohns des alten Richters, Cads Soriano. Was um alles in der Welt hat er hier zu suchen? Er gehört genausowenig zu dem offiziellen Stab des *barangay* wie ich.

Nach den Begrüßungen erkundige ich mich sehr liebenswürdig nach Cads' Anwesenheit. Cads lächelt am Tisch und lutscht an seinem Verbindungsring, während der Captain erklärt, er habe es für besser gehalten, daß alle von dem Projekt Tangierten bei der Versammlung anwesend seien, und da die Wasserquelle auf dem Land der Sorianos liege, habe die Familie Soriano eindeutig ein Interesse daran. Bei diesem Bescheid befällt mich eine gewisse Vorahnung. Irgend etwas geht hier vor sich, aber was und wie viele Menschen im Raum darum wissen, bleibt der Einschätzung jedes einzelnen überlassen. Meine mitgebrachte Selbstgerechtigkeit verstärkt sich allmählich. Das letzte, was ich will, ist ein Philanthrop zu sein, aber ich sehe keinen Grund, warum ich mich statt dessen übertölpeln lassen soll. Warum sollte sich dieses vollkommen unkomplizierte Projekt so schnell festfahren? Ist es nicht möglich, in diesem Land irgend etwas ohne endlose Intrigen durchzuführen? (Und dergleichen mehr.)

Offensichtlich wird Cads seine Anwesenheit im Augenblick nicht eingehender erklären. Er gießt mir mit viel Aufhebens ein Glas ESQ Rum ein (um acht Uhr morgens), das ich unter dem Vorwand, ich neige zu Durchfall, ablehne. Alle lachen lauthals darüber. Allein der Gedanke daran ist natürlich rasend komisch, außer daß im Lachen Mitgefühl mitschwingt, vielleicht auch irgend etwas anderes, das mich aber nicht sonderlich kümmert, denn ich bin ja nicht krank. Der Captain macht dann allen noch einmal bewußt, daß ich es war, der diese Versammlung beantragt hat, und gibt höflich das Wort an mich weiter.

Ich halte kurz Rückschau: die Vereinbarung, die wir vor einigen Monaten zu Kansulays Wasserproblem getroffen hatten, die Vorgehensweise, die Versuchsquelle, die wir gegraben haben, und das professionelle Gutachten meines Freundes, daß nur zum Trinken genügend Wasser vorhanden ist. Nichts davon ist neu, aber es wird kräftig geraucht, und alle blicken ernst. Ich wechsle ein wenig die Gangart und sage,

daß ich Besorgt Sei Wegen Des Zeitfaktors. Könnte es vielleicht sein, daß es dem Captain schwerfällt, freiwillige Ar-
beitstrupps zu organisieren? Falls dies einen falschen Eindruck vermittelt, füge ich hinzu, daß mir klar sei, wie schwierig es ist, von Menschen zu erwarten, daß sie irgend etwas *bayanihan* tun, gerade jetzt kurz vor der Regenzeit, wenn bald
jeder im Dorf vorwiegend damit beschäftigt sein wird, Reis
und Gemüse anzubauen, ein heikler Moment in der Landwirtschaft.

»Nun, natürlich hat James ganz recht«, der Captain sieht
sein Komitee an. Alle nicken. Eine Flasche klirrt an ein Glas.
»Es wird für uns alle eine sehr arbeitsreiche Zeit werden.«
Seine Frau bringt einen Teller mit kleinen weißen Reismehl-
kuchen als *pulutan* herein. »Ich glaube, als wir darüber dis-
kutiert haben, hatten wir uns darauf geeinigt, daß es nötig
werden könnte, die Arbeiter mit *merienda, tuba,* Zigaretten
und ähnlichem zu versorgen, um sie bei Laune zu halten. James, nimm dir ein *puto.*« Er schiebt mir den Teller herüber.
»Sehr gut gegen Durchfall.« Mehr Gelächter. »Also, ich muß
dir sagen, daß das von dir für diesen Zweck so freundlich zur
Verfügung gestellte Geld jetzt aufgebraucht ist.«

Aufgebraucht? Ich kann es nicht glauben. Ich hatte ihm
P 5.000 gegeben, damit er die auf einer Liste sorgfältig aufge-
führten Baumaterialien für die Quelleinfassung oben im Wald
besorgen sollte. Mein Freund, der Ingenieur, und ich hatten
auch eine anständige Marge einkalkuliert, damit die Arbeiter mit Essen und Trinken versorgt werden. Gewiß konnte er
nicht die gesamten fünftausend verpulvert und nichts dafür
vorzuweisen haben und jetzt darauf aus sein, mehr zu verlangen?

»Es ist kein Geld übriggeblieben?«

»Ich fürchte nein«, sagt der Captain. »Du hast sehr gut kal-
kuliert. Nur der Zimmermann muß noch für den *kwan* bezahlt werden? *porma.* Er hat sehr tüchtig gearbeitet. Naldo
ist ein guter Mann.«

Mit Verspätung, gerade noch rechtzeitig, begreife ich, was er sagt. Sie haben wahrscheinlich die Quelleinfassung bereits gebaut. Weil ich nichts gehört hatte, war ich davon ausgegangen, daß nichts geschehen war. Daran hatte ich nicht gedacht, hinaufzugehen und mir die schmierige Sitzbadewanne anzusehen, die wir auf dem Gebiet der Dämonen vor so langer Zeit ausgehoben hatten. Wie hatte ich nur so ineffizient und gleichgültig sein können? So anklagend? Hastig werfe ich ein, daß ich diese Versammlung auch gefordert hätte, um mich in bezug auf die Entwicklungen auf den neuesten Stand zu bringen, da ich seit einiger Zeit so viel unten in Sabay gewesen sei und bedauerlicherweise den Kontakt zu den Ereignissen hier verloren hätte. Ich versichere ihnen, daß das zusätzliche Geld kein Problem sein wird.

»Nun, ich weiß, daß wir alle das sehr schätzen«, sagt der Captain. »Hast du schon die Quelleinfassung besichtigt? Bist du zufrieden damit?«

Wahrscheinlich hätte ich bis zu meinem vierzigsten Geburtstag jederzeit gesagt, ja, es sei in der Tat eine wunderschöne Quelleinfassung, und dem Glück vertraut, daß ich zurecht angenommen hatte, daß das Ding existiert. Aber in den letzten fünf Jahren hat mich eine Art unbekümmerte Wahrheitsliebe ergriffen.

»Nein, leider bin ich noch nicht dort gewesen.«

»Oh, das macht nichts«, sagt der Captain, und es liegt auf der Hand, daß es tatsächlich niemanden in irgendeiner Weise kümmert.

»Ich werde es mir sofort nach Beendigung der Sitzung ansehen«, teile ich ihnen mit.

»Wir gehen alle zusammen. Weißt du, wir können ein paar Erfrischungen mitnehmen.«

Der Preis für meine Faulheit wird ein Saufgelage im Wald sein. Also gut.

»Jetzt zur Phase Zwei des Projekts«, fährt der Captain fort. »Phase Zwei ist natürlich das Installieren des Rohrs, das von der Quelleinfassung hier herunter ins Dorf führt. Das ist der teuerste Teil. Die Entfernung ist, äh«, er blickt auf ein Blatt Papier, »eintausendachthundertzwanzig Meter. Also nach unseren Kostenvoranschlägen...«

Es folgt eine Diskussion über die Vorteile von Polyäthylen und galvanisiertem Eisen, über die Preisnachlässe, die Sasco Trading, Tomas Tan, Rey Ong, Fortune Enterprises und andere Eisenwarenhändler in der Provinzhauptstadt anbieten.

»...welche Wahl wir auch treffen, wir sollten daran denken, daß wir immer noch P 2.500 von Phase Eins übrig haben«, sagt der Captain an einer Stelle und zieht mit einem Ruck meine Aufmerksamkeit von seinem Faktotum ab, das gerade mit frischem Nachschub an ESQ hereingekommen ist.

»Entschuldigung, habe ich das eben nicht richtig mitbekommen?« unterbreche ich. »Ich dachte, du sagtest, daß wir mehr Geld für die Arbeitskräfte brauchen?«

»Richtig, James. Du hast dir ausbedungen, daß Materialien und Arbeitskraft getrennt aufgeführt werden. Nur was die Arbeitskraft angeht, sind wir im Defizit.«

»Aber was das Material betrifft haben wir ein Plus von zweitausendfünfhundert Pesos?«

»Genau.«

»Du willst sagen, daß ihr die Quelleinfassung für die Hälfte der geschätzten Kosten gebaut habt?« Gütiger Gott, an welchen Ecken hatten sie gespart? War sie nur halb so groß? Aus mit Lehm beworfenem Flechtwerk, aber mit einem Betondeckel? Warum, zum Teufel, hatten sie das Ding gebaut, während ich weg war? Warum, zum Teufel, war ich weg, als sie das Ding gebaut hatten?

»Natürlich nicht. Aber mit dem großzügigen Beitrag von unserem Mr. Soriano haben wir, unter Berücksichtigung deiner eigenen großzügigen Finanzhilfe, einen Überschuß.«

Ich blicke Cads an. »Ich bitte schon wieder um Entschuldigung; offensichtlich bin ich sehr wenig auf dem laufenden. Von der anderen Geldquelle wußte ich nichts.«

»O ja«, erklärt der Captain. »Ich dachte, du seist damals hier gewesen. Wir hatten gerade mit dem Bau der Quelleinfassung begonnen, als Cads anbot, dir in bezug auf die Kosten auf halbem Wege entgegenzukommen.«

»Für das ganze Projekt?«

»Nein, ich fürchte, das könnte ich mir nicht leisten«, sagte der Anwalt und ergriff zum ersten Mal das Wort. »Die Hälfte der Kosten für die Quelleinfassung. Zweitausendfünfhundert Pesos. Leider zu wenig, aber ich wollte auf meine bescheidene Weise zu solch einem wichtigen Projekt beitragen. Ich hoffe, das stört Sie nicht, Mr. James?«

»Stören?« Wieso sollte es mich stören? Ich bin enerviert, sogar beunruhigt, aber wie könnte es mich stören? »Natürlich nicht. Ich finde es sehr großzügig von Ihnen. Jetzt können wir uns leisten, für die Arbeit zu zahlen, wenn das Rohr installiert wird. Wenn wir uns für Polyäthylen entscheiden, müssen wir es unterirdisch verlegen, und dafür einen Graben von beinahe zwei Kilometer Länge auszuheben, ist eine Riesenarbeit, selbst wenn wir alle Männer, Frauen und Kinder des Barrio zum Arbeiten bekämen.«

»*Und* Janding.« Wieder Lachen. Alejandro ist der *baklâ* des Dorfes, der zusammen mit seinem Freund ganz gut Geld verdient mit seinem unter den Palmen selbst eingerichteten Schönheitssalon; Haare schneiden, Maniküre und Pediküre werden dort für die Frauen der Region angeboten, einige von ihnen nehmen dafür viele Kilometer auf sich. Janding hat mir oft das Haar geschnitten und erschien kurze Zeit nach dem letzten Mal etwas atemlos und zerzaust bei meiner Hütte, mit einer Kokosnußschale, in der wahrhaftig scheußliches Zeug aufgetürmt war. Es sah wie verrunzelte, schwarze Brüste aus, die wegen eines schnell wachsenden Geschwürs, das durch die Haut gebrochen war und ein flaches, rosafarbenes Gewächs bildete, amputiert worden waren. Es fühlte sich feuchtkalt und klebrig an und hatte genau die Konsistenz eines Silikonimplantats.

»*Ungus baboy*«, sagte Janding. *Schweinerüssel?* Übertrieben vorsichtig kam ich näher, und beim Umdrehen hatten sie eine entfernte Ähnlichkeit mit einem Rüssel. Aus diesem neuen Gesichtswinkel wurde das Gewächs zum flachen Ende eines Rüssels, die allgemeinen Umrisse hatten weniger die Form einer Brust, sondern eher die eines Tiermauls.

»Was, um alles in der Welt, ist das, Janding?«

»Pilze.«

»Heißt das, man *ißt* die?«

»Natürlich nicht, Dummkopf. Sie sind für dein Haar. Sie heilen Glatzköpfigkeit.« Er erklärte mir, daß sie eine farb- und geruchslose, gallertartige Masse enthielten, die jede Nacht in die Kopfhaut einmassiert werden mußte. »Ich zeig es dir. Schau.«

Unfähig, mich zu wehren, lasse ich ihn einen Rüssel aufbrechen und mir den überraschend kühlen Inhalt einreiben, mein Haar gleicht hinterher Kerzendochten, die meinen Kopf neben einem Quantum an Erde und Reisigstücken bedecken.

»Wenn das funktioniert«, sage ich ihm, »machst du ein Vermögen, das ist dir hoffentlich klar.«

»Tatsächlich?«

»Natürlich. Die ganze Welt wird zu den Philippinen reisen und dich mit deinen Schweinerüsseln aufsuchen. Ich mache keine Witze, Janding; du wirst Millionär werden. Du wirst nicht wissen, wohin mit dem Geld.« Ich erblickte mich in meinem Rasierspiegel. Das sah nicht so aus, als würde jemand hiermit gerade sein Glück machen, aber da kann man nie so sicher sein.

»Ich weiß schon. Ich werde nach Hollywood gehen.«

Der Gedanke, daß Janding den Wald in der Hoffnung durchwühlt hatte, einen vermutlich schon in den Genen meines Vaters angelegten Mangel zu beheben, rührte mich. Und jetzt, hier im Haus des Captains, fällt mir wie allen anderen im Raum die Vorstellung schwer, daß er mit seinen sorgfäl-

tigst polierten rosa Fingernägeln und engen weißen Hosen
Pickel und Schaufel schwingt.

Verstohlen beobachte ich Cads. In den letzten zwei Jahren hat er zugenommen, aber er wirkt irgendwie jünger als
bei unserem ersten Treffen. Offensichtlich hatte ihn damals
das anstrengende Leben in Manila stark mitgenommen, dazu
kam natürlich, daß sein Vater kurz davor verstorben war. Jetzt
hat er etwas Behäbiges und Gelassenes an sich, nicht unangenehm – doch letztendlich ist er genauso der Sohn seiner
Mutter wie seines Vaters, und ich möchte unbedingt verstehen, was gespielt wird. Was hat dieses Monster, Mrs. Soriano,
vor? Auf welche Weise kann es ihr helfen, daß er sich in ein
Vorhaben einkauft, das nicht profitorientiert ist? Und plötzlich glaube ich es zu wissen. Er könnte die Quelleinfassung
von Rechts wegen zu einem Gemeinschaftsunternehmen erklären, und mit einem Anteil von fünfzig Prozent ließe sich
später verlangen, daß die Verbraucher am Ende doch für ihr
Wasser bezahlen müssen, wenn ich erst einmal verläßlich aus-
geschaltet bin. Sicherlich wird er das nicht zuwege bringen?
Aber vielleicht doch, wenn er geltend machte, daß es die Pacht
für das Land ist, auf dem die Quelleinfassung steht. Zum Teufel, wen könnte ich fragen? Ich beschließe, so bald wie möglich mit dem Captain reinen Tisch zu machen. Unterdessen
verstreicht der Morgen. Das Faktotum holt meinen befreun-
deten Ingenieur, der zu Polyäthylen und nicht zu galvanisiertem Eisen rät, nicht nur weil es nicht rostet, sondern weil er
Beziehungen zu Fortune Enterprises hat und für uns einen guten Preisnachlaß auf eine größere Bestellung erwirken könnte.

Langsam gehen wir los zum Wald – einige von uns ziemlich
betrunken –, um die Quelleinfassung zu besichtigen. Auf dem
Weg tadele ich meinen Freund gekränkt, daß er mir nicht erzählt habe, daß das Ding gebaut worden sei, aber er hat keine
Ahnung, daß ich es nicht wußte. Ich sei soviel weg gewesen,
erläutert er, und das stimmt natürlich, so daß es sich nicht
lohnt, weiter darüber zu reden. Ich hätte hingehen und sie

mir ansehen sollen; so ist das eben. Als wir bei der Quelleinfassung angelangt sind, bestaunen wir sie alle so stolz, als hätten wir sie eigenhändig gebaut. Sie steht am Fuß des Berges in einer heruntergetrampelten Gestrüppmasse, das Grau erstrahlt in aller Neuheit wie ein frisch geweihter Schrein. Mein Freund schlägt heftig auf den Deckel, als wollte er die Belastbarkeit der Konstruktion beweisen; Cads richtet in Eigentümermanier einen belanglosen Schößling in der Nähe auf und tritt mit seinem Gewicht die Erde um die Wurzel fest. Ich weiß nicht, was ich hier soll, und auch nicht, warum ich beim Errichten dieses kleinen, aber häßlichen Betonbottichs mitten im Wald meine Hand im Spiel hatte. Ich bin ganz und gar nicht überzeugt, daß sich irgendwer in Kansulay wirklich viel um das Wasser schert, es steht nur einem *barangay*-Captain gut zu Gesicht, sich damit zu brüsten. Über die Jahrhunderte haben die Dorfbewohner gelernt, Krankheit und Tod hinzunehmen; warum sollte das durchbrochen werden? Es ist eine gesellschaftliche Ordnung, die funktioniert. Ich habe ein ganz schlechtes Gewissen wegen meiner unklaren Motive und wegen der amateurhaften Vorstellung über die Verbesserung der gesundheitlichen Lage, das einzige, was von dem reinen medizinischen Eifer meines Großvaters übriggeblieben ist. Auch das Gen ist schwach und voller Mängel. Zudem bin ich deprimiert, wie wenig ich wirklich davon verstehe, wie die Dinge hier laufen.

Ich entziehe mich dem nun einsetzenden, alkoholisierten, geselligen Beisammensein rings um diesen anstößigen Bau, der zunehmend einem Denkmal für die Narretei eines Außenseiters gleicht. Mein Freund, der Ingenieur, begleitet mich auf dem Pfad zurück. Ich frage ihn nach seiner Ansicht über das, was Cads wirklich vorhat.

»Ich weiß es nicht«, entgegnet er neutral und zwar so, wie Filipinos es oft tun: sie scheinen aufrichtig über etwas nicht Bescheid zu wissen und sind dabei gleichzeitig unglaublich diskret und diplomatisch. »Soll ich das Rohr jetzt bestellen?«

Es ist mir schleierhaft, was ich tun soll. Ich kenne so viele Leute, aber plötzlich habe ich das Gefühl, keiner von ihnen wäre ein möglicher Ratgeber. Mein Freund sieht mich erwartungsvoll an.

»Also, ich nehme mal an... Aber warum hat er auf einmal beschlossen, zweitausendfünfhundert Pesos zusammenzukratzen? Cads. Warum sollte er? Das ist eine Menge Geld.«

»Vielleicht könntest du Ate Bibyan fragen.«

Wer ist diese Vivian? Ich habe nie von ihr gehört. Mein Ton klingt mürrisch.

»Die Schwester des *kapitana*.«

»Warum sie?«

»Weil sie mit dem jüngeren Bruder von Soriano verheiratet ist.«

Ich bleibe wie angewurzelt stehen. »Moment, das möchte ich genau verstehen. Die Schwester der Frau des Captains ist mit Cads Bruder verheiratet? Willst du sagen, daß der Captain mit den Sorianos verschwägert ist?«

»Natürlich, James. Wußtest du das nicht?«

»Ganz bestimmt nicht. Ich gehe nicht herum und bitte um eine vollständige Liste aller Verwandtschaftsbeziehungen.«

Sobald ich mich das sagen höre, wird mir meine Naivität klar, die sich noch dadurch verschlimmert, daß ich unterstelle, eine so unkomplizierte Sache, wie eine einfache Wasserversorgung zu bauen, habe nichts mit Familienbanden, verworrenen Intrigen oder ähnlichem zu tun. *Ihr wollt es? Hier ist das Geld. Macht es.* Was für eine Torheit war das? Warum konnte ich nicht einfach Fische töten? Meine Ohren mit dem Meer zustopfen und nur auf das *ow, ow, ow,* das verzweifelte Wehklagen eines anderen Lebewesens hören? Zermürbt sage ich meinem Freund, daß er natürlich jetzt das Rohr bestellen könne. Ich werde meinen Teil tun und Wort halten. Wenn die Dorfbewohner dann ausgetrickst und gezwungen werden, für ihr Wasser zu zahlen, müssen sie es eben untereinander ausfechten, während ich mein törichtes Ritual abspule und vorgebe, ich könnte Cads und seine Familie der Verachtung der zivilisierten Welt preisgeben.

Wieder auf meiner Bergkuppe angelangt, kommt mir der Gedanke, die alte westliche Festlegung sozialer Kräfte mit ihrer öden Vertikalität *Wer-Wem* in das östliche Horizontale *Wer-Wessen* umzumünzen. Wessen Mann ist er? Wessen Familieninteressen wahrt er, wen bedroht er? Mich befallen unfruchtbare Grübeleien über Verwaltungen, die von Intrigen abhängen, über Regierungssysteme, in denen ein Präsident seine eigenen Leute einsetzen kann, so daß mit jeder neuen Dynastie das gesamte Management eines Landes zusammenbricht und mit einer neuen Mannschaft von Jasagern wiederum aufgebaut werden muß. Zum ersten Mal fange ich an, den theoretischen Wert des britischen Systems zu bewundern, dessen Beamte, Polizisten und Armeeangehörige alle Der Krone die Treue schwören – jenem mystischen Gebilde, das sogar höher steht als die Familie von Lumpen-Monarchen, die sie gegenwärtig tragen. Unabhängige Gerichtsbarkeit... unparteiische Bürokratie... eine vor Gaunern sichere Verwaltung... Ich schreite für eine gute halbe Stunde auf und ab und lasse meiner Wut über mich selbst freien Lauf wie ein Schüler der Abschlußklasse voll von Aha-Erlebnissen und Geistesblitzen. Dann verliere ich das Interesse (so ähnlich wie jener Schüler), hänge über meinem Stehpult, das, wie ich feststelle, Moos im Schatten des *lumboy*-Baums ansetzt, starre, randvoll mit finsteren Gedanken, in Richtung Meer, dorthin, wo Tiwarik liegt. Nicht einmal der Anblick des jungen Kado und seiner Freunde, die mit ihren Katapulten auf einem weiteren Jagdausflug die Lichtung durchqueren, heitert mich auf. Ich neige nur düster mein Haupt wie ein Bischof, rülpse. Seelischer Durchfall. Soviel zu meiner abgehobenen Vorstellung über den einfachen Dorf-Mechanismus. Diese Überheblichkeit.

Täglich verlangt mich nach Tiwarik und dem Meer. Ich trage mein Stehpult hinüber in den Schatten eines Nachbarbaumes, von dem aus ich umrahmt von einem Palmental wie einen blauen Trichter das Wasser sehen kann. Ich blicke hoch und schaue zwischen Sätzen dorthin zu der leichten Brise, die auf der See liegt, und den Schattensträngen, die sie kreuzen. Der Wind hat sich gedreht, die Strömung hat sich verändert. Ich glaube, der Mond wird schwächer. Ich bin zu einer Landratte geworden, entfremdet. Meine Haut sehnt sich mit jeder Faser nach lebendigem Wasser, meine Fußsohlen wollen die Tiefen. Dieses abwechslungsreiche Leben mit Fruchtbäumen und Beschneidung und Wasserprojekten und Schreiberei ist ja schön und gut, aber ich bin ein Jäger, ein Liebhaber. Ich fürchte um meine Fertigkeiten und meine Leidenschaft, ich fürchte Rost und Trägheit.

Mit einem Mal sendet mir das große Meer eine Botschaft. Wochenlang wurde sein fernes Tosen übers Tal heraufgetragen, durch das Bäume-umsäumte Megaphon, erzählte mir von seiner Inanspruchnahme, seiner Beschäftigung mit anderen Dingen. Aus dem Dunkel meiner Hütte habe ich ihm gelauscht, sitzengelassen und dazu gezwungen, einer geliebten Stimme in angeregter Unterhaltung mit einem Fremden zuzuhören. Heute nacht jedoch ist nichts zu vernehmen. Mit seinem Schweigen läßt mich das Meer wissen, daß ich wiederkehren darf.

Ich packe eine Segeltuchtasche, vernagele meine Tür und gehe nach Tiwarik zurück.

KAPITEL 10

Ich habe mich jedoch geirrt. Es ist nicht so sehr die See, die mich getäuscht hat, vielmehr habe ich sie in meinem Eifer falsch gedeutet. Sie ist noch nicht zu ihrem früheren klaren Zustand zurückgekehrt, und meine Freude, wieder auf Tiwa-rik zu sein, wird bald etwas durch ihr unruhiges Wesen gedämpft. Ich habe das Gefühl, meine Tage hingen gewissermaßen in der Luft, weil es nicht mehr so offenkundig scheint, wie die Zeit gefüllt werden könnte. Das liegt natürlich teilweise auch daran, daß ich gerade lange genug in Kansulay zugebracht habe, um mir eine Routine auf dem trockenen Land anzugewöhnen. Ein paar Tage blase ich Trübsal und lasse mich hängen. In meinem Hinterkopf hat sich ein neuer Knoten eingenistet, an dem ich mich, wenn ich in Gedanken mit anderem beschäftigt bin, stoße, etwas, mit dem ich mich lieber nicht auseinandersetzen möchte und das folglich darauf beharrt, sich in Erinnerung zu bringen. Wenn ich es über mich bringe, direkt hinzusehen, kann ich erkennen, was ich bereits weiß: es trägt das Etikett »Wasser-Projekt«. Ich bin voll Reue über die Torheit, zugelassen zu haben, daß sich dieses übereifrige, äußerliche Selbst von mir löst und ein eigenständiges, überhebliches Leben beginnt. Ich kann mir nicht vorstellen, was an dem Leben, so wie ich es immer geführt hatte, auszusetzen war, am Geben und Nehmen kleiner Gefälligkeiten, keine davon der Rede wert, woraus sich aber mit der Zeit Freundschaften gebildet hatten, so wie mit Sising und

Bini. Kleine Beweise gegenseitiger Achtung waren eine Sache. Aber *Projekte,* Ausdruck eines diffusen und selbst-bezogenen Anliegens – wie könnten sie etwas anderes als Ärger einbringen.

Auf der Suche nach etwas Tröstlichem werde ich ruhelos. Ich trage mein *bangka* zum Wasser, hole das Paddel vom Dach der Hütte und fahre hinüber nach Sabay, um mich im Dorfladen nach etwas Nettem umzusehen. Ich weiß, was dabei herauskommt, aber die Reise selbst lenkt mich ab.

Das Geschäft in Sabay ist eigentlich nicht mehr als ein Ladentisch, den sich jemand in eine Außenwand seines Hauses eingebaut hat. Wenn es voll ausgestattet ist, kann man vielleicht ESQ Rum, Seife, Shampoon mit einem Anti-Laus-Mittel, Birch-Tree-Kondensmilch, Angelhaken, Sojasauce, Kerosin, Öl zum Kochen, Nylonseil, Zucker und dergleichen finden. Zigaretten gibt es einzeln: Wie in jedem *sari-sari*-Geschäft des Landes liegt unter dem Ladentisch immer ein offenes Päckchen, und oft hängt eine Streichholzschachtel zum allgemeinen Gebrauch an einer Schnur. (Selbst in Manila schlängeln sich die Zigarettenverkäufer durch den Verkehr und bieten den Autofahrern einzelne Zigaretten oder Kaugummis an, ebenso wie die Straßenverkäufer Passanten Süßigkeiten stückweise feilbieten. Ähnlich war es im England vor dem Zweiten Weltkrieg möglich, nur eine Zigarette zu kaufen, und die Woodbines gab es auch in kleinen Fünfer-Packungen.)

Des weiteren steht auf dem Ladentisch in Sabay eine Pappschachtel mit verschiedenen Medikamenten, ein Durcheinander von alten Pillen und Kapseln. Hier kann man die von einer Behandlung übriggebliebenen Antibiotika finden, außerdem Schmerzmittel, Hausmittel, Steroide, Antiacidum-Tabletten, etwas Süßstoff, der irrtümlich dort hineingeraten ist. Es ist wie eine Wundertüte voller Artikel, mit oder ohne Verpackung, mit oder ohne Bezeichnung, weiß oder bunt, aus der die Menschen sich das aussuchen, von dem sie annehmen, es könnte am schädlichsten für ihre Symptome sein. Dieses System der Selbst-Medikation scheint ganz erfolgreich zu sein, und die Überlegung, daß der Patient die führende Rolle in der Entscheidung über sein Schicksal spielt, ist psychologisch ausgezeichnet. Ich würde es sehr gerne erleben, daß pharmazeutisches Roulette in den großen Apotheken von Großbritannien eingeführt wird. Am Eingang eine große Trommel, wie beim Julklapp, mit der freundlichen Aufforderung zum Glücksspiel für die Gesundheit würde reichen. Menschen, die Pillen kaufen, fallen hier in Sabay in zwei Kategorien: diejenigen, die Markennamen gegen Erkältung und Grippe wollen, und der Rest. (Erkältungen kommen sehr häufig vor, vielleicht weil Fischen die Hauptbeschäftigung ist.)[4]

An diesem Morgen treffe ich Intoy im Laden. Seine Mutter hat ihn mit einer leeren *lapad* losgeschickt, die sie halb mit Kokosöl gefüllt haben möchte. Er freut sich sichtlich, daß ich zurück bin, stellt aber fest, ich sei dünner geworden und müsse ein unglückliches und ungesundes Leben in Kansulay geführt haben.

»Hier in Sabay ist es besser«, erklärt er. »Hier wirst du glücklich und dick werden.«[5] Er ist mit dem Begriff »Kummerspeck« nicht vertraut, unter dem Millionen von unglücklichen Menschen leiden, sie werden tatsächlich sehr fett, bleiben aber freudlos. Wenn ich mich in den Regalen des Dorfladens umsehe, kann ich nun wirklich nicht auf den Gedanken kommen, daß das wahrscheinlich ist. Ich lasse Intoy mit einigen zusätzlichen kleinen Dingen zu seiner Mutter heimgehen, und er sagt, daß er wieder auf Tiwarik schlafen wird, selbst wenn die See sich noch nicht zum Fischen eignet.

Als ich mit meinen wenigen, einfachen Käufen zur Insel zurückkehre, scheint sie mir immer noch kaum magisch. Während ich drüben in Sabay gewesen bin, hat einer der Fischer seine Bilgen vor der Küste ausgeschöpft, und ein Dieselöl-film liegt auf den kleinen Wellen, dämpft ihr Glitzern. Bevor er sich auflöst, dringt sein Gestank zu meiner Hütte. Das zu tun, ist vollkommen vernünftig, aber plötzlich fühle ich mich als Opfer mangelnder Rücksichtnahme. Ich sehne mich nach weniger sorglosen Menschen.

Einige öde Tage später entschließe ich mich, nach Bulangan zu fahren, weiterhin auf der Suche nach Trost, Vergnügen, etwas Angenehmem. Irgend etwas Nettes: es kann eine Konservendose sein oder eine Arznei, ich werde es wissen, sobald ich es sehe. Ich bin aus Glas, tiefschwarz und sehr zerbrechlich. Der Jeep bringt mich bis Malubog, wo ich, zu träge zum Weiterfahren, aussteige, um mich umzuschauen, was die kleinere Stadt bieten könnte. Dann, gerade bevor es zu spät ist, steige ich wieder ein. Niemand findet das seltsam, aber genau solches Zaudern drückt meine Stimmung noch mehr.

In Bulangan angekommen, streife ich umher, unfähig, eine einzige Sache in den Geschäften zu finden, die ich gerne besitzen oder essen möchte. Selbst die Bäckerei, deren Geruch normalerweise verführerisch ist, erregt Übelkeit. Wie die Amerikaner süßen die Filipinos ihr Brot, wodurch es, jedenfalls für mich, nahezu ungenießbar wird. Selbst das Spanische *pandesal* ist verfälscht. Ich kaufe eine zwei Tage alte Zeitung und setze mich in ein Café, dem offenbar alles ausgegangen ist, außer warmen Soft-Drinks und Bier. Meine Widerstandskraft ist gering; ich bestelle eine Coca-Cola, obwohl ich das Zeug verabscheue.

Kaum habe ich die Zeitung aufgeschlagen, als jemand den Metallstuhl auf der anderen Tischseite zurückstößt, »Hi Joe!« grölt und sich setzt. Ich erstarre und blicke ihn über den Zeitungsrand an wie ein alter Tory, den man in seinem Club stört. Mir ist klar, es ist Zeitverschwendung. Leute, die einem so kommen, sind in keiner Kultur zu bremsen.

»Sie können Tagalog?« fragt er. »Ich habe Sie mit dem Mädchen sprechen gehört. Sind Sie vom Peace Corps? Wie heißen Sie? Wie alt sind Sie? Wo wohnen Sie?«

An diesem Morgen senke ich meine Zeitung und erwidere in Tagalog, »Bitte, gehen Sie.«

»Wir werden es uns gemütlich machen.« Er ignoriert mich völlig und ruft nach zwei *grande* San Miguel-Bier.

Ich bin überhaupt nicht verpflichtet, meine Zeit mit diesem Klotz zu verbringen, geschweige denn mit ihm einen zu trinken – das heißt, zumindest, bis unglücklicherweise ausgerechnet in dem Moment ein flüchtiger Bekannter ins Café kommt und mich begrüßt. Schlimmer noch, es stellt sich heraus, daß er mit meinem Plagegeist verwandt ist, deswegen ist mir der einfache Weg, schlicht aufzustehen und hinauszugehen, ohne ihm gegenüber unhöflich zu sein, versperrt. Außerdem hatte ich vor, ihn über Bakterien in Brunnenwasser zu befragen. Nicht gerade begeistert falle ich auf meinen Stuhl zurück und stiere auf mein Getränk, während sie sich dem Bier und dem Ausfragen widmen.

Die Fragen. Wo ist Ihre Frau? Warum Sind Sie nicht verheiratet? Wo ist Ihre Begleiterin? Warum sind Sie allein…? Man hat uns dazu erzogen, eben diese Fragen für äußerst indiskret, beziehungsweise für ungemein ungehobelt zu halten, wie hätten sie mich nicht provozieren sollen? Wenn es gesellschaftlich zweckmäßig erscheint, kann man die gute Kinderstube überspielen, auf der Jagd nach Vergnügungen mag sie völlig mißachtet, nie aber vergessen werden. Heutzutage fällt es mir nicht schwer, einem Fremden zu erzählen, wie alt ich bin, wieviel ich verdiene, wie viele Geschwister ich habe; es berührt mich nicht. Andererseits reizt es mich kaum, mit denselben Fragen aufzuwarten, das heißt, ich spiele nicht mit. Vielleicht erklärt das, warum der Art, wie Filipinos mit Ausländern umgehen, manchmal eine kämpferische Neugier innewohnen kann. *Was ist in Ihrer Tasche? Wieviel hat Ihre Uhr gekostet?* Solch ein Mensch denkt sich nichts dabei, ins Haus zu kommen, sich die Bücher anzusehen, mit dem Radio, dem Taschenmesser, allem, das ins Auge fällt, herumzuspielen. Stoisch, mit Anstand und einem eingefrorenen Lächeln sitze ich es aus. Soviel bin ich den Millionen anderer Filipinos schuldig, die jene allgemeine Höflichkeit besitzen, die kulturübergreifend ist. Das international schlechte Benehmen dieses ungeladenen Individuums, das an meinem Tisch große Mengen Bier säuft, wirkt noch schlimmer, weil es seine Fragen mit dem mangelnden Charme eines Vernehmungsbeamten brüllt. Leider ist es typisch für Filipinos, jemanden auf einen halben Meter Entfernung so anzusprechen, als wäre er ein Büffel auf der anderen Seite des Reisfelds. Mein Gott, wie verabscheue ich extrovertierte Menschen, besonders an diesem Morgen.

Jetzt begegne ich seiner Aggression, indem ich alle seine Fragen in vollkommener Offenheit beantworte, mit einer Ausnahme: warum ich unverheiratet sei. Am Ende ist das natürlich das einzige, was er wirklich wissen will. Sehr wahrscheinlich ist es überhaupt das einzige, was jemand in einem Café über einen anderen wissen will: *Wen oder was vögelst du?* Ist das erst mal klar, hat der Fremde einen Ansatzpunkt, und alles andere fügt sich dann zu einem Gesamtbild. All jene Einzelheiten über Alter und Gehalt können ein paar Striche beitragen, aber die groben Umrisse des Tiers wurden bereits erkannt, jene stumpfsinnige Polarität der römischen Antike ist nunmehr klar: *sehr gut bestückt* oder *sehr großes Geweih*. Na, Junge, Deckhengst oder Gehörnter?

Ich sehe den Fragesteller nicht an, meine Hände sind über der ungelesenen Zeitung gefaltet, geistesabwesend warte ich darauf, daß er endlich aufhört, während die Fragerei ihren Lauf nimmt, manchmal akzentuiert durch nachdrückliches Anstupsen meines Handrückens. Wo ist Ihre Begleiterin? He, he, was ist mit den Weibern, den »chicks«?

Das letzte stürzt mich in eine abgrundtiefe Niedergeschlagenheit, so daß ich nahe daran bin, aufzustehen und sehr fest und sehr ruhig zu sagen: »Mein Herr, ich bin fünfundzwanzig Jahre älter als Sie. Ich finde Sie außerordentlich unverschämt und wünsche, kein weiteres Wort zu hören. Einen guten Tag.« Aller Energie beraubt, sinke ich statt dessen nur zusammen und warte darauf, daß alles ein Ende nimmt. Dieser Ausdruck, den man hier so häufig hört, erniedrigt mich und meine Umgebung, so daß plötzlich die ganzen Philippinen und ich in so etwas wie einer Fernfahrerkneipe in Tulsa von vor dreißig Jahren sitzen. Während ich meinen starren Blick in die Weite auf einen Punkt in tausend Meter Entfernung beibehalte, durchbohre ich mit ihm diesen widerwärtigen kleinen Fatzke, bei dem mir jetzt auffällt, daß er einen Verbindungsring trägt. Anscheinend haben die Schlimmsten immer einen. Warum um alles in der Welt redet er im übelsten amerikanischen Slang, der weit älter als er selbst ist? Als nächstes sind es womöglich Puppen und Frauenzimmer.

Natürlich ist das auch von mir aggressiv. Indem ich nicht antworte, bringe ich seine kulturellen Vorurteile ins Wanken. Ich bin ein 'kano, der sich nicht an das Stereotyp anpaßt, der sichtlich wenig vom Trinken hält und von »chicks« überhaupt nichts. Auch für Seebäder und Discos, Touristenviertel und zollfreie Ware scheint er sich nicht zu interessieren. Das verwirrt. Aber unverheiratet zu sein und weder Reue noch nachträgliches Interesse zu bekunden, das ist bedrohlich. Es zieht eine der ewigen Wahrheiten des Filipino-Lebens in Zweifel. *Gut.*

Schließlich hört er auf. Er kommt nicht weiter. Selbst die Restaurant-Angestellten kichern vor Verlegenheit, während mein Bekannter vergeblich nach etwas Angenehmen sucht, auf dem er seinen Blick ruhen lassen kann. Traurig fixiert er die abfallenden Schultern der Bierflasche, doch sein Blick gleitet immer wieder ab und fällt auf die Resopalplatte des Tisches. Mein Vernehmungsbeamter zuckt mit den Achseln und geht weg, wirft eine Handvoll Erdnüsse in seinen offenen Mund, glaubt vielleicht, daß es ein sprachliches Problem ist, und ahnt kaum, wie recht er damit hat.

In einer anderen Provinz wurde ich einmal einem ehrwürdigen, alten Mann vorgestellt, dem Großvater eines Freundes, zweiundneunzig und äußerst gut beisammen. Er war in der Region dafür berühmt, daß er eine unglaubliche Anzahl von Kindern gezeugt hatte (sein jüngster Sohn wurde damals fünf) und daß er ein unbeugsamer Filipino-Patriot und Nationalist war. Seine Familie war vor dem Zweiten Weltkrieg in die Vereinigten Staaten ausgewandert, er allein hatte sich geweigert, mitzugehen. Er hatte den Amerikanern, den Japanern und nochmals den Amerikanern Widerstand geleistet; hatte Quirino verspottet, Magsaysay willkommen geheißen, war ein glühender Anhänger von Marcos gewesen. Aus Respekt vor seinem Alter und wegen seiner quengeligen Sturheit trat Stille ein, wenn er sprach, aber ich habe ihn nie etwas Interessantes sagen hören, außer einmal, als er die Zigarettenmarken aufzählte, die es im Manila der zwanziger Jahre gab. Wenn noch Glut und Klarheit in seinem alten Hirn vorhanden waren, dann stammten sie von der Flamme seines monumentalen Egos, die immer noch in diesem haarlosen Schädel brannte. Sie verbannte alle Schatten, das Aufflackern und das Halblicht der Beobachtung, was hätte fesselnd sein können, und ließ nur sich selbst zu, erleuchtete einzig sich selbst wie die Kerze in einem Kürbis.

Menschen (alles Verwandte, meiner Einschätzung nach) gingen im Raum aus und ein, dienten dem alten Tyrannen auf verschiedene Weise und mit allerlei Ehrbezeugungen, während er auf seinem hohen Lehnstuhl saß, dessen mottenzerfressener Veloursitz mit Plastik abgedeckt war, und nach kalten Getränken, heißem Tee rief, den Tod eines Huhns sowie einen neuen Sack Kohle für die Küche genehmigte.

Einige Tage darauf besuchte ich meinen Freund und überraschte seinen vom Thron gestiegenen Großvater, wie er unter der Pumpe im Hinterhof hockte, auf sehr östliche Art in einen kleinen, gekrümmten, alten Ast in zerschlissener Un-

terwäsche verwandelt, und sich mit einem Stück Camay ein-
seifte.

»Pumpen!« brüllte er mit seiner Affen-Stimme, die kaum
das Quietschen des Eisens und das rhythmische Hervorsprudeln des Wassers übertönte, während ein junges Mädchen den
Schwengel ständig auf und ab bewegte, indes ihre Augen über
die Mauer hinweg das Hin und Her der Köpfe auf der Straße
beobachteten. »Pumpen! *Putang ina...!*« Die Seife war in
seine Augen geraten.

Ich weiß nicht, warum mich diese banale häusliche Szene
verzauberte, aber als sich der alte Mann aufrichtete und anfing, die Seife in seiner Unterhose herumgleiten zu lassen, war
ich darüber froh. Die dürren, geäderten Schenkel und die her-
abhängende Haut seines uralten Körpers waren kaum überraschend, aber die Tätowierungen hatten es in sich. Ich hatte
nicht erwartet, daß ein zweiundneunzig Jahre alter, ortsansäs-
siger Weiser dunkelblaue – beinahe schwarze – Bilder nackter Mädchen auf beiden Armen hatte, die sich über seine ver-
welkten Bizepse hinaus über den Brustkorb erstreckten, als
wäre die Tinte mit der Zeit über das Hautgewebe ausgelau-
fen. Und sie waren nicht die verblassenden, spinnwebartigen
Spuren früherer Jugend, auf ein Pergament gekritzelt, dessen
eigene Botschaft laut und deutlich war. Sie glichen eher den
Markierungen auf einem Eishockeyfeld, dick, unauslöschlich
und von unbestimmbarer Tiefe.

Bizarr, derb – die Adjektive tauchten auf, doch entglitten
wieder. Was hier zum Ausdruck kam, war diese vertraute
Manifestation einer außerordentlichen Überheblichkeit. Aber
weshalb wählte das menschliche Ego etwas, das so dezent war
wie ein Hahnenschrei, der alles mögliche, nur nicht Individualität signalisiert, wenn es darum ging, sich selbst anzupreisen?
Solche Stammeskennzeichen rund um die Welt, die nackten
Frauen, sollen sie den Träger für den Fall eines vorübergehenden bierseligen Gedächtnisschwunds an seine sexuelle Vorliebe erinnern? Oder andere überzeugen? Oder waren sie ein-

fach ein Mittel, ein Zauber gegen das Altern, weil es so unvorstellbar war, daß die Staffage eines vitalen Zwanzigjährigen noch siebzig Jahre später sichtbar wäre?

Dieses schlotterige Wesen, das jetzt unter den breiten Blättern eines *talisay* mit Camay-Schaum zwischen seinen Beinen herumfummelte, war überhaupt nicht traurig ob dieser besonderen Einblicke in die Sterblichkeit. Er hatte nichts Trauriges. Man vernahm nur das Echo des scheußlichen alten Hahnenschreis, dieses immerwährenden Schreis eines Mannes von seinem Misthaufen herunter, wie er seine Einzigartigkeit im funkelnden Licht eines neuen Tages verkündet, während der Ruf einfach nicht von dem aller anderen Hähne zu unterscheiden ist, die jemals gekräht haben – eine abgegriffene Metapher für Selbst-Betrug.

Eben dieses Ungeschlachtete fällt dem Reisenden auf, es überrascht ihn, wie voll die Welt davon ist. Dabei geht es nicht um die Bilder (was spielen sie schon für eine Rolle, die Kontur-Zeichnungen von Geschlechtsteilen, die auf die Haut gekritzelten Graffiti?), sondern um ihre erbarmungslose Einförmigkeit. Immer trifft er auf Mitläufer, meistens wenn er sich kaum dagegen gewappnet fühlt, das unübersehbare Heer jener, die sich ihm gegenübersetzen, seinen Arm packen und Fragen stellen, Horden über Horden, die an seinem Horizont erscheinen, wie die eponymischen Helden in *Zulu!*, die »Chicks! Chicks! Chicks!« brüllen oder dies in leuchtend roten Buchstaben mit Schablonen auf die Jeeps aufmalen, die er fährt: *Chix, Chix, Chix.* Es gibt Zeiten, in denen sich der vergnügteste und phlegmatischste Reisende in den Philippinen (und anderswo) nach einem Land sehnt, das steif und förmlich ist, in dem jeder den anderen mit »mein Herr« oder »meine Dame« anspricht und keine Auskunft zur Person möchte. Es stimmt, das klingt, als wäre dieses Land eine Mischung aus einem Londoner Luxushotel und Ladakh. Man hat das Gefühl, nur an einem solchen Ort jener Stille begegnen zu können, in der man etwas wirklich in Erfahrung

bringen kann. Vielleicht gibt es diesen Ort tatsächlich irgendwo in der Nähe von Thailand oder Burma... Tibet?
Oder tief im Amazonas-Becken? Oder vielleicht macht der
verschrobene Reisende wieder einmal ein Land dafür verantwortlich, nicht das Land seiner Vorstellung zu sein, der
Spiegel seines Ich.

Ich verlasse das Café in Bulangan und schlendere zu den aro-
matisch duftenden Schuppen, die den Markt an der Küste
bilden. Und dort nehmen endlich zwei Dinge meinen Blick
gefangen. Zuerst geht ein junges Mädchen vorbei, das Hals-
ketten aus zusammengebundenen sampagita-Blüten verkauft,
deren Duft, obgleich zu penetrant, wundervoll frisch und auf-
munternd ist. Ich kaufe eine und überbezahle sie gerne, gehe
gemächlich damit weiter, locker um die Finger einer Hand gewickelt, wie eine islamische Gebetskette, schnuppere ich von
Zeit zu Zeit an ihr. Als nächstes komme ich zu einem Stand
mit Vögeln in Käfigen, der von einem Mann betrieben wird,
der Nilo in dreißig Jahren sein könnte, ein ehemaliger Vogelfänger, der am Ende komokon-Stange samt Vogelleim an den
Nagel gehängt hat und statt dessen die von anderen gefan-
genen Vögel aufkauft und feilbietet. Er sieht aus wie einer,
der viel Zeit damit verbracht hat, in den Himmel zu starren,
ein wenig verloren; manchmal spitzt er geistesabwesend die
Lippen zu einer kurzen, trillernden Melodie, um seine Ware
aufzumuntern, welche die Flügel hängen läßt. Von ihm kaufe
ich einen aus feinem Rohr gefertigten, kleinen Käfig, der zwei
grünliche Finken enthält, die noch nicht völlig durch ihre Ge-
fangenschaft gebrochen sind.

Als ich den Markt verlasse, meine noch ungelesene Zeitung
über den Käfig drapiert, um die Vögel vor der Sonne zu schützen, grüßt mich Arman von der gegenüberliegenden Straßenseite. Es ist eine Freude und Überraschung, ihn zu sehen: Zufällig Menschen außerhalb ihrer heimischen Umgebung anzutreffen, gibt mir oft das Gefühl, wie glücklich ich sein kann,

sie überhaupt zu kennen, und die gerade im Café überstandene Nervenprobe verstärkt diese Empfindung. Prompt bietet er mir an, mich mit der *Jhon-Jhon* nach Hause zu bringen, denn heute ist er mit dem Boot gekommen. Dankbar nehme ich an und sitze die nächste Stunde im Bug, weit vorne, weg vom nicht schallgedämpften Auspuff, die Finken zu meinen Füßen, schnuppere ich an den *sampagita*-Blüten, während wir über das Wasser gleiten und der flache Küstenstreifen zu unserer Linken vorbeizieht. Bald nachdem wir um eine Landzunge gebogen sind, erscheint Tiwarik in der Ferne, ihre seltsam schwankende, gekenterte Erscheinung wird durch den Winkel, in dem wir uns von der Seeseite her nähern, verstärkt, so daß ich mich einen Moment lang, alle anderen möglichen Gründe vergessend, dafür entscheide, daß dies der eigentliche Ursprung ihres Namens sein muß. Mich überflutet eine plötzliche Zuneigung für ihre Einzigartigkeit.

Sehr liebenswürdig setzt mich Arman auf der Insel ab und sagt, daß er Intoy bitten werde, mein *bangka* von Sabay mitzubringen, wenn er kommt. Ich winke ihm von der Küste aus zu und beobachte, wie das Boot die Meerenge durchquert, sein Kielwasser ein dreifacher dahinschwindender Einschnitt. Als ich sicher bin, daß es weit genug entfernt ist, öffne ich den Käfig und lasse die Finken frei. Ein bißchen steif, ungläubig fliegen sie zum nächsten Baum. Dann ziehen sie gleichzeitig, einmütig in steilen Schleifen nach oben, schwirrende Schwingen in Grün, dem unsichtbaren Gipfel der Insel entgegen. Meine Stimmung hebt sich mit ihnen.

Ich weiß nicht, was mit dem Wetter los ist. Die See klart ein, zwei Tage lang auf, dann bewölkt es sich wieder. Der Regen ist überfällig – brütende Hitze. Mir scheint die Lust am Essen vergangen, und ich nehme oft schon gar nicht die Harpune mit ins Wasser. Hin und wieder fange ich einen besorgten Blick von Intoy auf, er kommt mit *suman,* die seine Mutter gemacht hat, von Sabay herüber oder auch mit *niyubak* und *bukayo,* damit ich dicker werde. Mit Fisch schicke ich ihn zurück.

Die Erde von Tiwarik ist ausgedörrt, das Gras auf dem Feld schlägt steif und rauh gegen meine nackten Beine, wenn ich jeden Tag hinauf gegen den Himmel stapfe, um die Bäume anzusehen. So wie das Land mit *cogon,* das sich bis zu dem Miniatur-Wald erstreckt, durch Felsvorsprünge unterteilt ist, halte ich es inzwischen eher für drei getrennte Felder und habe sie nach den darauf wachsenden Pflanzen benannt. Ihre Namen: Das Feld Der Chilies, Das Feld Der Guaven und Das Feld der Ananas – denn erst vor kurzem entdeckte ich zwei kleine »einheimische« Ananas, die sich hier irgendwie ausgesät haben. Sie sind wie kleine grüne Handgranaten: schlanker als die übliche Sorte aus Hawaii; ihr Geschmack, vergleicht man ihn mit den großen gelben Saft- und Zuckerbomben, entspricht dem wilder Erdbeeren, gemessen an dem, was in den Glasschalen von Ascot und Wimbledon liegt. Obwohl ich es in jenem Augenblick noch nicht weiß, werde ich bald Das Feld Der Chilies umbenennen.

Die Hitze ist massiv. Auf allen Seiten lümmelt sich der Ozean in seinem Bett, und die Fische sind träge. Nur zur Abenddämmerung fächelt vielleicht eine leichte Brise von dieser unendlichen Wasserfläche einen sommerlichen Duft nach Ozon herüber und schickt einen kühlenden Luftzug durch die Wände meiner Hütte. Diese Hitze verstärkt die Gerüche von Meer und Land. Manchmal weht der Wind von der Hauptinsel herüber und bringt den dampfenden Verrottungsdunst des Waldes mit, exotische Harze, die in kleinen Mengen aus den verschiedenen Vegetationsschichten ausgetreten und in der Hitze verdampft sind. Den gleichen geheimnisvollen Duft kann man oft weit draußen auf See riechen, ohne daß in irgendeiner Richtung, von den klatschend aneinanderschlagenden Bambusauslegern bis hin zum fernsten Horizont, anderes als Wasser in Sicht wäre. Dann plötzlich diese Geruchs-Fata-Morgana, wer weiß, vor wie langer

Zeit und von welcher brütenden Küste emporgetragen: Pfefferöle, Zigarrenkästen, Komposthaufen, feuchte Badetücher. Man stellt sich fremde Kais vor mit in Fässern abgefüllter Ware, der Sonne ausgesetzt, eingesalzene Fische, Kokosöl, Säcke mit Kopra, geteerte Seile. Hinter den Kais erheben sich die Hügel des Landesinneren, die ihre ungeheuerlichen Chlorophyllmassen zusammenbrauen, wo stehende Pfuhle sich bilden und auf gesprenkelten Lichtungen Schoten platzen und die Erde unter sich mit noch mehr Samen bestreuen. Diese unbekannte Küste atmet ihre ranzige Seele in die Herzen von Liebenden aus, so daß sich einen Augenblick lang mitten im Meer die Nackenhaare vor Lust aufstellen und sie mit verschwimmendem Blick auf die Bilgen zu ihren Füßen starren. Ungezählte Reisende aus kälteren Klimazonen wurden von diesem Duft berauscht. Die prosaischsten Menschen haben unter seinem Einfluß geträumt, die sprödesten oder schwerfälligsten haben das Erwachen eines unbestimmten Verlangens gefühlt. Conrad hat es geschnuppert und war verloren. Und jetzt füllt dieses gleiche tropische Opiat meine Lungen, mein Herz, weckt die Erinnerung an nie Geschehenes und sagt Dinge voraus, die niemals sein werden.

Oft werden die Nächte von gewaltigen Blitzen erleuchtet, aber zumindest über Tiwarik erschüttert noch kein Schall vom Himmel die Luft, nicht ein einziger Regentropfen fällt. Die Küste aufwärts auf der Hauptinsel ist das eine andere Sache. Weit weg haust ein Sturm; seine Blitze sind sehr langsam. Über Kansulay, fünfzig Kilometer von hier, kriecht Elektrizität tief am Himmel. In jedem Winkel flackert es auf, rosafarbener Schein erstirbt langsam auf entfernten Wolkenbänken, doch die Nacht über Tiwarik bleibt klar und still.

Dann, eines Nachts, werde ich gewaltsam von einer riesigen Explosion und der Erinnerung an einen sengenden Blitz über eine innere Netzhaut geweckt. Gerade als ich mich aufsetze, um durch die offene Tür zu sehen, wird ringsum das

Echo eines großen Donnerschlags von den Felsen, von der entlegenen Seite der Meerenge, von der tiefen unteren Wolkenschicht zurückgeworfen. In vielleicht zweihundert Meter Entfernung tanzt eine Flamme in Dem Feld Der Chilies. Sie schwillt an, wird rasch größer. Voller Schrecken wird mir plötzlich bewußt, wie verletzbar die Insel ist. Sich selbst überlassen kann ein Feuer sie praktisch leerfegen. Während ich mich Visionen von verkohltem Felsen, wo einmal ein Miniatur-Land lag, hingebe, breitet sich das Flammenmeer rasend schnell aus. Ich schlüpfe in ein Paar Gummisandalen, ergreife mir zum Trost wie auch Nutzen das *bolo* und eile den Weg hinauf. Dabei funkele ich den Himmel an. Warum, um Gottes willen, regnet es nicht? Denn nur heftiger Regen kann jetzt den Grasbrand, auf den ich binnen kurzem treffe, unter Kontrolle bringen: eine schartige orangefarbene Mauer, die sich mit gräßlicher Geschwindigkeit auf den Wald zu bewegt. Ein Windstoß zerrt an ihr, das Feuer braucht Sauerstoff und bekommt dadurch Triebkraft aus der Luft. Verzweifelt unternehme ich ohnmächtige Ausfälle in Gebiete, die bereits nackt und verkohlt sind, durchzogen von ersterbendem Rot, prügele mit der Flachseite der Klinge auf die funkensprühende Erde. Ich schreie. Ich fluche. Ich stoße mit ungewöhnlichem Erfindungsreichtum Gotteslästerungen aus. Das ist offensichtlich höchst wirksam, denn beinahe unmittelbar darauf setzt der Regen ein, als hätte er sich zurückgehalten bis zum letzten lustvollsten und aufreizendsten Moment; es schüttet wie aus Eimern. Das Feuer brennt jedoch noch immer. Es hat Das Feld Der Chilies in ganzer Länge und Breite erfaßt, hat irgendwie einen Felsvorsprung überquert und hat – soweit ich das einschätzen kann – bis zu einem Drittel Das Feld Der Ananas durchzogen. Es hat sogar einen Ableger gezeugt, einen Tentakel, der weit über Das Feld Der Chilies bis zum Waldrand selbst hinaufreicht.

Aber der Regen ist übermächtig. Es handelt sich überhaupt nicht, wie ich am nächsten Tag entdecke, um Regen, sondern endlich, zu guter Letzt, um Den Regen. Innerhalb von zehn Minuten kann ich, an der Landmasse von Tiwarik hochblickend, keinen einzigen Lichtfunken mehr sehen. Das Feuer ist ertränkt. Schon beginnt das Wasser den Weg hinunterzufließen, noch kann es nicht in die verkrustete Oberfläche eindringen. Durchnäßt kehre ich zur Hütte zurück, wasche in dem peitschenden Guß die Rußflecken von Armen und Beinen. Mein Dach leckt, aber es kümmert mich nicht. Ich rolle die durchweichte Matte zusammen und liege statt dessen nackt auf den blanken Latten, atme heftig. Schweiß oder Regen rinnt aus meinem Haar, während ich lausche, eingeschlossen in diesen ekstatischen Klang. Jetzt ist alles in Ordnung. Das Feuer ist gelöscht, der Monsun hat eingesetzt. Morgen werden in Sabay alle das Meer verlassen und das gefügigere Land bearbeiten: Reis, Maniok, Gemüse pflanzen. Ihre riesigen, feingliedrigen Büffel, die so lange müßig im Schatten grasten, werden aufgezäumt, sie werden von grauem Matsch glänzen und dann mit ihren Schlammbädern in den wiederhergestellten Suhlen ausruhen. Selbst ich könnte etwas anpflanzen.

Am Morgen stehe ich spät auf; das hat mit den Anstrengungen der Nacht oder mit dem unablässig prasselnden Regen zu tun, der Erinnerungen an eine Zeit und einen Ort weckt: weiche Betten und Winterstürme, die Bettdecke etwas weiter hochgezogen. Unvorsichtigerweise habe ich das Feuerholz naß werden lassen; ich bin kein instinktiver Camper. Ohne Kaffee eile ich los durch den Regen, um den Schaden zu begutachten.

Auf den ersten Blick sieht Das Feld Der Chilies verheerend aus: Hunderte von Quadratmetern verkohlter Stoppeln, eine durchtränkte schwarze Wüste mit schwarzen Büscheln und mit Tupfen weißer und rötlicher Steine. Ich durchquere es mit dem durchdringenden Geruch des gelöschten Feuers in der Nase. Zu meiner Erleichterung stelle ich fest, daß nur eine winzige Bresche in den Dschungelrand geschlagen wurde: einige Bäume sind vermutlich tot, weitere werden teilweise abgestorben sein, andere wurden nur angesengt. Ich tröste mich außerdem mit der Erinnerung daran, daß Grasbrände normalerweise zu schnell vorübergehen, zu leichter Brennstoff sind, um so viel Hitze zu erzeugen, daß die Wurzeln zerstört werden. Das *cogon* wird wieder sprießen. Meine einfallsreichen Gotteslästerungen haben eindeutig den richtigen Ton im genau richtigen Moment getroffen. Schlichte Gebete und Flehen hätten nichts bewirkt, und hätte ich mich auf sie verlassen, würde ich jetzt zweifellos auf die verkohlten Reste einer magischen Insel blicken. Aber meine Anrufungen anatomischer Details der einzelnen Mitglieder der Dreifaltigkeit hat offensichtlich den Regen aus dem Himmel stürzen lassen. Ungemein zufrieden stehe ich da, triefend, schmiede witzige Pläne, wie meine wirksamen Zaubersprüche unter führenden Kirchenleuten Afrikas, Baptistenpfarrern in Wyoming, marxistischen Agronomen in Äthiopien, der FAO verbreitet werden. Ich steige vom Berg herab wie Moses mit den revidierten Gesetzestafeln.

Und jetzt, als ich wieder über Das Feld Der Chilies gehe, entdecke ich etwas. Die rötlichen und weißen Steine, die überall verstreut zwischen den geschwärzten Stoppeln liegen, sind überhaupt keine Steine. Es sind Krebse. Keine Einsiedlerkrebse wie jene, deren verstohlenes Klacken des Nachts von der Küste herüberklingt, wenn sie die von den Fischern zurückgelassenen Innereien und Überreste durchstöbern. Richtige Krebse, mit viereckigen Körpern, fünf bis acht Zentimeter breit. Ihre dicken Scheren, mit denen sie kämpfen, liegen geöffnet und reglos zwischen verkohlten Pflanzen. Sie sind alle bergan ausgerichtet, zeigen fast alle in dieselbe Richtung, als hätten sie versucht, ihrem Feind davonzulaufen, nachdem sie gemerkt hatten, daß sie ihn nicht bezwingen konnten. Die weißen sind ausgebrannt: ihre Körper bestehen nur noch aus den Panzern, in denen Schalen und Chitin rasseln. Die rötlichen sind genau richtig gegart. Und so – noch nüchtern frühstücke ich jetzt, durchkämme langsam Das Feld Der Krebse, sauge an Beinen, löffle Fleisch aus, zerdrücke Scheren. Ihr Geschmack ist zart, mit einem ganz leichten Aroma von Gras, in dem sie geschmurgelt haben, der Regen spült den Dreck weg. Während ich dort stehe, umgeben von dichten Schleiern niederstürzender Wassermassen, kann ich mir vorstellen, ich sei auf dem Meeresboden, vereinzelte Büschel von schwarzem, steifem Tang ragen aus dem Schlick, überall liegen verstreut Meerestiere. Das ist ein weiteres Beispiel dafür, wie Tiwarik die normale Welt auf den Kopf stellt.

Alles sprach dagegen, daß ich in Hochstimmung und gesättigt zur Hütte zurückkehren würde, die ich so leer und besorgt verlassen hatte; und doch ist es so. Ich habe beschlossen, *ampalayá*, Auberginen und Kalebassen zu pflanzen. Wer weiß, was auf einer Insel sprießen mag, auf der ein Gewitter einen Menschen mit Frühstück versorgen kann?

Aber irgend etwas stimmt nicht mit mir, ich kann nicht länger so tun, als wäre dem nicht so. Die Anfälle von Niedergeschlagenheit kommen erneut, alles ist mir zuwider. Seit Wochen, so kommt es mir vor, erregt Essen Übelkeit bei mir. Allein der Gedanke an meine sich wiederholende Kost *Fisch-und-Reis, Reis-und-Fisch* ist unerträglich... Andererseits ertappe ich mich dabei, wie ich zwanghaft an verschiedene Kochmethoden denke, raffinierteste Speisen phantasiere. Ich stelle mir vor, wie ich Gerichte koche, die ich im wirklichen Leben nie gemacht habe und vermutlich auch kaum zustande brächte, nur daß jetzt meine Erinnerungen an das Durchblättern der Kochbücher anderer beinahe photographisch wieder auftauchen. Gedanklich kümmere ich mich um *œufs en meurette*, sautiere Champignons in Butter und Öl, pochiere Eier in einer gehaltvollen Flüssigkeit aus blanchierten Schinkenstreifen, Zwiebeln, Knoblauch und Brühe... Doch nein, keine Eier. Besser wäre die eher asketische Feinheit eines *volaille du Roy Henry truffée au gros sel:* das Geflügel wird mit einer Schüssel Steinsalz und Gewürzgurken serviert, Trüffelstückchen sind unter der Haut erkennbar... Wieder verliere ich das Interesse, werde durch ein verheißungsvolles, unsäglich schmackhaftes Marmite-Sandwich, ein Käsesouffé auf eine Nebenfährte gelockt... Noch einmal, nein. Was ich wirklich will, ist *bruschetta,* diese ländliche Delikatesse, die sie, um ein Feuer herum, in der Toskana essen, hoch in den winterlichen Bergen. Dicke Scheiben kräftiges italienisches Brot werden auf beiden Seiten geröstet, ein Stück Knoblauch wird so lange darauf abgerieben, bis nur noch etwas von der aromatischen Schale zwischen den Fingerspitzen hängt. Dann gießt man darüber dickflüssiges grünes Olivenöl aus einem schlüpfrigen Ölkännchen, salzt etwas. Wahrscheinlich das Einfachste und Köstlichste, was je von Menschen ersonnen wurde...

Diese Phantasien werden jäh von fürchterlichen Bauchschmerzen verscheucht, die mich hinaus zwischen die Felsen des Hanges treiben. Es regnet stark. Graue Schauer hängen über der Meerenge, treiben darüber hin, eröffnen schemenhafte Blicke auf Sabay, verdecken es. Um die unsichtbaren Gipfel des dahinterliegenden Gebirgszugs leuchten violette Blitze. Im unzureichenden Schutz eines jungen *madrekakaw*-Baums hocke ich mich hin und stelle fest, daß ich tatsächlich ziemlich dünn geworden bin. Meine reichhaltige Kost imaginärer Küchen scheint meinen Körper nicht erhalten zu können, und bestimmt langweilt sie den Geist. Was, frage ich mich verloren, soll dann angeboten werden, damit das Interesse wach bleibt?

Später am Tag kommt Intoy mit einer Flasche ESQ von Arman herüber, um mich aufzuwärmen. Der Regen macht ihn, wie viele Filipinos, fröhlich, denn die kulturelle Bedeutung von Regen unterscheidet sich stark von der in England. Intoys Haar ist angeklatscht, seine Kleidung klebt am Körper. Es ist eine freundliche Idee, tatsächlich scheint der Rum in meinem Magen zu glühen und ihn zu beruhigen.

»Ich wette, du hast *bulate«,* sagt er, als ich die Symptome beschreibe.

»Würmer?« Ich weiß, daß sie endemisch sind, aber ich finde, ich sollte als Ausländer davon ausgenommen sein, vielleicht sogar immun.

»Ich bringe dir morgen Pillen vom Laden. Sie helfen wirklich.« Er inspiziert dann die Vorrichtung, die ich aus Plastikplanen und einem Kunststoffeimer gebaut habe, um das Regenwasser aufzufangen. »Keine Wasserprobleme mehr«, bemerkt er und paddelt munter hinaus in den Wolkenbruch. Sein Boot verschwindet hinter einem Schleier von herabströmendem Wasser. Das Meer um ihn ist völlig ruhig, nur die Oberfläche wird durch die Intensität des Regens zu Schaum aufgepeitscht.

Am nächsten Morgen kommt er mit zwei blaßrosafarbenen Pillen in einer gedrehten Papiertüte zurück.

»Combantrin«, erklärt er.

»Woher weißt du das?« frage ich ihn und denke an die pharmazeutische Wundertüte auf dem Bord im Dorfladen. Auf diesen steht »Pfizer«, sonst nichts. Aber die vertraute Übelkeit überkommt mich, und es ist mir ziemlich egal. Die Überzeugung stellt sich ein, daß ich bald kuriert sein werde, ganz gleich, was ich nehme, und somit spüle ich beide Pillen mit einem Schluck ESQ hinunter. Intoy beäugt belustigt die Flasche.

»Ha, du hast all das seit gestern getrunken. Donnerwetter, du mußt vorige Nacht ganz schön *lasing* gewesen sein.«

»Davon kann nicht die Rede sein«, erwidere ich streng. »Das ist Medizin. Von Medizin wird man nicht betrunken.«

»Mein Vater schon. Er säuft reichlich, und er scheint nie gesünder zu werden.«

Diese schlichten Liebenswürdigkeiten muntern mich auf. Intoy, der eigentlich genau jetzt seinem Vater auf den Feldern helfen sollte, muß gehen, und wiederum entlasse ich ihn ins Unwetter. Am frühen Nachmittag treibt es mich dann hinaus auf den Hang. Der Regen ist doppelt so stark geworden, und ich bin sofort durchnäßt. Meine Zähne klappern, während ich mich geschwächt hinhocke und mich eines, wie es aussieht, dreißig Zentimeter langen Regenwurms entledige. Ich starre ihn voller Verblüffung an. Das kann ja wohl nicht sein? Ich erinnere mich an all die Tiere, die ich entwurmt habe, und keiner ihrer Bandwürmer, Fadenwürmer oder Madenwürmer ähnelte diesem. Er ist blaßrosa-grau und offensichtlich noch nicht ganz tot, denn er macht eine schwache, steife Bewegung.

Plötzlich beginne ich hilflos auf die Rinnsale am Boden hinunterzulachen. Ich lache wie ein Narr, in Würdigung dieses Narren, der im Regen auf einer trüben Insel kauert. Man bedenke seine kindische Entschlossenheit, allen angestammten Werten zu trotzen und sie umzukehren, auf den Kopf zu stellen. Es kann kein Zufall sein, der einen Engländer der Mittelschicht aus einer Arztfamilie auf eine unbewohnte Insel führt, auf der er hockt und zusieht, wie seine Darmparasiten aus ihm herausfallen und um seine Knöchel zappeln, während der tropische Regen auf seinen Rücken trommelt. Noch lachend, bedenke ich diesen Umstand. Nein, es ist nicht Trotz, der ihn in diese absurde Situation gebracht hat. Es ist *Schreiben*. Schreiben, diese törichte letzte Zuflucht – das hat so wenig damit zu tun, Zeichen aufs Papier zu setzen, und noch weniger damit, von Fremden zufällig gelesen zu werden. Hätte irgend etwas anderes als diese zweckfreie Beschäftigung so erfolgreich das Leben dieses Narren auf den Kopf stellen, ganze Jahre verschwinden lassen können, hätte sich das Schlimmste ausdenken und es dann geschickt in eine häßliche Wirklichkeit hineinzaubern können? Kurz gesagt: was sonst auf dieser Skizze von einer Insel konnte den Wurm aus dem Darm des Narren herausgeschrieben haben, dem es nun nicht mehr gelingt, ihn wieder zurückzuschreiben? Da liegt er, lebensgroß, windet sich blind in einer Schleimbrühe nach Wärme suchend, die er vermißt. Es ist allzu wirklich, und der Narr hockt weiter über ihm, von Krämpfen und Kichern gepackt. Sich vor

Lachen schüttelnd, geißelt er sich für all die Lebensnormalität, die er abgeschrieben hat. *Narr:* die verstrichenen Jahre. *Narr:* der Freund, der tägliche Begleiter. *Narr:* der Mann mit mäßigem Erfolg. *Narr:* der bequeme Bürger. Was sonst konnten sie in Sabay und Kansulay denken als *Narr?*

Der Schlamm quillt zwischen meinen Zehen hoch. Es ist angenehm. Die Bauchschmerzen sind vorbei. Das ist süß. Der Wurm ist heraus und scheint jetzt tot. Das ist gut. Der Regen wird das *cogon* wieder wachsen lassen und Das Kahlgebrannte Feld Der Krebse wieder bedecken. Das Verkohlte fließt bereits in einem schwarzen, dünnen Brei an mir vorbei. Die Verheißung hellen, neuen Grases ist unendlich erquickend. Ich stehe auf, wische das Wasser vom Gesicht und lasse einen großen Felsbrocken auf den Wurm fallen. Dann gehe ich zum Schwimmen hinunter ans Meer. Man hat diese Tiefpunkte.

Monate vergehen. Der Regen hört auf. Der herkömmliche Kalender ist seit langem zu einer überflüssigen Erfindung geworden. Die Zeit verstreicht auf neue Art und Weise. Die Phasen des Mondes bestimmen mein Fischen, beherrschen das Ein-Mann-Wirtschaftssystem auf Tiwarik. Mein Leben hat seine eigenen Phasen des Kommens und Gehens, richtet sich nach der endlosen Folge von Verletzungen und ihrem Abheilen: die vierzehn Tage, an denen ich wegen einer offenen Wunde keine Sperrholzflosse an meinem linken Fuß tragen konnte, das an Korallen abgeschürfte Knie, das zu eitern anfing und an der Matte festklebte, wenn ich auf meiner linken Seite lag. Sie besserten sich langsam, wurden aber durch andere ersetzt: ein wiederholt schmerzendes Ohr, Probleme mit den Nebenhöhlen und kleinere Unpäßlichkeiten der Seele. Alles wird überlagert von der ständigen Arbeit für das tägliche Essen und dem ständigen Beobachten der Insel in allen ihren Einzelheiten. So elementar könnte das Leben sein. Ist es.

Manchmal erweckt die Meerenge den Eindruck, als wäre sie

breiter geworden, so daß ich erstaunt bin, wenn ich bei Einbruch der Dunkelheit oder in der lastenden Hitze des Morgens zu meiner Behausung hinaufgehe, wie weit Sabay zurückgewichen ist, seine Hütten unsichtbar und sein zerklüfteter Berg eine gestaltlose Masse, so wie sie am Ende einer langen Seereise am Horizont erscheinen mag. Ich frage mich, ob sich Tiwarik nicht verstohlen abgekoppelt haben mag und eben jetzt auf das Meer hinaustreibt. Selbst die gelegentlichen Geräusche der Hauptinsel sind gedämpfter, die Hähne weit weg, die Hunde wie aus einer anderen Welt. In solchen Augenblicken werde ich von Hochgefühl und Traurigkeit überwältigt: dem Vertrauen, alles Vorhandene zu erkennen, der Niedergeschlagenheit, sich alles, was das bedeutet, einzugestehen.

Weihnachten naht, ist da, geht vorbei. Täglich segeln die Seeadler von ihrem hohen Dschungel herunter und schweben über der Meeresoberfläche auf der Suche nach *dalagang bukid*-Schwärmen, nach einem, der unachtsam in der höheren Helligkeit herumtändelt, dann lösen sie ihre Klauenbomben, die Gischt schäumt auf, und sie erklimmen ihre Höhe wieder, Rotes und Silbriges in ihren Fängen. Es ist eine garstige Insel, voll von unbarmherzig Lauernden, die sich nicht um das Jahresende, um das unbekannte Morgen scheren.

Doch eines Nachts: der Klang von Schritten und fröhlichen Stimmen am Strand:

»Ein gutes neues Jahr!«

»Ein gutes neues Jahr!«

Captain Sanso und Arman mühen sich stolpernd mit dem Gewicht eines eisernen Torpedos ab. Frauen und Mädchen mit Körben, Jungen mit geheimnisvollen Bündeln, Jugendliche mit dicken Bambusstöcken auf den Schultern. Überrascht, verwirrt, ziehe ich benommen hinter ihnen her, folge mal den Frauen, als sie in meine angebaute Küche eindringen und ein Feuer entfachen, mal Intoy und Arman, als sie nach und nach die Bambusrohre zwischen den Felsen niederlegen, die Mündungen zeigen über die Meerenge auf das lichterlose Sabay.

»*Kanyon*«, erklärt Arman. »Dieser Fleck hier braucht ein bißchen Leben. Du kannst nicht ein altes Jahr in Stille zu Ende gehen lassen, als schämtest du dich, und du kannst nicht ein neues Jahr willkommen heißen, als fürchtetest du es. Du bist *malungkot*. Warum willst du immer so *malungkot* sein, James?«

Ich glaube nicht, daß das zutrifft.

»Natürlich ist das so. Warum wärest du sonst an solch einem Ort, von allem abgeschnitten, ohne Frau, ohne Begleiter, selbst ohne eine Katze? Immer nur fischen und fischen, als hättest du sonst nichts, um dich am Leben zu erhalten, und immer schreiben und schreiben, als hättest du sonst nichts, mit dem du die Zeit ausfüllen könntest. Immer allein. Immer unglücklich. *Ay, kawawa!*«

Er ist ein bißchen betrunken. Alle lachen und klatschen Beifall, weil sie es auch sind. Da es nichts gibt, was ich auf solch unleugbare Anklagen erwidern kann, gieße ich mir ein Glas *tuba* aus einem Clorox Behälter ein und beschließe, es ihnen gleichzutun. Ich hocke mich neben Armans Bruder, während er Felsbrocken auf das eine Ende einer Bambusstange häuft.

»Was für ein fürchterlicher Gestank ist das?«

»*Kalburo.*« Er hebt eine Tragetasche an, anscheinend voll mit gräulichen Felsstücken. Plötzlich erkenne ich den durchdringenden Geruch von Azetylen wieder und halte deswegen *kalburo* für Karbid. Ich erinnere mich schwach daran, daß sie es benutzen, um den Reifeprozeß von Früchten, insbesondere Bananen und Mangos, zu beschleunigen. Der Feuerwerker in mir taucht wieder auf.

»Kanonen!« rufe ich. »Natürlich. Ihr habt den Bambus ausgehöhlt.«

»Alle, bis auf die letzten beiden Abschnitte an diesem Ende. Siehst du? Wir haben kurz vor dem Knoten eine Zündrohrbohrung gemacht.«

Und nun werden überall am Hang die Bambusstangen in Stellung gebracht. Offensichtlich sind die Pyrotechniker von Sabay genauso emsig und sorgfältig, wie Howard und ich es seinerzeit gewesen waren, und haben Jahre des Experimentierens dafür aufgewandt, bestimmte Wirkungen zu erzielen. Einige Rohre sind dick und lang, andere dünner und kürzer. Bei einigen ist die Mündung mit Schnur oder Rattan umwickelt, andere sind glatt und ohne Beiwerk. Mit dem verdunstenden Azetylen breitet sich rundum Aufregung aus. Vor meiner Hütte brennt jetzt ein Feuer, und ein großer Fisch wird über einen Rost aus grünen Stöcken gelegt. Kinder strömen vom Strand hoch, wirbeln zwischen den Felsen herum und rufen laut, als nacheinander die Boote von Neuankömmlingen an der Küste anlanden. Schienen heute nacht Mond oder Sterne, gliche die Meerenge einem silbernen Teich, der eine kleine Flotte winziger Stöckchen mit den phosphoreszierenden Pusteln der Paddelstöße langsam nach Tiwarik trägt.

Vier Hühner sterben unter Protest, ihre noch mit den Flügeln schlagenden Körper werden in Woks mit kochendem Wasser getaucht, damit sich die Federn leicht ausrupfen lassen, durchnäßte kleine Bündel. Eine Emailleschüssel voll mit der dicken Brühe ihres Lebenssaftes wird zur Küche getragen. Die Schlächterinnen tauschen ihre Messer gegen Gläser mit ESQ und Orangenlimonade, die in der Plastikschüssel, die ich zum Marinieren von Fisch benutze, gemixt worden sind. Die Kinder sind trunken vor Aufregung und im Fall von ein paar Zwölfjährigen auch durch Rum und Zigaretten. Plötzlich mittendrin wird die erste *kanyon* mit einem tiefen, explosiven »*tschak!*« abgefeuert und erinnert mich unangenehm an ein in seine hohe Flugbahn abgefeuertes Projektil. *Jahresausklang.*

»Noch nicht richtig.« Arman ist ganz lodernde Begeisterung, trimmt seine Donnermaschine. »Sie ist noch nicht heiß geworden.« Ein wenig Saft entweicht in einem Wölkchen aus der Mündung. Arman tröpfelt etwas Wasser durch das Zündloch auf die Karbidstückchen, beugt sich vor, haucht leicht in die Öffnung, verteilt dadurch die Azetylendämpfe im Lauf, hält dann einen Fidibus ans Loch. Diesmal ist die Explosion mehr als ohrenbetäubend. Eine Stichflamme schießt aus der Mündung, die wiederum aus ihrer Felsverankerung springt. Die Detonation zieht über die dunkle Meerenge, prallt auf dem fernen Berghang auf, und zwanzig Sekunden später kommt das Echo nach Tiwarik zurück, wo es wie ein heimkehrender Reisender willkommen geheißen wird. Arman lächelt stolz, doch kritisch, den Kopf zur Seite gelegt. Er läßt einen Klumpen Karbid ins Verschlußstück fallen, fügt Wasser hinzu, bläst, zündet. Wieder schlägt uns der Lärm auf die Ohren, donnert hinweg über das Meer, wird diesmal beinahe gleichzeitig begleitet von einem Tenor-Krachen aus einem der kleineren Bambusrohre von seinem Standort weiter oben bei den Felsen und dem Unterholz hinter der Hütte. Bald sind alle sechs Bambusrohre im Einsatz, das Sperrfeuer ertönt ununterbrochen, die Nacht wird von Stichflammen und den Feuern der Kochstellen erhellt. Endlich einmal ist die See unter uns leer, keine menschlichen Jäger. Heute nacht können die Fische ungestört einander fangen, während die Bomber ihre Explosionen auf einer höheren Ebene einsetzen.

»Warum feuert ihr keine Steine aus dem *kanyon?*« frage ich. »Sie müssen mehr als genug Kraft dafür haben.«

»Stimmt. Aber das hält der Bambus nicht aus. Ich glaube, wenn man die Mündung mit etwas verstopft, und sei es noch so locker, erhöht das den Druck im Rohr, und früher oder später splittert es. Darum haben wir es mit *abaka* umwickelt. Manchmal, wenn es splittert – *ay,* sehr gefährlich.« Arman ist begeistert und legt eine halbe Kokosnußschale über die Mündung seines Mörsers. Sie hebt ab wie eine Schädeldecke und verschwindet im Nachthimmel.

»Wann ist Mitternacht?« Doch niemand hat eine Uhr; fast keiner besitzt eine Uhr. Ich suche nach meiner, erinnere mich vage, sie in einem der Schuhe gelassen zu haben, die unter dem Dach verstaut sind. Nur bei meinen unregelmäßigen Reisen nach Manila trage ich Schuhe, die mich dann nach Monaten des barfüßigen Lebens beängstigend drücken und scheuern. Im Lampenlicht ist jetzt zu erkennen, daß sie blau und leicht verschimmelt sind. In einem von ihnen lebt eine glitzernde Spinne, die ihre Eier in einer silbernen Scheibe unter dem Körper trägt, in dem anderen eine weiße Perle, das Ei einer Haus-Eidechse, und meine Uhr. Obwohl ich sie ignorierte, führt sie ein Eigenleben und hat unbeachtet weitergetickt. Nun sagt sie mir, daß der Monat, seit ich sie das letzte Mal angesehen habe, zweimal gewechselt hat, daß heute Montag und es elf Uhr vierzig nachts ist.

»Zeit, daß ich den *labintador* startklar mache.«

»Willst du sagen, ihr habt auch Feuerwerkskörper mitgebracht?«

»Nur selbstgemachte.« Arman sucht in der Dunkelheit herum, bis er über den Torpedo fällt. Im Licht einer Paraffin-*lapad* mit einem Docht aus Lumpen kann ich erkennen, daß es überhaupt kein Torpedo ist, sondern eine große Gasflasche von einem Sauerstoff-Azetylen Schweißsatz. Im allgemeinen liegt sie halb vergraben im Abfall gerade über der Flutgrenze an der Küste bei Sabay und ist so rostig, daß ihre Farbkodierung schon lange verschwunden ist.

»*Oksiheno.*«

Ich hatte immer angenommen, daß die Flasche leer war. Jetzt ziehen eifrige Hände sie zu einem geeigneten Platz, ein altersschwacher Schraubenschlüssel findet sich unten in einem Boot, ein Scheit bearbeitet den Schraubenschlüssel. Ein scharfes Zischen, und alle brechen in Jubel aus. Zwei Jungen werden zum Strand geschickt, um einige Tassen Benzin aus einem Bootsmotor abzuschöpfen. Der jugendliche Pyrotechniker in mir spitzt die Ohren: diese Vorgänge sind ihm neu.

»Ich erinnere mich, daß wir das vor zehn, zwölf Jahren gemacht haben«, sagt Arman. »Ich war damals ein Junge, aber ich erinnere mich sehr genau. Wir feierten eine Party an der Küste drüben bei Sirao.« Er macht eine Geste mit dem Kinn, schürzt die Lippen, deutet so auf die unsichtbare Landzunge knappe zwei Kilometer von Sabay die Küste aufwärts. »Nach einer Stunde ist ein Geräusch wie von einem Flugzeug zu hören, das vom Meer kommt. Ein Scheinwerfer leuchtet auf. Soldaten mit M-16ern umschwärmen uns plötzlich. Ha, wir waren nur Kinder: wir hatten vergessen, daß das Kriegsrecht ausgerufen worden war« (das muß kurz nach 1972 gewesen sein), »und sie konnten die Explosionen in Malubog und sogar in Bulangan hören.«

Das war beeindruckend, denn Bulangan ist viele Kilometer entfernt, weit näher an Kansulay als an Tiwarik. Es besteht die seltene Möglichkeit, daß unter besonderen Umständen Tiwarik und Kansulay gerade in Hörweite voneinander sind.

»Der Bürgermeister von Bulangan dachte, daß Bürgerkrieg in Malubog ausgebrochen war, und alarmierte die Garnison. Der *komandante* dort dachte, die NPA habe doch noch schwere Artillerie in den Bergen hier aufgefahren und würde die Stadt als Vorspiel zu einem flächendeckenden Angriff beschießen. *Ay!*« Alle lachen haltlos, diejenigen, die sich daran erinnern können und auch die anderen. Die Kinder, die jetzt so alt sind wie Arman damals, sind außer sich vor zuviel Alkohol und Schabernack. Köstliches Chaos! Einen Teil der Truppen aufzubieten, um vermeintliche Rebellen zu bekämpfen, die ihrerseits glaubten, sie seien unter Beschuß, obwohl kein einziges Geschoß niederging! Und das alles, weil eine Gruppe von Jungen an der Küste mit *labintador* gespielt hatte.

»*Ay, 'sus,* Mandoy, wir hatten Glück.« Silo war auch dabeigewesen. »Diese Truppen hatten Angst. Sie hätten leicht erst an der Küste wie üblich alles abschießen können. Aber niemand hat in jener Nacht mehr als ein paar Ohrfeigen abbekommen. Ich glaube noch immer, unsere Rettung war das

Feuer, das wir gemacht hatten. Sie müssen uns vom Patrouillenboot aus gesehen haben.«

Erneutes Gelächter bei dem Gedanken an einen einsatzbereiten Kommandeur, der durch sein Fernglas an der Küste eine Party mit herumtollenden Kindern erblickte, mitten in dem, was er für ein Kriegsgebiet hielt. Aber jetzt sind die Jungen mit einer *lapad* voller Benzin zurück. Nach einigem Herumwühlen in Bündeln wird eine Anzahl großer Plastiksäcke gefunden, die normalerweise für den Transport von *similya* benutzt werden.

»Kommt, beeilt euch. Es muß fast zwölf sein.« Arman greift ungeduldig nach einem Sack und gießt in ihn ungefähr einen Eßlöffel Benzin. Dann rafft er ihn am Kopfende locker zusammen, hält ihn an das verrostete Ventil der Sauerstoff-Flasche und bläst ihn auf. Er verknotet ihn oben, schüttelt den prallen Sack und bedeckt so die Innenseite der Membrane mit Benzin, bis es nahezu verdampft sein muß, denn nur noch ganz schwach hört man die Tropfen fliegen. Er gibt den Sack seinem jüngeren Bruder. »Noch nicht«, ermahnt er ihn streng und bereitet weitere fünf Plastikballons in rascher Folge vor. Ich bin etwas skeptisch: ein Polyäthylen Sack setzt einer Explosion kaum Widerstand entgegen, und ich erwarte nicht mehr als einen schönen Feuerball, der einen Augenblick lang in der Nacht aufblüht. Bei der Rechnung vergesse ich allerdings den reinen Sauerstoff. »Nun?« fragt Arman, klopft auf sein Handgelenk und blickt aus der Hocke hoch.

»Es ist zwölf.«

»*Ay. Maligayang Bagong Taon sa inyong lahat.* Ein gutes neues Jahr allerseits.« Er nimmt einen der Ballons aus der Hand seines Bruders, geht zum nächsten Feuer und wirft den Ballon aus einigen Schritt Entfernung in die Flammen, während er behende zurückweicht. Einen Augenblick lang zögert die Plastikblase zwischen Fallen und dem Aufsteigen in der Hitzesäule, doch dann ertönt ein ungeheurer Knall, und brennende Holzscheite wirbeln wie Leuchtkörper durch die Luft.

Alle standen gefährlich nah, alle schreien vor Vergnügen. Ich habe keine Ahnung, wie es kommt, daß der Lärm den der Bambuskanonen übertrifft. In dem Durcheinander schleicht jemand mit einem Ballon von dannen, findet ein glühendes Scheit im Gebüsch hinter der Hütte. Wieder ein Aufflammen wie eine Chrysantheme, noch eine gewaltige Detonation, die man hört und in den Eingeweiden spürt. Ich springe unwillkürlich hoch. *Jahresanfang.*

Das Ballonherstellen wird zu einer fieberhaften Aktivität. Den Kanonieren geht das Karbid aus, aber ihre Bambusrohre – einige spalten sich jetzt um die Mündung – sind so heiß, daß gewöhnliches Paraffin als Ersatz genommen werden kann, praktisch ohne Kraftverlust, so gut verdampft es. *Gießen, aufblasen, zünden. Gießen, aufblasen, zünden.* Die Ballonspezialisten fügen ihrer Benzin/Sauerstoff-Mischung einige Körner Düngemittel hinzu. Tiwarik hüpft im Dunkeln, neigt sich in den Flammenblitzen, pocht an unsere Füße. Ihre dröhnenden Windstöße treffen die Ohren. Ich bin betrunken. Auch von den Explosionen bin ich betrunken. Ich bin kein Jäger mehr, bin taub und blind. Es kümmert mich nicht. Zum Teufel mit der See. Ich hocke mich neben Intoy, während er fingerfertig die Plastiksäcke zusammenbüdelt und sie mit durchdringendem Quietschen voll Gas füllt. Im Schein des Feuers, der Öllampen, des wiederkehrenden Aufblitzens betrachte ich nicht seine Hände, sondern die Schatten an seiner Wange, die Kontur eines Ohres, eine glänzende, gebräunte Schulter. Ich bin erstaunt, wie schlank seine Ellbogen sind, wie fein seine Handgelenke, wie zart seine Brust, wenn er sich umwendet, um die gefüllten Ballons an eifrige Hände zurückzugeben, die sie verknoten und schütteln. Benzindunst hängt in seinem Haar. Wie kann nur etwas derartig Zerbrechliches wie er so vollendet gut unter Wasser arbeiten, so kompetent angesichts der brutalen Kräfte des Meeres? Es ist eine Art Wunder.

Mittlerweile sind alle meine Mitfeiernden, meine Teilhaber

an dieser Orgie, meine Freunde mit einer Aura des Wunders umgeben, während wir uns in den gewalttätigen Klängen ertränken. Wir stolpern im Dunklen ineinander: Gläser mit *tuba* schwappen über und stoßen zusammen, der Hals der Rumflaschen sägt ungleichmäßig an den Glasrändern. Wir umarmen uns unterschiedslos, abwechselnd, Kinder, Männer, Frauen, Kinn glänzend vor Hühnerfett, indes rings um uns das Benzin, der Sauerstoff, das Karbid, das Paraffin aufleuchten und unsere Worte wegblasen, uns auf Gesten zurückwerfen.

»Ay, letztes Jahr...«

»Ein schlimmes Jahr...«

»Beschissen.«

Wir wissen alle, wer gestorben ist, wer ein Boot verloren hat, wessen Kinder nie zur Schule gingen. Wir alle wissen um die langsame Zermürbung, die von dieser endlosen, knauserigen Haushaltsführung ausgeht: die Wunden, die ohne Pflaster blieben, das eingesparte Fahrgeld für den Jeep durch den zweistündigen Fußmarsch in die Stadt, die endlosen Nächte, weil Lampenöl für Notfälle aufbewahrt wurde. Wir alle wissen, was jeder in seinem zumeist schranklosen Bambushaus hat, dessen Wände voller gehamsterter Dinge stehen: Papier, Plastiksäcke, halb aufgebrauchte Biro-Schreiber, ausgeleierte Gummibänder für die Harpunen. Wir haben hinter den Vorhang aus Reissäcken geblickt und das Hochzeitskleid bewundert, das sorgfältig für die älteste Tochter aufbewahrt wird, ebenso wie wir die vergilbenden, laminierten Plaketten an den Wänden gewürdigt haben, Urkunden, die von anonymen oder erloschenen Institutionen und Schulen verliehen worden waren, die auf Kupferplatten einen Schulabschluß vor langer Zeit, eine Kursteilnahme, eine Ehrenmitgliedschaft bestätigten.

Ein beschissenes Jahr. Was gibt es Besseres, als es hier auf Tiwarik auf den Kopf zu stellen und das neue mit einer verschwenderischen Umkehr der Normalität zu begrüßen? Das kostbare Benzin blüht gen Himmel, und sein Donnern zieht an der dunklen Küste hinauf und hinunter, verfolgt von dem Donner aus abgespartem Paraffin. Die Befreiung ist grenzenlos. Nicht nur die Kinder weinen und auch nicht nur vor Freude. Das große Sperrfeuer hält an, die Stille Arkadiens ist abgeschafft. Heute nacht könnte man auf offener dunkler See nicht sagen, ob die Klänge von einem Kampf oder von einer Feier stammen, und selbst hier auf der Insel, wenn die Flammen kurz ein Schlaglicht auf die von Tränenspuren gezeichneten Gesichter mit offenen Mündern werfen, ist es eigentlich nicht klar. Plötzlich bin ich mir sicher, daß es doch von meiner Hügelkuppe in Kansulay zu hören ist, die Erschütterungen durchqueren die dazwischenliegenden Seemeilen genauso wie damals den englischen Kanal, als die Sommerwinde den Lärm der Schlacht in der Picardie und Flandern zu den Ohren der Damen mit langen Handschuhen und Schleierhüten trugen, die sich über ihre Bienenstöcke in Sussex beugten. Manchmal scheint es so, als hätte dieses Jahrhundert alle menschlichen Grenzen neu gezogen, so daß wir von nun an immer in Hörweite des Krieges sein werden, jenem Schlachtfeld, auf dem wir heute zunehmend leben.

Die Zeit vergeht, bis zur Morgendämmerung bleiben nur ein, zwei Stunden. In der Hütte liegen die Schlafenden dichtgedrängt. Bei den Felsen lagern die Jungen, schlafen auf der Seite, ihre Hände zwischen den hochgezogenen Knien. Die Frauen und Mädchen – sie haben vorwiegend gekocht – haben sich unter einer zerschlissenen gelben Zeltplane zusammengerollt. Betrunkene Artilleristen hängen über ihren kalten Geschützen, denn das letzte Körnchen Karbid, der letzte Tropfen Paraffin und auch das Benzin sind aufgebraucht. Niemand weiß, wieviel Sauerstoff noch in der Flasche ist. Es ist eines der Wunder, daß er unerschöpflich zu sein scheint in einer Welt, in der die Dinge ständig aufgebraucht sind. Eine fast hörbare Stille liegt über Tiwarik, das plötzlich unter dem wie mit einer Rauchwolke bedeckten Himmel hervorschwimmt und unter einem klaren Sternenhimmel dahinsegelt. Ich liege auf meinem Rücken und beobachte, wie Meteoriten ihre Milliarden Jahre lange dunkle Reise in flüchtig schwindenden Lichtstreifen beenden.

Jenseits der Meerenge erwachen die Hähne nacheinander und krähen in dem verlassenen Dorf namens Sabay.

KAPITEl 11

Die Katharsis des Feuerwerks katapultiert uns ins neue Jahr, als hätten wir die gemeinsame Verpflichtung, alles zu vergessen, was wir von vorherigen neuen Jahren und ihrem Ergebnis wissen. Die Einwohner von Sabay und ich schwelgen tagelang in Erinnerungen, lassen Bilder vor unserem geistigen Auge wiedererstehen, die wir beim Schein der Feuer und der Blitze aus den *kanyon*-Mündungen gespeichert haben, und vermeiden dabei, die tödliche Leidenschaft zu erwähnen, die uns gepackt hatte. Die Erkenntnis eines unaussprechlichen Elends, das von den Sternen herabströmt und aus dem Ozean emporquillt, ist, glaube ich, die Basis für unsere Zuneigung füreinander, wie, vielleicht, für alle überall.

Nach einer Pause habe ich das Harpunenfischen wieder aufgenommen und bemerke, daß meine Nackenmuskeln schmerzen. Es gleicht dem steifen Hals, unter dem die Kampfpiloten des Zweiten Weltkriegs litten in ihrer ständigen Suche nach feindlichen Fliegern. Bei ihnen führte es zum Wundreiben (um dies zu verhindern und nicht aus eitlem Dandytum, trugen sie Seidenschals), aber auch Muskelkrämpfe befielen sie. Meine Nackenmuskeln ziehen sich zusammen und verknoten sich, während ich Fische durch fremde Himmel jage. Der Kampf ist ungleich, meine Siege sind verhältnismäßig selten, und daneben besteht die Anstrengung, immer gegen die innere Sauerstoffuhr zu arbeiten. Dies kann wunderschöne Wirkungen an überhöhten Einzelheiten hervorbringen, jene besondere Art der Wahrnehmung, die mit begrenzter Zeit verknüpft ist. Ob nun aus Angst oder einfach, weil ich das Verlangen des Körpers, dieser Qual zu entgehen, bekämpfe, nehme ich lebhafte Eindrücke mit, denen die Aura, sie gegen alle Widerstände errungen zu haben, anhaftet, als hätte ich sie irgendeinem obskuren Ort abgetrotzt. Furcht, die einen so häufig befällt, ist besonders gut, um unauslöschliche Bilder einzufrieren: der graue Hai, der dort gut drei Meter entfernt steht und beobachtet, die Muräne, die man nicht bemerkt hat, die geringelte Seeschlange, die ein Beinpaar untersucht, das durch einen reinen Willensakt bewegungslos gemacht wurde.

Viel später und viele Tausende Kilometer entfernt, werde ich auf Oliver Lyttelton's *From Peace to War* stoßen, in dem dieser Absatz über seine Erfahrungen in den Schützengräben des Ersten Weltkriegs steht:

> Angst und ihre milderen Geschwister, Befürchtung und Vorahnung, weichen als erstes die Tafeln der Erinnerung auf, so daß die Eindrücke, die sie bringen, klar und tief eingeschnitten werden, und wenn die Zeit sie abkühlt, sind die Eindrücke festgeschrieben wie die Rillen einer Schallplatte, bleiben so lange wie die sinnlichen Wahrnehmungsfähigkeiten beim Menschen. Ich war überrascht ob der Genauigkeit meiner Erinnerung in bezug auf Zeiten und Orte, wo ich mich gefürchtet hatte...

Als ich das Buch von Paul Fussell wieder aufnehme, sehe ich nicht nur, daß er genau diesen Absatz zitiert, sondern nicht weit davon auch einen Satz von Max Plowman in *A Subaltern on the Somme:* »Welch eigenartiges Gefühl rufen die Gegenstände in uns hervor, wenn wir sie ansehen und uns fragen, ob es das letzte Mal in diesem Leben ist.« Auf den ersten Blick mag es völlig unangebracht erscheinen, eine Parallele zu ziehen zwischen den Erfahrungen, den berüchtigten Massenvernichtungen zum Opfer zu fallen, und dem trivialen Fischen, doch das Bewußtsein kümmert sich nicht um solche Skrupel, wenn es diese Assoziationen herstellt. Angst um das eigene Leben sendet Echos unmittelbar, wie durch einen dumpfigen Brunnen, tief in die Seele. Die Umstände zählen nicht viel, es genügt zu wissen, daß man in ganz kurzer Zeit tot sein kann und daß der Übergang gewaltsam und schmerzhaft sein wird. Außerdem ist die Genauigkeit von Lytteltons Bild zu groß, um ignoriert zu werden. Aus dem Meer habe ich eine äußerst detailgetreue Erinnerung mitgebracht von hundert verschiedenen Expeditionen, von meinen Gefährten und unseren Opfern, von unseren Wunden. Ich kann mich auf eine Weise an Dinge erinnern, die mir an Land unmöglich ist. Wenn auch die Einzelheiten klar im Gedächtnis haften, so geht doch oft der Blick durch sie hindurch. Gebiete unter Wasser können nicht nach ihren Details kartographiert werden: das Land, das sie bilden, wird unter Anspannung gesehen und verwandelt sich umgehend in einen anderen Ort. Mein Auge überfliegt es prüfend mit präziser Eile, neben der mein Schauen zu Land von besinnlicher Vagheit bleibt.

Denn die chronologische – wie auch die Sauerstoff-Uhr – tickt weiter. Eines Tages wird mich Schwäche oder Alter für immer von der See fernhalten, und es ist nicht schrullig, sich bei jedem »Einsatz« zu fragen, ob ich zum letzten Mal dieses Element mit einem Tintenfisch oder Kalmar geteilt habe. Das ist das »eigenartige Gefühl« bei Max Plowman, das zu einem Großteil aus Zärtlichkeit besteht. Ich verschlinge den Anblick dieser Geschöpfe in einer Art sanfter Gier, staune wieder einmal die Sprache ihrer Haut an, das Phänomen der »vorüberziehenden Wolke«, wenn ihre Pigmentzellen aufblinken und ineinander verschmelzen, um Farben über ihre Körper zu jagen, bestaune das violette Blitzen ihres Flossensaums. Ich kann kaum glauben, daß einmal der Tag kommen wird, an dem ich sie nicht mehr beobachten kann.

Mein klopfendes Herz treibt mich nach unten. Wordsworth zeigte, wie es kaum möglich für uns ist, unsere Landschaften von unserer Kindheit zu lösen, aber ich wünschte, ich wüßte zweifelsfrei, woher mein extravagantes Sehnen nach etwas von allen Landschaften meiner Jugend derart Entferntem stammt – wodurch nun meine Lebensmitte töricht wirkt. Die Fehde mit meinem Vater hat mir sicherlich einige Möglichkeiten verschlossen, aber ich würde gerne wissen, warum ich ausgerechnet in dieser Unterwasser-Welt – von allen Grenzgebieten der Erde – nach einer großartigen und einsamen Poesie gesucht und sie gefunden habe.

Als ich das erste Mal wieder nach Tiwarik zurückkehrte (es kommt mir vor, als wäre ein ganzes Leben vergangen, seit jenem Moment, in dem ich sie inmitten rasend heranrollender Wellen erblickte), dachte ich, daß sie meiner Erinnerung nach keine richtige Identität erlangen könnte, bevor sie eine Position in meinem Bewußtsein eingenommen hatte. Aber ich mußte mir bereits vorgestellt haben, dort zu leben, denn als in Ermangelung einer besseren Lage meine Hütte etwas oberhalb der Küste gebaut wurde, ließ mich dies eine Zeitlang die Orientierung verlieren. Die Hütte war nach Sabay jenseits der Meerenge ausgerichtet, aber in meiner Vorstellung muß ich sie immer irgendwo auf dem Gipfel der Insel gesehen haben, mit Blick in die andere Richtung, über die Leere des ausdrucksvollen Ozeans. Folglich verspürte ich eine seltsame Dreh-Empfindung, als rotierte die Insel gegen ihren Willen von rechts nach links – das heißt, von oben gesehen gegen den Uhrzeigersinn. Dies hielt einige Wochen an und war etwas lästig, weil es auf eine Verzerrung in der Struktur deutete, die ich der Insel überzustülpen versuchte (oder sie mir).

Unangenehmer an diesem Phänomen war, daß ich unnötig viel schwimmen mußte, denn des Nachts verirrte ich mich oft. Wenn man in einer mondlosen Nacht mit der Harpune und lediglich einer Taschenlampe fischen geht, und vor allem, wenn man zu weit von der Küste entfernt ist, um die Brandung über dem Heranspülen der umgebenden Wasser zu hören, ist es leicht, den Weg zu verfehlen. Wenn mich dann eine Woge hochhob, erblickte ich die gelben Lichter von Sabay, schwache Öllampen, kaum zu sehen, und ich dachte, ich wäre auf der falschen Seite von Tiwarik, weil mein Haus für mich eigentlich über einer eingebildeten Küste auf der dem Meer zugewandten Seite lag. Halb erschöpft von dreistündiger Jagd und dem Ziehen der Fangleine mit mehreren Kilo Fisch kam ich einmal unterhalb der steil ansteigenden Landzunge aus Eruptivgestein an und stand tief in den heranrollenden Wassermassen der Brandung. Ich hatte erwartet, aus dem Meer zu steigen und gemächlich über die Korallenküste zu meiner Hütte zu gehen, wo ich meinen Fang in eine Schicht Salz einlegen würde und bis zur Morgendämmerung schlafen könnte. Statt dessen stellte sich heraus, daß mir noch bevorstand, eine längere Strecke gegen die stärker werdende Strömung zu schwimmen.

Mich fesselt dieser Vorgang der Orientierung, und Tiwarik ist der perfekte Ort, um alles in Zweifel zu ziehen. Einmal verbrachte ich einen faulen Vormittag, nachdem ich in der Nacht gefischt, den Fang mariniert und dann auf dem Trockengestell ausgebreitet hatte. Indessen bohrte irgend etwas tief vergraben in meinem Bewußtsein. Ich habe nämlich selbst zu diesem entlegensten aller entlegenen Orte eine Arbeit mitgebracht, die termingebunden ist. Es ist eine literarische Aufgabe und unter den Umständen bizarr: Einen Jugendroman, den ich vor langer Zeit geschrieben habe, noch einmal zu lesen, um mich darauf vorzubereiten, davon eine Vorlage für ein Filmskript zu verfassen. In den vergangenen Monaten bin ich des öfteren auf dieses Buch gestoßen, unten in meiner Tasche liegt es zusammen mit Ersatz-Taschenlampenbatterien, Gummibändern, einer Ausgabe von James' *Princess Casamassima* (warum?) und einem kostbaren Stück »Vétiver«-Seife von Roger & Gallet. Nun grabe ich es zögerlich aus, steige hinauf zur einen Ecke an Dem Feld Der Guava und sitze im Schatten eines *antipolo*-Baums.

Beim Wiederlesen erinnere ich mich kaum an Einzelheiten der Geschichte, doch gleichzeitig bleibt sie völlig vertraut. Plötzlich stoße ich auf den Satz: »Zur Linken konnte er gerade eben die riesige Masse vom Haus des Seneschals erkennen...« und stutze. Nicht weil das Adjektiv überflüssig ist, sondern wegen des »*links*«. Sicherlich meinte ich rechts? Das Meer befindet sich zur Rechten zusammen mit dem Haus, das von den Wellen in Trümmer gelegt wird. Das heißt also, daß ich mich vor sechzehn Jahren der fiktiven Stadt Carisburgh aus der falschen Richtung genähert habe.

Das ist sehr eigenartig. Das Gleichbleibende bei den eigenen schriftstellerischen Arbeiten ist die Position des Auges. Ich weiß nicht, was bestimmt, daß man immer einen imaginären Blick – auf ein Haus, eine Straße, ein Zimmer – von einem bestimmten Winkel aus hat. Vielleicht gab es eine Zeit in der Kindheit, in der die Positionen dieser Dinge festgelegt wurden, so daß man, zum Beispiel nach einem Urlaub, zu gewissen Varianten imaginärer Küstenlinien immer aus der gleichen Richtung kommt, *daher* ist die See immer zur Rechten. Das klingt plausibel... Es hat lange gedauert, bis ich erkannte, daß meine Phantasien und Tagträume, die im Haus inszeniert wurden (»inszeniert« ist natürlich das Wort in diesem Theater mit Zuschauerbeteiligung), in Räumen stattfanden, die dazu neigten – anfangs oft unmerklich –, mit Archetypen von Räumen der ersten beiden Häuser, an die ich mich erinnern kann, wieder zu verschmelzen, normalerweise mit meinem Schlafzimmer. Es geht hier nicht um Farbe oder Polster, sondern um die Anlage: die Fenster *hier* im Verhältnis zum Bett; das Bett längs zur Wand statt mit dem Kopfende dagegen; die Tür (repräsentiert die Bedrohung durch Eindringlinge) in *jener* Ecke, sie öffnet sich in *diese* Richtung. Und so kommt es, daß Autor und Träumer von Erzählungen sich instinktiv auf denselben inneren Kompaß beziehen, um ihre imaginären Handlungen danach auszurichten.

Wie hatte ich dann »links« schreiben können, wenn ich

»rechts« gemeint haben mußte? Das Buch rutscht mir vom Schoß, und ich entdecke, daß ich eine unbestimmte Zeit lang aufs Meer hinausgeschaut habe, ohne es oder das ferne Boot, das sich darüber bewegt, wahrzunehmen. (Wie überbordend ist dieser innere Blick, der aufsteigt und die sichtbare Welt ertränkt!) Ich schleppe mich zurück zum Text, zwinge mich, aufmerksamer zu lesen, und entdecke so, was mir entgangen ist. Die Person, Martin – und deswegen auch das erzählende Auge – nähert sich dem Haus aus einer anderen, nicht aus einer falschen Richtung. Es war Absicht. Ich bin erleichtert; nach einem orientierungslosen Augenblick, in dem mir meine eigene Geschichte visuell nicht vorstellbar war, empfand ich jenen besonderen Drehmoment, als versuchte etwas, sich richtig herum zu kehren. Im menschlichen Gehirn befindet sich kein magnetischer Norden, und doch spürt man, daß alle imaginären Handlungen, alle Dialoge, alle Ideen gewissermaßen eine nur ihnen eigene, innere, physische Richtung haben, die ihnen zugeteilt wird, während sie sich bilden. Es ist die Route, die sie einschlagen, um das Auge des Bewußtseins zu erreichen; jede Route ist einzigartig und vermittelt ihre eigene Charakteristik, ihren eigenen Beigeschmack. Später ist es leichter, sich diesen Beigeschmack von Ideen und Erinnerungen zu vergegenwärtigen als deren jeweiliges Original. Oft kann ich mich nicht mehr an einen Gesprächsgegenstand erinnern, sondern eher an das Aroma, das Spuren in meinem Bewußtsein hinterlassen hat; der Geruch bleibt lebendig, lange nachdem die Worte, in die der Gedanke gekleidet war, spurlos verschwunden sind.

Wieder ist das Buch von meinem Schoß gerutscht, und wieder merke ich, daß ich auf den Ozean starre, auf dem jetzt kein Boot zu sehen ist, nicht einmal die Andeutung von Kielwasser liegt auf seiner richtungslosen Weite. Innere Drehmomente und Aromata: vielleicht fühlt es sich so für Wandervögel und andere Tiere an, deren Vorfahr sich einst zu einem Sommerurlaub oder zu einer Winterreise aufmachte und sich dabei so gründlich orientierte, daß er für alle Zeiten einen neuen Orientierungssinn vererbte. Die moderne Wissenschaft erklärt das unzutreffend, indem sie auf Gravitationsfelder, Sternbilder, magnetische Pole, die Stellung der Sonne und so weiter verweist, aber das liegt nur daran, daß die moderne Wissenschaft bislang noch keine geeignete Methode kennt, um den Einfluß von Sommerferien auf beeindruckbare Organismen zu quantifizieren.

Unterdes erinnere ich mich an Marisil, Sisings und Binis älteste Tochter, die einmal bei Verwandten auf der anderen Seite der Stadt, nicht viel mehr als vierzehn Kilometer entfernt, wohnte. Sie hatte unerträgliches Heimweh und kam drei Tage später wieder zurück, obwohl sie eigentlich ganz offiziell als Haushilfe eingestellt werden sollte. Ich fragte sie, welchen Eindruck es bei ihr hinterlassen habe, zum ersten Mal in ihren fünfzehn Lebensjahren von zu Hause fort zu sein.

»Ich war immer so traurig«, sagte sie. »Es ist nicht so wie hier in Kansulay, sie haben dort keine Berge.« Sie sprach so, als wäre sie im Ausland gewesen. »Und die Sonne war an der falschen Stelle.«

Was hatte das zu sagen? Ich fand heraus, daß das Haus ihrer Verwandten anders plaziert war. Wenn sie vor dem Haus saß und erwartete, daß die Sonne so wie zu Hause über den Kokospalmen zur Linken aufging und hinter dem Bambus auf dem Berg nahe dem Ort, den sie Babag nannten, unterging, war das weit gefehlt. Statt dessen schob sie sich in einer unvermuteten Richtung über den Himmel. Abgesehen davon, daß mich die große Ähnlichkeit mit ihrer Mutter ungemein berührte, spürte ich einen völligen Gleichklang mit ihren Gefühlen, wußte um das innere Verrenken, das Verbiegen, das sie nur als Heimweh beschreiben konnte, das aber eigentlich etwas über den Verstoß gegen die Landkarte ihres Bewußtseins aussagte.

Ich stelle mir vor, daß ich mich jetzt mit dem Lageplan von Tiwarik, den ich in mir trage, wohl fühle. Dies erweist sich jedoch als eine Selbsttäuschung, zumindest wenn es um meine eigene Orientierung geht.

Ich werde eines Besseren belehrt, und das fängt an, als ich eines Abends bei abnehmendem Tageslicht abgeholt werde: Arman, Intoy und Danding in einem Boot, Silo, Jhoby und Bokbok im anderen. Sie trinken in kleinen Schlucken *anisado,* um sich für die vor ihnen liegende Nacht aufzuwärmen, während ich mich zum Nachtfischen umkleide: ein schwarzer Baumwoll-Jogginganzug mit langen Ärmeln und ein Paar dunkle Nylonsocken. Das ist teils ein Schutz vor stechenden Pflanzen und Seeigeln, doch es mindert auch die Anziehungskraft meines blassen Fleischs auf vorbeiziehende Haie. Ich schnalle ein Messer außen an mein rechtes Bein. Seit einem Beinahe-Unglück vor einigen Monaten fische ich des Nachts selten ohne eines. Arman, der eine heroische Rolle in eben diesem Drama spielte, trägt auch ein Messer. Früher hätte sich niemand träumen lassen, Messer mitzuführen, aber jetzt sind wir alle darüber hinaus, befangen zu sein oder zu witzeln, man sähe aus wie Lito Lapid, ein Filipino Filmstar von ungeheurer Popularität, dessen endlose Zweikampf-Rollen ihn zu so etwas wie einem alternden Bruce Lee gemacht haben.
Beim milden Schein der Sturmlampe prüfen wir unsere Ausrüstung: Harpunen, Gummibänder, Sperrholz-Schwimmflossen, Masken und Tauchbrille, Taschenlampen. Im letzten Moment entschließt sich Arman, die Batterien in seiner Taschenlampe auszuwechseln, wofür er wegen der selbstgebastelten Wasserundurchlässigkeit ein oder zwei Minuten braucht. Wir haben alle die gleichen Taschenlampen, gewöhnliche chinesische mit drei Batterien in einer Hülle, die aus dem Schlauch von Motorrädern gefertigt ist, warzig vom vielen Flicken. Der Schlauch wird in einer Überlänge von fünfzehn Zentimetern abgeschnitten, doppelt gelegt und wie das Ende einer Zahnpastatube aufgerollt, bevor das Ganze mit Gummiband umwickelt wird. Das Ergebnis ist eine

dicke Gummitaschenlampe, wulstig durch die dazwischen-
liegende Luftschicht und bis in große Tiefen wasserdicht. Ein
Nachteil ist, daß man etwas Zeit benötigt, um die Batterien
auszutauschen, und noch länger, um eine Birne zu erset-
zen. Einen weiteren kleineren Nachteil habe ich entdeckt,
der aber nur in der Tiefe auffällt. Ab ungefähr vierzig Meter Tiefe preßt der Wasserdruck das Gummi auf den Knopf,
so daß es unmöglich wird, die Lampe auszuschalten. Dadurch wird einhändiges Signalisieren sehr schwierig. Heute
nacht werden wir so tief gehen und die Kompressoren beider
Boote benutzen.

Ich bin etwas angespannt vor Aufregung, während ich die
Spitze meiner Harpune feile. Ich gehe gern vor Mondaufgang
fischen, danach ist das Jagen unergiebig. Heute nacht kommt
der Mond sehr spät, und es wird ungefähr 2.30 Uhr werden.
Wenn der Zyklus sich ändert, der Mond beinahe mit Sonnenuntergang aufgeht und um Mitternacht verschwindet, erlebe
ich es anders. Dann reißt man sich aus dem Schlaf und läßt
sich an der Bootsseite hinab in die schwarze See unter schwarzem Himmel. Es ist unsicher, ob ein Traum gerade zu Ende
ging oder erst anfängt. Aber jetzt ist der Tag angenehmer-
weise in eine mondlose Nacht übergegangen. Ich habe diesen
Nachmittag geschlafen, bin ausgeruht und hellwach. Im letzten Moment nehme ich Ersatz-Speer und -Fangleine mit. Ich
lasse die Öllampe am Eingang der Hütte klein weiterbrennen
und folge den anderen zum Kiesstrand.

Für mich ist der Erwartungsmoment vor dem Tauchen beinahe das Beste. Ich bin mir völlig dessen bewußt, was uns
in den Tiefen erwarten kann, aber auf dem Trockenen, in
schwarze Baumwolle gekleidet, das Messer an der Wade und
die Harpune in der Hand fühle ich mich dem gewachsen. Die
Nahrung wird aus einem fremden Element gewonnen werden. Heute nacht kommt die Brise landeinwärts und trägt
von der Hauptinsel den Duft von Räucherwerk herüber, den
ich als *sahing* identifiziere, jene weichen aromatischen Harz-

brocken, die als Feueranzünder für Holzkohleöfen benutzt werden. Es verstärkt das Gefühl eines Rituals, der Vorbereitung auf eine Mischung aus Prüfung und Ehrfurcht. Wenngleich sie da hineingeboren wurden, glaube ich wirklich, daß meine Gefährten auch nicht unberührt sind. Während wir die Ausrüstung in den Booten stapeln und uns mit einem hohlen, knirschenden Aufseufzen der Kiele abstoßen, sind ihre Bewegungen eingeübt, aber nicht gleichgültig. Es ist – warum darüber hinwegtäuschen? – eine gefährliche Sache, die wir weit unterhalb der Luft oben mit ihren Sommergewittern ausüben. Abgesehen von natürlichen Gefahren besteht auch immer die Möglichkeit, daß die Ausrüstung versagt. Wenn der abgenutzte, alte Keilriemen, der den Kompressor antreibt, reißt oder wenn der Motor stehenbleibt, gibt es einen rostigen Ersatzbehälter, der zwei Taucher ungefähr vierzig Sekunden lang mit Luft versorgen kann. Das ist nicht genug, um sie aus fünfundvierzig Metern Tiefe hochkommen zu lassen, wenn sie dort eine Stunde gewesen sind. (Ohne späteren Druckausgleich sollten sie eigentlich nicht mehr als fünf Minuten in jener Tiefe zubringen.) Am Ende solchen atemberaubenden Aufstiegs werden sie unter geringfügigen Blutungen leiden, wenn sie Glück haben, wenn nicht, dann unter Dekompressionskrankheit und krankhafter Arterienerweiterung.

Aber keiner von uns sinnt über solche spezifischen Unglücksfälle nach. Sie mischen sich einfach unter die latente Bedrohlichkeit des Ganzen, genug, um uns schweigen zu lassen, während die Boote Kurs über das Meer auf die abgelegene Seite der Insel nehmen und die Ausleger kleinen Wellen gelegentlich eine Abfuhr erteilen, so daß sie in phosphoreszierende Perlen zerbersten und unser Kielwasser mit hellglänzenden Pollen übersäen. Nur wenn Blitze den Horizont einen Augenblick beleuchten, ist es möglich zu sagen, wo Wasser und Luft sich treffen. Wir brausen ins Schwarze hinein und sind uns der Nähe von Tiwarik bloß deshalb bewußt, weil das Geknatter der Motoren als hohler Klang zu unserer Rechten zurückgeworfen wird. Die Brise trifft kühl auf unsere Gesichter. Wir starren in eigener Gedankenleere hinaus und lassen die schwarze Luft durch unser Gemüt ziehen.

Danding und Bokbok schalten die Motoren ab, und in der Stille geht uns abrupt der Orientierungssinn verloren. Wir sind bei der Stelle angelangt, an der am Meeresgrund riesige Felsbrocken verstreut liegen, die über die Jahrtausende von dem unsichtbaren Kliff über uns abgeschüttelt wurden. Es ist gut, hier anzufangen, denn das Gestein dient für gewöhnlich den *lapu-lapu* als Schlafstätte. Dann kann uns die Strömung zurück zur Meerenge tragen, zu einigen der ergiebigeren Korallen. Wenn wir immer noch im Wasser sind, wenn sie umschlägt, können wir uns vielleicht teilweise durch den Kanal zu seinem tiefsten Punkt vorarbeiten. Auf diese Weise müssen wir keine Energie mit dem Schwimmen gegen die Strömung verschwenden, denn obgleich sie tief im Wasser nicht so stark ist wie an der Oberfläche, macht es doch etwas aus, besonders wenn man eine volle Fangleine zieht.

Die Polyäthylen-Schläuche werden beim Licht der Taschenlampen überprüft, oberflächlich glatt gezogen und vorne und hinten im Boot aufgerollt. Ich werde einen nehmen und Arman den anderen. In dem zweiten Boot machen sich Silo und Jhoby auch zum Tauchen bereit. Ein Junge in jedem Boot wird seinen Schwimmern paddelnd folgen, während Bokbok und Danding sich alle Mühe geben werden, ihre Motoren und Kompressoren am Laufen zu halten. Es wird eine lange, kalte Nacht für sie werden, vor allem dann, wenn es regnen sollte aus der dichten Wolkendecke, die über unseren Köpfen wie ein Schachtdeckel liegt. Nicht ein Stern ist zu sehen, nur rosamalvenfarbene elektrische Entladungen wie bei einem Kurzschluß im Stromkreislauf des Planeten. Bei Bokbok läuft nun der Motor, und Silo und Jhoby sind im Wasser. Ich beobachte, wie das strahlende Weiß ihrer Taschenlampen zu kleinen grünen Wolken wird, während sie in die Tiefe schwimmen. Wenn sie unter die Oberfläche sinken, ähneln die Lichter der Gefährten, aus der Perspektive eines hoch fliegenden Flugzeugs in der klaren, über ihnen liegenden Stratosphäre betrachtet, am ehesten Blitzen, die sich auf der obersten Wolkenschicht widerspiegeln: ein endloser Boden aus grauem Mattglas, auf dessen Unterseite zwischendurch grüne Lichtlachen auftauchen, die von den einsamen Aktivitäten unten zeugen. Ich sehne mich danach, es ihnen gleichzutun.

Jetzt hat Danding unseren eigenen Kompressor gestartet, und Arman und ich gürten uns mit dem schmalen Plastikschlauch: zweimal um die Taille, und ein loser Stek gibt uns genügend Schlauch, um das Ende in den Mund zu nehmen und die Bewegungen nicht zu behindern. Die etwas kalt ausströmende Luft stinkt nach Öl und den dumpfigen Hefepilzen, die an den Schlauchwänden Quartier bezogen haben. Ich beiße in das Ende, um den Nachschub auf eine geringe Menge herabzudrosseln. Lange bevor wir zu tauchen aufhören, werden die Kinnladen unerträglich schmerzen, und wir werden eine Bucht des Schlauchs zwischen die Finger nehmen und sie zupressen. Das sind die einfachsten technischen Hilfsmittel für diejenigen, die ohne Finessen wie Luftstrom-Regulatoren auskommen. *Bahala na...* Intoy grüßt gesetzt mit dem Paddel und einem breiten Grinsen. Er kauert in *Jhon-Jhons* Heck in einem einige Nummern zu großen Plastik-Regenmantel. Ich winke ihm zu, rücke die Maske zurecht, gebe Arman das Signal und gleite über den Rand. Gemeinsam tauchen wir schräg nach unten, hin zu den Felsbrocken, und beginnen unsere nächtliche Arbeit.

Ohne die Beschränkung, ständig nach oben zum Luftholen zu kommen, ist die Suche gründlicher, die Erfahrung viel weniger impressionistisch. Die Unterwasser-Landschaft fügt sich zu einem kontinuierlichen Ganzen, anstatt in kleine unzusammenhängende Felder aufgebrochen zu werden. Auf die gleiche Art ordnen sich die vereinzelten Straßen einer unbekannten Metropole, um eine Stadt zu bilden. Mit Sauerstoff-Versorgung verfehle ich auch weniger Fische. Ohne Kompressor zu arbeiten heißt, man entdeckt immer gerade in dem Moment, in dem man zum Luftholen an die Oberfläche will, eine Seebarbe, die unter einem Felsendach steht, und muß sich entscheiden, ob man einen schnellen Schuß riskiert, vielleicht nicht trifft, sich eventuell in den Korallen verfängt und den Speer zurücklassen muß, während man zum Atmen nach oben hastet; oder ob man sich die Stelle merkt, auftaucht, Luft holt und wieder nach unten geht in der Hoffnung, sie nochmals zu finden. Bei Strömung sind die Chancen, Seebarbe oder Speer wiederzubekommen, praktisch Null, das gleiche trifft zu, wenn das Meer auch nur etwas trübe ist. Mich nur einmal an der Oberfläche umzudrehen, reicht aus, die Orientierung zu verlieren. Ich bringe es durchaus fertig, zu demselben Felsen mit vollen Lungen, aber aus einem anderen Winkel zurückzukehren und ihn nicht wiederzuerkennen. Die Seebarbe ist verloren. Doch wenn der Kompressor meine Lungen mit dem Gestank von Öl und Moder füllt, kann ich mir Zeit lassen.

Die Felsbrocken sind wahrhaftig riesig. Sie liegen aneinander auf einem steinigen Bett ohne Meerespflanzen. Hier gibt es keine Korallen und nur wenige Pflanzen. Auch findet man tagsüber nicht viele Fische außer in den funkelnden oberen Bereichen. Aber des Nachts bieten die Höhlen zwischen nebeneinanderliegenden Gesteinsblöcken Schutz für relativ große Fische, wo sie im Dunkeln neun oder zehn Stunden bewegungslos stehen können. Mit einem Plastik-Luftschlauch zwischen meinen Zähnen kann ich in diese Höhlensysteme eindringen, in enge Tunnel, deren Dächer sich biegen und durchhängen wie die Außenhaut eines Zelts, unnötigerweise habe ich Angst, daß sich ein Tausend-Tonnen-Fels diesen Moment aussucht, um sich in seinem Schlaf ein bißchen fester niederzulassen, und bin, mit etwas mehr Berechtigung, auf der Hut vor dem ingrimmigen, gedrungenen Aal, der vielleicht bei sich kreuzenden Gängen wartet. Heute nacht finde ich eine beachtliche Menge an Doktorfischen, dunkelbraun und flach, jeder wiegt ein gutes halbes Pfund. Außerdem stoße ich auf einige *samaral,* gesprenkelte und eher viereckige Fische, deren Geschmack ich mehr als den nahezu aller anderen in diesen Gewässern schätze. Geschickt können sie sich flach gegen Wände und sogar Dächer drücken, um dem Licht der Taschenlampe auszuweichen, wenn sie, andererseits, über dem offenen Meeresboden überrascht werden, machen sie das Gegenteil, sie stellen sich in den richtigen Winkel, damit sie nur ihre schmalen Rücken dem Lichtstrahl aussetzen. (Der geübte Harpunen-Fischer hält seine Lampe auf Armeslänge zur Seite und führt seine Speerspitze bis auf fünfzehn Zentimeter von der entgegengesetzten Richtung an den Fisch heran.) Fische wie diese *samaral,* die sich gegen die Felswände pressen, sind leicht aufzuspießen, aber genauso leicht wieder zu verlieren, es sei denn, sie haben genug Körperfülle, damit der Widerhaken greift. Ansonsten geht die Speerspitze durch sie hindurch, trifft auf der anderen Seite auf den Fels und erlaubt so dem Fisch, sich loszuwinden, bevor er gefaßt werden kann. Einen *samaral* zu ergreifen ist so ähnlich, wie eine Schlange zu halten: es muß mit Geschick und Entschiedenheit getan werden, weil seine Rücken- und Bauchstachel schmerzhaft und giftig sind. Ich packe die Köpfe von diesen und lasse sie zurückgleiten zu den Doktorfischen in der Hoffnung, daß sie nicht meinen um sich tretenden Füßen in die Quere kommen. (Einmal habe ich einen *bantol* mit einem Schuß oben durch den Kopf getötet und war stolz darauf, ihn sicher auf der Fangleine zu haben, weil er zu einer Familie gehört, zu der auch die Steinfische und die Feuerfische gehören, ähnlich wie sie ist er mit giftigen Flossenstrahlen rund um den Kopf und den Rücken bewaffnet. Eine halbe Stunde später verhedderte sich durch die Strömung die Fangleine um meine Beine. Ich vergaß den *bantol* und trat um mich. Der Schmerz war so gräßlich, daß ich an Land gehen mußte: er beanspruchte meine Aufmerksamkeit derartig, daß ich sogar vergessen konnte, unter Wasser nicht zu atmen.)

Zwischen einigen Felsbrocken hindurch erhasche ich jetzt einen Blick auf Armans weit entferntes Licht und ändere leicht die Richtung, um uns näher zusammenzubringen. Wir haben das Gesteinsfeld durchquert und sind an der äußersten Reichweite seiner Absturzbahn angekommen. Der Meeresboden verändert sich, als das Wasser tiefer wird. Bis jetzt waren wir nicht viel weiter unten als zehn Meter, aber nun kommt ein erkennbarer Hang, der mit Korallenvorsprüngen durchsetzt ist. Dies, so weiß ich, wird weitgehend gleich bleiben, weil wir uns langsam an ihm entlang vorarbeiten, während wir um die Insel herumgehen. Zu unserer Linken die Felsbrocken, zu unserer Rechten die schwarzen Schluchten. Am schrägen Horizont vor uns erheben sich Türmchen und Turmspitzen, Alleen und Arkaden. Zumindest bei Tageslicht. Jetzt macht meine Taschenlampe keine Kathedralen und Bürogebäude sichtbar, sondern anatomische Einzelheiten, die zu formlosen Massen gehören: Eingeweide, Wirbelsäulen und Gehirne; Geweihe und Stoßzähne; Wucherungen, Polypen, Fettgeschwulste und Seekrebs. Die Felsen sind mit lebenden Korallen aller Arten überkrustet, die meisten der Felsen sind selbst tote Gewächse. Pflanzen neigen sich sanft in der Strömung. Die zarten silber-beigefarbenen Fächer der Hydrozoen wedeln mit ihrem Gefieder. Sie stechen schlimmer als Nesseln, und es kann ein brauner Fleck auf der Haut zurückbleiben wie bei einer abgeheilten Verbrennung. Diese üppige Vegetation verbirgt alle möglichen Nischen und Höhlen, Spalten und Gruben, die das Zuhause oder der Unterschlupf sind für eine riesige Vielfalt an Lebewesen, von denen nur ein winziger Bruchteil zu meiner potentiellen Beute gehört.

Arman erscheint hinter einem Vorsprung. Der Strahl seiner Taschenlampe erfaßt die glitzernden Luftkrater, die aus seinem Mund hervorsprudeln und nach oben taumeln. Wir werfen beiderseitig kurz ein Licht auf unsere Fangleinen, um uns zu vergewissern, daß das Glück heute nacht gleichmäßig verteilt ist. Ich verhielt mich früher ziemlich konkurrent, bis es offensichtlich wurde, daß ich keinerlei Aussicht hatte, mit ihm über einen längeren Zeitraum zu wetteifern. Mit Glück gelänge mir vielleicht ein größerer Fang als ihm, selbst an zwei aufeinanderfolgenden Nächten, aber letztlich war er der bei weitem bessere Fischer, ging in Nächten, in denen ich kaum einen Fisch fand, hinaus und konnte genug zur Strecke bringen, um seine Familie für einige Tage mit Essen zu versorgen. Zum jetzigen Zeitpunkt haben wir jedoch ungefähr dieselbe Menge. Arman bleibt, wo er ist, während ich mich nach rechts zu den tieferen Gewässern, meine Vorliebe, begebe und parallel mit ihm in circa dreißig Meter Entfernung arbeite.

Ich untersuche eine Koralle, so groß wie ich und geformt wie eine Aneinanderreihung von zerknitterten, überlappenden Eiskremwaffeln. Die richtige Technik ist hier, über ihnen zu schwimmen und mit der Taschenlampe direkt hinunter in die tiefen Ritzen zu leuchten; einige Arten ruhen sich gern in den zerklüfteten Falten aus, aber heute nacht gibt es nichts, das sich zu fangen lohnt. Als ich mich wegbewege, verfängt sich meine Leine an etwas hinter mir und zieht meine Speerspitze für einen Augenblick nach unten. Gleichzeitig gleitet im Wasser neben der Koralle und dann direkt durch meine Beine hindurch ein Torpedo. Er stoppt, dreht sich um und steht dort, nicht ganz zwei Meter entfernt, mit der Breitseite zu mir, ein anderthalb Meter großer Hai. Sein Maul ist nicht ganz geschlossen, und es hängen weiße Stränge daran herunter.

Ein Hai dieser Größe ist keine Bedrohung für mich, deswegen vergeht der versteinernde Schock sofort, obwohl dies meine erste und übliche Reaktion ist. Ich bin Haien schon früher tagsüber und bei Nacht begegnet, einige waren doppelt so groß wie dieser, und bei einer erschreckenden Gelegenheit war einer fünf Meter lang. Aber alles, was man unter

Wasser sieht, erscheint größer, als es ist, und als Fisch betrachtet, ist dieser kleine Hai äußerst groß. Ich möchte meinen Lichtstrahl nicht von ihm auf meine Fangleine zum Überprüfen richten, nehme aber an, daß er sich, angezogen vom Blut meines Fangs, die ganze Ladung einverleibt hat. Während ich ihn beobachte, öffnet sich sein Maul ruckartig um weitere drei Zentimeter. Das Weiß der vielen Zähne ist zu sehen, aber kein grünes Nylon. Zögernd bringe ich meine Speerspitze nach oben, als wollte ich eine völlig imaginäre Handlung ausführen, und in diesem Augenblick ist der Hai verschwunden. Ich nehme nicht einmal wahr, wie sein Schwanz schlägt. Mein Licht durchbohrt einen leeren Raum im Wasser, in dem selbst von Fleischfasern nichts geblieben ist, um zu verraten, daß er eben noch besetzt war. Halb erwarte ich, daß er in der Nähe seine Runden dreht oder vielleicht auch ein größerer Verwandter, und leuchte nervös alles rundum ab, bevor ich die Fangleine untersuche. Sie scheint heil zu sein, aber dann entdecke ich, daß die ersten drei geschossenen Fische nur halbe Fische sind. Sie wurden alle sauber abgezwickt, nur drei Köpfe sind noch auf der Leine. Aus einem baumelt wie ein weißer Wurm das Gedärm.

Vergrätzt, daß mir drei anständige Fische verdorben wurden, nehme ich die Jagd mit dem Gefühl wieder auf, von vorne zu beginnen, so ähnlich wie in jener Nacht vor langer Zeit, als ich noch ein Anfänger war, aber ganz gut schoß; damals streifte ich eine Anzahl Fische die Fangleine hinunter, und nachdem mir alles überraschend leicht vorkam, entdeckte ich, daß sich der Endknoten gelöst hatte und ich eine leere Leine hinter mir herzog. Ich orientiere mich nun wieder an dem Hang und sehe, wie eine Taschenlampe auf der anderen Seite des Bergzugs kurz die Konturen des zerklüfteten Grats mit trübem Aufblitzen aufscheinen läßt. Ich nehme an, daß es Arman ist, aber in dem Moment sehe ich einen weiteren Lichtstreifen tief unten in der Schlucht zu meiner Rechten, wo noch jemand seine privaten Fischgründe ausbeutet. Seltsamerweise beruhigt mich die Bestätigung der Anwesenheit meiner Gefährten hier unten nicht, vielmehr unterstreicht sie Distanz und Isolation. Sehr oft jage ich nachts allein, ohne Kompressor, und das anfängliche Gefühl, ohne Gefährten in dem grenzenlosen Dunkel zu sein, verliert sich, so vertieft bin ich. Man sieht nichts, was nicht die eigene Taschenlampe erhellt, bewegt sich also immer wie in einem Raum, dessen bruchstückhafte und dunstige Wände sich nach vorne ausdehnen und hinten schließen. Diese weit entfernten Lichter im Dunkeln, ihr trübes grünes algen-gleiches Aufschimmern wecken heute nacht in mir die Melancholie der Unendlichkeiten. Ray Bradbury beschreibt in einer wunderschönen Geschichte die Nachwirkungen einer Explosion an Bord eines Raumschiffs. Die Erzählung besteht aus Funkgesprächen zwischen den Überlebenden, die in alle Richtungen hinausgeschleudert wurden, alle entfernen sich voneinander, einige sind auf Kurs in den Weltenraum, einer fliegt zur Erde, um als Meteorit kurz in der Atmosphäre aufzuglühen. Ihre Unterhaltungen sind notwendigerweise kurz, während einer nach dem anderen aus dem Funkbereich austritt auf seinem individuellen Pfad ins Nichts. Nun scheint mich in dem Meer bei Tiwarik der tiefe Abgrund der salzigen Atmosphäre, die beinahe drei Viertel der Fläche des Planeten bedeckt, einzuhüllen, indessen die funkelnden Asteroiden meiner Freunde zurückweichen. Ich glaube, ich kann sie nie einholen, nicht einmal wenn ich die Entfernung aufhebe und Seite an Seite mit ihnen arbeite.

Nach dem Druck, den Fischarten und gelegentlichen Pflanzen zu urteilen, sind wir in ungefähr sechsunddreißig Meter Tiefe. Selbst zur Mittagszeit ist das Licht hier unten gedämpft, ein sehr trübes Blau. Das verschwenderische Blattwerk, das sich in den oberen Gewässern leicht hin und her bewegt, wird in dieser Tiefe zu gelegentlichen dunklen Pflanzenkolonien, deren Farbe verschluckt wird, weil das Wasser als Linse praktisch alle roten und orangefarbenen Lichtwellen herausfiltert. Aber die Löcher im Gestein sind voll von Fischen, und die zunehmend großen Sandgebiete sind durchaus keine Wüsten. Sie sind belebt: Schalentiere gehen zielbewußt auf ihren sich schlängelnden Wegen, sich wiegende Röhrenaale sind dort wie Schilf verankert, bereit, sich in ihre Löcher zurück zu verkriechen, unmittelbar über dem Meeresgrund bewegungslos dösende Fische, während jene nachtaktiven Arten rastlos im Dunkeln über ihnen dahinziehen. Oft drehe ich mich vollständig herum, leuchte alles hinter mir ab, um zu überraschen, was immer sich vorsichtig, angezogen von meiner Tätigkeit, genähert hat. Auf diese Weise habe ich bereits einen kleinen Barrakuda aufgespießt (ein Glückstreffer), sechzig Zentimeter lang und mit gefährlichem Gebiß, und als ich mich jetzt umwende, stehe ich einem *mabilog* wie einer großen silbrigen Scheibe gegenüber, ein beinahe runder Fisch der Pampel-Familie, der zu spät versucht, aus dem Licht zu fliehen. Er hat sich bereits umgedreht, als mein Speer ihn von hinten durch eine offene Kieme trifft und geradewegs durch sein Maul wieder austritt. Er ist zu groß, um ihn lebend auf der Fangleine aufzuräumen, seine Kämpfe wären eine große Behinderung, deswegen töte ich ihn, indem ich mit einem Finger und dem Daumen unter die Kiemendeckel fahre und sein Herz zusammenpresse. Diese Methode ist gut und schnell, leider jedoch nur bei gewissen Arten anwendbar. Einige Fische sind zu groß, als daß die Fingerspitzen innen aufeinanderträfen, andere haben rasierklingenscharfe Ränder an ihren Kiemendeckeln.

An dieser Stelle wirken zwei riesige Felsausläufer wie Wurzeln der Insel, die Tiwarik im Sund verankern. Zwischen diesen Bergketten befindet sich eine tiefe, sandbedeckte Schlucht. Ich fliege jetzt langsam wie durch den Himmel von Trune an diesem Tal entlang und betrachte mir seinen Grund aus wenigen Metern Höhe. Nun muß ich fünfundvierzig Meter tief sein, denn die Luft aus dem Kompressor irgendwo weit oben strömt nicht mehr in meinen Mund, sondern tröpfelt träge. Wenn ich aus irgendeinem Grund meine Atem-geschwindigkeit erhöhen sollte, müßte ich kräftig die Luft in meine Lungen saugen. Wenn ich allein an der Maschine wäre, geschähe dies nicht vor einer Tiefe von vierundfünf-zig Metern, aber der Kompressor ist alt und kann zwei von uns viel tiefer nicht mehr bewältigen. Also treibe ich langsam durch den Nachthimmel von Trune, hinter mir meine Bläs-chen, als ich plötzlich ein Paar Augen im Sand entdecke. Es gibt alle möglichen Augen hier unten – Krebsaugen, Garne-lenaugen, winzige glitzernde, empfindsame Rubine –, aber nur bei Rochen sind sie so groß und nah beieinander wie bei einer Cockpithaube. Nun kann ich schwach des Ende seines eingegrabenen Körpers erkennen, den langen Schwanz mit dem, was für alle Welt wie ein altmodischer, schwarz-weißer Schwimmer aussieht. Dieser Schwimmer ist der Köder des Tieres, der aus dem Sand hervorsteht, unübersehbar, so daß man halb versucht ist, ihn hochzuziehen, selbst wenn man weiß, was es ist. Ich bin überrascht; ich habe nicht ge-wußt, daß *pagi* so tief übernachten. Ein sorgfältiger Schuß tut not. Ich möchte ihn sofort töten, denn er ist groß, von ei-ner Flossenspitze zur anderen ungefähr ein Meter, und bei dieser Gesamtoberfläche kann er, sollte er kämpfen, mäch-tige Wassermengen aufwirbeln. Vor allem möchte ich nichts mit seinem Stachel zu tun haben. Dies ist ein nach hinten ge-neigter Dorn auf der Rückenfläche des Schwanzes, näher bei dessen Ansatz als der Spitze, und er wirkt aus diesem Grund schlecht plaziert und unbedrohlich. Bis man die gummihafte Flexibilität des Fisches erlebt hat, mit der es ihm möglich ist, seinen ganzen Körper vollkommen zurückzuschlagen und ein anderes Lebewesen direkt vorne in den Kopf zu stechen. Es wäre daher ein schlimmer Fehler, den Kopf eines Stechro-chen zu halten, in dem Glauben, der Stachel selbst sei sicher am anderen Ende.

Sorgfältig male ich eine Perle zwischen seine Augen und schieße. Das Geschöpf verwirbelt Sandwogen, die es sofort verbergen. Die Nylonschnur zwischen meinen Fingern zieht heftig an, wird ebenso schnell wieder locker. Ich befürchte, daß der Rochen den Widerhaken abgeschüttelt hat und mit Kopfschmerzen davonkommt, doch die Leine spannt sich, als ich wenige Meter an Höhe gewinne, und dort hebt sich der große graue Diamant, meine Beute, aus den sich verteilenden Wolken unten, seine aufblitzende weiße Unterseite ist zu sehen, als sich seine Flossenspitzen zusammenrollen wie der Rand eines galvanisierten »bowler hat«, einer »Melone«. Bald verwandelt sich das krampfartige Aufrollen in eine regelmäßige Wellenbewegung, die von vorne nach hinten fließt, als wären die Botschaften seines sterbenden Gehirns auf ein einfaches Muster, einer Sinuswelle gleich, reduziert. Sehr erleichtert schwimme ich ein paar Meter weiter zu einer Stelle mit unberührtem Sand und lege den Rochen auf den Grund. Ich verlagere mein Gewicht auf die Harpune und treibe ihre Spitze mitten durch den Fisch hindurch. Da dies keine erneute Reaktion hervorruft, halte ich mit einer Hand weiter das Speerende fest, lege mich mit dem Messer in der anderen Hand flach zur Seite, schneide mit einem kräftigen Schlag auf Armeslänge seinen Schwanz gerade oberhalb des Stachels durch und säbele nach hinten den glänzenden weißen Dorn ab, den ich selbst in dieser abgeschiedenen Wildnis rein gewohnheitsmäßig mit der Spitze nach unten in den Sand bohre.

Das einzige Problem bei diesem Coup ist das Gewicht und der Wasserwiderstand, aber das ist nicht zu ändern. Es lohnt sich noch nicht aufzutauchen. Ich habe jegliches Zeitgefühl verloren. Ab und zu sehe ich das Licht einer Taschenlampe, wie erste Anzeichen einer Migräne, mal weiter vorne, mal an einer Seite sogar über mir. Ich male mir aus, wie wir vier in unterschiedlichen Höhen in dieser dichten Leere am Ende einer Plastiknabelschnur schweben, während weit oben die zwei Boote still miteinander Schritt halten. Nunmehr werden sie um die Insel herum sein und Kurs auf die Hauptinsel nehmen. Hier unten am Grund verlaufen die Meeresarkaden nach allen Seiten hin, unendlich in ihren Möglichkeiten. Ein Tintenfisch schwimmt im Wasser neben mir in jener buckeligen Haltung, die sie annehmen, wenn sie fluchtbereit sind; den Kopf nach oben, den Körper in einem leichten Winkel nach unten gerichtet, beinahe so, wie der Kopf eines Pferds auf seinem Hals sitzt. Die großen intelligenten Augen mit ihren runzeligen Pupillen betrachten mich nachdenklich, und er inszeniert seine »vorbeiziehende Wolke«-Verteidigung in der Hoffnung, die über seine Haut kriechenden Farbschattierungen würden mich irritieren. Ich nicke ihm dort unten zu, dankbar, daß meine Gefährten nicht sehen können, wie ich verabsäume, einen stattlichen *bagulan zu* erlegen. Nur zu gut kenne ich plötzlich den Klang des Speers, wenn er, wie ein Nagel durch Styropor, durch die feste, knorpelige Platte stößt, und den Anblick zerstiebender Tinte.

Mir kommt es so vor, als könnte ich für immer hier unten bleiben, mein Licht über diese großartige Landschaft spielen lassen. Ich bin sicher, daß ich mit ein bißchen Übung fähig wäre, hier unten ohne zu atmen zu überleben, ähnlich den berühmten Yogis, die monatelang begraben sind. Welch ein Unterschied, in einem zu frühen Grab zu liegen und gegen den Holzdeckel zu starren oder sich in diesen gesegneten Weiten zu bewegen. Allerdings wird mir allmählich eine Veränderung in der See bewußt: es beginnt ziemlich zu stinken und ich brauche einige Augenblicke, um festzustellen, daß dieser Geruch einem heißen Strömen nicht unähnlich ist. Vielleicht lötet jemand hier unten. Auch hat irgendwo, ganz weit entfernt, mein Kopf zu schmerzen angefangen. Das ist allerdings kein Problem. Es geht nur darum (sage ich mir), einen klaren Kopf zu behalten. *Wenn...* Dabei fällt mir meine zweite Schule wieder ein, in der Rudyard Kiplings Gedicht gerahmt über der Tür des Speisesaals hing. *Wenn du klaren Kopf behalten kannst...* Wieso komme ich hier unten darauf? Höchst eigenartig. Ich ertappe mich beim Nachsinnen über die ganze Ethik jener speziellen Schule mit ihrem schwachsinnigen Militarismus und mit ihrem Umgang mit Literatur als etwas Erbaulichem oder als Strafe *(Sweet Auburn...)*. Man muß sich ja nur einmal die Namen der Schlafsäle vergegenwärtigen. Wie hießen sie noch, angefangen am Korridorende? Haig, Kitchener, Beatty eher als Owen, Sassoon, Rosenberg... Rosenberg? *Isaac* Rosenberg? Das soll ja wohl ein Witz sein. Was war denn mit jener ersten Schule in Sussex, wie wurden die Schlafsäle dort benannt? Wellington, Marlborough... Weitere tote Krieger, der ganze Sportplätze-von-Eton-Ethos.

Irgendwo schießt mein Körper auf einen Zwei-Kilo-Barsch, allein schon vierzig Pesos auf dem morgigen Markt von Malubog wert, während mein Gehirn darum ringt, fair zu sein. Nein, Oundle folgte auf Wellington und Marlborough, sie mußten sich also auf Privatschulen beziehen. Insgesamt stellten sie eine weit realistischere Zielvorstellung dar für jene Milchgesicht-Gelehrten, die in ihnen schliefen. Wer um alles in der Welt wollte Haig sein? Doch nur, »wenn du einen klaren Kopf behältst«. Welch ein zutiefst törichtes Gedicht von einem oft guten Schriftsteller, und wie typisch, daß es unser Rektor wie zweifelsohne viele andere seines Schlags – für wert hielt, es aufzuhängen, um seine kleinen Truppen in grauen kurzen Hosen zu inspirieren. In Gedanken springe ich an die südvietnamesisch-kambodschanische Grenze von 1971, zum sogenannten Parrot's Beak und zur Provinz Svay Rieng, deren Gebiet nie von einem amerikanischen Soldaten verletzt worden ist, wie dem Kongreß wiederholt versichert wurde. Ich lese die Flak-Jacke eines schwarzen US Marine-Infanteristen. In sorgfältig mit Textilmarker geschriebenen, großen Lettern steht da: *Wenn du einen klaren Kopf behältst, wenn alle um dich herum ihren verlieren, wissen sie vermutlich etwas und du nicht, Wichser.* Ich wünschte, ich hätte das 1953 gewußt.

Ist das ein Hai oder ein Unterseeboot, auf das mein Lichtstrahl fällt? Nichts von beidem. Ich schwimme durch den

Raum, wo es nicht war. Das Pochen meines Herzens dringt durch das Wasser zu mir. Wie aus weiter Ferne in einer warmen Sommernacht die Menschenmassen im römischen Kolosseum jubeln, ein beständiges Grölen, eine Million Kauwerkzeuge brüllen Beifall. Die Daumen nach unten: wirf ihn den Haien vor. Guter alter Hai, der Raubvogel der Tiefe.

Der Raubvogel der Tiefe? Mein Gehirn versucht meinem Bewußtsein etwas mitzuteilen, aber mein Körper kommt in die Quere und schießt einer Seeschlange in den Kopf. Immer muß er schießen, mein Körper. Warum? Es ist dumm; man kann Seeschlangen nicht essen, jeder Narr weiß das. Ich merke mir diese Fehlleistung, damit ich später meinen Körper dafür strafen kann, aber er scheint augenblicklich ein bißchen von dem Lötgeruch und einem Schmerz im Kopf in Anspruch genommen. »Wenn du einen klaren Kopf behalten kannst«, in der Tat. Genau das sollte man *nicht* tun. Man sollte alles tun, um seinen Kopf ein für alle mal zu verlieren, sich ganz und gar der Begeisterung hingeben. Sieh dir das nur an... Ich leuchte rings herum. Was ich erblicke, läßt mir die Tränen in die Augen treten. Sie fließen in meiner Maske herunter, meine Nasenflügel jucken dadurch, während ich die erhabene Andersartigkeit dieses Ortes betrachte: die hehre Architektur von Trune, gemildert durch Büschel farbiger Pflanzen, die mit höchster Kunstfertigkeit an genau die richtigen Stellen plaziert wurden, um das Herz zu erfreuen. Aus einer Million Fenster blinzeln eine Million Augen. Winzige Teilchen und Strahlen tanzen leuchtend durch die Straßen, hängen ihre zarten, violettfarbenen Banner in die Luft, lassen durchsichtige Flaggen dahingleiten, die im Dunkeln glühen und unter dem Schein der Taschenlampe wie dünner grüner Schleim verschwinden. Endlich gehöre ich dazu, gehöre dazu und bin ein Teil des zugrundeliegenden Wirklichen. Ein weiteres Zitat treibt hinter einem Felsen mit feurigen Buchstaben hervor; dieses ist von William Burroughs, einem Schriftsteller, dessen Größe mir noch mehr Tränen in die Augen steigen läßt.

»Ein Psychot ist ein Typ, der gerade herausgefunden hat, was wirklich geschieht.« Richtig. *Richtig.* Genau. Nur die wahrhaft Verrückten verstehen das zugrundeliegende Wirkliche. Vollendete Weisheit für Flak-Jacken.

Jetzt wird das gesamte Bild heller. Die Farben treten aus ihren Gehäusen heraus, strecken sich und glühen. De Chirico sitzt leibhaftig auf einem Moosbüschel aus Beton und entwirft alles. Er ist ein kleiner, glatzköpfiger Italiener mit halbmondförmiger Brille, und irgend etwas in mir fragt sich, ob er wirklich so ausgesehen hat, aber das ist eher unerheblich, denn hier ist er, und aus seinem Munde quillt eine Wortkette, deren Steine perlmuttfarben glühen wie die Kleinodien, die ich in ihnen erkennen kann: »Schopenhauer und Nietzsche waren die ersten, welche die tiefe Bedeutung der Sinnlosigkeit des Lebens lehrten und zeigten, wie diese Sinnlosigkeit in Kunst verwandelt werden könnte.« Eine Pause. Dann gibt er einen abschließenden und triumphalen Satz von sich, der glitzert und ins Auge sticht: »Die fürchterliche Leere, die sie entdeckten, ist eben die seelenlose und ungetrübte Schönheit der Materie.« Die Wahrheit dessen überwältigt mich. Sie kann nicht bestritten werden. Umgibt mich nicht der Beweis? Seelenlose und ungetrübte Schönheit findet sich hier in Überfülle. Dankbar biete ich de Chirico das Mundstück meiner Wasserpfeife für einen Zug an, aber es erweist sich, daß ich selbst innerhalb der Wasserpfeife bin, weil der Rauch an ihrem Ende als Bläschen herauskommt; das ist falsch. Der Rauch muß *draußen* sein... Traurig stecke ich den Schlauch wieder zurück, und de Chirico verschwindet.

Weit entfernt winkt ein Licht.

Ich schwimme darauf zu, und die Arkaden steigen willig hoch und nehmen mich mit. Ich bin allerdings sicher, daß ich nicht mehr schwimme. Es ist eher so wie das Voranschreiten in einem Traum, ein müheloses Gleiten durch den schwarzen Druck der Tiefe. Ich erkenne, warum das so ist. In Wirklichkeit ist Wasser überhaupt keine feste Masse, sondern wie Blätterteig geschichtet. Vorausgesetzt man findet eine der horizontalen Nahtstellen zwischen den Schichten, kann man durch sie hindurchschießen, als würde man zwischen geölten Gummilagen herausgepreßt. Mehr als je zuvor bin ich mir sicher, daß ich hier unten ohne zu atmen zurechtkommen könnte, aber da ich nun so gut dieses mühelose Gleiten beherrsche, entschließe ich mich, mit dem Erwerben einer neuen Fähigkeit bis zum nächsten Mal zu warten. Eins nach dem anderen, das ist das Wesentliche. Mit meinem geübten Jäger-Körper schieße und schieße ich indessen, töte und töte, bis meine Fangleine, die ich ziehe, eher einem großen Pflichtanker gleicht, einer schweren Bürde, die mein dahinschwebendes Fortkommen verzögert.

Ein Licht dringt auf mich ein. Ich richte den Schein meiner Lampe darauf. Ein furchteinflößendes Insektengesicht mit riesigen Käferaugen starrt zurück, aus Teilen des Maules quillt ein sprudelnder Rüssel hervor. Sein Name ist Arman, und es streckt eine bleiche Klaue aus, um meine Schulter zu berühren, bevor es eine nach unten zustoßende Geste macht. Ich grinse es an, und Wasser strömt in meinen Mund. Ich hatte vergessen, daß da draußen Wasser ist. Ich schlucke es und folge Arman, dem Käfer. Eine Ewigkeit fliegt vorbei, während der mein Körper Nachrichten zu übermitteln beginnt. Aus der unzusammenhängenden Masse, daß da *irgend etwas* ist, entwirre ich ein oder zwei klare Aussagen: ich friere, ich bin unermeßlich müde, mein Kiefer schmerzt, mein Kopf schmerzt, der Unterarm, der die Harpune hält, schmerzt. Wir bewegen uns nach unten, stetig nach unten, in die Tiefe. Indessen wird mein Körper eigenartigerweise ständig leichter, doch eine bedrückende Niedergeschlagenheit nimmt zu. Ich verliere etwas, etwas geht verloren, weicht zurück. Jetzt beinahe senkrecht nach unten, tiefer und tiefer, bis mein Kopf dröhnend gegen den Boden prallt, zerbirst. Ich frage mich, was wir hier tun, bleibe aber eine Weile und mit Schmerzen liegen. Dann blitzt ein Licht in der Nähe auf, ich lasse meines als Antwort aufscheinen und sehe den Käfer Arman mit Kopfschmerzen näher kommen. Er streckt eines seiner Glieder aus und zieht sanft meinen Rüssel heraus. Diesmal strömt kein Wasser in meinen Mund, sondern spült herein und hinaus. Seine Stimme erreicht mich. Ich kann ihn ausgezeichnet hören, verstehe aber die Worte nicht.

»Genug«, sagt er. »*Ay,* sehr kalt. Auch mein Kopf tut weh.« Als würden sie an etwas erinnert, springen seine Kopfschmerzen herüber und setzen sich auf die, welche bereits in meinem Schädel sind. Sein Licht zerteilt sich in viele Stücke, seine Stimme in weitere. In einer übelkeiterregenden Schwenkbewegung richtet sich das Universum auf und fließt ab, läßt mich bei gesundem Verstand zurück, aber mit einem rasenden Kopf, der in dem schwarzen Wasser neben einem Boot baumelt. Das Dröhnen des Motors ist zum Schweigen gebracht. Intoy steht im Bug und legt Armans Luftschlauch zu einer Rolle, Danding im Heck tut dasselbe mit meinem. Ein Ziehen an meiner Taille erinnert mich daran, geschwächt knüpfe ich ihn auf, hebe eine Hand und ergreife den Bambus-Ausleger.

»Ich habe auch Kopfschmerzen«, sage ich unter Schwierigkeiten, weil mein Mund verformt ist, die Zähne auf der einen Seite kommen nicht mehr wie früher zusammen, und die Zunge stolpert in dieser so unvertrauten Höhle.

»Vielleicht hat der Wind einige Auspuffgase in den Kompressor geleitet. *Monoksyde. Ay,* sehr schlecht.« Er lacht. »Ich glaube, ich bin da unten ein bißchen verrückt geworden.«

»Ich auch.« Ich dachte, daß es wohl eher Stickstoff als Monoxyd ist, der so etwas bewirkt. »Himmel, mein Kopf.« Ich speie ins Meer, mir kommt es so vor, als leerte ich gut zwei Liter heißer Kochsalzlösung über meine Oberarme und Brust aus, während ich mich an das schaukelnde Holz klammere.

»Weißt du, wieviel Uhr es ist?« fragt Arman. »Wir waren vier Stunden dort unten. Sehr lang.«

»Wo sind wir?«

»Rate mal. Nein? Sabay.«

»*Sabay?*«

»Ja. Wir sind genau 'rübergeschwommen. Schau dorthin.« Eineinhalb Kilometer entfernt, jenseits der Meerenge glüht in der Nacht so verloren und schwach, daß sie beinahe nicht zu sehen ist, die Sturmlampe, die ich auf Tiwarik brennen ließ.

Irgendwie hieve ich mich an Bord. Ich kann mich noch immer nicht einer Erinnerung entledigen, die darauf besteht, daß ich auf Kurs nach unten war, als ich auftauchte, daß diese Luft hier oben, diese Nacht am falschen Platz ist, daß das ganze Universum auf den Kopf gestellt wurde. *Tiwarik.* Wir sehen uns im Schein der trüben Taschenlampen unseren Fang an. Meine eigene Fangleine sagt alles. Als erstes die drei zerfetzten Fische, dann ein Dutzend, von denen jeder ungefähr ein Pfund wiegt, der Rochen, der herrliche Barsch. Danach wird mein Fang immer bizarrer.

»Wirst du das essen?« Danding deutet auf die Seeschlange.

»Na ja...« Das Beweismaterial besagt, daß ich dort unten tatsächlich den Kopf verloren hatte. Auf die Schlange folgt eine Seegurke, eine Auswahl bedeutungsloser Aquarium-Fische und schließlich einige sorgfältig aufgefädelte Pflanzenbüschel. Bei dem letzten Stück handelt es sich um einen abgeschliffenen roten Korallenbrocken mit einem Loch, das groß genug für den Widerhaken meines Speers ist. Arman und Danding lachen. Sie kennen das schon.

»Macht nichts«, sagt Arman. »Wir hätten früher auftauchen sollen. Immerhin hast du einige *huli* gefangen. Der Fisch da bringt gut vierzig Peso ein.« Er stupst den Barsch mit dem Zeh an. »Vielleicht fünfzig, wenn es sonst nicht viel auf dem Markt gibt.«

Plötzlich wird mir klar, worüber ich gerade kauere. Längs unten im Boot, bruchstückhaft zwischen Duchten und Planken zu sehen, liegt ein großer grauer Körper. Ein Hai.

»Arman?« rufe ich aus. »Du hast doch nicht...?«

Doch, so war's. Er erklärt, daß er den einen Meter achtzig langen Fisch bemerkt hatte, der offensichtlich an seinem Fang interessiert war und ihm in dem Augenblick nur einen Meter entfernt die weichen Kiemenspalten darbot, woraufhin er seinen Speer von hinten und leicht nach unten in die Kiemen abgeschossen habe, dem einzig möglichen Punkt, um jene rauhe Haut zu durchdringen. Sofort hatte sich der Hai im Wasser gerollt, statt wie ein Pfeil wegzuschwimmen, hatte sich losgerissen, war herumgewirbelt und hatte dabei die Harpune wie einen Draht-Kragen um sich gewickelt. Offensichtlich trieb dieser Kampf die Harpunenspitze in eines der lebenswichtigen Organe hinein, denn danach wurde er sehr schnell schwächer, und das gab Arman die Möglichkeit, ihn hochzuziehen. Er war dann mit meiner Ersatzharpune wieder abgetaucht. Das war ein wirklich erstaunliches Meisterstück an Kraft und Wagemut; die Innenseiten beider Unterarme waren rohes Fleisch, als wären sie von jener Haut, die hin und her geschlagen wurde, geschmirgelt worden. Ich gebe meinen eigenen Bericht über den Hai, der meinen Fang verstümmelt hat, und zeige die Beweisstücke. Es ist beinahe sicher, daß es dasselbe Tier ist.

»Das werden wir bald wissen«, sagt Danding. »Wenn wir ihn aufschneiden, werden wir die fehlenden Hälften deiner Fische finden.«

Das andere Boot mit unseren drei Gefährten ist schon lange weg. Weil ich darauf bestehe, setzt mich Danding wieder über nach Tiwarik: Ich muß allein sein. Unterwegs lobt mich Intoy übermäßig für meinen Rochen und steckt seinen Finger in dessen gemeines, kleines, schlitzartiges Maul. Ich glaube, er spürt, daß ich angesichts Armans bewundernswerten Triumphs Trost brauche, und dafür bin ich dankbar. Ich vermache ihm und Danding meinen gesamten Fang mit Ausnahme von ein paar Fischen für mein Frühstück. Ich bin voll von Überresten: Desorientierung, Kopfschmerzen, dem Gefühl, daß mich Arman so beschämend übertrumpft hat.

Natürlich konkurrierten wir miteinander, was denn sonst? Allein in meiner Hütte, starre ich schlaflos zum Strohdach und sinne über diese Unterwasserreise nach und über die Barrieren der Vernunft, die ich durchbrach. Ich habe keine rechte Vorstellung davon, wo ich bin. Um mich und durch mich fließt immer noch endloses, schwarzes Wasser.

Am Morgen sind meine Kopfschmerzen mehr oder weniger verschwunden, aber ich fühle mich träge und matt, als wäre nicht allein mein Körper von den unmeßbaren Tonnengewichten des Wassers flachgepreßt worden, die den Platz, auf dem ich sitze, von dem fernen Dorf Sabay trennen. Einen ganzen Morgen lang erscheint mir die Welt eigenartig zweidimensional, während irgendwo in mir sich hartnäckig die Überzeugung hält, daß die Welt auf dem Kopf steht, verkehrt herum ist. Ich bin sicher, daß ich nach unten ging, als ich auftauchte. Es braucht viele Stunden, bis diese Sicherheit verblaßt, währenddessen wird die Landschaft wieder fülliger, und die Dinge gewinnen allmählich an Tiefe. Ich bin reorientiert.

Am Nachmittag steige ich auf die Höhe der schroffen Klippe mit Blick auf den Strand und sitze in der Sonne – wie ein Invalide oder der Überlebende eines schweren Unfalls, der nachdenklich geworden ist. Die Insel fühlt sich warm und tröstlich unter mir an, aber dann zeigt sie sich verächtlich wegen meiner Torheit. Dein Element ist die Luft, sagt sie und bläst ihre Gräser über mein Gesicht. Dein Element ist die Sonne, die in strahlendem Karmesinrot auf deine geschlossenen Augenlider fällt. Du darfst sie gefahrlos mit dir in die See hineinnehmen, solange du sie nicht dem Kompressor überantwortest. Du hast dich so sehr auf die mechanische Unterstützung verlassen, daß du den Kontakt zu deinem dir gemäßen Element verlorst und gleichermaßen den zur See. Statt erhöhter Bewußtheit hast du nur Halluzinationen erfahren. Du darfst die Grenzen deiner Landschaft weit stecken, so daß du in die See eintauchen kannst, aber nur wenn dies ohne Hilfsmittel geschieht. Die Lungen voll Luft, eine Hütte auf einer Insel. Das ist alles. Das genügt.

Warum sich die Mühe machen? frage ich die Insel zurück. Warum sich Extremen aussetzen, um einige wenige Dinge etwas anders zu sehen? Welche Notwendigkeit für solche Härte?

Keine Antwort. Die Gräser streichen mir über das Gesicht, die Sonne fällt auf meine geschlossenen Augen. Weit dort unten mahlt die See ununterbrochen den Kies.

KAPITEL 12

Allein auf einer korallenumsäumten Insel im Südchinesischen Meer zu leben, stellt für einige Europäer die vollständige Antithese zu ihrem eigenen Leben dar, beinahe ein romantisches Ideal. In der Tat entspricht die Vorstellung einer »paradiesischen Insel« schon lange nicht mehr einem ästhetischen Urteil und ist statt dessen zu einer Beschreibung der Touristikbranche geworden, Kategorie in einem Reisekatalog wie »Hauptstadt des Handwerks« oder »kulturelles Mekka« oder »beliebter Urlaubsort«: wenn sie oft genug so bezeichnet wird, dann ist sie das auch. Zu einer paradiesischen Insel in diesen Teilen der Welt gehören also unbedingt weißer Sand, Kokospalmen, eisgekühlte Getränke, ein Strandkiosk, der Sonnenöl verkauft, Barbecues und Discomusik bei Einbruch der Nacht.

Tiwarik ist keine paradiesische Insel. Sie bietet nur Unbequemlichkeiten. Ihr einziger weißer Strand ist eine sich verlagernde Bank scharfer Korallensteinchen. Das Trinkwasser kommt von der Sonne erhitzt von der Hauptinsel, schmeckt nach Plastikbenzinkanister und brackig, nach dem dortigen Brunnen. Die Fliegen sind oft eine Plage. Der Kiesstrand dient durchziehenden Fischern als Restaurant und Toilette, und die Reste ihrer improvisierten Mahlzeiten versorgen das Insektenleben der Insel wie auch die Einsiedlerkrebse mit Abwechslung und Eßbarem. Die *cogon*-Felder beheimaten zwei Schlangenarten. Große, borstige Tausendfüßler findet man häufig. Oft sind sie durch die Fußboden-latten zu sehen, wie sie auf der Erde unter der Hütte ihrer Wege gehen. Manchmal klettern sie des Nachts hoch. Einmal wachte ich davon auf, daß einer quer über meiner Stirn lag; er biß aggressiv zu, als ich ihn wegwischte. Aus Rache schnitt ich ihn entzwei, und am Morgen schienen die beiden Hälften immer noch lebendig zu sein. Intoy sagt mir, daß man sie getrennt vergraben muß, sonst würden sie aufeinander zukrabbeln und wieder zusammenwachsen. Ich erkläre ihm, das lasse sich sehr einfach prüfen, aber alle nachfolgenden Beobachtungen tragen nicht dazu bei, seinen Glauben zu erschüttern.

Daher sind Menschen, die Tiwariks schmerzhafte Realität in ihren Traum vom alternativen Leben integrieren können, selten. Das Täuschungsmanöver, das in Manila möglich ist, nämlich das nicht sehen zu wollen, was man gerade anschaut, jener Trick, den Busladungen vorbeifahrender Touristen immer wieder anwenden, steht hier kaum jemandem zur Verfügung. Auf Tiwarik wäre dieser Mensch auch gegen die tödliche Schlaffheit tropischer Provinzen gefeit, die so viele aus dem Westen befällt, sie zum Trinken bringt, sie niederdrückt und sie auf unbestimmte Zeit jene salbungsvollen Briefe nach Hause verschicken läßt. Ganz im Gegenteil, ihn erfüllte ein Gefühl von Dringlichkeit, immer bedacht darauf, die Dinge gerade noch zur rechten Zeit wahrzunehmen und zu tun.

Denn gelegentlich verlieren die Detonationen der Dynamit-fischer ihre Unschuld des freien Unternehmertums und werden bedrohlich. Ich vernehme sie nicht nur als Angriff auf eine Nahrungsnische, sondern als Teil des zunehmenden Feldzugs gegen natürliche Lebensräume, geführt unter dem bestechenden Vorwand, die Mäuler der Menschenmassen zu stopfen. In solchen Zeiten könnte sich meine Abneigung gegen Fleisch auch auf Fisch ausdehnen, und eine Weile hasse ich das ganze Blutvergießen, bei dem ich das Meer kennen und beobachten gelernt habe. Aber die Kamera ist kein Ersatz für die Harpune des Jägers: sie verstellt die Sicht. Darin liegt eine Ironie.

Ein andermal erschüttern die Explosionen das Gleichgewicht auf einer tieferen Ebene, deuten auf Bedrohung und Unsicherheit hin. In ihnen zeigt sich ein anderes Eingreifen, allein schon der ohrenbetäubende Lärm ihres Echos macht auf ihre Unrechtmäßigkeit aufmerksam. Eines Tages wird Arman zurückblicken und über seine damalige Freiheit, im täglichen Leben mit Bomben und Gift umzugehen, staunen. Früher oder später wird eine politische Kontrolle einsetzen. Auch bei mir. Meine schier unerklärliche Anwesenheit und das Fehlen irgendeiner plausiblen Erklärung erregt so viel Aufsehen wie Dynamit. In einer von Kontrolle berauschten Welt – die daher phobisch reagiert, wenn sie fehlt – sind die Tage vermutlich gezählt, die ein Fremder unbehelligt auf einer Insel verbringen kann.

Ich kann bereits zurückblicken und feststellen, daß vieles, was ich in meinen Zwanzigern unternommen habe, heute praktisch unmöglich ist. Ich habe mir einmal meine Fahrt von Manaus nach Recife durch Arbeit an Bord eines deutschen Trampfrachters, *Hilde Mittmann,* verdient, indem ich die Wände des Maschinenraums gegen Bettstelle und Verpflegung geschrubbt habe. Nachts saß ich in der Vorpiek oder ging an Deck auf und ab, während der Lotse, der mitten im Fluß eines Nachmittags an Bord gekommen und mit den ständig sich verlagernden Sandbänken und Untiefen des Amazonas vertraut war, uns nah genug an die Böschung heranführte, so daß ein Regen von Samen und Blättern niederging, durch Bullaugen und Jalousien hereindrang und in den Kojen lag. In einer dieser Nächte ließ die Funkerin des Schiffes, eine barsche, stämmige Dame, die ihre Kabine mit einem Affen teilte, die Tür offen, um frische Luft hereinzulassen, und war am Boden zerstört beim Anblick der haarigen Kehrseite ihres Zimmergenossen, wie er sich blitzartig gen Himmel schwang, im Vorbeiziehen einen Ast ergriff und seine Freiheit wiedergewann. In Belém übernahm ich Aushilfsarbeiten in den Laderäumen, während brasilianische Stauer Pfeffersäcke ausluden. Neben mir lag der (ungeladene) Revolver des Kapitäns, offenkundig in Griffnähe, um von Diebstahl abzuschrecken. Der kräftige, ölige Geruch der scharfen Pfefferkörner ruft in mir immer noch die würzige Erinnerung an jene Tage zurück.

Auf ähnliche Weise verdiente ich mir meine Fahrt an Bord eines Frachters von Singapur zur Labuan Insel und weiter nach Sarawak. In Labuan ging ich in das kleine Krankenhaus – ein kühles, strohgedecktes Gebäude mit einer Veranda ringsum, in dessen Schatten schwangere Frauen plauderten, während Schmetterlinge ein- und ausschwebten –, um mir einen tiefsitzenden Splitter aus dem Fuß entfernen zu lassen. Es stellte sich heraus, daß der junge malaysische Arzt, der mich behandeln sollte, im St.-Stephen-Krankenhaus, Fulham Road, ausgebildet worden war, und zwar zu derselben Zeit, als ich dort gearbeitet hatte; wir erkannten uns auf Anhieb. Einige Nächte später stand ich an der Schiffsreling, starrte vorbei an der lodernden Flamme des abgefackelten Erdgases hin zu der unsichtbaren Küste von Borneo, müde vom Tag, an dem ich Kopra-Säcke im Laderaum umgeschichtet hatte. Die Welt erschien plötzlich so beseligend voll an Abenteuern und Möglichkeiten, mein Weg durch sie ein intensives Treiben, in dessen Verlauf es völlig der Erwartung entsprach, Fragmente eines vorherigen Lebens in London auf winzigen tropischen Inseln anzutreffen. Untertags lehnte ich mich während der Arbeitspausen über Bord und beobachtete die fliegenden Fische, die, ähnlich wie Fasane, spät und aus unvermuteten Winkeln unter dem Schiff vorne aus dem Wasser hervorschossen und quer über das Meergrün hinwegfegten. Es war hypnotisierend, die blendend weißen Schaumfetzen zu beobachten, wie sie durch das Blickfeld glitten und achtern verschwanden. Freudentränen traten mir in die Augen. Ich

hatte zu meiner Berufung gefunden, als Wanderer und See-
fahrer.

Solche Streifzüge sind heutzutage vermutlich viel schwieriger geworden. Nicht nur hat die Handelsflotte der Welt seit
der Arbeit mit Containern ihre Gewohnheiten geändert, sondern auch die Sicherheits- und Gewerkschaftsbestimmungen
haben strenge Richtlinien für die Einstellung von Besatzung festgelegt. Allmählich ist in diesem Jahrhundert die
weit offene Welt, auf der Menschen einmal bemerkenswert
frei wandern konnten, wenn sie die Zeit und die Neigung
dazu verspürten (nur wenig Geld war vonnöten), zunehmend geschrumpft. Flugreisen sind beinahe unumgänglich:
oft gibt es keine Alternative. Es stimmt, daß die Lemming-
Gewohnheiten der Touristen tatsächlich dazu beitragen, die
Gebiete der Welt zu bestimmen, die der Rest von uns mei-
den sollte; aber dem Schicksal zu entrinnen, wie ein Tourist
behandelt zu werden, der nur das Pech hatte, von seiner
Reisegesellschaft getrennt zu werden, ist manchmal schwer
angesichts der Haltung von Regierungen und der Erwartungen der Einheimischen.

Ich bin dankbar, in einer Zeit gelebt zu haben, in der
es gerade noch möglich war, ungebunden zu reisen, ohne
sich entweder Gruppenreisen (»Sieben Städte Asiens«) oder
Marihuana-Treks anschließen zu müssen. Unterdessen erinnern mich die Explosionen, die wie kleine Ausrufezeichen
über den Seewegen um Tiwarik hängen, an die Gesetzlosig-
keit, aber auch an die sich massierenden Kontroll-Trupps,
welche die Gesellschaften so unbedingt einsetzen wollen und
die allerseits in den Startlöchern stehen, um hereinzustür-
men und das verbleibende Hinterland zu besetzen. Denn das
Besondere, das Wilde an Tiwarik wird sich an dem Tag vollständig und endgültig verlieren, an dem Stille eintritt und es
zu einem offiziellen Naturschutzgebiet oder zu einem »Tau-
cherparadies« erklärt wird.

»Die nach uns Kommenden können nicht die einstige

Schönheit erahnen«, schrieb Hopkins über das Fällen der Pappeln bei Binsey, wobei er fest in der englischen literarischen Tradition verankert ist, die Landschaft mit Verlust assoziiert. Jetzt aber gebe ich – aus einer sehr unenglischen Landschaft heraus und mit dem Gefühl, als vernähme ich das große Sägen, Planieren und Niederreißen, das von irgendwo jenseits des Horizonts vom Wind herangetragen wird – diesen entmutigenden Gedanken an mein beraubtes Gegenstück weiter, das in fünfzig Jahren das Bett voll toter Korallen unten im Meer sinnend betrachtet, das von Fischen ebenso verlassen ist wie die sommerlichen Feldwege in England von Schmetterlingen. Für jede Generation ist es immer zu spät, um all das zu sehen, was die vorhergehende Generation gesehen hat.

Früher oder später werde ich England besuchen, Menschen treffen müssen. Solche Reisen erfüllen mich mit einer Mischung aus Freude und Schrecken. Da gibt es die sich unmerklich erweiternde Kluft zwischen einem selbst und der Familie sowie den Freunden, der Spalt mit schwarzem Wasser wird immer breiter wie zwischen dem ablegenden Schiff und dem Kai. Dies ist natürlich eine absurde Perspektive. Solche Dinge sind relativ, weder das Schiff noch der Kai steht still. Aber mit dem Verstreichen der Zeit wird offensichtlich, daß unsere Kurse sich leicht voneinander entfernen. Es ist eine bedrückende Tatsache. Ich bin auf ein anderes Klima, unterschiedliche Geräusche und Gerüche eingestimmt.

Insbesondere bin ich auf eine andere Geschwindigkeit eingestellt. Das letzte Mal, als ich in London war, fühlte ich mich wie betäubt und gelähmt. Ich stand an Randsteinen und war unfähig, mich daran zu erinnern, wohin ich gehen wollte, was ich eigentlich tun sollte, wer ich war. Ich trug zu viele Kleider am Leib, meine Schuhe drückten, die Luft war kalt und roch nach Abgasen. Nach der belebten Stille in Kansulay und Tiwarik erschlug mich der unablässig tosende Verkehr. Es schien, als gäbe es keinen Raum mehr, in dem man denken und sich bewegen konnte. Ich muß wie ein Provinzler oder Bauerntölpel ausgesehen haben, verloren in der riesigen Metropole, in einer Stadt, die ich einmal ganz gut kannte und sogar gelegentlich mochte wegen ihrer ruhigen antiquierten Viertel, ihrer Bibliotheken und stillgelegten Werften. Jetzt empfand ich das Meer als unermeßlich weit weg, und es war sowieso das falsche Meer: eisige grün-graue Wassermassen, aus denen mit Schleppnetzen Massen großer, unbeholfener Kabeljaus gefangen wurden statt sonnendurchwärmte Meeresbuchten und das einzelne Beutetier, dem man wie ein Liebhaber zwischen den Korallen hindurch nachstellte.

In rhetorischen Momenten sage ich: »Ich weiß nicht, wie um alles in der Welt Menschen in England leben können.« Damit meine ich natürlich eigentlich, daß ich nicht mehr wüßte, wie ich das bewerkstelligen könnte. Ich habe das Wissen verloren, wie man sich in einer vorwiegend städtischen Gesellschaft durchschlägt. Ich bin nicht mehr genügend von ihren Geheimnissen gefesselt, von ihren Vergnügungen angezogen, zu wenig von ihren Einrichtungen erbaut. Vorausgesetzt das Wetter ist warm, macht es mir nichts aus, unter einem lecken Dach zu leben, im Meer Geschirr zu spülen und Wasser auf den Schultern tragend zu holen. Das ist weder Vergnügung noch Mühsal, einfach nur die minimale Bedingung, unter der man lebt, und zwar auf die Weise und in der Landschaft, die man sich selbst gewählt hat.

Vor fünfunddreißig Jahren hatte ich sehnsüchtig zu dem Milchwagen hingeblickt, der vor der Schulküche halt machte. Er war aus eigenem Antrieb aus einer anderen Welt gekommen, einer Welt jenseits der Tore, in der Menschen die Freiheit hatten, das zu tun, was sie wollten. Bei dieser Welt handelte es sich nicht so sehr um den Bereich der Erwachsenen, sondern eher um einen Ort ungebundener Wahlfreiheit. Dort konnten Menschen aufstehen und aus dem Raum gehen, ohne um Erlaubnis zu bitten; sie waren berechtigt, sich morgens um zehn Uhr in einem Laden einzufinden; sie konnten mit dem Bus fahren, ins Kino gehen; sie waren nicht gezwungen, laut zu beten oder Briefe zu schreiben. Wenn ich heutzutage in England bin, wird in mir das Gefühl wach, wieder ein Gefangener einer Institution zu sein. Ich bemühe mich mit aller Kraft, die leisesten Anzeichen von dem mehr als zehntausend Kilometer entfernten Leben einzufangen, das Licht und die Freiheit, nach der ich mich sehne. Ich gerate in Panik. Vielleicht werde ich den einförmigen Einkaufszentren niemals entrinnen, den Schnellimbissen, diesem totalen bürgerlichen Festgelegtsein. Irgendein obskures Gesetz oder ein plötzlicher Erlaß wird meine Abreise verhindern, so daß ich für den Rest meines Lebens in Ödheit dahinsiechen muß, vollgepumpt mit Medizin, überfressen, überversichert, überängstlich. Wenn die roten Busse an mir im Regen vorbeizischen und die Doppelverglasung im Rhythmus zu ihren Motoren erzittert, sehne ich mich schmerzlich nach der See, brenne darauf, zur Arbeit tief in den Fischgründen zurückzukehren. Mich verlangt nach dem Wald, in dem die *komokons* rufen und die großen Fledermäuse fliegen, nach verlorenen Gefährten.

An einem Sommertag vor vielen Jahren in Oxford saß ich mit Robert Graves, damals Poetik-Professor, beim Mittagessen. Der große Mann hatte getrocknete Rasierseife in seinem rechten Ohr und drei Tage alte silberne Bartstoppeln. Die Tortur des jährlichen Gründungsfests der Universität war vorbei, die Pflichten des Jahres erledigt. Ich stelle mir vor, daß es ihn kribbelte, seinen geborgten Staat abzulegen und nach Mallorca zurückzugehen. Er fragte mich, was ich tun oder sein wollte, und meine Antwort irritierte ihn.

»Aber mir scheint, Sie *sind* ein Dichter«, sagte er, das Thema beendend, als würden gewisse Dinge sich von selbst verstehen, während ich zumindest mit einem unterhaltsameren Vorschlag hätte aufwarten sollen. Das paßte zu ihm; noch lange Zeit glühte ich innerlich vor Freude. Es war das einzige Kompliment in meinem Leben, dessen Art, wie es gezollt wurde, es beinahe glaubhaft machte.

Jahre später hilft mir Arman nach drei Stunden Fischen zurück an Bord der *Jhon-Jhon.* Unser Fang ist überhaupt nicht aufsehenerregend, der seinige besser, aber nicht um vieles, als meiner. Ich verschwende kaum einen Gedanken daran, es ist das Ergebnis der Nahrungssuche an einem alltäglichen Morgen. Als Intoy den Motor anläßt und auf Tiwarik zusteuert, um mich dort abzusetzen, sagt Arman, während er zur weit entfernten Küstenlinie seines Heimatdorfes starrt:

»Weißt du, wärst du in Sabay geboren, wärst du genausogut wie die anderen und viel besser als die meisten. Aber du hast erst angefangen, als du wie alt warst? Vierzig...?«

So, wie er es sagt, klingt es eher wie ein bedauerlicher Irrtum, daß ich so spät meinen Beruf gewechselt habe, und nicht wie ein Spleen. Dieses Kompliment überwältigt mich. Ich bin so glücklich, daß ich es kaum aushalten kann. Man kann das ganze Leben ein Dichter bleiben, ohne viel mehr als gelegentlich ein Sonett zu schreiben. Aber um ein Jäger zu sein, muß man jagen: man muß in die Tiefe gehen, Nahrung holen und zurück nach oben kommen, immer wieder.

»Sieh uns an«, fährt Arman fort und meint die Menschen von Sabay. »Wie alt bin ich? Achtundzwanzig an meinem nächsten Geburtstag. Und die anderen? Kaum einer von ihnen ist fünfundzwanzig, die meisten sind zwanzig, einundzwanzig. Du hast sicher gemerkt, mit dreißig haben die Leute hier gewöhnlich mit dem Harpunenfischen aufgehört. Es ist zu hart, es ist die Arbeit junger Männer. Sie machen weiter mit Dynamit, Angel, Netz, Reuse.«

»Ich weiß. Ich habe zu spät angefangen.«

»Natürlich, um der Beste zu werden. Das wirst du nie sein. Darum habe ich gesagt, du hättest hier geboren werden sollen. Viele der hier geborenen Jungen, *ay,* die wollen nicht fischen, sie haben Angst, oder sie mögen das Meer nicht; deswegen bauen sie Reis an und jagen statt dessen *baboy damu.*

347

Aber diejenigen, die fischen wollen, beobachten und lernen fünfzehn Jahre lang.«

Das ist natürlich nicht aufzuholen. Verteidigend sage ich, zum aufgepeitschten Wasser gewandt:

»Also, der alte Inso ist noch bei der Harpunenfischerei, und er ist sechsundfünfzig.«

»Sicher. Es gibt hier einige Männer, die noch älter sind als er, und weiterhin mit ihrem *panà* losziehen. Und sie sind gut, nicht nur, weil sie so erfahren sind, sondern weil sie wie du etwas haben, das sie gut bleiben läßt, selbst wenn ihnen die Puste ausgeht und sie keine Lust mehr haben, es mit den großen Aalen aufzunehmen. Sie lieben es. Darin liegt der Unterschied. Ha, ich habe dich so viele Male beobachtet. Ich habe gesehen, wie du stracks an einem *bantol* oder an einem im Sand versteckten Rochen vorbei nach unten getaucht bist, und ich habe mich gefragt, ob du blind bist. Aber ich glaube, du bist einfach gerne da unten. Manchmal scheint es mir, als interessierte es dich nicht so sehr, Fische zu töten.«

Arman setzt mich am Kiesstrand ab und fährt zurück nach Hause, um Dünger aufzubereiten. Obwohl ich unwiderruflich mein Leben falsch zugebracht habe, obwohl ich meine Chancen verspielt habe, irgend etwas wirklich gut zu machen, klettere ich, wunschlos glücklich, zu meiner Hütte hinauf. Es ist zutiefst befriedigend, wenn Liebe erkannt wird.

Aber es ist nichts, was man nach England zurückbringen kann. Die Begeisterung für die blauen schimmernden Flocken der Mikroorganismen, die in der tropischen Driftströmung mitgespült werden, die Begeisterung für die unscheinbaren Mollusken, für die Farbe der Meerespflanzen, für das eine Auge in der Felsspalte wird schal im Trubel von London. All das klingt auch töricht, wenn man es am Essenstisch äußert, eingeschoben zwischen Klatsch aus der akademischen Welt und den Skandalen der Bohème. Mit einemmal wirkt eine Liebe, die lange, einsame Monate hindurch lebenserhaltend für mich war, nicht überzeugend und blutleer. Wenn man

Fischaugen studieren wollte, hätte man Meeresbiologe werden sollen. Mit dem Vorhaben, über die Philippinen zu sprechen, hätte man zumindest die richtigen Bücher lesen sollen. Statt dessen begehe ich den Fehler und versuche zu beschreiben, was es heißt, ein Jäger zu sein. Die Wirkung ist verheerend, schon das Wort selbst hat den falschen Klang: erinnert an Hemingway, bläßliche Machos und Anti-Umweltschützer. Meine Welt hat nichts gemein mit so etwas, mit Trophäen, mit einem Tarpun- oder Barrakuda-Prachtexemplar, mit hochtourigen Booten und »Kampfstühlen« mit Bolzen an Deck befestigt. Sind jedoch die Bilder erst einmal in Umlauf, kann man sie nicht mehr zurückrufen. Als ich ärgerlich die Aura karibischer Spielwiesen zerschlage, bleibt etwas von einem »Eingeborenen-Chic« an mir haften oder – noch viel schlimmer – von einem Richard Jefferies der Hochsee. Nachdem ich mich so schlecht dargestellt habe, reagiere ich kratzbürstig und ziehe mich zurück. Ich sitze brummig auf dem Sofa und nippe am Kaffee. Ich selbst fange an, mich zu fragen, ob ich nicht vielleicht gerade in rauhem Wetter durch eine »Mid-Life Crisis« gesegelt bin, ein Denkmodell, das während des Essens ventiliert wurde.

Doch die ganze Zeit über bewegt sich in mir die See. Sie wohnt in mir wie ein riesiger Engel in dieser vom Meer abgeschnittenen Stadt. Nur kann ich das nicht laut sagen. Als wäre es ein exzentrischer Glaube, eine peinliche Perversion, verstecke ich mein Geheimnis, allerdings nicht so gut, daß es nie herausgehört werden könnte. Es gibt viel schlimmere Dinge, als für pervers gehalten zu werden, und derjenige sollte bedauert werden, der überhaupt keine Liebe empfindet.

Daher liegt die Ironie einer elektrisierenden Entdeckung darin, daß man auf dem Sofa in einer Stadt zum Schweigen verurteilt ist. Die Entdeckung an sich ist durchaus einfach, aber für das zwanzigste Jahrhundert stellt sie eine solche Beleidigung dar, daß sie pervers erscheint: der Wunsch, im Rhythmus der Sonne zu leben und dem Wind zuzuhören. Ich beobachte gerne den Tagesanbruch und den Einbruch der Nacht, obwohl mich Sonnenaufgänge und Sonnenuntergänge immer noch wenig interessieren. Aber wenn ich nicht mit Auge, Ohr und Nase dicht an diesem langsamen, komplexen Zyklus lebe, bin ich von einer Quelle der Einsichten und Mitteilungen abgeschnitten. Allerdings gebe ich bereitwillig zu, wie schlecht es mir ginge ohne Arbeit, ohne Schreiben, ohne etwas, das der Neigung zur ländlichen Verblödung entgegenwirkt. Vielleicht können nur Mystiker in Höhlen leben, Nebel essen und Regen trinken und heiliges Gelächter ausscheiden. Andere wie ich ergötzen sich viel zu sehr an Unternehmungen bei Sonnenlicht, so kurz es auch sein mag.

Ich wünschte nur, es gäbe eine Möglichkeit, in der Zeit zurückzugehen und meinem früheren Selbst eine Botschaft zu übermitteln, als es im Juni 1953 den Französischunterricht verträumte, obwohl ich mir nicht sicher bin, was die Botschaft besagen sollte. Wie könnte ich darauf antworten, dickfelliges Kind, das ich war, das nicht wußte, was es tat, und es trotzdem richtig machte? Verächtlich wies es die Forderung seines Vaters zurück, daß es Sonnenuntergänge und Aussichten bewundern solle, und zeichnete seine Antwort, die deutlich sagte: *Es gibt so etwas wie eine Landschaft nicht, schreibe deine eigene.* Vermutlich läßt sich ihm nur diese eine Nachricht senden: *Behalte dieses Übungsheft; eines Tages wird es dich überraschen.* Vielleicht habe ich sie ihm also tatsächlich geschickt, und möglicherweise hat es sie erhalten. Ich kann mir nicht vorstellen, wie es sonst möglich war, die Existenz dieses Heftes dreißig Jahre lang erfolgreich vor mir selbst zu verheimlichen, es sei denn, ich habe auf meine eigene Anweisung hin gehandelt.

Tiwarik ist ein Ganzes, von ihrer wilden Wald-Kuppe bis hin zu ihren Korallen-Wurzeln. Aber an gewissen wolkenlosen Tagen kann es sein, daß ihre äußersten Punkte sich in Blau auflösen, ihre Grenzen verschwinden. Statt in den Konturen eines Kartographen zu bleiben, dehnt sich die Insel dann aus wie ein Tropfen intensiver Farbe auf einem nassen Blatt Papier. Es wirkt so, als könnte ich ohne Unterlaß gehen oder schwimmen, ohne meine eigene Spur zu kreuzen und ohne jemals den Ort zu verlassen. Die Luft zieht Erinnerungen hervor, löst sie auf, erschließt weltenweit alle Arten von glücklichen Möglichkeiten.

Wir können uns keine Aufgabe vorstellen, die mehr einer Nachschöpfung gleichkommt, als unsere Länder zu skizzieren, wie gewisse Filipinos sehnsuchtsvoll einen Plan von Manila für sich selbst entwerfen, als hätte es die Großzügigkeit der Sehnsucht und die Weiträumigkeit der Zukunft. Unter jeder Karte sind die Spuren früherer Zeichnungen sichtbar, die Versuche, denen man entwachsen ist. Die Neu-Zeichnungen, wie Vorstellungswelten selbst, sind unendlich. Proto-Städte, Proto-Inseln, sie wachsen an, ruhen auf den Grundfesten ihrer Vorläufer, werden zu unserer eigenen Patina. Erst nach einer unbekannten Zeitspanne bleibt kein Wunsch mehr übrig, und die Erwartung hört auf. Dann erhebt sich ein neuer, eigenartiger Wind, und – wie die Echos der Wolken auf spiegelglatter See – die vielen Umrisse erzittern und schwanken, löschen sich aus, werden weggeblasen. Der Raum, den sie verlassen, füllt sich umgehend mit Energie und mit Lust am Spiel.

Es ist kurz nach Sonnenaufgang. Ein bleicher Tag wagt sich hinter marmorierten Wolken hervor. Das Boot mit seiner verwitterten Farbe bewegt sich sacht, der Bug liegt auf dem Strand, aschgrau unter den ersten zaghaften Lichtstreifen. Intoy und ich säubern den Fang der Nacht auf dem Korallenkies. Intoy scheint abgeneigt, nach Hause zu gehen, was er in Anbetracht unserer Ausbeute sicherlich tun sollte: sechs große blaue und grüne Papageifische, ein ansehnlicher Kalmar und einige kleine Kraken, ein Doktorfisch und daneben noch viele andere, einschließlich eines *kamansi*. Dieser letztgenannte ist ein Igelfisch, einer der *Diodontidae.* Er lebt noch. Es wirkt lächerlich, wie sein trauriges, häßliches Gesicht auf der einen Seite seines aufgeblasenen, fußballgroßen Körpers befestigt ist. Am anderen Ende wackelt wie ein absurdes Anhängsel ein winziger Schwanz. Jeweils an der Seite wirbeln stoßweise allerkleinste Flossen.

Während wir die anderen Fische ausnehmen, sielt sich der *kamansi* ohnmächtig am Rand des violetten Meers, in das er nie zurückkehren wird. Sein hydraulisches Verteidigungssystem verliert langsam Wasser durch meine Speerlöcher, aber periodisch und mit mitleiderregenden, nassen, heftigen Atemzügen versucht er, sich zu seiner ursprünglichen eisernen Härte aufzublasen. Es klingt nach dem, was es ist, eine qualvolle Brustwunde. Seine hervorquellenden, schwarzen, ausdruckslosen Augen fangen plötzlich einen stärkenden Lichtstrahl ein, und ich erblicke das überschattete Gold seiner Retina. Mitleid für dieses Geschöpf erfüllt mich, äußerste Reue für das, was ich ihm angetan habe. Welchen Respekt der Jäger seiner Beute auch entgegenbringt, welchen Zugang die Jagd ihm auch zu einer versteckten Welt ohne Fehl geben mag, soviel er sich auch bemüht, nur zu töten, um zu essen, es gibt Zeiten, in denen fühlt er, wie hart er auf jenes Dilemma prallt, dem alle gleichermaßen gegenüberstehen, selbst wenn sie denken, daß ihre Hände unbefleckt von Blut sind. Es ist dasselbe Dilemma, über das Barry Lopez schreibt, nachdem die Eskimos, die er kannte, Wale und Walrosse gejagt hatten, »wie es möglich ist, ein moralisches und mitfühlendes Leben zu führen, wenn man sich des Blutes, des Schreckens, das allem Leben innewohnt, voll bewußt ist, wenn man Dunkelheit nicht nur in der eigenen Kultur findet, sondern in sich selbst«. Dies ist keine religiöse Dunkelheit, nicht die Nacht der Seele, nichts so geringes wie Depression. Es ist die große Wut, die wertfreie Wildheit, die jeder Sterbliche in sich trägt, selbst der sanfteste und nachdenklichste Mensch. Es zu leugnen ist nutzlos: sie offenbart

sich verschleiert in Träumen, in Redewendungen, in unbewußten Handlungen. Eine zu bemühte Sanftheit wirkt am
Ende wie Unwissenheit; später nimmt sie ihre eigene Form
der Aggression an.

Mit Mühe töte ich den *kamansi,* ich muß mich auf mein
Messer lehnen, um mit seiner Spitze durch die Haut des Ge-
schöpfes und dann durch seine Hirnschale zu dringen. Das
hartnäckige Sägen an seiner Haut setzt schließlich das Wasser frei, und der ganze Fisch schrumpft zusammen zu einem
schlaffen, dornigen Sack mit hervorstehenden Augen und einem Krötenmaul. Während ich dabei bin und Intoy neben mir
geschäftig die Innereien herausnimmt und die Fische schuppt,
erhebt sich die Sonne über den Horizont, und die Wolken zer-
teilen sich allmählich. Die See wandelt sich von einer gestaltlosen weiten Fläche zu einer durchlichteten Landschaft, deren
flache Hügel rote und grüne Farbtöne annehmen und in deren
Hängen ein kleiner Schwarm von Delphinen herumtollt. Ihre
polierten Rücken kommen immer wieder hoch, ihre Rücken-
segel blitzen im Licht auf, als wären sie Teile von geheimnisvollen Rädern, die unter der Oberfläche einhertrudeln. Die
ganze Szene atmet tiefsten Frieden und Wachheit aller Sinne,
die weidende Herde bewegt sich ruhig weiter zu anderen Ge-
filden, weit draußen zu dem, was Menschen gern eine gestaltlose Wasserwüste nennen. Soweit ich weiß, folgen diese herrlichen Tiere präzisen Unterwasserwegen, die für sie so offensichtlich und vertraut sind wie die Pfade durch die Marschen
für jede Jerseyrinderherde.

Intoy blickt mit Interesse zu ihnen hinüber. »*Lumba*«, sagt
er. »*Masarp 'yon.*« Dem kann ich nicht zustimmen: sie sind
überhaupt nicht schmackhaft. Ihr dunkles, öliges Fleisch erinnert jedes englische Kriegskind an die Walsteaks, die Ende
der Vierziger und Anfang der Fünfziger als Ersatz für norma-
les Fleisch und schließlich als Hundefutter verkauft wurden,
bevor man sie vom Markt verbannte. (Genau das Gegenteil
geschah in der Tat mit dem Seelachs: Ein Fisch, den ich im-

mer noch für billiges Katzenfutter halte, der aber jetzt relativ teuer für den Menschen zum Verzehr angeboten wird.) Ich jedenfalls esse keinen Delphin und bedauere es, wenn Fischer von Sabay einen fangen und sein dickes Säugetier-Blut das Meer rötet.

Der Platz, an dem wir den Fang ausgenommen haben, sieht jetzt so aus, als hätte hier ein brutales Massenverhör stattgefunden: dunkle Schmutzflecken und Spritzer sowie überall auf dem Kies verstreut große blaue und grüne Schuppen wie ausgerissene Fußnägel. Von den Bäumen in der Nähe stimmen die Vögel ihre Lieder an. Arkadien.

»Warum nimmst du nicht das ganze Zeug mit hinüber, so daß es noch auf den Jeep kommt?« frage ich. Es müssen sieben oder acht Kilo Fisch sein, mehr als genug, damit es sich lohnt, den Markt in Malubog zu beschicken.

Aber er scheint seltsam zögerlich, und ich erkenne plötzlich, daß ich Intoys Lebensrhythmus überhaupt nicht verstehe. Wie bei seinen Freunden und Kollegen habe ich ihn als einfache Abfolge ökonomischer Vorhaben gesehen: *Fischen, Fische, Verkaufen, Geld, Fischen* und so weiter, während ich mir selbst eine reich verschlungene Motivation zuschrieb. Von dem Leben, das unter seinem Leben liegt, weiß ich so gut wie nichts. Es gibt keinen Grund anzunehmen, daß es auch nur im mindesten dem Erscheinungsbild der Oberfläche ähnelt.

»Wenn jemand kommt«, sagt er. Es ist klar, er will nicht nach Sabay hinüber, beziehungsweise er will auf Tiwarik bleiben – oder beides. Wir ziehen seine *bangka* aus der Reichweite der Flut und tragen unsere gesäuberten Fische hinauf zur Hütte. Einige legen wir in Salz, einige marinieren wir, um sie später zu trocknen, viele kochen und essen wir, denn wir sind beide hungrig wie Wölfe. Dann schläft Intoy auf dem Boden ein, liegt auf dem Rücken, die Knie sind angezogen und leicht auseinandergefallen wie bei einem Baby. Ich reinige unsere Geräte, schärfe ein Messer und döse am Ende im Schatten des Fisch-Trockengestells ein, womit ich schlecht beraten bin, denn binnen Minuten haben mich Ameisen vollständig bedeckt.

Später am Morgen landet ein anderes Boot, so daß wir einen Großteil unseres Fischzugs an Verwandte und Freunde zurückschicken können. Intoy ist unruhig wie ein gelangweilter Teenager in der Stadt, der Ablenkung sucht. Er erzählt mir von seinen Plänen, nach Manila zu gehen, bei entfernten Cousins zu wohnen und einen Job zu finden. Daß er erst vierzehn ist, hat für ihn keine Bedeutung.

»Ich kann hier nicht mein ganzes Leben bleiben. Ich möchte nicht nur Fischer sein. Ich will was sehen, was tun.«

Die Trauer, die mich bei seinen Worten befällt, ist so vertraut, daß mir nichts mehr zu sagen übrig bleibt, sondern ich erhebe nur praktische Einwände.

»Wer wird dich begleiten?«

Natürlich sein älterer Bruder. Er will auch gehen.

»Was willst du arbeiten?«

Ach, irgend etwas...

Das, was für mich ein hoffnungsloses Bandengebiet ist von Straßenverkäufern, Bettlern, Prostituierten, Handlangern, Mechanikern, Gelegenheitsarbeitern, ausgebeuteter Arbeitskraft, Herumlungerern in Pappbehausungen, unzähligen Opfern, ist für ihn die sagenhafte Stadt, ein Jahrmarkt der günstigen Gelegenheiten. Ich sehe ihn als Tellerwäscher in einer von Chinesen betriebenen Gaststätte, sechzehn Stunden am Tag auf den Beinen, mit einem Hungerlohn, unter einem stickigen Dach im Schichtwechsel schlafend, seine Reflexe als Jäger stumpfen ab. Ich sehe seinen Körper vor mir, tätowiert mit Buchstaben und Symbolen von den Banden, Auge und Hand, einmal so wunderbar aufeinander abgestimmt, geraten in Disharmonie, sind nicht mehr im selben Rhythmus.

Ob ich ihm das Fahrgeld nach Manila leihen könnte? fragt er, als wir langsam durch Das Feld Der Krebse hinaufgehen.

Das neue *cogon* schießt unter den verbrannten Büscheln hervor: das Land ist wieder weitgehend grün, der vulkanische Boden nur hier und da sichtbar. In einem oder zwei Monaten werden die Reste des Feuers, wie die der Krebse, unter einer frischen Wiese begraben sein. Ich sage ihm, er sei nicht ganz ehrlich. Da es überhaupt nicht in Frage kommt, daß er allein geht, und es genauso unmöglich ist, daß sein Bruder das Geld aufbringen kann, braucht er in Wirklichkeit Fahrgeld für zwei, nicht für einen. Ja gut, stimmt schon irgendwie. Ich erkläre ihm, daß das viel Geld ist, und verspreche ihm, darüber nachzudenken, und dabei bin auch ich nicht ganz ehrlich: zusammengenommen kostet die Reise etwas unter sechs Pfund, keine Summe, die viel Überlegung braucht, selbst für meine nicht gut geregelten Verhältnisse. Die Wahrheit ist natürlich, daß ich ihn nicht verlieren will. Ich möchte nicht, daß die vertraute Gruppe auseinanderbricht, fürchte den Verlust von Gehilfen, das Verschwinden von Gefährten. Nur ich darf weggehen. Er ist so glücklich über meine vage Antwort, als hätte ich ihm die Banknoten in die Hand gedrückt, vielleicht war das für mich also eine weitere Gelegenheit, ihn falsch zu deuten. Ein jeder zieht vielleicht eine Zusicherung einem Darlehen vor.

Wir sind hoch hinauf zu der entlegenen Seite der Insel gewandert, haben uns zwischen dem Grat des Kliffs und dem Waldrand, dort wo er schräg nach unten verläuft wie schlecht aufgetragener Guß auf einem kleinen Kuchen, hindurchgeschlängelt. Und hier fallen meine Augen auf einen Baum, als wäre es das erste Mal. Ich muß ihn schon vorher einmal gesehen, ihn aber nie bemerkt haben. Es ist ein alter Baum und gehört zu einer Art, die ich nicht zuordnen kann, wächst mit seinem dicken, knorrigen Stamm hart am Rand eines Felsvorsprungs, der sechzig Meter senkrecht ins Meer abfällt. In Schattierungen von Azur liegt das Wasser zu seinen Füßen, hellblau mit Korallenbrocken im Flachen, die so klar sind wie die in den Tiefen eines Briefbeschwerers verborgenen Windungen und Auskerbungen. Von dieser Höhe aus kann die andere Welt sich nicht verbergen. Dort liegt Trune mit seinen Bergen und Wäldern, Bauern und Beutetieren.

»*Pakoy*«, sagt Intoy und deutet, nun wieder ganz Jäger statt des zukünftigen Migranten. Der stattliche Fisch zieht langsam über Trune seine Bahn wie ein majestätisches, lenkbares Luftschiff und macht sich auf den Weg in die Tiefe, wird verschwommen und verschwindet.

Das Ungewöhnliche an diesem Baum ist ein kräftiger Ast in einer Höhe von ungefähr vier Metern, der genau im rechten Winkel zum Stamm wächst und exakt parallel zum Rand des Kliffs verläuft. Der Rest des Baumes ist ein ziemlich wildes Durcheinander und ohne klare Form. Es ist so, als wäre seine ganze bildnerische Kunst und all seine Energie in diesem einen vollkommenen Zweig ausgedrückt, dem Rest blieb es überlassen, so gut es ging zu wachsen. Wir beide, Intoy und ich, starren grübelnd auf diesen Ast. Tief unten in Trune lassen die Bauern ihre Hacken sinken und starren mit offenem Mund nach oben. Es ist klar, was wir vorhaben.

Wir gehen zur Hütte zurück, wo ich ein gutes Seil habe. Intoy findet eine Hartholz-Planke in seinem *bangka*. Während wir zur Höhe zurückgehen, schnitzt er Kerben ein. Beim Baum angelangt, klettert er behende hoch, schreitet auf dem Ast entlang über dem furchteinflößenden Abgrund, befestigt zwei Seile mit einem Doppelknoten. Die Seile baumeln herab. Ich binde den Sitz darauf fest, reguliere die Höhe, prüfe alles, verliere den Mut. Die Schaukel hängt am Rande des Alls.

Intoy geht in diesem Vergnügen auf, wird vollständig abgelenkt. Der Traum von Manila klingt ab. Unerschrockener Landjunge, der er ist, gleitet er die Seile hinunter auf den Sitz. Für jemanden, der gewohnt ist, über sechzehn Meter hohe schlüpfrige Palmstämme im Regen zu erklimmen, um einige wenige Liter *tuba* herunterzuholen, ist dies hier Spielerei. Alles ist Spiel. Direkt unter dem Sitz ist die Felsfläche noch eben, aber kaum einen Meter weiter fällt das Kliff unmittelbar und senkrecht nach unten. Intoy stößt sich ab. Binnen weniger Schaukelschwünge trägt ihn seine Flugbahn über den Abgrund, weit über die Himmel von Trune. Schließlich hat er mich soweit, und ich bin an der Reihe. Die höchste Schaukel der Welt: dreht mir den Magen um, beflügelt mich. Ein Meisterwerk unserer gemeinsamen Vorstellungskraft. Die Welt unter der Welt neigt sich und treibt zwischen meinen Beinen dahin. Statt dessen starre ich auf den Ast über mir, während ich schaukele, erwarte, daß ein Knoten aufgeht, sich ein Seilende vom Zweig löst. Nichts dergleichen geschieht. Die Knoten stehen hervor, schwarz und zusammengeballt gegen den Himmel, aber der Himmel dreht sich wie verrückt um sich selbst, und ich verliere mein Gefühl von oben und unten. Ich klammere mich an die Seile; die Schaukel verlangsamt sich.

Intoy springt wieder auf. Dort am Ende der Welt fliegt er von dannen und kommt mit einem Brausen wieder zurück. Sein Haar ist wie ein Strom, der jeweils am Ende des Bogens die Richtung wechselt. Sein gelbes T-Shirt flattert, klebt an seinem schlanken Rücken, schmiegt sich an Brust und Bauch. Er schreit wie ein Vogel, wie ein Pirol in seinen Sturzflügen. In diesem aufblitzenden Braun und Gold starrt er begeistert mitten ins Nichts, das kommt und geht, kommt und geht.

Ich beobachte den fliegenden Jungen.

Nach Intoys Weggang stand mir eine Zeitlang überhaupt nicht der Sinn nach unserer Schaukel. Mich erreichte die Nachricht, er und sein Bruder lieferten Eis in Caloocan aus. Eines öden Nachmittags ging ich auf Dem Feld Der Krebse, durch dessen wachsende »Mähne« der Wind lief. Plötzlich erinnerte mich das an die South Downs, an Gräser, die ihre schimmernden Halme unter dem blanken Himmel niederbogen. Es hätte mich wirklich nicht gewundert, mich selbst anzutreffen, einen Neunjährigen, der sich über Büschel beugt und auf der Suche nach Patronen, still für sich, die Stirn runzelt. Vielleicht richtet er sich auf, wenn er meiner ansichtig wird, die

Taschen seiner Shorts ausgebeult von den Steuervorrichtungen der Granaten, ein Matschfleck ist auf seiner Backe, kein anziehendes Kind. Beim Anblick eines langweiligen Mannes mittleren Alters wendet er sich ab und nimmt seine Jagd wieder auf, während ich nervös lächele und weiter dem Gipfel der Insel zustrebe.

Ich stehe unter dem Baum. Irgendwer hat zwischenzeitlich hier oben die Schaukel heruntergeschnitten; es war gutes, robustes Seil. Einer der abgetrennten Knoten liegt immer noch in einer Spalte verfangen da. Vom Sitz gibt es keine Spur. Ich bin weder überrascht noch nicht-überrascht. Es scheint nicht sehr wichtig zu sein. Ich liege am Rande des Kliffs, das Kinn auf meine Fäuste gestützt, und blicke hinüber, mitten ins Nichts, von dem ich annehme, daß es mein Zuhause ist, wenn ich eins habe.

Der riesige Abgrund vor mir ist voller Licht. Nichts, was nicht davon durchtränkt wäre. Es strömt vom Himmel, es steigt vom Meer auf. Weit draußen auf der Oberfläche des Ozeans sind Fischerboote wie hauchdünne Bleistiftstriche zu sehen. Ich kenne viele der unsichtbaren Gestalten, die dort warten, mit Strohhüten vor der Sonne geschützt, ihre Gesichter gegen das Gleißen mit Tüchern umwunden. Viele sind mir unbekannt; sie scheinen, die Küste aufwärts, von weit her zu kommen. Andere, die zu den winzigen Fetzen eines weißen Segels inmitten des tänzelnden Glitzerns gehören, stammen vermutlich von jenen blassen, massigen Formen am Horizont, entfernten Inseln, anderen Welten. Durch Wasser sind wir verbunden, untrennbar durch Licht.

Im Grunde ist es ein bewegungsloser Ort, genau am Rande der Bewegung, wo der Beobachter selbst Teil der Bewegung und Klarheit wird. Manchmal haben Filipino-Archäologen gerade an solchem Platz zufällig einen in einer zerbrechlichen Celadon-Porzellan-Schale mit blaßgrüner, wolkiger Glasur liegenden Schädel gefunden, in einer Nische, die das Meer überblickt.

Dieser freie, ungebundene Bürger keiner bleibenden Stadt – mit seinen halben Bindungen an Orte, in denen er zur Hälfte lebt – verbringt seine Tage im Wandern und Wundern. Sein Leben ist verwaist, befriedigend, privilegiert. Es kommt nicht viel dabei heraus, aber aus was hätte sich viel ergeben können? Es scheint keine Alternative zu geben, aber wie hätte es sonst sein können? Das Strahlen der Sonne macht einen goldenen Pavillon aus einer Bambushütte. Ihr Flechtwerk knarrt. Sie ist ein Korb, der unter einem strahlenden Ballon hängt, aus dem der Träumer durch Bodenlatten auf die hellglänzenden Streifen vorbeiziehender Länder hinuntersehen kann. Bei jeder Morgendämmerung wird sie erneut herabgelassen, schüttelt neuen blonden Staub aus ihren Termitenlöchern; blasse Puderkegel auf ihren Leisten geben die inneren Plünderungen kund. Am frühen Nachmittag, wenn die Sonne ihren glühenden Fuß vom Strohdach nimmt und statt dessen ihre Lichtflut oben gegen die Wände lehnt, filtert sich ein Funkeln und Leuchten herunter, legt sich auf das Gesicht des Träumers. Ich kenne ihn eigentlich nicht. Er ist nicht der Freund. Er könnte mich mit seiner Liebe zu den Tiefen und zum Anfangsstadium von allem töten wollen. Es ist das Gesicht eines Mannes, der zu altern beginnt, obwohl er mich manchmal an ein entferntes Kind erinnert. Früher war er auf der Suche nach Kellern, und jetzt ist er über ein Feld mit frisch gerösteten Krebsen gegangen. Er wird nicht ewig leben.

Aber was ist das, diese seine Liebe? Warum dieses Balgen mit den Elementen, das Tanzen im Licht, das Baden im Feuer, das Herumschlurfen auf der Erde? Die Wasserspiele? Wird er dessen nicht müde werden? Wird er nicht selbst des Ortes jenseits aller Orte überdrüssig werden? Ich sitze vor meiner Hütte und beobachte, wie riesige Runzeln über die Meerenge kriechen, während die Nacht hereinbricht. Ein Hund bellt in Sabay; der Mond gleitet an einer Seite des Himmels herauf. Es ist Der Mond: rund, vollkommen, aus unvordenklichen Zeiten. Er sagt dem Jäger, daß seine Arbeit heute nacht vergebens sein wird. Er weckt den Träumer, damit er sich seiner eigentlichen Aufgabe widme: sein Land zu erträumen.

Wie Der Mond ist die Insel eine Schöpfung der Vorstellungswelt. Nicht auf ihren Gräsern ist mein Fuß gelaufen, auch nicht entlang ihrer kleinen Küstenlinie, der ich so liebevoll gefolgt bin, noch bleibt irgendeine Spur von mir auf ihr zurück. Es gibt eine andere Insel, die hier vor Ort als Tiwarik bekannt ist, aber es ist nur ein genaues Faksimile, Fliegendreck auf der Landkarte des objektiven Planeten, den zu bewohnen wir übereingekommen sind. Dieses spezielle Tiwarik trägt tatsächlich die Pockennarben der Pfahllöcher für meine Hütte; der nahe Hang, an dem ich stand und zur See blickte, während ich mir die Zähne putzte, ist bis zum nächsten Regen weißbefleckt wie von den Klecksen eines exotischen Zugvogels. Auf diesem Tiwarik steht auch oben auf einem Kliff ein Galgenbaum mit einem Ast, dessen Rinde schwache Narben von Seilen hat, genauso wie dort, wo es kürzlich gebrannt hat, eine neue Wiese liegt.

Doch obwohl sie ein Faksimile ist, hat diese objektive Insel dennoch magische Eigenschaften. Irgendwie verbirgt und enthüllt abwechselnd ihre alles umkehrende, alles auf den Kopf stellende Linse das andere Tiwarik, dessen Bild ganze dreißig Jahre zuvor gesehen wurde und das dann im Schattenspiel des Bewußtseins verschwand, fragmentiert, spöttisch, himmlisch, naiv, um wie durch ein Prisma in einem unerwarteten Winkel wiederum aufzutauchen, doch wunderbarerweise als Ganzes. Welches noch so eigenartige Instrument, welches verbogene Teleskop jene Zeit mit dieser verbindet, ich kann nur staunen. Meine Überzeugung von der Angemessenheit, von der Unausweichlichkeit, daß Tiwarik – schon einmal erblickt – wieder erscheinen sollte, läßt sich unmöglich mit der Zufälligkeit des Seins in Einklang bringen. Was, wenn ich zwischenzeitlich gestorben wäre? Das hätte so leicht und ohne Aufhebens geschehen können. *Ich habe auf Tiwarik gewartet.* Der

Knochenmann an der Tür in seiner schwarzen Kutte, mit der nicht rostenden Sense, hat vielleicht schon ein Gähnen unterdrückt und gleichmütig genickt. Dieses Jahr, nächstes Jahr, irgendwann; es bleibt sich gleich. Sie gelten ihm nichts, die verzweifelten Verabredungen der irdischen Liebenden.

Erfahrungen von großer Intensität – ein besonderer Traum, eine Phase konzentrierter Arbeit, ein plötzliches Versunkensein, vielleicht eine Liebesaffäre – haben miteinander gemein, daß sie während ihrer Dauer ungewöhnlich wirklich sind. Doch es ist gerade diese Eigenschaft, die sich so leicht verliert. Wie unwirklich erscheint plötzlich alles hinterher! Wir haben uns selbst in dieser berauschenden Fuge verloren, deren Wichtigkeit für uns wir nicht anzweifeln und die nun trotzdem so imaginär ist. Zeit, die nicht meßbar schien, so endlos, fällt plötzlich in den normalen Tagesrhythmus zurück und hinterläßt Unruhe und Sehnen nach einer verlorenen Intensität. Wir stellen fest, daß es kein Entrückt-Sein gibt, das nicht später wie eine Chimäre aussieht; keine Vision oder intellektuelles Feuer, das sich nicht flüchtiger anfühlt, als wachend zu schlafen – der schale Verlauf des Alltags. Es ist völlig ungewiß, was trügerischer ist, die höhere Wirklichkeit oder die niedere. Denn allem gemeinsam ist das Unbedeutende bei diesem vergeblichen Trachten, bei dieser unseligen Aufgabe, eine genaue Bestandsaufnahme zu machen, wie die Dinge sind, bevor sie aufhören zu sein.

Doch bleibt ein Wissen – ähnlich der angenehmen Steifheit der Muskeln nach den ungewohnten Übungen des Vortags –, um zu beweisen, daß sich etwas ereignet hat. Irgend etwas ist in der Tat geschehen, um die Muskeln des Bewußtseins zu beanspruchen. Eine unmeßbare Zeitlang ist der Mensch an einem ungewöhnlichen Ort gewesen und hat ungewöhnliche Dinge geliebt. Man war ein Reisender; und es sind nicht die Füße des Reisenden, die schmerzen.

GLOSSAR

Vorbemerkung des Autors

Die nachstehende Liste von Tagalog- und Filipino-Wörtern besteht vorwiegend aus Substantiven, für die es im Englischen und Deutschen keine direkte oder einfache Entsprechung gibt und deren Erklärung im Text umständlich wäre. Ein gutes Beispiel ist das Wort *yamas,* Kokosraspeln, die zuerst zweimal ausgepreßt worden sind, um die zum Kochen verwendete Kokosmilch (und somit fast das gesamte Öl) zu gewinnen, und die dann an Schweine und Hühner verfüttert werden.

Einige Tagalog-Wörter, zum Beispiel *cogon,* werden im Text durchgehend mit »c« geschrieben. In Tagalog gibt es den Buchstaben »c« nicht, statt dessen wird »k« verwendet und steht an entsprechender Stelle im Alphabet. Manche Wörter werden jedoch selbst auf den Philippinen mit »c« geschrieben, und da diese den Menschen aus dem Westen vertrauter sind, habe ich sie in dieser weniger authentischen Form gelassen. Auch ein paar Wörter spanischer Herkunft, wie »barrio«, erscheinen in ihrer ursprünglichen Schreibweise.

ABAKA: Abakafaser, Manila Hanf
AMPALAYÁ: bittere Gurke *(Momordica balsamina).* Wie viele andere bittere Speisen und Getränke (Endivien, Bitterschokolade, Kaffee, Grapefruit) schmeckt sie köstlich. In dieser Provinz wird sie auch »marigoso« genannt, teils wegen der Filipino-Angewohnheit, Buchstaben und Silben umzudrehen – denn die Spanier kannten die Frucht unter dem Na-

men »amargoso« –, aber zweifellos auch aus einem frommen Mißverständnis

ANISADO: hochprozentiges alkoholisches Getränk mit Anisgeschmack

ANTING-ANTING: Amulett, Fetisch, Glücksbringer

ANTIPOLO: sehr brauchbarer Baum für Nutzholzgewinnung, *Artocarpus incisa*

BABOY DAMU: Wildschwein

BAKLÂ: effeminierter Mann, davon abgeleitet: Homosexueller

BAHALA NA: nahezu unübersetzbare Redewendung, die so häufig gebraucht wird, daß sie als Nationalmotto angesehen werden könnte. In diesem Zusammenhang bedeutet sie soviel wie »mit etwas Glück«, »vertrau dem Schicksal«, »es liegt in der Hand der Götter«

BANGKA: langes, enges Boot mit Auslegern. Es ist das Grundmodell der Boote im Archipel und findet sich in allen Größen, angefangen bei einem Ein-Mann-Boot bis hin zum dreißig Meter langen Fährschiff zwischen den Inseln

BANTAY: Wärter oder Wächter. »*Bantay salakay*« ist ein beliebtes Sprichwort, das bedeutet »der Wärter dringt ein«; ebenso ironisch wie die rhetorische lateinische Frage: *Quis custodiet ipsos custodes?*

BANTOL: giftiger Steinfisch, das Wort wird allerdings oft unterschiedslos auch für die anderen tarnfähigen Mitglieder derselben Familie *(Scorpaenidae)* gebraucht

BARANGAY: eigentlich ein Dorf; die kleinste Verwaltungseinheit. Historisch leitet sich der Name von den Langbooten ab, mit denen die malaiischen Siedler auf den Philippinen gelandet sind. Zu jener Zeit bestand eine Bootsladung meist aus einem Oberhaupt mit seiner Großfamilie. Selbst heute ist es möglich, *barangays* zu finden, deren Dörfer buchstäblich einer einzigen Familie gehören, obwohl der ursprüngliche Familienname durch ungezählte Heiraten außerhalb des Namenverbandes erloschen ist. Das Amt des *barangay*-Captains wird durch Wahl besetzt und bringt einen klar umrissenen lokalen Status mit sich, außerdem die Berechtigung, Streit zu schlichten und geringfügigere Vergehen zu ahnden *(barangay*-Gerichtsbarkeit). Für skrupellose Politiker stellt es daher eine große Versuchung dar, ihre eigenen Anhänger bei *barangay*-Wahlen »einzuschleusen«, weil man davon ausgeht, daß derjenige, der die *barangay*-Captains kontrolliert, das Land an seiner Basis beherrscht. Präsident Marcos' KBL-Partei hatte bis zu seinem Sturz 1986 tatsächlich die Mehrzahl der *barangays* in der Verwaltung des Landes in der Hand, jedoch in dem Fall scheint es ihm nicht viel geholfen zu haben. Wie dem auch sei, die psychologische Bedeutung des *barangay* als einer historischen und autarken Einheit hält sich hartnäckig

BARKADA: leitet sich vom spanischen Wort für Bootsladung oder Besatzung ab; dieser Begriff ist für Filipinos sehr wichtig, und je nach Kontext ändert sich sein Sinn. Auf der harmlosesten Ebene bezieht es sich auf die Arbeitskollegen eines Menschen, den Freundeskreis, die Saufkumpane; in diesen Gruppen herrscht eine sehr starke Loyalität. Unter weniger erfreulichen Umständen nimmt es die Bedeutung von »Bande« an

BARRIO: siehe BARYO

BARYO: Bezirk oder Teil eines Stadtgebiets

BAYANIHAN: das Prinzip, zu einem Gemeinschaftsprojekt als Freiwilliger beizutragen. Filipinos führen dies oft als Beweis für ein grenzenlos altruistisches Zusammengehörigkeitsgefühl an. Es überrascht nicht, daß die Motive für diese unentgeltliche Arbeit sich von Nächstenliebe bis zum »Respekt vor der Meinung der Allgemeinheit« erstrecken

BAYATI: Frucht eines Busches, den ich bislang nicht bestimmen konnte. Die Frucht wird gekocht, zerstoßen, solange sie noch heiß ist, und kann dann mit dem Fleisch der Einsiedlerkrebse vermischt werden, um einen giftigen Fischköder herzustellen

BIBINGKA: süße, flache, runde Kuchen aus Reismehl und Kokosnuß, das richtige Treibmittel hierfür ist gärender *tuba*
(siehe dort), weniger originalgetreu kann Backpulver genommen werden

BISLAD: in Scheiben geschnittener, gesalzener und getrock-
neter Fisch (Synonym für *daing)*

BOLO: großes Messer, Machete

BONAK: Name, der unterschiedslos benutzt wird, um verschiedene Arten korallenfressender Papageifische (Familie
der *Scaridae) zu* beschreiben

BUKAYO: Süßigkeit aus Kokosraspeln und Zucker. Kokos-
nußeis kommt dem als engliche Entsprechung am nächsten

BULAKBOL: Schulschwänzer

CALAMANSI: (siehe *kalamansi)*

CALESA: (siehe *kalesa)*

COGON: (siehe *kugon)*

DAING: siehe *bislad*

DUHAT: javanischer Pflaumenbaum *(Syzygium cumini)* und
seine Frucht. Auch als *lumboy* bekannt

ESQ: Extra Smooth Quality. [Besonders milde Qualität.] Dies
ist Qualitätszeichen für den Rum der Tanduay Distillerie,
die zum Namen des Getränks geworden ist. Siehe auch *lapad*

HULI: Fang. Das Wort kann sich auf den Fang von Tieren jeder
Art, also auch Fischen, beziehen, der mit den verschieden-
sten Mitteln, Schlingen, Fallen oder Geräten, erzielt wurde.
May huli mo? an einen Angler gerichtet, heißt soviel wie
»Glück gehabt?«

KALAMANSI: (auch CALAMANSI): eine kleine saure Zitrus-
frucht. Sie ist rund und nicht größer als eine Murmel

KALESA: ein von Pferden gezogener zweirädriger Zweisitzer
mit Dach

KAMOTENG-KAHOY: Kassavestrauch, Maniok

'KANO: *Amerikano.* Eigentlich jeder Weiße aus dem Westen

KAWAWA: bemitleidenswert; »*ay, kawawa!*« kann je nach

Grad der Ironie im Tonfall des Sprechers ein bedauerndes »du armer Teufel!« oder ein überhaupt nicht überzeugendes »oh, mein armer Schatz!« bedeuten

KAYURAN: Raspel oder Reibe

KBL: *Kilusang Bagong Lipunan* (Bewegung für die Neue Gesellschaft). Politische Organisation, die von Präsident Marcos ins Leben gerufen wurde und Hauptträger seiner Unterstützung war

KOMOKON: eine Art kleine Taube

KUGON: Alang-Alang Gras, langes, rauhes Gras *(Imperata cylindrica)*, vielfach zum Dachdecken verwandt

LAPAD: wörtlich »breit«. Als Substantiv bezeichnet es ausnahmslos die flachen 375 ml Flaschen ESQ, die allgemein als Behälter und Maßeinheit für Petroleum, Speiseöl, Fischsauce, Essig, Gewürze und hunderterlei anderer Dinge dienen

LAPU-LAPU: allgemeine lokale Bezeichnung für Fische der Barsch-Familie *(Serranidae)*

LUMBOY: siehe *duhat*

MALUNGKOT: ein einzelnes Wort trifft den Sinn des Wortes nicht, denn es bedeutet sowohl »traurig« als auch »allein gelassen«

MANITIS: im allgemeinen die indische Meerbarbe, kann aber auch andere Mitglieder der *Mullidae* beschreiben

MERYENDA: nachmittäglicher Imbiß, ähnlich dem zweiten Frühstück, vorwiegend der Gemütlichkeit wegen eingenommen

NINONG: Pate bei Kommunion, Konfirmation oder Taufe; auch Trauzeuge bei einer Hochzeit

NIPA: Blätter der *nipa*-Palme *(Nypa fruticans),* die zum Dachdecken benutzt werden

NITO: dünne, biegsame Ranken, deren zähe, äußere Schichten abgeschält werden können; sie werden zum Flechten, Binden und für handgearbeitete Kunstgegenstände verwendet

NIYUBAK: schwerer, teigiger Brei aus gemusten Bananen, Kokosraspeln und Zucker

NPA: New People's Army [Neue Volksarmee]

PAKIUSAP: kommt dem Wort »bitte« sehr nahe, wird aber hier in seiner idiomatischen Wendung verstanden und heißt soviel wie »jemandem aus irgendeinem Grund einen Gefallen tun«

PANÀ: Pfeil und Bogen, davon abgeleitet: Harpune

PASALUBONG: Geschenk, das als Reisemitbringsel erwartet wird, meist von Menschen mitgebracht, die von einem Aufenthalt in Manila heimkommen oder von *balikbayan*, Migranten, die aus dem Ausland zurückkehren

PETRON: Benzinmarke der Philippinen

PORMA: Schalung, aus Holz hergestellte Hohlform für den Betonbau

PULUTAN: Snacks, die zu Getränken angeboten werden

SAHING.: »weißes Pech«, aus dem *sahing-Baum* gewonnenes Harz, auch bekannt als *pili*-Nußbaum *(Canarium luzonicum)*

SAMARAL: Sammelbegriff für unterschiedliche Kaninchenfische *(Siganidae)*

SAMPAGITA: Nationalblume der Philippinen *(Nyctanthes sambac* oder *Jasminum sambac)*

SARI-SARI: wörtlich »Mischung« oder »Vielfalt«. *Sari-sari* oder Krämerladen, Geschäft für Grundbedarfsmittel in den philippinischen Provinzen

SAYANG: als Adjektiv bedeutet es »verschwendet« oder »verloren«; als Interjektion »Wie schade!«

SULIRAP: Paneel aus gewebten Palmwedeln als Dachabdeckung und für Hauswände. Jeder Palmwedel, längs der Mittelrippe aufgeschnitten, ergibt zwei Paneele. In dieser Provinz ist die allgemein übliche Bezeichnung dafür »surilap «

SUMAN: Köstlichkeit aus leicht gesüßtem Klebreis, in einem Blatt zur Wurstform gewickelt

»SUPERWHEEL«: überall erhältliche Marke einer blauen Kernseife, die im flachen Riegel verkauft wird

TALISAY: große, Schatten spendende Baumart *(Terminalia catappa)*

TAPAHAN: Trocken- oder Räuchergestell für Fisch oder Fleisch

TUBA: fermentierter Palmsaft. Er wird überall auf den Philippinen getrunken, und man kann ihn ganz gewiß als Nationalgetränk bezeichnen. Der Saft wird morgens und abends gewonnen. Nur wenige Stunden alt, ist er meist ganz süß, aber der Gärungsprozeß läuft ständig weiter, der Alkoholgehalt steigt fortwährend, und so wird *tuba* immer saurer. Nach acht oder zehn Stunden ist der Saft praktisch ungenießbar, und wenn er sich selbst überlassen bleibt, wird er langsam zu *suka* oder Essig. Da es keinen Traubenwein auf den Philippinen gibt, ist tuba-Essig die einzige erhältliche Essigsorte, obwohl auch *kalamansi*-Saft und Tamarinden als Säuerungsmittel beim Kochen verwendet werden können

TUBLI: (Wurzel einer) Kletterpflanze, die ich nicht bestimmen kann; die zerstoßene Wurzel wird zum Betäuben von Fisch verwendet. Im allgemeinen wird das Gift in Unterwasserhöhlen hineingespritzt, wo *sumbilang*-Schwärme, Korallenwelse *(Plotosus anguillaris)* sich tummeln, die sich mit ihren giftigen Rücken- und Brustflossenstacheln verteidigen

TUKO: Gecko

TUYUAN: Gerät oder Platz zum Trocknen von Feuerholz oder Fisch

YAMAS: Trester, der als Tierfutter verwendet wird, nachdem die Milch gewonnen und die Kokosraspeln ausgepreßt worden sind. Richtige Kokosmilch, *gata,* wird auf mannigfaltige Art in der asiatischen Küche eingesetzt und hat nichts mit dem dumpfig, abgestandenen Wasser in der Mitte der Nuß zu tun, das die Briten und andere Europäer als »Milch« bezeichnen. Kein Pinoy (Filipino) würde jemandem für ein Glas dieser ranzigen, alten Flüssigkeit danken, die aus den nach Europa exportierten, überlagerten Nüssen mit ihrem ledrigen Fleisch kommt. Diese sind Kopra-Nüsse bester Qualität, nicht Früchte zum Rohessen. Sie haben nichts mit den jungen Kokosnüssen gemein, die man ißt, *buko* (abgeleitet davon: *bukayo*), mit ihrem süßen, klaren Wasser und der feinen Schicht glibbrigen, milchigen Fleisches, die sich allmählich an der Innenseite der Nuß bildet, wie das Eiweiß sich in der Schale eines köchelnden Eies langsam setzt

1. Mir wurde einmal berichtet, wie man sich von einem unerwünschten *tiwarik*-Zauber kurieren kann. Innerhalb von neun Tagen sollten die beiden, die wirklich ineinander verliebt sind, Geschlechtsverkehr miteinander haben, doch so kurz, daß nur ein einziger Stoß ausgeführt würde, und dann zieht sich der Mann sofort zurück. Das scheint aus zwei Gründen sinnvoll zu sein; der pragmatischere besteht darin, daß ein solches Ereignis den Konventionen entsprechend zur Ehe führen sollte, wenn das Paar nicht bereits verheiratet ist; damit wäre vermutlich der eifersüchtige Mensch, der den Zauber veranlaßt hat, für alle Zeiten jeglicher Hoffnungen beraubt. Doch ein weiterer Grund wäre, daß es dem homöopathischen Prinzip gehorcht, das heißt, daß man einer kleinen Dosis Fisch mit einer noch kleineren entgegenwirken kann (selbst wenn die Art vielleicht größer ist). Unbehandelt jedoch wird *tiwariks* venerisches Gift nach neun Tagen unheilbar. Warum aber neun? Das bleibt ein Rätsel, aber eins, das sich ganz leicht auflösen läßt, wenn wir daran denken, wie wichtig (Kirchen-)Latein im Filipino-Aberglauben und beim Zaubern ist. Wenn man das Wort *novem* auf den Kopf stellt, verkehrt herum liest, wie es allem geziemt, was mit *tiwarik* zu tun hat, formt es sich passenderweise zu *venom* (Gift) um. Man mag dem entgegenhalten, daß diejenigen, die während der Zeit der Spanier Tagalog sprachen, wahrscheinlich das englische Wort »venom« nicht kannten. Diese

Wortklauberei ist zu hemdsärmelig, um sich damit auseinanderzusetzen. Statt dessen sollte der Widersacher geradewegs weiter denken und sich die Bedeutung von »neun« vor Augen halten, nämlich das Produkt der magischen drei, die mit sich selbst multipliziert wird, und in allen möglichen Tagalog-Zaubersprüchen und -Anrufungen auftaucht.

2. Selbst Menschen, die so unabhängig wie Sising sind, leben doch immer noch in einer Geldwirtschaft. Hauptsächlich bezieht Sising seine Einkünfte aus der Ernte und dem Verkauf von *tuba,* oder auch eines Schweins oder Huhns, das er vor den Klauen der Witwe Soriano retten kann, zudem erhält er hartes Geld für seine Arbeitskraft bei der *lokad* oder Kopra-Produktion.

Während ich dies schreibe (Juli 1986), liegt der Wechselkurs mit geringen Schwankungen bei ungefähr US Dollar 1 für 20 pesos, £ 1 für 30 pesos. Legt man diese Rate zugrunde, kosten ihn seine elf *tuba*-produzierenden Palmen 17 pence (p) das Stück im Monat. Bei jedem Wetter und in allen Jahreszeiten muß man zweimal täglich auf die Palmen klettern. Die *tuba*-Menge, die ein Baum produziert, hängt von der Jahreszeit und der Qualität des einzelnen Baumes ab: Juli ist eine schlechte Zeit, im Februar sind die Erträge höher. Sising verdient durch diese Bäume gegenwärtig ungefähr 27 p pro Tag, damit hat er einen monatlichen Nettogewinn von £ 6.25.

Ein- oder sogar vielleicht zweimal im Monat wird er bei der Kopra-Produktion mithelfen. Diese anstrengende Arbeit dauert meist drei Tage, das hängt von der Anzahl und Verteilung der Kokospalmen ab. In den vergangenen Jahren ist der Preis für Kobra – und somit auch der direkt damit verbundene Lohn für Sisings Arbeit – stetig gefallen. Das liegt teils an der schwächer werdenden Nachfrage auf dem internationalen Markt für Waren wie Kokosöl und teils an der Korruption von Cocofed, Coconut, Producers' Federation [Verband der Kokosnuß-Erzeuger], zur Zeit der Marcos-Regierung; in Tausenden von Ortschaften wie Kansulay, deren Einkommen, tägliches Leben, ja deren Kultur weitgehend auf die Kokospalme ausgerichtet ist, ergibt sich daraus, in Anbetracht dessen, was unter dem Strich bleibt, eine Situation, die an Verzweiflung grenzt. Der Kaufpreis für Kopra ist auf ungefähr 3 p pro Kilo gesunken, und anscheinend ist seitens der Monopolvertretung kaum ein centavo in diese Produktionsstätten zurückgeflossen, um Landbesitzern wie den Sorianos einen Anreiz zu bieten, neue, ertragreichere Bäume zu pflanzen oder eine effizientere Produktion anzuregen. Das ist nicht nur ein Grund zur Klage: es ist Grund zu bitterer Wut bei Menschen wie Sising, die sehr wohl verstehen, was geschieht, und die wissen, daß ihnen drei Tage Knochenarbeit ganze 84 p einbringen. Einige Preisbeispiele sollen verdeutlichen, wie weit man mit solcher Summe kommt. In dieser Provinz kostet ein Kilo Reis, das die Bäuche füllende Grundnahrungsmittel, jetzt 19 p. Der Preis für Fisch unterliegt heftigen jahreszeitlichen Schwankungen und hängt davon ab, ob der Markt mit einem Superfang überschwemmt wurde oder durch einen Taifun und widrige Strömung leergefegt ist. Wenn es einen »Standard«-Fisch hier gibt, dann ist es der makrelengroße *tulingan,* der zur Familie der Thunfische gehört und praktisch das ganze Jahr über gefangen wird. Im letzten Monat bewegte sich der Kilopreis für *tulingan* sehr stark zwischen einem Tiefstpunkt von 10 p und der Spitze von 75 p. Daraus wird unmittelbar ersichtlich, daß die Bewohner des Binnenlandes oder die Nicht-Fischer von Kansulay viele Tage keinen Fisch haben. Abhängig von ihrer Größe kosten Eier ungefähr 5 p das Stück. Ein *lapad* Kokosöl kostet 12 p, anderes Speiseöl 14 p. Ein *lapad* Paraffin kostet 9 p, ESQ-Rum 29 p. Die billigsten Zigaretten werden in Papierrollen zu dreißig Stück verkauft, mit einem entzückend verwackelten Bild eines spanisch anmutenden Pärchens aus den zwanziger Jahren auf der Verpackung. Sie heißen *Magkaibigan* (Freunde) und kosten 5 p. Andere Zigaretten liegen bei bis zu 20 p für zwanzig Stück und gehören bei dem Preis alle zur Sorte Virginia-mit-Menthol. Darüber rangieren die amerikanischen Marken, die unter Lizenz hergestellt werden. Zwanzig Marlboro kosten hier 25 p, zwanzig Camels 26 p.

Ein dünnes Stück Kernseife, also ein Teil eines Dreier-Riegels (»Ajax«, »Mr Clean«, »Superwheel« etc.) kostet 9 p. Wie die meisten Einwohner von Kansulay wäscht Bini ihre Wäsche im Fluß. Ihr Stück Seife reicht vielleicht, sparsam verwendet, eine Woche. Ein halbes Pfund brauner Zucker kostet sie 5 p, weißer 9 p. Als letztes: eine Schachtel Streichhölzer liegt bei 2 p, aber der Dorfladen ist ziemlich oft ausverkauft, und dann sieht man Menschen mit brennenden Hölzern herumrennen, die sie, aromatischen Rauch verbreitend, arabesk in Schleifen herumschwingen, um sie am Brennen zu halten.

3. Das Einkommen der Menschen von Sabay ist meist etwas höher als die Einkünfte in Kansulay. Darin spiegelt sich die Tatsache wider, daß Fischen lukrativer ist als Kopra-Produktion oder Landarbeit im allgemeinen. Ich schätze, daß in Kansulay achtzig Prozent der Arbeitszeit der Dorfbewohner mit Landarbeit verbracht werden und nur zwanzig Prozent entweder mit Fischen oder dem Absuchen des Küstenstreifens nach eßbaren Muscheln, Krebsen, kleinen Kraken etc. bei Ebbe. In Sabay ist es umgekehrt, siebzig Prozent der Zeit wird für Tätigkeiten, die mit Fischen zusammenhängen, verwendet und nur dreißig Prozent auf dem Land.

Beim herkömmlichen Fischen gehen meist fünfunddreißig Prozent des Fanges an die Familie des Fischers, entweder zum unmittelbaren Verzehr oder als *daing*. Die anderen fünfundsechzig Prozent werden zu fluktuierenden Marktpreisen verkauft.

Ein Harpunenfischer mit dem Geschick von Arman, der Zugang zu einem Kompressor hat, kann jedesmal, wenn er aufs Meer geht, durchschnittlich £ 2.60 verdienen, selbst wenn er ein Kilo Fisch für den Bedarf der Familie zurück-behält. In einer Familie mit einem oder mehreren guten Fischern können die Einkünfte je nach Saison bei £ 33 im Monat liegen. Arman verdient daher bedeutend mehr als Sising, obwohl seine Unkosten höher sind. Fischereiausrüstung ist im allgemeinen aufwendiger, teurer und muß regelmäßig gewartet werden. Dazu kommen noch die beträchtlichen Treibstoffkosten für den Betrieb von *bangka* und Kompressor.

Noch höhere Einkommen werden durch das Sammeln von Aquarienfischen erzielt. Spezialisiert sich ein Fischer auf diese Variante von *similya* und arbeitet ganztags, können seine Verdienste durchschnittlich bis zu £ 45 im Monat betragen. Auf der anderen Seite – in dieser Welt stellt ein Jahreseinkommen von £ 540 heute keinen Reichtum mehr dar, der die kühnsten Träume eines Geldgierigen überflügeln könnte.

4. Die gebräuchlichsten Markenmedikamente sind Cortal (Aspirin), Biogesic und Neozep; im Laden von Sabay hält ein großes Bonbon-Glas diese von anderen Pillen getrennt. Harpunenfischer greifen oft zu Sinutabs wegen des überdruck-bedingten Blutdruckanstiegs. Blutdrucksenkende Mittel im allgemeinen werden faktisch überall auf den Philippinen eingenommen, da TB und Atmungserkrankungen weitverbreitet sind. Ich habe immer vermutet, daß die große Beliebtheit von mentholhaltigen Zigaretten und Süßigkeiten, die allenthalben verkauft werden, damit zusammenhängt.

5. Immer noch gibt es auf der Welt viele Kulturen, in denen Körperfülle als wünschenswert angesehen wird; weil man diese als physischen Nachweis eines anständigen Lebensstandards betrachtet. Sie wird demnach als diametraler Gegensatz von Dünnsein als Folge von Mangelernährung angesehen. In den städtischen, gehobeneren Kreisen der Philippinen

akzeptiert man allmählich, daß Abnehmen und Gewichtskontrolle Teil einer modernen Ästhetik guten Aussehens und guter Gesundheit sind. Aber in den entlegeneren Provinzen ist das ausgemergelte Äußere schierer Not immer noch so vorherrschend, daß völlig unkritisch das Gegenteil davon gerne gesehen wird. Die Redewendung »*mataba na*« (bist du dick geworden), die von manch einem aus dem Westen als bodenlose Demütigung empfunden würde, ist dort ohne Zweifel ein Kompliment.

DANK

Ich stehe zutiefst in der Schuld der Leute aus den *barangays* von Kansulay und Sabay. Dieses Buch kann nur einen Bruchteil ihrer Zuneigung und Mitteilungsbereitschaft wiedergeben, die ich in den letzten sieben Jahren erfahren habe, und geringfügig der Großzügigkeit ihrer Herzen gerecht werden, die mein Leben erheblich umgestaltet hat.

Die Gepflogenheit betrachtet es unter solchen Umständen als ungerecht, einzelne Personen speziell zu erwähnen. Das ist natürlich richtig. Doch richtig ist auch, daß ich mit bestimmten Menschen deutlich mehr Zeit verbracht habe und daß diese sehr viel länger den fremdartigen Gewohnheiten und dem Radebrechen eines absonderlichen Ausländers, der zudem noch Schriftsteller ist, standgehalten haben. Sollte ich jemals bei irgendeinem in verhörartige Angewohnheiten verfallen sein, dann habe ich es nicht wegen etwas so Ungebührlichem und Banalem wie reiner Informationssucht getan, das jedenfalls bilde ich mir gerne ein.

In diesem Sinne übermittle ich all meine Liebe und Dankbarkeit Noel Historillo und seiner Familie, Siyo und Josefina Mabato und ihrer Familie, »Ding« Pampola und seiner Familie. Für ihre Hilfe beim *barangay*-Rat sowie für ihre Freundschaft danke ich Clodualdo und Julie Lauresta, ebenso Nick Malvar. Schließlich empfinde ich eine besondere Dankesschuld gegenüber Maria Historillo, um deren verstorbenen Mann, Embing, auch ich von Herzen trauere.

378

Ein Wort der Warnung an sie alle: »Kansulay« und »Sabay« sind nur in dem Sinne wirkliche Orte, wie Ronald Blythes »Akenfield« wirklich war. Weder sie noch die Menschen sind Hirngespinste, doch alle sind durch die Vorstellungskraft gefiltert. Schauplätze, Charaktere und Ereignisse sind oft zusammengesetzt. Die eigentlichen »Sorianos« zum Beispiel leben in einer ganz anderen Provinz und haben überhaupt nichts mit Kansulay zu tun. Diejenigen, die also meinen, sie würden untrüglich Personen, Orte oder den Autor selbst in diesem Buch wiedererkennen, irren sich. Andererseits: es steht auf diesen Seiten nichts, was nicht so wahr wäre, wie ich imstande bin, es zu machen.

AUSGEWÄHLTE BIBLIOGRAPHIE

Benedict Anderson, *New Left Review* 158, Juli/Aug. 1986

Henry Ward Beecher, *Eyes and Ears*, New York, 1862

Ray Bradbury, »Kaleidoskop«, *Thrilling Wonder Stories,*
© 1949 Standard Magazines

William Burroughs. Ich kann dieses Zitat nicht finden. Vermutlich ist es meine, leicht verzerrte Version eines experimentelleren Epigramms, das in *Friends – 1970* erschien:
»Ein paranoider Mensch ist derjenige, der ein bißchen weiß, was geschieht.«

Rachel Carson, *Der Stumme Frühling,* München, 1963

De Chirico-Ausführungen, zitiert in: Walter Hess, *Dokumente zum Verständnis der modernen Malerei,* Hamburg, 1958, S. 122

John Clare, »Salters Tree«

Paul Fussel, *The Great War and Modern Memory,* Oxford University Press, 1979

Oliver Goldsmith, »The Deserted Village«

Michael Herr, *An die Hölle verraten,* Hamburg, 1987, S. 204

Gerard Manley Hopkins, »Binsey Poplars«

Francis Huxley, *The Raven and the Writing Desk,* Thames & Hudson, 1976, S. 105-6

Nick Joaquin, »Calle Azcárraga«, *Language of the Street,* National Bock Store, Manila, 1980, S. 97

Nick Joaquin, »Art in the Palace«, *Doveglion and Other Cameos,* National Book Store, Manila, 1977, S. 11

Barry Lopez, *Arktische Träume:* Leben in der letzten Wildnis, übers. Ilse Strasmann, Düsseldorf: Claassen, 1987

Oliver Lyttelton, *From Peace to War,* S. 152 (zitiert in Fussell, *op. cit.,* S. 327)

Wilfried Owen, »Miners«

George Peele, »O time too swift...« [Oh Zeit zu flüchtig...] ist aus dem Gedicht »His golden locks time hath to silver turned«.

Max Plowman, *A Subaltern on the Somme,* S. 36 (zitiert in Fussell, op. cit., S. 327)

Rainer Maria Rilke, »Sonette an Orpheus«, II:XI

Charles R. C. Sheppard, *A Natural History of the Coral Reef,* Blandford Books, 1983

David Joel Steinberg, *The Philippines,* Westview Press, Colorado, 1982, S. 73

Cao Xueqin, *The Story of the Stone,* trans. David Hawkes, Penquin Classics, 1978, vol. 1, S. 167

Chiang Yee, *The Silent Traveller,* Country Life Ltd., London, 1937

Geoffrey Winthrop Young, »I have not lost the magic of long days«, *Collected Poems,* Methuen, 1936

Sieben Zehntel

Sieben Zehntel des Erdballs besteht aus Ozeanen. Sieben Zehntel des menschlichen Körpers besteht aus Wasser. Hamilton-Paterson bereiste die Weltmeere, er betrat die Küsten auf seiner Suche nach Seefahrtsgeschichten, Anekdoten, Dokumenten. Er trug sie zusammen, um uns bewußt zu machen, wie fundamental unsere Weltsicht von den ozeanischen Kräften geprägt ist.

»Erkundungen zwischen Fakt und Fiktion, Südsee und Arktis, brillante Geschichten über ›das Meer und seine Ufer‹.«
H. Hintermeier/Abendzeitung

»Seit Melville und Conrad hat das Meer keinen berufeneren Fürsprecher gefunden.«
U. Baron/Rheinischer Merkur

James Hamilton-Paterson:
Seestücke
Das Meer und seine Ufer
Aus dem Englischen von
Hans-Ulrich Möhring
324 Seiten, Leinen
ISBN 3-608-93672-6